Histoire de la critique d'art

Du même auteur

Le Colloque de Tanger I, William S. Burroughs / Brion Gysin, Paris, Christian Bourgois éditeur, 1976.
Le Colloque de Tanger II, William S. Burroughs / Brion Gysin, Paris, Christian Bourgois éditeur, 1980.
Pictura loquens, Paris, Christian Bourgois éditeur, 1986.
William S. Burroughs, Paris, Henri Veyrier, 1986.
Les Mots en liberté futuristes, Paris, Jacques Damase, 1987.
Gérard Garouste, Turin, Il Quadrante, 1987.
Les Préraphaélites, Paris, Christian Bourgois éditeur, 1989.
Un thé au Bloomsbury, Paris, Henri Veyrier, 1990.
L'Europe des cafés, Paris, Éditions Éric Koehler, 1991.
Telve, Paris, Christian Bourgois éditeur, 1992.
Le Futurisme, Paris, Éditions du Regard, 1995.
Henry Moore, Paris, Cercle d'Art, 1996.
Le Symbolisme, Paris, Cercle d'Art, 1996.
Gustav Klimt, Paris, Cercle d'Art, 1996.
Soto, Paris, Éditions de la Différence, 1997.
Le Douanier Rousseau, Paris, Cercle d'Art, 1997.
Les Cafés littéraires, Paris, Éditions de la Différence, 1997.
Istanbul, Lausanne, Éditions Favre, 1997.
Théories des cafés, I Catalogue, II Anthologie, Éditions de l'IMEC/Éditions Eric Koehler, 1997.
Calder, New York, Abrams, 1998 / Paris, Cercle d'Art, 1998.
Cafés d'artistes à Paris, hier et aujourd'hui, Paris, Éditions Plume, 1998.
Cafés d'autrefois, Paris, Éditions Plume, 2000.
L'Univers des orientalistes, Paris, Éditions Place des Victoires, 2001.
Kafka et Kubin, Paris, Éditions de la Différence, 2002.
Métamorphoses de Kafka, Musée du Montparnasse/Éditions Éric Koehler, 2002.
Le Goût de Prague, Mercure de France, 2003.
Maisons d'artistes, Paris, Éditions du Chêne, 2004.
Histoire du Salon de peinture, Paris, Klincksieck, 2004.
Anthologie de la Beat Generation, Al Dante, 2005.
Kafka, « Folio », Paris, Gallimard, 2006.
Le Noir, Hazan, 2006.
Beatriz Zamora, peintures, Mexico, 2010.
Red Blood, Les Lettres françaises, 2011.
L'Or dans l'art contemporain, Paris, Flammarion, 2011.
Le Colloque de Tanger, anthologie, Marseille, CIPM, 2013.
Ecce scriptor, Jean-François Bory, Naples, Edizioni Morra, 2016.
Umberto Mariani, roman, Milan, Fondation Mudima, 2016.
Les Cafés littéraires, Paris, Éditions de la Différence, 2016.

Gérard-Georges Lemaire

Histoire de la critique d'art

50 QUESTIONS

PARIS
KLINCKSIECK

50 QUESTIONS

Collection dirigée par Belinda Cannone

Amélie Adamo, *Une histoire de la peinture des années 1980 en France* (52)
Jean-Luc Chalumeau, *La lecture de l'art* (9)
Jean-Luc Chalumeau, *Histoire de l'art contemporain* (20)
Jean-Luc Chalumeau, *Les expositions capitales qui ont révélé l'art moderne de 1900 à nos jours* (62)
Anna Guilló, *Écrits d'artiste au XXe siècle* (53)
Nathalie Heinich, *Être artiste* (5)
Marc Jimenez, *Art et technosciences* (65)
Gérard-Georges Lemaire, *Histoire du Salon de peinture* (11)
Giovanni Lombardo, *L'esthétique antique* (57)
Baldine Saint Girons, *L'acte esthétique* (39)
Frédérique Toudoire-Surlapierre, *Que fait la critique ?* (42)
Laurent Wolf, *Vie et Mort du tableau. 1. Genèse d'une disparition* (17)
Laurent Wolf, *Vie et Mort du tableau. 2. La Peinture contre le tableau* (18)
Laurent Wolf, *Après le tableau* (26)

www.klincksieck.com

isbn : 978-2-252-04102-4

50 QUESTIONS

Première partie
Des origines au XIXe siècle

I. – Prélude

II. – Aux sources

III. – La critique française

IV. – La critique en Allemagne

V. – La critique en Angleterre

VI. – Le XIXe siècle en France

Deuxième partie
De l'impressionnisme à l'art moderne

III. – La critique face à l'art moderne

IV. – Un détour dans la Belgique Art Nouveau

V. – Les écrivains protagonistes du monde de l'art dans le Paris fauve et cubiste

Troisième partie
Du début du XXe siècle à la Seconde Guerre mondiale

I. – La naissance des avant-gardes en France

III. – L'Angleterre

IV. – L'Allemagne

V. – L'Italie

VI. – Les États-Unis

VII. – L'Espagne

VIII. – Dans le reste de l'Europe

Je dédie ce livre à Jasia Reichardt

Première partie

Des origines au XIXe siècle

I
Prélude

> « Les critiques seraient les plus heureux mortels de ce bas monde s'ils n'avaient, comme les parrains, que des dragées à semer sur leur route. À mon très grand regret, il n'en va pas toujours ainsi, et j'ai grand'peur que le devoir professionnel ne m'entraîne à bénir quelquefois nos artistes avec un goupillon taillé en férule. »
>
> Edmond About,
> *Le Décaméron du Salon de peinture pour l'année 1881.*

1 *Pourquoi un livre sur la critique d'art ?*

La critique d'art a joué un rôle majeur en Europe, puis aux États-Unis, dans les deux Amériques et enfin aux quatre coins du globe avec la globalisation culturelle qui a accompagné la globalisation économique et l'introduction de ce qu'on appelle, à tort ou à raison, l'art contemporain dans les pays émergents. Le rôle des critiques a évolué considérablement selon les époques et les lieux. Dans une telle perspective, qui couvre plusieurs siècles, il nous a été impossible de parler de tous les critiques. La critique « professionnelle », celle qui naît par la multiplication des périodiques, a été, entre autres, négligée. Et tout ce qui a trait à la philosophie de l'art, à l'esthétique, n'a été étudié que par rapport à son influence sur la pensée critique.

À partir du milieu du XVIIIe siècle, la circulation des œuvres d'art reposait sur une relation triangulaire : l'artiste, le collectionneur et le « critique ». Par la suite, la question est devenue plus complexe avec l'apparition de nouveaux protagonistes dont le poids s'est révélé toujours plus prégnant : les musées et les galeries d'art. De nos jours, les grandes sociétés de ventes aux enchères ont non seulement voix au chapitre, mais peuvent déterminer les oscillations du goût. Quoi qu'il en soit, même si son rôle et son pouvoir ont changé au fil du temps, même si ce terme a recouvert des individus de nature très différente, le critique a fait partie, jusqu'à une date récente, d'un jeu qui se révèle d'une complexité vertigineuse. Dès leur apparition, les critiques d'art ont été souvent l'objet d'une grande animosité de la part des artistes, mais aussi des autres figures du marché de l'art. Cela s'est encore amplifié avec l'épopée de l'art moderne, au début du siècle dernier : il suffit de songer aux velléités des artistes d'avant-garde d'être eux-mêmes juge et partie, ou à l'hostilité d'un marchand entreprenant comme Daniel-Henry Kahnweiler, qui se prétendait théoricien du cubisme, à l'encontre de Guillaume Apollinaire quand il a publié ses *Peintres cubistes* (1913). Enfin, on a voulu se débarrasser d'un arbitre encombrant qui pouvait gêner les mécanismes d'une spéculation portée à un degré exponentiel.

En dépit de ce conflit sous-jacent, et parfois ouvert, malgré les nombreux griefs adressés aux critiques par les artistes et puis par d'autres (les critiques vont avoir un rôle de plus en plus « décoratif » et bien peu d'entre eux seront de vrais chefs de file), sans oublier le rejet dont ils ont été l'objet avec l'apparition de l'art contemporain (ce phénomène est déjà perceptible par l'invasion de la scène artistique par des universitaires, de Jacques Derrida à Jean-François Lyotard, de Paul Virilio à Jean Baudrillard, en passant par Gilles Deleuze et Michel Foucault – la philosophie, la sociologie, l'anthropologie, la psychanalyse envahissent le territoire des arts plastiques et s'en emparent), la critique a survécu tant bien que mal. Elle subsiste de nos jours, mais n'a plus un bien grand rôle, écartelée entre le journalisme et la poésie. Elle a perdu son prestige et aussi sa marge d'action. Les critiques sont remplacés par les commissaires d'exposition – ceux qu'on désigne en anglais par le terme de *curators* – ou par des théoriciens qui prétendent régenter cette sphère de l'esthétique. On pourrait peut-être dire que la critique d'art, telle qu'on l'a vue évoluer depuis Denis Diderot, n'existe plus ou, si elle existe encore, n'est plus que l'ombre d'elle-même.

2 *En quoi est-ce un hommage à Lionello Venturi ?*

Aussi curieux que cela puisse sembler, il n'a jamais existé qu'une seule et unique étude complète sur la question, celle de Lionello Venturi : *Storia della critiqua d'arte*. Cet ouvrage remarquable a d'abord vu le jour en anglais, chez E. P. Dutton and Co, à New York en 1936 – parce que son auteur avait fui l'Italie fasciste. Une traduction française a été mise sous presse à Bruxelles aux Éditions de la Connaissance peu après la Libération. L'ouvrage n'a pu paraître en Italie qu'en 1945. Cette vaste recherche a été maintes fois rééditée jusqu'à nos jours. Venturi avait souhaité mettre à jour son livre car il commençait à dater. Mais il n'a pas eu le temps de mener à bien cette révision, pourtant bien avancée (il avait accumulé un matériel important et n'était pas loin d'avoir terminé la rédaction allant jusqu'à la période du Bauhaus et se concluant étrangement avec l'architecte américain Franck Lloyd Wright !), la mort l'ayant surpris en août 1961. En dehors de cet essai général, on trouve bien des travaux concernant une période déterminée, comme par exemple celui de Louis Hautecœur, *Littérature et peinture en France du XVIIe au XXe siècle*, publié en 1942.

Bien sûr, il est impossible de consulter de manière utile Lionello Venturi sans avoir par-devers soi la somme impressionnante de Julius Schlosser, *Die Kunstliteratur* (*La Littérature artistique*) paru à Vienne en 1924 chez Schroll & Co Buch und Kunstverlag. Le sous-titre choisi par l'auteur est : « Manuel des sources de l'histoire de l'art moderne. » Il explique à merveille la mission qu'il s'était assignée : fournir les informations les plus précises sur tout ce qui a été écrit sur l'art, du Moyen Âge au XVIIIe siècle. C'est en réalité une bibliographie très exhaustive accompagnée de commentaires savants et parfois d'extraits choisis. Si l'on peut s'étonner que l'érudit ait complètement exclu l'Antiquité classique à laquelle se réfèrent tous les auteurs cités dans son ouvrage colossal, qui n'en demeure pas moins une recherche incontournable dans ce domaine et il ne cesse d'être réédité et remis à jour par Otto Kurz.

3 *Comment établir les étapes conduisant à la notion de critique d'art ?*

Il est également impossible de ne pas s'appuyer sur les écrits de Sir Anthony Blunt (1907-1983), en particulier sur *Artistic Theory in Italy, 1450-1600* (première parution en 1940), qui ne prend en considération que la Renaissance et ses conséquences – en particulier le maniérisme –, d'Alberti à Lomazzo, en passant par Léonard de Vinci, Francesco Colonna, l'auteur de l'*Hypnerotomachia Poliphili* (1499), Savonarole et bien sûr Giorgio Vasari. Ce livre précieux présente néanmoins de bien curieuses omissions comme celles de Piero della Francesca, auteur d'un traité de perspective fondamental et de Cennino Cennini, qui a laissé un traité sur les couleurs d'une valeur considérable. Mais il est vrai que ces traités n'ont pas eu d'impact sur leur temps.

Quelques livres ont tenté depuis d'apporter leur pierre à ce vaste chantier historique, loin d'être achevé. Pour ne mentionner que les plus récents, je mentionnerai *Il discorso sull'arte* où Donata Levi tente une approche critique de la critique d'art et embrasse surtout la littérature allant du début du christianisme aux débuts de la Renaissance.

Quelle que soit la valeur de ce qui a été produit sur le sujet, il apparaît clairement que la question doit être revue de fond en comble. On peut aisément en comprendre les raisons : l'histoire de l'art elle-même a subi de profondes mutations, l'attribution des œuvres a beaucoup changé, de nombreux textes ont été exhumés, d'autres ont été imprimés pour la première fois. Enfin, les principaux paramètres de la critique d'art ont été revus en profondeur et parfois remis en cause. Cela ne rend pas la réflexion de Lionello Venturi caduque, même si de nombreux points de ses écrits sont désormais contestables sinon erronés.

Toute la question est en fait de comprendre comment a pu naître un discours sur l'art qu'on a qualifié de « critique », d'examiner de quelle façon cette critique a pu s'imposer comme genre littéraire à part entière, comment elle a été capable de se développer mais aussi de se diversifier, pour le meilleur et pour le pire, comment elle a atteint son sommet au XIXe siècle. Il conviendra de se demander, dans un autre volume, dans quelle situation elle se trouve aujourd'hui où elle paraît connaître son crépuscule, jugée désormais inutile, sinon indésirable, par les principaux protagonistes du monde de l'art, sinon reléguée au rang de pure et simple information ou même publicité journalistique.

Grandeurs et décadences de la critique d'art : en son nom se sont écrites des œuvres impérissables et des billevesées sans nombre. Mais demeure l'essentiel : quelles réalités recouvrent la fonction du critique d'art et la critique elle-même, et d'ailleurs répond-elle, elle aussi, à une pure et simple fonction ? De plus, fort des enseignements radicaux de l'expression artistique sous tous ses aspects, nous devons nous demander si l'exercice de la critique d'art demeure nécessaire ou si elle doit dorénavant changer de fond et de forme.

Les frontières de la critique sont difficiles à cerner. Elles n'ont cessé de changer depuis le milieu du XVIIIe siècle. La philosophie et l'histoire de l'art, la poésie et le roman, se situent à ses confins. Dans le présent essai, en nous limitant au monde occidental, nous n'aborderons ces disciplines qu'à partir du moment où leurs acteurs ont joué un rôle déterminant dans l'évolution de la pensée sur les arts de leur temps. Par exemple, comment ne pas prendre en considération Winckelmann, dont les volumes sur l'art grec ont grandement influencé l'art néo-classique ?

Donata Levi a souligné le fait, hautement révélateur, que dans le *Grove Dictionary of Art* (1996), James Elkins, son auteur, commence l'article « Art Criticism » en admettant que c'est une activité sans définition formelle et sans signification universellement reconnue. Il la définit comme « une façon d'écrire », en partie hors du temps et en partie placée dans une perspective historique – cette contradiction insoutenable est peut-être inhérente à cette discipline aux yeux d'Elkins, mais elle ne semble pas être son aspect primordial. Il tente de corriger cette assertion en précisant que ce serait une combinaison entre un exercice de sensibilité individuelle « sans but explicite ou sans thèse » et une sorte de « jugement pondéré fondé sur des principes prémédités ». Cette correction n'est pas convaincante et l'exemple proposé par l'universitaire italienne n'est donc pas très satisfaisant. Mais il a le mérite de mettre en évidence l'extrême difficulté de faire entrer cette activité dans un quelconque classement.

4 *La philosophie a-t-elle son mot à dire dans la critique d'art ?*

Il est tout à fait remarquable que Lionello Venturi ait utilisé le même subterfuge face à ce problème, ce qui lui a évité de l'affronter de manière frontale. Mais il s'est appuyé pour ce faire sur une sommité de la philosophie italienne, l'auteur de l'incontournable *Estetica*, Benedetto Croce (1866-1952). Dans ses *Problemi di estetica* (1910), Croce postule que la « critique d'art paraît s'embarrasser d'antinomies semblables à celles que jadis Emmanuel Kant eut à formuler ». Il explique que deux thèses sont en présence : d'un côté, une œuvre d'art n'existe que par les éléments qui la constituent et elle appartient à un ensemble historique ; de l'autre, cette œuvre ne peut être jugée qu'en elle-même. Croce en conclut que la comprendre, « c'est comprendre le tout dans les parties et les parties dans le tout ». Selon lui, l'antinomie est de caractère kantien et la solution, de caractère hégélien. Il lui paraît capital que « l'interprétation historique et la véritable critique esthétique coïncident ». Venturi en tire l'idée qui régit sa démarche selon laquelle « le jugement est le point d'arrivée de l'histoire critique de l'art ». Et il revendique aussi la caution du grand Kant, qui lui suggère que « toute intuition sans concept est aveugle et tout concept sans intuition est vide, c'est dans le jugement que se réalise la pensée concrète sur l'art. » En sorte qu'il évacue la question littéraire – on remarque d'ailleurs le peu de cas qu'il fait de Diderot et de ses successeurs hommes de lettres.

Ce recours à Benedetto Croce a pour conséquence de ne prendre en compte qu'un rapport étroit entre philosophie – en termes esthétiques mais également moraux, car Croce (tout comme Giovanni Gentile un peu plus tard) souhaitait que l'art défende des valeurs – et histoire de l'art, la critique n'étant « que la touche finale de cette coalition ». La dimension du goût avec sa volatilité – qui se traduit à son tour dans la dimension historique des œuvres – et celle de la littérature, tout aussi volatile mais qui s'ancre, elle aussi, dans l'histoire, ne sont pas retenues. En sorte que le défaut de cette architecture intellectuelle, aussi rassurante soit-elle pour l'esprit, aussi subtile puisse-t-elle paraître, est donc que la spécificité de la critique d'art s'y dissout : l'historien reste au sommet de la pyramide de la connaissance avec le secours du philosophe qui lui montre la voie à suivre. Tout comme le sentiment est mis de côté et remplacé par la froideur du jugement qui, bizarrement, doit faire reposer sa cause sur l'intuition, avec tout ce qu'elle suppose d'irrationnel.

Il est ici indispensable de revenir aux principes de la philosophie d'Emmanuel Kant pour qui le goût et le beau ne se conjuguent pas, même s'ils parviennent en fin de compte à se rejoindre. Le goût est subjectif, idiosyncrasique. Il est cependant étayé par l'universalité propre à la faculté de juger. Les hommes, de par leur culture, jouissent d'une forme de communauté dans le juger. C'est ainsi que le beau possède le pouvoir de se révéler à la fois individuel et universel. C'est en tout cas ce qui ressort de sa *Critique de la faculté de juger* (*Kritik der Urteilskraft*, 1790). Dans son étude, le goût enferme tout un chacun dans sa singularité – ce qu'il regarde comme le « silence des sentiments intimes ». La faculté universelle du jugement, non seulement sort l'être de son isolement, mais lui restitue l'usage de la parole et autorise une relation au monde et une connivence dans l'échange des connaissances. En sorte que le beau, qui est un bien commun, s'impose au goût par le jeu du jugement universel, qui l'emporte sur le jugement privé. Diderot cherchera lui aussi un équilibre entre les passions de l'individu et les valeurs véhiculées par la société d'une époque donnée. La différence avec Kant est que le jugement d'un amateur avisé a souvent la primauté sur le goût collectif. Par rapport aux croyances de l'abbé Dubos (ou Du Bos), la communauté ne présente qu'une estimation que le dilettante peut adopter ou refuser. Ce n'est qu'un critère respectable, mais non coercitif, le dernier mot revenant à la « critique ».

II
Aux sources

5 *Quelles sont les sources gréco-latines de la pensée en matière d'art ?*

L'Antiquité ne semble pas avoir connu le principe de la critique des œuvres d'art, du moins par écrit. Ce que nous savons de la Grèce, en particulier à travers Pausanias qui a décrit les tableaux qu'il a vus dans les temples ou sous les portiques, montre qu'on y est avant tout intéressé par le sujet, parfois par l'expression et rarement par le rendu. Les Latins, qu'on connaît surtout à travers le merveilleux catalogue *des* Philostrate – on avait imaginé autrefois un seul auteur, Philostrate l'Ancien, au Iᵉʳ siècle de notre ère –, font comprendre que la question était de donner une description aussi précise que possible d'un panneau peint ou d'une sculpture, l'*ekphrasis*. Cela étant dit, il est avéré que les Grecs ne ménageaient pas leurs critiques ou leurs assentiments, comme en témoigne cette anecdote : Zeuxis avait peint *La famille du Centaure*, œuvre admirée de la majorité de ceux qui l'avaient vue. L'artiste fut mécontent de cette approbation générale et demanda à son élève, Micion, de rouler la toile. La « *Zuxidis manus* » (Pétrone) qu'on a tant loué n'était qu'un savoir-faire. Lucien de Samosate (vers 120-180), qui avait souhaité devenir sculpteur avant de se consacrer à la littérature, interprète cette histoire en disant que la beauté de l'exécution n'était pas tout, ajoutant :

> Toutes les autres beautés de ce tableau qui échappent en partie à l'œil d'un ignorant tel que moi, je veux dire la correction exquise du dessin, l'heureuse combinaison des couleurs, les effets de saillies et d'ombre ménagés avec art, le rapport exact des parties avec l'ensemble, je les laisse

à louer aux fils des peintres qui ont mission de les comprendre. Pour moi, j'ai surtout loué Zeuxis pour avoir déployé dans un pareil sujet les trésors variés de son génie, en donnant au centaure un air terrible et sauvage, une crinière rejetée avec fierté, un corps hérissé de poils, non seulement dans la partie chevaline, mais dans celle qui est humaine. À ses larges épaules, à son regard tout à la fois riant et farouche, on reconnaît un être sauvage, nourri dans la montagne et qu'on ne saurait apprivoiser. Tel est le Centaure. La femelle ressemble à ces superbes cavales de Thessalie qui n'ont point encore été domptées et qui n'ont pas fléchi sous l'écuyer. La moitié supérieure est d'une belle femme, à l'exception des oreilles qui se terminent en pointe comme celles des Satyres ; mais le mélange, la fusion des deux natures, à ce point délicat où celle du cheval se perd dans celle de la femme, est ménagé par une transition si fine qu'elle échappe à l'œil et qu'on ne saurait y voir d'intersection. Quant aux deux petits, on remarque dans leur physionomie, malgré leur jeune âge, je ne sais quoi de sauvage mêlé à la douceur ; et ce qu'il y a d'admirable, selon moi, c'est que leurs regards d'enfant se tournent vers le berceau, sans qu'ils abandonnent la mamelle et sans qu'ils cessent de s'attacher à leur mère.

En somme, Lucien va bien au-delà de la simple description de l'œuvre et exige d'elle du caractère et une force d'expression. Il recherche un sens qui dépasse la seule dextérité de l'artiste. Pausanias avait eu la même exigence en contemplant les peintures qu'il avait vues dans les temples et était plus intéressé à l'expression qu'au sujet proprement dit. La beauté en soi venait en second.

D'autre part, Lucien était attiré par les jeux parfois compliqués de l'allégorie, comme dans sa lecture de *La Calomnie* d'Apelle, qui aura un tel impact pendant la Renaissance. Cicéron, lui, soupçonnait que les artistes avaient la capacité de voir ce que nous ne voyons pas : « Que de choses invisibles pour nous les peintres ne voient-ils pas dans les ombres et les saillies ? » D'où leur facilité de frapper l'imagination de qui regarde la production de leur esprit et de leur main. Plutarque distinguait le jugement vulgaire et celui de l'amateur avisé. Pline l'Ancien est sans doute celui qui est allé le plus loin dans l'observation des techniques des maîtres les plus éminents, s'attachant en particulier à parler de la manière qu'avait chacun d'utiliser la couleur ou de leur façon de manier le pinceau ou le crayon. Il s'étonne du fait qu'on admire parfois plus à Rome l'ébauche que l'ouvrage réalisé :

Mais ce qui est surtout curieux et digne de remarque, c'est qu'on admire plus que les productions terminées les derniers morceaux des

> artistes, ceux même qu'ils ont laissés imparfaits, comme l'*Iris* d'Aristide, les *Tyndarides* de Nicomaque, la *Médée* de Timomaque, et ce tableau d'Apelle, [...] la *Vénus*. En effet, on y considère l'esquisse laissée et les pensées même de l'artiste ; une certaine douleur intervient pour faire priser davantage le travail, et on regrette la main arrêtée dans l'exécution.

Là encore, l'auteur ne s'intéresse pas tant au sujet qu'aux prouesses de qui les exécute.

Quintilien, plus tard, ne dit pas grand-chose sur les artistes, qu'il assimile aux orateurs, mais il loue leur don, affirmant que Zeuxis avait inventé l'agencement des lumières et des ombres, Protégène, la capacité d'avoir un fini parfait. Il a écrit sur ce sujet : « Les couleurs simples de Polygnote et d'Aglaophon ont aujourd'hui encore des admirateurs si passionnés qu'ils mettent ces ouvrages presque grossiers et qui sont comme l'enfance de l'art au-dessus des productions des artistes les plus illustres qui les ont suivis ; c'est là, à mon sens, un goût particulier, une prétention. »

On sait que Socrate était hostile à cette fiction de la vie représentée par l'art et que Platon n'y voyait qu'un reflet altéré du beau idéal. Quoi qu'il en soit, les hommes érudits de l'Antiquité classique ont sans doute privilégié la maestria sur le reste, et le sujet sur sa manifestation. Mais, nous l'avons vu, l'expression a été pour certains l'amorce d'un discours sur le rendu – qui était au fond le vrai sens de l'ouvrage – qui surpassait toute appréciation des qualités intrinsèques de chaque auteur. La critique n'existait pas du tout au sens où nous l'entendons, mais elle s'est insinuée dans les différents comportements face à une création picturale ou sculpturale.

Cependant, Pline l'Ancien a fait une histoire assez détaillée de la peinture grecque dans le livre XXXV de son *Histoire naturelle*, et en a fait de même avec les sculpteurs. Aussi fragmentaire soit-elle, on comprend que Pline ait voulu rechercher le plus d'informations possible sur les hommes et leurs travaux les plus réputés. C'était l'amorce d'une histoire de l'art qui ne sera jamais complétée, en tout cas pour la peinture, aucune œuvre picturale n'ayant subsisté.

Ce qui frappe dans cette imposante encyclopédie, c'est la volonté de l'auteur non seulement de chercher les sources de ces pratiques, mais aussi d'en faire une histoire, ce qu'on ne trouve pas chez Hérodote, le seul à qui on pourrait le comparer. Il avoue ignorer l'origine de la peinture, précisant uniquement que les Égyptiens prétendent l'avoir inventée. Les Grecs ont émis des hypothèses, en imaginant sa création à Sicyone ou à Corinthe, à partir de l'ombre d'un homme. Il croit qu'elle a été au début monochrome. Il affirme que la première peinture au trait serait l'œuvre de Philoclès l'Égyptien ou de Cléanthe de Corinthe. Ils auraient été suivis par Aridicès et Téléphanès. Le premier à avoir employé plusieurs couleurs serait Ecphantus de Corinthe. Plus loin dans son texte, il évoque les artistes grecs et résume ce qu'il savait sur la question, plaçant en premier Phidias, qui aurait d'abord été peintre, son frère Panænus, et Bularchus qui relata le combat des Magnètes. Il rappelle les noms de peintres plus anciens dont on ne sait presque rien (Hygiaenon, Dinias, Charmadas, Eumarus). Il s'arrête sur le cas de Polygnote de Thasos, qui aurait peint pour la première fois des femmes. Pline fait des efforts pour répertorier les peintres anciens de la Grèce. Il fait commencer la gloire de l'art grec avec Apollodore d'Athènes, qui aurait peint des tableaux comme « Ajax frappé par la foudre » ou un « Prêtre en adoration », encore visible à son époque à Pergame. Il raconte que cet artiste est devenu très riche, et s'est rendu célèbre avec une Pénélope, un Jupiter et un Athlète. Il aurait eu pour rivaux Timanthès, Androcyde et Parrhasius. Pline introduit la figure de Zeuxis, dont il rapporte la célèbre anecdote des oiseaux qui s'étaient jetés sur son tableau représentant des raisins. Il considère que Parrhasios d'Éphèse « apporta lui aussi beaucoup de progrès » : il fut « le premier à donner à la peinture l'harmonie des proportions, le premier à fournir les détails des visages, l'élégance de la chevelure, la grâce de la bouche... » Il fait observer que Xénocrate et Antigonus ont écrit sur lui. Il le regarde comme le plus grand peintre de la Grèce. Il en vient ensuite à Euxinidas, le maître d'Aristide, « artiste admirable » et à Eupompus, le maître d'Apelle de Cos, qui, selon lui, surpassa tous les autres. Et il rapporte une anecdote concernant sa relation avec Protogène (qu'il admirait) à Rhodes, laissant une fine ligne tracée à main levée sur le tableau posé sur le chevalet. Apelle fut reconnu comme un maître incomparable pour ses portraits.

Toujours selon Pline, la peinture aurait atteint son summum à Rome, avant de se développer en d'autres lieux d'Italie. Il souligne son importance dans la religion et cite les Fabbi qui ont reçu le surnom de « Pictor ». Il évoque dans cette optique une composition du poète Pacuvius, qui a été fort louée. Il fait aussi état de Turpilius, qu'on peut admirer à Vérone. Il signale d'autres noms de peintres, comme Pédius, assez réputé, qui aurait représenté en 490 avant notre ère une bataille contre les Carthaginois en Sicile. Il suggère alors qu'il a existé une peinture d'histoire qui accompagnait les débats sur les questions militaires. Après les temples, c'est le forum qui s'avère le lieu d'exposition des tableaux. L'empereur Auguste aurait acheté à grand prix des tableaux qui avaient été disposés dans son forum et dans le temple de César. Tibère l'aurait ensuite imité. Enfin, il examine en détail les différentes couleurs utilisées par ces peintres.

Pline l'Ancien a procédé à une étude comparable pour la sculpture. Ce qui frappe, c'est qu'il ait tenté d'établir l'histoire de la peinture jusqu'à son époque avec les moyens à sa disposition (œuvres subsistantes et écrits), en cherchant à localiser les œuvres et en relatant des moments de la vie de leurs créateurs, tout en cernant leur manière de peindre et leur caractère. Il a ainsi ébauché les premiers fondements d'une histoire de l'art. Si aucune étude sur les arts ne voit encore le jour, il n'en reste pas moins que Pline a tracé une voie qui sera reprise à la Renaissance, dans un autre esprit.

6 *Quand apparaissent les signes avant-coureurs de la Renaissance ?*

Le Moyen Âge n'a pas mis un seul instant entre parenthèses la pensée sur l'art, loin de là. Mais les questions se posaient en des termes théologiques, aussi bien Occident qu'en Orient, à Byzance. L'esthétique était devenue une dépendance de la pensée de la transcendance divine. Il fallut atteindre la Renaissance et même la fin de ladite période pour qu'on commence à se retourner vers le passé pour en tirer des sommes avant tout historiques mais parfois critiques.

D'aucuns seraient d'avis que tout aurait débuté avec Giorgio Vasari (1511-1574) et ses *Vies des meilleurs peintres, sculpteurs et architectes* (*Vite de' più eccellenti pittori, scultori e architettori*), qu'il a mis trois ans à écrire et qui a été publié en 1550, puis augmenté en y ajoutant un certain nombre de ses contemporains et réédité en 1568. Aussi importante qu'ait pu être cette œuvre, elle offre d'abord une conception nouvelle de l'histoire et, en palimpseste, une ébauche de critique. Il ne faut pas omettre qu'à l'époque il existait déjà des hagiographies d'un genre nouveau, comme les *Dialogues avec Michel-Ange* de Francisco de Holanda (1517-1584), seconde partie d'un essai édité à Lisbonne en 1548, *Da Pintura Antigua.* L'aspect le plus important de ce court ouvrage est d'avoir fourni un témoignage direct du grand créateur et d'avoir rapporté ses propos. François de Hollande, fils d'un peintre des Provinces-Unies, né à Lisbonne, architecte et peintre lui-même, est sans doute le premier à avoir imaginé ce type de conversation entre un grand artiste et un émule. Il est suivi presque aussitôt, en 1553, par la *Vie de Michel-Ange* (*Vita di Michelangelo Buonarroti*) d'Ascanio Condivi (1525-1574), lui aussi peintre et sculpteur. Ce volume est intéressant à plus d'un titre. Il nous rapporte les opinions du maître à l'époque où il réalise *Le Jugement dernier*. Son objectif était alors de faire taire les rumeurs hostiles au vieux maître. Ces deux ouvrages resteront un modèle pour les décennies à suivre et seront largement imités. De surcroît, Paolo Pino (1534-1565) a voulu affirmer en 1548 la suprématie de la peinture vénitienne dans son *Dialogo di pittura*, sorti des presses en 1548.

Dans un autre registre, le Florentin Raffaello Borghini (1537-1588), dramaturge, traducteur et romancier, auteur d'une *Diana pietosa, favola pastorale*, a imaginé de composer des considérations sur la peinture sous forme de dialogues en prenant pour exemples des peintures de Giovanni Battista Naldini et la vie de Filippo Brunelleschi. Intitulé *Il riposo* (« Le Repos ») parce que cette conversation est censée s'être déroulée dans la villa, qui se nomme ainsi, propriété de Bernardo Vecchietti (l'un des personnages de cette discussion), le livre paraît en 1584 et a été conçu comme un complément critique à l'entreprise de Vasari, développant des points que ce dernier a négligés ou carrément écartés. Borghini s'attache tout particulièrement à vanter les mérites du Tintoret, de Véronèse, de Barocci et des artistes du *studiolo* de François Ier de Médicis. Mais l'auteur a aussi tenu à dresser un panorama assez vaste de l'état des arts plastiques depuis la fin de la Renaissance. Il s'agit enfin d'une vive réaction à l'encontre du maniérisme qui était arrivé à son point culminant.

Le livre le plus important qui achève cette période est celui de Gregorio Comanini (vers 1550-1608). Prélat, poète, disciple du Tasse, il a fait mettre sous presse en 1591 une œuvre fondamentale, *Il Figino*, du nom de son ami peintre, Ambrogio Figino (1553-1608). Celui-ci participe à un débat avec Comanini et l'écrivain Stefano Guazzo (1530-1593), auteur de *La civil conversazione* et des *Dialoghi piacevoli* (Milan, 1586). Que Comanini fut, dans ses conceptions, plus platonicien qu'aristotélicien est important mais ne semble pas avoir eu une importance décisive dans la rédaction de ce grand traité où il est débattu de nombreuses questions, où il fait l'éloge d'Arcimboldo comme expression la plus élevée de l'allégorie et où il a jeté les fondements d'un renversement complet des conventions établies dans les arts. Il remet en question la position de la peinture (d'où le sous-titre « *overo del fine della pittura* ») : l'idée centrale est d'expliquer pourquoi la peinture peut être considérée l'égale de la poésie. Il semble à peu près certain que de cette tentative soit née l'apparition d'une nouvelle iconographie, celle d'une allégorie de la peinture jusqu'alors inconnue et qui va se développer au XVIIe siècle, en particulier avec Giovanni Battista Crespi. Si, dans sa forme, il demeure dans l'optique des dialogues de son siècle, dans le fond, il avance des idées audacieuses et annonce surtout la montée en puissance des revendications des artistes aspirant à être reconnus à l'égal des autres créateurs.

En somme, le XVIe siècle n'a certes pas imaginé l'usage de la critique dans le sens qu'on lui a donné depuis Diderot, mais il y a tout de même apporté un nombre significatif d'éléments constitutifs, en combattant ou défendant par exemple une école (Gregorio Comanini était proche des maniéristes), en développant une vision de la hiérarchie de l'art et de ses objectifs principaux. De plus, les artistes contemporains étaient toujours plus pris en considération.

7 *Peut-on déjà discerner au XVIIe siècle l'esquisse d'une pensée critique au sein de la pensée historique sur l'art ?*

Sans doute serait-il nécessaire de reprendre la question d'une manière radicalement différente, d'abord en donnant plus de contenu à la notion de jugement. En effet, on est en droit de se demander quels en sont les fondements. Ni la raison, ni des données objectives (techniques, par exemple) ou historiques – l'histoire de l'histoire de l'art, qui se développe depuis peu, est un excellent outil pour statuer sur la question de la vérité historique, qui est sans cesse l'objet d'une contestation et, en fin de compte, d'une permanente révolution de ses concepts et de ses affirmations) – ne sauraient l'accréditer pleinement. Surtout si nous le plaçons sur une balance où le savoir se trouve sur un plateau alors que les oscillations du goût le contredisent sur l'autre plateau. Sans doute peut-on trouver un élément de réponse à cette problématique dans l'ouvrage de Jean-Baptiste Du Bos – plus connu comme l'abbé Dubos (1670-1742), chargé par Colbert de missions diplomatiques secrètes avant de passer au service du Régent, et de se consacrer à la rédaction de textes historiques –, *Réflexions critiques sur la poésie et sur la peinture* (1719). Ce qui est saisissant, déjà dans sa préface, est que l'amateur d'art avisé qu'il a été part précisément de là :

> On éprouve tous les jours que les vers et les tableaux consentent un plaisir sensible. Mais il n'en est pas moins difficile d'expliquer en quoi consiste ce plaisir qui ressemble souvent à l'affliction, et dont les symptômes sont quelquefois les mêmes que ceux de la plus vive douleur. L'art de la poésie et l'art de la peinture ne sont jamais plus applaudis que lorsqu'ils ont réussi à nous affliger...

Il soutient un peu plus loin que le sentiment est premier dans la réception de l'œuvre : « Ainsi je ne sçaurois espérer d'être approuvé si je ne parviens point à faire reconnoître au lecteur dans mon livre ce que se passe en lui-même, en un mot des mouvements de son cœur. » Son livre développe longuement les thèmes des « émotions naturelles » et des passions. Et il s'intéresse de près à l'appréciation qui peut être faite d'un tableau : « Pour être capable de juger de la louange qui lui est duë, il faut sçavoir à quel degré il a approché des artisans qui sont les plus vantés, pour avoir excellé dans les parties où il a réussi lui-même... » Il déclare donc avec prudence que la réputation du peintre, qui est chaque fois à examiner, doit d'abord dépendre du « suffrage de ses pairs ». Toutefois, il corrige cette confirmation professionnelle en affirmant que « les personnes du métier [...] ne sont point pour cela les juges uniques du mérite du tableau ». Il distingue un certain nombre de cas où ce jugement bute, est mis en défaut, par exemple à propos d'une attribution, d'une copie, d'une œuvre retouchée, mais aussi quand il est déterminé par des querelles de personnes ou d'écoles – il évoque le cas de la toile de Le Sueur cachée le soir par les chartreux pour ne pas être outragée par les élèves de Le Brun –, ou encore par un manque de discernement – il cite la reconnaissance tardive de la valeur de Poussin par les Italiens.

Ce livre d'une originalité et d'une pertinence indéniables, maintes fois réimprimé et qui lui a ouvert toutes grandes les portes de l'Académie française en 1720, ne présente aucun trait « critique ». Cependant, il laisse entrevoir la possibilité d'une critique et en souhaite l'avènement. Rien qu'en suggérant que les gens du métier ne seraient pas les seuls à avoir le droit de porter un jugement compétent et crédible sur la qualité d'une peinture ou d'une sculpture, il a ouvert une brèche, sans peut-être en mesurer l'ampleur.

La grande affaire du goût est sans nul doute la clef de voûte d'une approche nouvelle de la production artistique. Dans *Les Caractères, ou les Mœurs de ce siècle* (1688), Jean de La Bruyère (1645-1696), s'engage sans détours : « Il y a dans l'art un point de perfection comme de bonté ou de maturité dans la balance. Celui qui le sent et qui l'aime a le goût parfait ; celui qui ne le sent pas, et qui aime comme en deçà ou au-delà a le goût défectueux. Il y a donc un bon et un mauvais goût et l'on dispute des goûts... »

Au siècle suivant, seul Voltaire a pu afficher un grand scepticisme à propos de la question du goût, qu'il considère peu fiable, montrant l'embarras de l'amateur : « Il est souvent [...] incertain et égaré, ignorant même si ce qu'on lui présente doit lui plaire, et ayant quelquefois besoin, comme lui, d'habitude pour se former », écrit-il dans son *Dictionnaire philosophique*. Évoquant le siècle de Louis XIV, il affirme avec pessimisme que « le siècle du bon goût ne peut plus revenir ». Il ajoute : « Siècle heureux où le progrès et la perfection dans tous les arts auraient rendu la France rivale de l'Italie ! » Mais, en adoptant ce point de vue, il tombe dans le travers qu'il dénonce puisqu'il érige le bon goût au rang de valeur infrangible.

8 *Giorgio Vasari est-il le seul fondateur de l'histoire de l'art moderne et de la critique d'art ? Qu'apporte Lomazzo ?*

Depuis la Renaissance, et encore bien timidement, les auteurs se sont attachés à parler des artistes et de leurs accomplissements en suivant surtout l'exemple de Giorgio Vasari, qui s'est employé à écrire, en l'espace d'à peine plus de deux ans, ses *Vite de' più eccellenti pittori, scultori e architettori*, publiées à Florence en 1550 en deux volumes, augmentées et présentées en trois volumes en 1568. Cet artiste, qui s'est révélé un grand écrivain et un historien plus scrupuleux qu'on ne l'a dit, malgré des bizarreries, des omissions, des exagérations nombreuses, avait amassé une masse considérable de témoignages en plus de ses observations personnelles, sans oublier qu'un certain nombre des peintres ou sculpteurs dont il a parlé étaient encore vivants quand il rédigea son œuvre monumentale. Même si Vasari cède parfois à la tentation d'imaginer des fins fantastiques à la vie de certains artistes – comme Le Parmesan, pour ne citer que lui –, il est incontestable que sa démarche a une rigueur historique. En définitive, ce monument est déjà un dépassement du système purement hagiographique. Mais ce n'est pas encore un travail historique au plein sens du terme : l'auteur s'est permis toutes sortes de fantaisies et d'affabulations dans quelques-unes de ses biographies et même des inventions pures et simples. Cependant, implicitement, il indique la direction d'un mode de recherche le plus fidèle possible, ce qui était impossible avec ses seuls moyens et les documents à sa disposition. Il est incontestable qu'on ne peut envisager une véritable histoire de l'art et même l'ébauche d'une critique des œuvres d'art sans ce travail, qui a pris plus de trois ans de son existence. De plus, il donne naissance au mythe de la renaissance de l'art dans la seule Italie, ne laissant qu'une place secondaire aux peintres du Nord. Il y a dans ses intentions la volonté de faire de Cimabue et de Giotto les pères fondateurs d'un *ars nuovo*. Et la modernité de son second volume est d'avoir inclus les peintres vivants – et lui-même pour conclure le tout ! –, résolu cette fois à montrer que cette grande tradition commencée au *trecento* se prolonge encore à l'époque du maniérisme.

Si l'on voulait examiner les choses avec un peu plus d'attention, il faudrait admettre au côté du nom prestigieux de Vasari celui du Milanais Giovanni Paolo Lomazzo (1538-1592 ou 1600), qui a été un peintre de talent, mais assez étrange – il n'est que de contempler son *Autoportrait en abbé de l'Académie du Val de Bregno* à la Pinacothèque de Brera à Milan. Il a eu un élève qui s'est fait un nom et que nous rencontrerons plus tard : Ambrogio Figino et le cycle de la chapelle Foppa dans l'église Saint-Marc, toujours à Milan. Devenu presque aveugle à l'âge de trente ans, il doit abandonner les pinceaux. Il se console en rédigeant des œuvres poétiques – où il établit une relation forte avec les grotesques –, des traités sur la peinture, sur la technique picturale mais aussi sur les artistes et ce qui les distingue. Son *Trattato dell'arte de la pittura, scoltura et architettura*, publié en 1584, est une curieuse synthèse, où il a élu Léonard de Vinci comme étant le plus grand maître, tout en affirmant que son art doit néanmoins se conjuguer avec celui de Raphaël et de Michel-Ange. De plus, il recommande fortement ce que Titien a pu apporter dans l'« harmonie chromatique ». Il valorise la tradition lombarde et est aussi élogieux de la peinture du Nord, qu'elle soit flamande ou allemande. Éclectique, c'est évident, mais avec de fortes convictions. Mais s'il a été un peintre maniériste extravagant, il faut souligner que, dans son livre, il met en garde les nouveaux artistes contre les excès du maniérisme. En fait, Lomazzo a tenté de parvenir à une définition plus abstraite et théorique de la peinture en examinant toutes les possibilités qui lui sont offertes. Il revendique plus de liberté dans la conception et donc le dépassement des codes édictés par Alberti et ses successeurs dans la construction de l'ouvrage : si la peinture est recherche d'une vérité, celle-ci peut être agrémentée par les ornementations. Il insiste aussi sur les aspects psychologiques des personnages. Ce faisant, il met l'accent sur la personnalité des peintres. Il s'agit donc bien d'une autre vision que celle de Vasari, qui a accepté la « tradition » telle qu'on se l'était représentée, c'est-à-dire voir dans chaque créateur une idée de la peinture qui s'est traduite dans les faits. Il y a chez lui, en germe, une vision déjà beaucoup plus moderne de l'art pictural.

9 *Quels ont été les successeurs de Vasari ?*

Après la publication de l'énorme monument à la gloire de la peinture essentiellement toscane réalisé par Giorgio Vasari, les *Vite de' pittori, scultori, architetti, ed intagliatori, dal Pontificato di Gregorio XIII del 1572 a' tempi di Papa Urbano VIII nel 1642*, rédigées par Giovanni Baglione (~1573-1643), un peintre ami et admirateur du Caravage dans sa jeunesse devenu ensuite également historien, viennent corriger un certain nombre de points litigieux. La grande différence entre les deux auteurs est que le second ne considère qu'une période de temps limité, ne remonte pas aux sources, et met l'accent sur le mécénat pontifical comme ressort principal de la création artistique.

Un peu plus tard, les *Vite de' pittori, scultori ed architetti moderni descritte da Gio. Pietro Bellori* (1672) marquent un tournant décisif dans ce système hagiographique, déjà métamorphosé par Vasari. En effet, Giovanni Pietro Bellori (1613-1696), commissaire avisé des Antiquités du Vatican nommé par Clément X en 1670, qui a écrit de nombreux livres sur la Rome antique – développe une vision très personnelle de l'évolution de l'art italien après la Renaissance. Il a passé trente ans pour venir à bout de cette colossale entreprise. Il y condamne le maniérisme et seuls Annibal Carrache et ses disciples bolonais trouvent grâce à ses yeux. C'est ainsi qu'il a fait appel à Agostino Carracci pour graver la grande *Crucifixion* du Tintoret illustrant son énorme somme. En outre, il stipule que l'artiste doit imiter la nature mais en la corrigeant avec *l'idea del bello* qui se forme dans son esprit. De là son aversion pour le Caravage et les caravagesques. Son principe d'*idea* est largement inspiré par le *Trattato della Pittura* de l'archevêque Giovanni Battista Agucchi (1570-1632), rédigé vers 1610. Ce grand admirateur du Dominiquin et d'Annibal Carrache a pour objectif de maintenir contre vents et marées les grands idéaux de la création artistique. Il concilie la philosophie de Platon et celle d'Aristote pour dire que les artistes doivent corriger la reproduction qu'ils font des êtres et des choses pour rejoindre l'idée du beau éternel. C'est un réajustement qui est d'ailleurs plus pratique que spéculatif : l'idéal est chez lui représentable grâce à un subterfuge. Son attitude, qui consiste à considérer que l'art connaît une décadence inéluctable en Italie, et surtout à Rome, va laisser le champ libre aux doctrines formulées en France, voulant que l'art français ait dû prendre le relais de l'art transalpin en crise. De plus, le fait qu'il ait introduit Poussin dans ses *Vies* en tant qu'héritier de Raphaël n'a fait que renforcer ce sentiment. Par ailleurs, il dépasse le principe de la pure description, respecté plus ou moins jusqu'à lui, en voulant faire apparaître l'œuvre telle qu'en elle-même dans l'esprit du spectateur. Ce n'est plus le sujet qui prime, mais l'action transposée. Il parle de peinture en empruntant à la poétique certains de ses instruments, comme l'*inventio*, le *dispositivo* et l'*elocutio*.

Ce faisant, il élargit le champ d'investigation d'un observateur érudit devant une œuvre d'art.

Dans un de ses derniers textes, *Descrizzione delle imagini dipinte da Rafaelle d'Urbino nelle Camere del Palazzo Apostolico Vaticano* (1695), il fait l'éloge de Raphaël. Il décrit les Chambres (*Stanze*) de ce dernier au Vatican et commence à prendre des notes en vue de ses *Vite*. C'était aussi un collectionneur avisé et il possédait des tableaux tels que le *Christ* du Corrège et plusieurs Titien, sans compter les études d'Annibal Carrache pour la galerie Farnèse. Il loue la sculpture antique, admire les qualités de Raphaël et reste fidèle à Carrache. Mais, s'il a entretenu des rapports étroits avec Le Dominiquin, il rencontre aussi Charles-Alphonse Dufresnoy, auquel il expose en détail ses conceptions esthétiques. Ce dernier s'en fait l'écho dans un poème intitulé *De Arte Graphica*. Toutefois c'est surtout avec Nicolas Poussin qu'il noue des liens précieux à l'époque où il publie son premier ouvrage, *Argomento della Galleria Farnese*, en 1657. Cette reconnaissance d'un artiste français dans une histoire jusque-là spécifiquement italienne est un tournant déterminant.

Il convient de ne pas oublier le travail mené par Giovanni Battista Passeri (1610-1679), qui était peintre. Il a désiré écrire une nouvelle vie des artistes, qui ne sera jamais publiée de son vivant, étant décédé avant son achèvement : *Vite de' pittori, scultori ed architetti che anno lavorato in Roma. Morti dal 1641 fino al 1673* (Rome, 1772). Il a poursuivi sa recherche dans la perspective ouverte par Baglione et surtout par Bellori, qui est manifestement son modèle, mais il s'attache plus à la chronologie, comme l'a fait le premier. Il a expliqué l'origine des arts, leur situation présente et les raisons qui les justifient. Il tient particulièrement à mettre en avant la personnalité de l'artiste plus que des idées générales sur la peinture. Son ouvrage a vu le jour seulement en 1772.

Dans le but de contrecarrer la suprématie revendiquée par Rome et la papauté, Filippo Baldinucci (1624-1697), dessinateur et aussi collectionneur, mène à terme une biographie du Bernin (elle paraît après sa mort), s'emploie à la réalisation d'un *Vocabulaire Toscan de l'art du dessin* (1681) et rédige les *Notizie de' professori del disegno da Cimabue in qua* (*Informations sur les professeurs de dessin*), qui paraîtra en six volumes à partir de 1681. Il s'est inspiré de plusieurs auteurs, par exemple du comte Carlo Cesare Malvasia, auteur de la *Felsina pittrice*, consacré aux artistes de Bologne, ou de Raffaele Soprani (1612-1670), auteur de *Vite de' pittori, scultori ed architetti genovesi*, consacré aux artistes Génois, paru après sa mort en 1674. Ce qui prouve que, déjà, de nombreux lettrés s'intéressaient de près à l'art et participaient aux discussions qu'il pouvait susciter. Par ailleurs, Carlo Ridolfi avait fait imprimer *Le Vite* en 1648.

Deux constats restent à faire en ce qui concerne la situation en Italie : le premier est que la plupart de ces travaux sont encore effectués par des artistes ; le second est que bon nombre de ces livres ont été composés pour vanter les mérites d'une école, mettant un terme à la suprématie absolue de la Toscane. La rivalité entre toutes ces écoles donne désormais une vision fragmentaire de l'art italien, même si elle fournit des informations très précieuses.

10 *Quelles sont les orientations de la pensée sur l'art dans l'Italie des XVIIe et XVIIIe siècles ?*

À l'issue des nombreux débats graves et tourmentés sur la dimension religieuse et morale de l'œuvre d'art qui se sont déchaînés après le concile de Trente, l'héritage de la Renaissance est toujours présent mais en partie remanié. Par ailleurs, la grande discussion théorique qui agite toute l'Europe est celle de l'imagination, de son rôle, de sa portée, de ses implications. Le prêtre oratorien Nicolas Malebranche (1638-1715), prophète de l'occasionnalisme, voit l'imagination comme la mère de tous les arts et elle est simultanément « la faculté déductrice dont les leurres doivent nous inspirer une salutaire horreur ».

Lodovico Zuccolo (1568-1630), écrivain et philosophe, dans son *Discorso delle ragioni del numero del verso italiano* (*Discours sur les raisons du nombre dans le vers italien*), publié à Venise en 1623, où il engage une polémique sur l'hexamètre, affirme que le jugement d'une peinture n'est pas seulement fait par l'organe de la vision, mais aussi par « certaine puissance supérieure » qui « connaît d'autant mieux [les choses] qu'elle a plus de pénétration native ou plus d'expérience dans l'art, sans toutefois se servir du raisonnement ».

Giovanni Pietro Bellori, qu'on a déjà évoqué, pupille du grand lettré et « antiquaire » Francesco Angeloni – qui possède une collection énorme d'antiques et de modernes –, commence par apprendre la peinture, mais y renonce pour se consacrer à l'archéologie et à l'histoire de l'art, avant de devenir, nous l'avons vu, le conservateur des Antiquités de Rome. En 1642, il publie un poème intitulé *Alla Pittura.* Trente ans plus tard, il ouvre ses *Vite* par une préface reprenant une conférence de 1664 sur l'idéal, qui demeure pour lui le principal critère de jugement. À ses yeux, l'art a dégénéré depuis la Renaissance et seul Annibal Carrache peut être retenu comme artiste de valeur après cette période faste de l'art, ayant dépassé les deux écoles qui en sont issues. Il a voulu réaliser une synthèse entre Raphaël, Titien et le Corrège. Son seul défaut est de ne pas avoir compris que la couleur des Vénitiens est supérieure à celle des Lombards. Il souligne qu'il a su allier l'invention, l'expression des passions, l'union de l'idée et de la nature. Bellori se révèle un farouche opposant au maniérisme : « Les artistes, abandonnant l'étude de la nature, ont vicié l'art par la manière ou plutôt par une conception fantasque, fondée sur le savoir-faire et non sur l'imitation. » Il est tout aussi hostile à l'esprit « naturaliste » du Caravage et de son école, en particulier le Cavalier d'Arpin. Il ne les ménage guère en disant : « Puisque le Caravage avait rabaissé la majesté de l'art [*la maestà dell'arte*], chacun prit des libertés avec lui, et il s'ensuivit le mépris pour les belles choses et pour l'autorité de l'antique et de Raphaël. » Son histoire évoque un petit nombre de peintres italiens, flamands et français, qu'il estime de grande valeur. À part Annibal Carrache, il apprécie Le Dominiquin, qui définit l'école romaine comme l'émanation de la peinture antique. L'école vénitienne est un trait d'union entre la nature et la peinture lombarde, avec plus de tendresse et d'assurance, alors que l'école toscane possède un trait minutieux et soigné.

Ce genre de jugements à l'emporte-pièce est repris par Giovanni Battista Passeri, un peintre qui a été l'élève du Dominiquin et a travaillé à Rome entre 1640 et 1673. Dans ses *Vite*, il ne fait qu'accentuer les partis pris assez arbitraires de Bellori, augmentés de considérations assez fantasques. Les biographies d'artistes se multiplient dans les principaux centres de la péninsule italienne, souvent en réaction contre les écrits de Giorgio Vasari. Filippo Baldinucci lui a répliqué dans ses *Notizie de' professori del disegno* : il y examine les peintres non par écoles, mais de manière chronologique, d'une décennie à l'autre. Et il évite les jugements péremptoires en acceptant les conseils de connaisseurs en peinture.

Une grande et fondamentale métamorphose de la façon de concevoir un traité sur l'art se fait jour avec le *Microcosmo della pittura* de l'érudit Francesco Scannelli (1616-1663), publié en 1657. C'est une histoire de la peinture italienne depuis la Renaissance, qui reprend plus ou moins les thèses essentielles avancée par Bellori en fondant les trois principales écoles sur Raphaël, Titien et le Corrège, et tenant Annibal Carrache pour l'accomplissement de toutes les valeurs de cette grande période. Mais il montre un discernement beaucoup plus grand quand il évoque la figure du Caravage :

> Et comme le véritable et ultime objectif du bon Peintre est l'imitation des corps naturels [...] il en dérive par conséquent que celui qui a su démontrer savoir animer les couleurs avec un meilleur artifice, faisant ressortir l'effet recherché, semble devoir recueillir le fruit de la plus grande gloire, se révèle être Michelangelo da Caravaggio dans le théâtre du monde, monstre unique de naturalisme porté par son propre instinct à l'imitation du vrai, et s'élevant de la copie des fleurs et des fruits, allant des corps moins parfaits jusqu'aux plus sublimes, et après aux irrationnels et aux portraits humains, et exécutant finalement des figures entières et faisant parfois des fragments d'histoires avec une telle vérité, une telle force et un tel relief, que bien souvent la nature, si elle n'est pas *de facto* égalée, est vaincue...

Il convient néanmoins de se souvenir aussi du peintre et graveur vénitien Marco Boschini (1613-1681) qui a publié *La Carta del navegar pitoresco* en 1660 et *Le Ricche minere della pittura veneziana* en 1674. Dans le premier de ces ouvrages, il a composé un poème sous forme souvent dialectale, qui est un dialogue entre un sénateur amateur d'art et un professeur (l'auteur en personne) : ils devisent en naviguant dans la haute et mouvementée Mer de la Peinture et en viennent à discuter avec une grande vivacité du maniérisme et du baroque. Dans le second livre, il a dressé dans le premier volume une carte des richesses artistiques de Venise. Il y privilégie les sensualistes, qui se font les apôtres de la connaissance par les sens, et apporte des commentaires très pertinents sur Titien et le Tintoret.

Au XVIIIe siècle s'amorce le déclin inéluctable de la littérature artistique en Italie. Elle ne reprendra un peu de vie qu'à la Belle Époque, une fois que le *risorgimento* aura réussi à réaliser l'unité de la péninsule.

III
La critique française

11 *Quels sont les principaux artisans de la suprématie de la France en matière d'historiographie historique ?*

Deux hommes sont à l'origine d'un total renversement de la perspective historique sur l'art depuis la Renaissance : André Félibien et Roger de Piles.

Les amateurs d'art qui avaient en tête d'affirmer la suprématie de l'art français se sont servi des critiques de Bellori à l'encontre de la décadence romaine et d'une grande partie des peintres italiens (à cause de la controverse sur la question du maniérisme), et ont tôt fait de mettre en avant cette situation pour démontrer que l'Italie était au terme de sa période glorieuse. C'est bien ce qu'a entrepris André Félibien (1619-1695), après avoir composé *De l'origine de la peinture et des plus excellens peintres de l'Antiquité* (1660), lorsqu'il a commencé la rédaction des *Entretiens sur les vies et sur les ouvrages des plus excellens peintres anciens et modernes*. Cette œuvre l'a fait passer pour le fondateur de l'histoire de l'art en France, ce qui n'est pas tout à fait faux. Il a fait un long séjour en Italie, où il a rencontré Lanfranco, Pierre de Cortone, mais surtout Nicolas Poussin (1594-1665), qui se prodigua en conseils. On a souvent dit que ce dernier avait souhaité rédiger un traité, dont Bellori aurait conservé un fragment, ce qui s'est révélé erroné car Poussin n'a jamais rien fait d'autre que de développer sa pensée sur la peinture dans sa correspondance. Quoi qu'il en soit, Poussin affirmait être le partisan d'une « manière magnifique », qui devait faire coïncider présentation et représentation ; et, en choisissant de grands sujets, il voulait aussi allier l'idée de l'essence à un style – une *manière* – personnel de caractère spécifique. Il apparaît comme le modèle de l'Académie parce qu'il a toujours affirmé qu'il fallait devenir « romain ». Félibien, riche d'une grande expérience de l'antique acquise lors de ce voyage romain et aussi de l'enseignement du grand peintre, est rentré en France où il a écrit plusieurs essais sur l'œuvre de Charles Le Brun entre 1665 et 1667 et un divertissant et polémique *Dialogue sur le coloris* qu'il achève en 1673. Entre-temps, il a achevé le premier volume d'une recherche de longue haleine, les *Entretiens*, consistant en un dialogue avec son ami Pymandre. À partir de 1666, les tomes paraissent avec régularité et le cinquième sort des presses en 1688. Son objectif principal a été aussi ambitieux que celui de Vasari. Mais si ce dernier a voulu mettre en relief la primauté absolue et la valeur universelle de l'art italien, de Cimabue jusqu'à lui-même, Félibien a pris encore plus de recul et a fait débuter son étude par celle des grands noms de l'Antiquité classique (Zeuxis, Apelle, etc.), poursuivant ensuite par l'examen de la peinture italienne de la Renaissance – là, il ne s'est guère éloigné des propos de Vasari, mais, contre son avis, il a exalté les dons de Raphaël – ; puis il a introduit les artistes flamands et allemands dans le Livre IV (où il est question de Michel-Ange), et fait apparaître les Français dans le Livre V aux côtés de Titien et du Tintoret. Le Livre VIII est entièrement consacré à Poussin, le *restitutor* de la grandeur française, qu'il regarde comme le fondateur d'une peinture nouvelle, et les deux livres suivants, les derniers, à ses contemporains. Somme toute, il s'est donné pour tâche de démontrer que l'histoire de la création artistique s'est déplacée de la péninsule italienne au royaume de France. Il se range sagement à l'avis de Le Brun. Pour ce qui est des œuvres, il met l'accent sur la noblesse du sujet, sur sa dimension éthique ; il exalte l'imagination qui peut s'ouvrir au « génie », distingue la beauté (proportion et harmonie) et la grâce (liée aux sentiments de l'âme). Il opte pour un moyen terme entre la stricte rationalité cartésienne et la foi dans la grandeur insurpassable de l'humanisme de la Renaissance.

Roger de Piles (1636-1709) est d'abord diplomate – après avoir obtenu la neutralité des cantons suisses, Louvois l'a envoyé en Hollande où il est resté emprisonné cinq ans ; mais il est aussi peintre et graveur. Il est l'auteur de nombreux livres, dont l'*Abrégé d'anatomie* (1667), de *Conversations sur la connaissance de la peinture*

(1677), d'une *Vie de Rubens* (1681), d'un *Dialogue sur le coloris* (1699), qui est son credo, un ouvrage qu'il a écrit au terme d'un vif débat au sein de la jeune Académie opposant les partisans du primat du dessin contre ceux de la couleur – il en est d'ailleurs sorti vainqueur et a convaincu le duc de Richelieu de vendre ses Poussin pour acheter des Rubens –, et de nombreux manuels pratiques sur la technique de la peinture dont les *Éléments de peinture pratique*, qui a paru bien après sa mort en 1774. Mais son œuvre majeure est un *Abrégé de la vie des peintres, avec des réflexions sur leurs ouvrages* (1699), qui a été réédité après sa mort, en 1715, enrichi d'un « abrégé de sa vie et plusieurs additions ». Les principes au fondement de son travail sont assez voisins de ceux de Félibien.

En sa qualité de défenseur de Poussin, Roger de Piles a été un défenseur de la primauté du dessin : dans ses *Cours de peinture par principes*, il professe l'idée du « vrai composé ou vrai parfait », qui se traduit par un équilibre savant entre « l'imitation simple et fidèle de la nature » et « l'abondance des pensées, la richesse des inventions », doctrine qui lui fait outrepasser les bornes de la pure et simple imitation du réel. Son étude sur *L'École d'Athènes* de Raphaël a été pour lui un excellent tremplin pour exposer sa théorie. Au-delà de leurs différences, Félibien et Roger de Piles ont essentiellement recherché les bases d'une histoire de l'art rénovée et orientée en faveur du déplacement du centre de la création européenne en France – « *Ad majorem Regis gloriam* » (« Pour la plus grande gloire du Roi »). Ils valorisent les artistes du Grand Siècle comme Giorgio Vasari avait encensé les artistes de la Renaissance, à Florence, Parme, Milan, Venise et Rome. Mais loin d'eux l'audace de commenter les œuvres de leurs pairs (ce qu'avait fait Vasari sans vergogne). L'abbé Dubos a eu maille à partir avec les membres de l'Académie et surtout avec le puissant Le Brun, qui a fini par lui nuire au sein de cette noble assemblée d'artistes. La plus grande réserve leur a permis de mener à bien leur immense chantier historique.

La suprématie indiscutable de Nicolas Poussin et son rôle exemplaire ne sont pas seulement le fait de Bellori et de ses successeurs français, mais aussi d'un peintre et graveur allemand, Joachim von Sandrart (1606-1688), qui a conçu, en collaboration avec le poète Sigmund von Birken, le *Teutsche Academie der Edlen Bau- Bild- und Mahlerey-Künste*, qui a paru en plusieurs volumes entre 1675 et 1679. Il y a inclus une vie de Poussin qui ne fait que conforter les efforts des amateurs d'un pays qui aspire à s'emparer de la flamme sacrée de l'art.

12 *De quelle manière vont-ils être suivis et interprétés ?*

Avant de voir quel est l'héritage des histoires de Roger de Piles et d'André Félibien, il convient de faire état d'un débat qui montre à quel point la question artistique était devenue très aiguë dans la seconde moitié du XVIIe siècle, en somme après la fondation de l'Académie : Abraham Bosse (1602/1604-1676), tourangeau et huguenot, graveur très talentueux, s'est vu nommer, fait exceptionnel, membre honoraire de l'Académie en 1651, pour y enseigner son art. Il en est exclu dix ans plus tard. La raison en est qu'il a tenu des propos qui ont contrarié certains membres éminents de cette assemblée et, entre autres, Charles Le Brun. Il professe une certaine rigueur dogmatique pour les règles de la perspective, ce qui n'est pas qu'une question purement technique : cela met en jeu une certaine idée de l'histoire de l'art. Pour l'essentiel, il ne se différencie pas des grands artistes de l'époque, même s'il se sent plus proche de la peinture réaliste vénitienne que de l'école toscane ou romaine. Avec eux, il est cependant d'accord sur l'essentiel et tient à souligner son rejet du maniérisme. Mais il a à redire sur ses contemporains, comme il le fait dans les *Sentiments sur la distinction des diverses manières de peinture, dessin et gravure et des originaux d'avec leurs copies* en 1649 et surtout dans *le Peintre converty aux précises et universelles règles de son art*, inspiré par un poème en latin de Charles-Alphonse Dufresnoy, traduit par Roger de Piles, *De arte graphica*, en 1667 – mais il est probable que l'ouvrage a vu le jour plus tard). Dans cette conversation à quatre voix, le peintre reconnaît quels sont les arguments « judicieux » qui doivent suivre l'enseignement des « histoires » (mythologies), ajoutant qu'ils doivent « se détacher de toutes ces idées qui leur peuvent venir à l'esprit – idées ressemblant non seulement aux modernes, mais aussi aux grecques, aux romaines et autres qui ne leur conviennent pas. C'est ce qu'a parfaitement bien compris le grand Raphaël, et son élève Jules Romain, et tels autres, et surtout depuis peu, en ce merveilleux et universel peintre, feu Monsieur le Poussin... » Plusieurs discussions dans les livres de Bosse ne sont pas simplement d'ordre mathématique : elles abordent d'autres traités, comme celui de Fréart de Chambray, *Idée de la perfection de la peinture demonstrée par les principes de l'Art*. En somme, la stricte technique devient un sujet de débat sur la valeur comparée des artistes dans le temps. De nombreuses attaques sont d'ailleurs lancées contre lui. Son dogmatisme déplaît et gêne car il fige l'histoire et ne laisse que peu de marge à la fantaisie.

D'autres écrivains sont d'ores et déjà entrés en lice pour défendre et illustrer à leur tour une vision gallicane de l'histoire de l'art. Roland Fréart de Chambray (1606-1676), frère du sieur Paul Fréart de Chantelou (1609-1694), a été envoyé à Rome avec ce dernier pour rassembler des antiquités pour la Couronne. De retour en France, il traduit les *Quattro libri dell'architettura* (*Les Quatre Livres de l'architecture*) de Palladio et le *De Architectura* de Vitruve, produit un grand ouvrage sur l'architecture antique et rédige un curieux traité contre la peinture « libertine », qui s'inscrit dans la perspective d'une série de conseils sur la conduite de l'artiste répondant aux nouveaux canons du classicisme à la française : il considère que celui qui a un penchant à être agréable dans la couleur, qui nie les préceptes de la géométrie, de la perspective et de l'anatomie, est libertin. Il condamne le matérialisme sans foi ni loi qui s'est insinué dans les arts de son époque. Venturi rappelle à cette occasion que Chantelou a qualifié également l'architecture du Bernin de « libertine ».

Quoi qu'il en soit, l'idée fait son chemin et, en définitive, d'une manière assez rapide et décisive. Il s'agissait non de nier l'importance de l'art italien, mais de montrer que désormais l'art français triomphe.

13 *La création de l'Académie royale à Paris change-t-elle les données de la littérature artistique ?*

La fondation de l'Académie royale de peinture et de sculpture en 1648 a pour objet de mettre en pratique tout ce que les grandes académies italiennes du XVIe siècle – celle de Vasari en premier lieu, à Florence, mais aussi celle des trois frères Carrache à Bologne –

ont pu ébaucher et désirer : l'enseignement sérieux des matières utiles à l'exercice de l'art, la constitution d'une collection d'œuvres modernes, l'émancipation de l'artiste de la tutelle contraignante des guildes professionnelles ainsi que la reconnaissance de sa valeur intrinsèque (sur le plan social, mais surtout intellectuel) et, enfin, la liberté de présenter leurs productions à un aussi vaste public que possible, au lieu d'être les otages des collectionneurs, rois ou princes, riches bourgeois et autorités du clergé. La solution envisagée pour régler ce dernier problème a été d'imaginer une exposition régulière des membres de ladite Académie. Mais Cela a nécessité de longues années avant de parvenir à une concrétisation satisfaisante.

La création de l'Exposition a lieu au palais du Louvre le 23 avril 1667. Elle fut bien modeste. On la répète deux ans plus tard, dans la cour du palais Richelieu, puis en 1681 et en 1699 dans la Grande Galerie du Louvre, à l'initiative de l'architecte Jules Hardouin-Mansart. Celles de 1704 et de 1706 ne sont toujours que les maigres prémisses de ce que devrait être une manifestation sous le haut patronage du roi et organisé par une institution aussi importante.

De la même façon que les bonnes intentions en matière d'enseignement ont été assez vite oubliées – cours sporadiques, délivrés selon le bon vouloir des membres de l'institution –, le rythme bisannuel des expositions souhaité par Colbert – qui avait pourtant été son meilleur protecteur – n'a pas été maintenu : il n'y en a que deux entre 1700 et 1724, dans la Grande Galerie du Louvre. C'est en partie le succès du Salon de la Jeunesse, qui a lieu lors de la foire installée place Dauphine le jour de la Fête-Dieu – les peintres ont obtenu le droit d'y accrocher en toute liberté leurs tableaux aux étals des marchands –, qui a décidé les Académiciens à finalement réagir, d'autant plus que le *Mercure de France* a publié un article rendant compte en termes élogieux des œuvres exposées, et insistant sur la présence de nombreux amateurs. En 1725, un nouvel article fait état du succès de l'événement, capable d'attirer « une infinité de spectateurs ». De plus, malgré l'interdiction formelle qui leur est faite, certains Académiciens ont fini par montrer à leur tour leurs derniers travaux : Nicolas Lancret, Charles-Antoine Coypel, François de Troy, François Boucher y prennent part, à la suite de Jean-Siméon Chardin. Mais le Salon de 1725, qui ne dure que dix jours et n'est honoré que de la présence des Anciens, est un fiasco. Deux ans passent et le duc d'Orléans décide de présenter au Palais

Royal les collections du Régent à la place du Salon. Le directeur des Bâtiments, le duc d'Antin, est soucieux de relever le défi et organise une exposition digne de ce nom dans la salle d'Hercule, au palais du Louvre. Charles-Antoine Coypel, Jean-François de Troy, directeur de l'Académie de France à Rome (1738-1752), Pierre-Jacques Cazes y montrent de grandes, d'impressionnantes « peintures d'histoire ». Mais, une fois de plus, malgré un succès relatif, l'entreprise est vouée à rester sans lendemain. En réalité, le Salon ne commence à connaître un peu de notoriété et de public qu'en 1737. À partir de cette date, il devient l'un des plus grands événements de la vie culturelle à Paris.

La réussite a parfois un revers inattendu. Les artistes exposant au Salon sont parfois maltraités dans des libelles anonymes qui usent sans ménagement de l'ironie et du sarcasme. Ces feuilles existent déjà depuis longtemps. On sait qu'en 1690 Jean Rou s'est indigné avec véhémence que le Salon ait pris l'apparence d'une agora des arts où le premier venu peut afficher son opinion devant des ouvrages que seuls des connaisseurs avisés devraient avoir le droit de commenter. Il s'insurge contre la facilité avec laquelle des néophytes discutent sans honte des « innocentes figures » des maîtres. Il poursuit en disant que « c'est une erreur qui, toute grossière qu'elle est, n'a pourtant que trop de vogue dans le monde, où la plupart des gens, même les savants et les plus beaux esprits, tombent dans le faible de s'ériger de leur propre autorité en juges compétents des mystères d'une profession dont il n'y a que les initiés qui aient une véritable connaissance... » Les pamphlets sont devenus si nombreux et si insolents que Jean-Baptiste Gresset (1709-1777), l'auteur de *Vert-Vert ou les Voyages du perroquet de Nevers* et de nombreuses comédies, compose un poème pour fustiger les railleurs qui se dissimulent lâchement sous un masque. Il se montre toutefois sévère à l'encontre de la grande prétention des membres de l'Académie. Rien n'y fait : les quolibets et les railleries fusent de toute part.

En dépit des protestations des artistes et de leurs défenseurs, cet engouement pour ces pamphlets insolents ne se dément jamais au cours du XVIIIe siècle. Les feuilles se multiplient, toutes plus irrespectueuses les unes que les autres, et des vendeurs à la sauvette se pressent à l'entrée du Salon. En 1770 paraissent les *Plaintes de M. Badigeon, marchand de couleurs, sur les critiques du Sallon de 1771*. L'auteur qui ne signe pas de son nom (cela va de soi) s'appelle en réalité

Daudet de Jossan. Il a écrit par ailleurs une *Lettre sur les peintures, gravures et sculptures qui ont été exposées cette année au Louvre* (1769) qu'il signe « M. Raphaël, peintre de l'Académie de Saint-Luc. Entrepreneur général des Enseignes de la Ville, Faubourgs et Banlieues de Paris, à M. Jérôme, son ami, Rapeur de tabac et Riboteur ». Ce petit ouvrage a reçu, l'année même de sa sortie, une réponse habile de Charles-Nicolas Cochin fils (1715-1790), graveur et dessinateur – il a réalisé le frontispice de l'*Encyclopédie* –, assumant la charge de garde des dessins du Cabinet du roi et de secrétaire de l'Académie, qui tente de se placer sur le même terrain que ce détracteur au talent indéniable : il donne la parole à un Chinois, à un aveugle, à « une demoiselle de quatorze ans » et à un Juif... Le satiriste a ensuite écrit deux autres opuscules, la *Lettre de M. Raphaël le jeune, élève des écoles gratuites de dessin...* et, en 1771, *L'Ombre de Raphaël, ci-devant peintre de l'Académie de Saint-Luc, à son neveu Raphaël...* Ces lettres, qui ne sont pas sans rappeler la *Lettre sur la peinture, la sculpture et l'architecture* (1749) de l'abbé Gougenot – c'est avec lui que Jean-Baptiste Greuze se rend à Naples –, ont un impact certain. Plusieurs artistes sont outrés et exigent une censure. Ce sont eux qui invitent Cochin à répondre à leurs accusateurs et notamment à ce Daudet de Jaussan, impertinent devant l'Éternel. À partir de 1750, les artistes font leur caricature et, à partir de 1770, les critiques leur rendent la pareille à la suite de Daudet de Jaussan. Ce dernier est intarissable au sujet des arts et fera encore imprimer un *Éloge des tableaux exposés au Louvre le 26 août 1773. Suivi de l'entretien d'un Lord avec M. L'Abbé A**** (Paris, 1773).

Au début, il n'est question que d'une presse clandestine écrite dans un style « poissard », qui ne peut donc porter à conséquence. Mais en 1741 paraît un libelle rédigé par un inconnu qui manifestement en sait long sur la peinture et qui examine avec attention et un grand discernement les ouvrages de Maurice Quentin de La Tour (1704-1788), Charles-Antoine Coypel (1694-1752) et Jean-Baptiste Oudry, entre autres. Il s'exprime à propos de *La Toilette du matin* de ce dernier, qu'il traite plutôt avec sympathie, ce qui signifie que ses intentions ne sont pas de se mettre du côté des rieurs :

> Il ne vient pas là une femme du tiers-état qui ne croie pas que c'est une idée de sa figure, qui ne voie son train domestique, ses manières rondes, sa contenance, ses occupations journalières, sa morale, l'humeur de

> ses enfants, son ameublement, sa garde-robe. Quant au sujet dont il s'agit, on remarque une grande connaissance de la nature, d'abord dans l'action corporelle qui est aisée et vraie, dans le mouvement intérieur.

À force de requêtes et de plaintes, on obtient que les auteurs de textes irrespectueux ou de ce genre de commentaires plus gracieux et surtout plus cultivé, soient signés par leurs auteurs de leur nom véritable. Rien n'y fait. En 1767 circule un autre article d'une belle facture, au point qu'on l'a bientôt attribué à Jean-François Marmontel (1723-1799), l'encyclopédiste, et même à Denis Diderot, ce qui était assez peu probable. Il fait beaucoup jaser et on se l'arrache littéralement. L'Académie est résolue à le faire interdire mais, comme l'observe Louis Petit de Bachaumont (1690-1771), auteur supposé de *Mémoires secrets* : « La fureur du public avait déjà emporté une infinité d'exemplaires. » Les peintres et sculpteurs sont excédés et certains d'entre eux ne veulent plus prendre le risque de se montrer au Salon ; d'autres, comme Boucher et le chevalier Pierre – Jean-Baptiste Marie Pierre (1714-1789) –, demandent qu'on en écourte la durée, la bête noire de Diderot. Jean-Louis Viel de Saint-Maux remarque en 1785 que cette littérature peu respectueuse de leur métier exerce une influence indéniable sur les lecteurs et est parfois préjudiciable aux artistes vilipendés : « On a vu des particuliers qui, après avoir commandé le tableau exposé, ne voulaient plus le prendre après lecture de critiques, et plaider pour y être forcés. »

En dépit du mécontentement et de l'exaspération qu'ils suscitent dans le monde de l'art, ces petits brûlots, de facture le plus souvent médiocre à de rares exceptions près, ne représentent en fin de compte qu'une nuisance relative. Des hommes de lettres chevronnés – curieusement, ce sont pour la plupart des ecclésiastiques : Le Batteux, Jean-Baptiste Dubos, l'abbé Leblanc – tentent de voler au secours de la noble assemblée ; mais leur prose austère n'a guère de poids face à ces pages goguenardes qui amusent le chaland. Elle a pourtant une vocation pédagogique qui n'est pas négligeable, mais qui ne parvient pas toujours à atteindre le but recherché car leurs écrits s'adressent à une élite cultivée.

14 *Quel rôle joue La Font de Saint-Yenne dans la naissance d'une critique de la peinture de son temps ?*

C'est en l'an de grâce 1747 que paraissent les *Réflexions sur quelques causes de l'état présent de la peinture en France. Avec un examen des principaux ouvrages exposés au Louvre*, sans nom d'auteur. Mais celui-ci n'est pas un inconnu : il s'agit d'Étienne La Font de Saint-Yenne (1688-1771). En effet, ce dernier est loin d'être un ignorant en arts plastiques. Il est lui-même dessinateur et un des membres de la jeune Académie de Lyon. Gentilhomme de la reine de 1729 à 1757, il connaît un grand nombre des peintres qui travaillent à Versailles, dont François Lemoyne (1688-1737), un maître du rococo alors triomphant. Il a déjà écrit un court essai sur les toiles de Noël-Nicolas Coypel (1690-1734), sans doute le plus doué de toute cette famille d'artistes. C'est d'ailleurs ce dernier qui perce son anonymat et prononce le 5 août 1747 une conférence à l'Académie pour lui répliquer. L'abbé Raymond lui avait déjà répondu vertement dans les pages du *Mercure de France*. L'auteur démasqué est surpris par la violence que suscitent ses écrits et il envoie au *Mercure* une ferme et intelligente défense de son point de vue.

Il est vrai que ses propos ne sont pas dépourvus de sévérité pour l'ensemble du microcosme de l'Académie. Il reproche à ses membres d'avoir avant tout négligé la peinture d'histoire, c'est-à-dire le grand genre et il souligne : « Le peintre historien est le seul Peintre de l'âme, les autres ne peignent que pour les yeux. » Il recommande la création d'un véritable musée permettant l'étude des meilleures créations de l'art ancien. Ce n'est pas un novateur, bien au contraire : il est convaincu que l'artiste doit puiser son inspiration et ses connaissances dans les œuvres des écrivains illustres – Homère, Virgile, n'allant pas plus loin que John Milton et Le Tasse. Le trait le plus saillant de son réquisitoire concerne le présent et il veut persuader son lecteur qu'il est absolument indispensable qu'un genre nouveau de littérature artistique fondée sur le « sentiment » permette de séparer le bon grain de l'ivraie. Il en appelle donc à une analyse critique des peintures et des sculptures qui n'hésiterait pas à fustiger celles qui sont déplorables. Il n'a pas peur de condamner le manque d'application et d'étude de la majeure partie de ses contemporains :

« La plupart des peintres sont peu inventeurs parce qu'ils sont peu studieux. » Cette accusation porte un coup aux ambitions initiales de l'Académie royale. Ce faisant, il semble faire écho à un article écrit par le poète et librettiste Louis-Charles Michel de Bonneval (mort en 1766) dans le *Mercure* l'année précédente, où ce dernier appelait de ses vœux une réforme passant par un passage au crible de tous les ouvrages présentés à la curiosité publique :

> Il serait à souhaiter qu'elle [l'Exposition] soit l'objet d'un examen judicieux, dans lequel on ferait sentir le caractère de chaque Peintre, et les différentes parties dans lesquelles ils excellent. [...] Un pareil ouvrage instruirait par degrés et insensiblement mettrait les spectateurs qui ont quelque gêne en état de ne pas hasarder des jugements aussi bizarres que ceux que j'ai quelques fois entendus.

Toutefois, M. de Bonneval n'en appelle pas à un examen critique systématique, mais à une pédagogie favorisant l'étude des peintures.

Mais une voix qui n'est plus anonyme – celle de La Font de Saint-Yenne – avait déjà exigé le droit de se faire sa propre opinion et l'avait exercé. Et ce droit vaut quelle que soit son origine sociale et quelle que soit sa culture : « Un tableau est un livre mis au jour de l'impression. C'est une pièce représentée sur le théâtre : chacun a le droit d'en porter son jugement. Ce sont ceux du Public les plus réussis et les plus équitables que l'on a recueillis et que l'on présente aux Auteurs et point du tout le sien propre. » Et il s'y emploie sans ménagement. Avec lui, l'esprit critique s'installe dans l'appareillage conceptuel de l'art au milieu du XVIIIe siècle et va en modifier radicalement l'interprétation. Il est persuadé que les praticiens sont les moins aptes à juger les œuvres car ils sont aveuglés par leur amour-propre et leurs rivalités. Pour lui, le savoir technique conduit à « la froideur et la sécheresse » des règles. Il ne pose donc pas au connaisseur ayant un point de vue dépassant en valeur celui du simple amateur. La « démocratie » du goût qu'il suggère n'est peut-être qu'un moyen de damer le pion aux Anciens et aux Agréés de l'Académie. Mais elle laisse entrevoir une approche sensible de l'œuvre d'art qui échapperait au contrôle de ses hautes instances et même de ses acteurs.

La Font de Saint-Yenne n'est pas vraiment tendre, loin de là, à l'égard de ses contemporains. Il éprouve une détestation toute particulière pour François Boucher sur lequel il écrit des phrases assassines : « On désirerait dans ses chairs un coloris plus fort et plus rigoureux, dans ses airs de tête plus de noblesse et d'expression, surtout dans ses Vierges. » Boucher représente pour lui l'expression éclatante de la décadence et aussi de la dépravation. Il souhaiterait que les peintures soient des exemples de vertu et qu'elles puissent servir les mœurs par la représentation des actions vertueuses et héroïques. Il n'aime guère plus Charles-Joseph Natoire (1700-1777), qu'on loue alors à l'égal de Boucher : il considère sa peinture faite « dans un petit goût de mode très clair à la vérité ». Il est plutôt sévère à l'encontre de Carle Van Loo (1705-1765). À propos de sa *Visitation*, il tient à déclarer : « L'idée n'est pas noble, ni l'effet heureux puisqu'il appauvrit la composition. » Et il n'est pas mieux disposé à l'égard d'Antoine Watteau (1684-1721), pourtant disparu depuis plus de vingt ans, n'hésitant pas à le tailler en pièces : « Un assemblage informe de couleurs qui détiennent tout, et qui ne laissent aux figures ni vie ni ressemblance. À quel point de dégoût les roses de Sieur Trémolières sont-elles aujourd'hui : flétries, qu'il a mis si fort à la mode. » Il n'est guère plus clément pour Charles Parrocel (1688-1752), peintre de batailles. Mais il adule Jean-Marc Nattier (1685-1766) et Claude-Joseph Vernet (1714-1789), peintre de marine. Quant à Jean Siméon Chardin, il le ménage avec prudence : il lui reconnaît du bout des lèvres, sans le dire, du talent, mais lui reproche de « rendre avec un vrai qui lui est propre et singulièrement naïf, certains moments dans les actions de la vie nullement intéressants, qui ne méritent par eux-mêmes aucune attention, et dont quelques-uns n'étaient dignes ni du choix de l'Auteur, ni des beautés qu'on y admire. »

15 *De quelle façon les artistes pensent-ils se défendre de la critique pendant le Grand Siècle ?*

Claude-Henri Watelet (1718-1786) – auteur de *L'Art de peindre* (1760), un livre en vers détesté par Diderot ! – a répondu à La Font de Saint-Yenne avec vivacité, le traitant de « Mouche de la Fable » (*Lettre des jeunes élèves de peinture*...). De son côté, le grand Coypel rédige un *Dialogue* vengeur en 1747 où il le met en accusation : il insiste sur le danger que font encourir aux arts « des gens de lettres, qui, voyant un tableau, négligent de parler sur les parties auxquelles ils doivent de connaître, et font de pompeux galimatias sur le clair-obscur, la couleur, l'exactitude du dessin. Le peintre alors rit en lui-même avec justice aux dépens de ceux qui auraient pu lui donner d'utiles conseils. » Il est l'auteur d'un autre libelle qui s'en prend aux critiques, *Le Singe*, publié en 1748. Il y écrit : « Que voit-il ? Du passable, du mauvais, rien de parfait. » Par la suite, il dessine le frontispice d'un opuscule anonyme attribué à Jacques Lacombe intitulé *Le Salon en vers et en prose, ou Jugement des ouvrages exposés au Louvre* (1753). Cette gravure sur cuivre montre La Font de Saint-Yenne comme un maniaque armé d'une loupe, un « lorgneur » en somme, s'en prenant à l'œuvre d'un peintre dans l'escalier du Salon.

D'autres publications ont suivi celles-ci. En 1763, Charles-Nicolas Cochin publie anonymement un ouvrage comique et très virulent contre La Font de Saint-Yenne, *Les Misotechniques aux Enfers*. Six ans plus tard, il répond à Daudet de Jossan dans *L'Observateur littéraire*. Cochin prend à son tour un ton volontiers humoristique, de nature rabelaisienne même, dans l'esprit de ce dernier, qui se fait appeler Raphaël...

16 *Sous quels auspices la critique d'art voit-elle le jour à l'âge des Lumières ?*

La critique d'art, comme genre littéraire, n'est pas apparue par l'opération de Saint-Esprit, pas plus qu'elle n'est sortie toute armée du cerveau de Denis Diderot comme Athéna du crâne de Zeus. Plusieurs plumes de qualité l'ont précédé sur cette voie, comme l'abbé Raynal (1713-1796). Ordonné prêtre en 1733, nommé à l'église Saint-Sulpice en 1746 qu'il abandonne peu après à la suite d'un scandale, il devient ensuite un des historiens les plus importants de son temps en publiant successivement une *Histoire du parlement d'Angleterre* (1748), des *Anecdotes historiques, militaires et politiques* (1753), une *Histoire du divorce d'Henry VIII* (1763) et surtout une *Histoire philosophique et politique des établissements & du commerce des Européens dans les deux Indes* (1770-1820), à laquelle Denis Diderot a collaboré, et une *Révolution de l'Amérique* (1781). Collaborateur de l'*Encyclopédie* et des *Nouvelles littéraires* de 1747 à 1755, il a rédigé deux *Salons*, en 1748 et en 1750, dans la *Correspondance littéraire*. À cette occasion, il s'intéresse de très près à Chardin, dont il écrit : « Sa manière de peindre est singulière. Il place les couleurs l'une après l'autre de sorte que son ouvrage ressemble un peu à la mosaïque des pièces de rapport faite à l'aiguille qu'on appelle "point carré" » (*Correspondance littéraire*, 1750). Un autre grand précurseur est indubitablement l'abbé Le Blanc (1707-1781), spécialiste de David Hume et des questions anglaises, qui prend la plume en 1747 pour parler des arts.

Il ne faut surtout pas omettre de parler de Guillaume Baillet de Saint-Julien (1726-1795), auteur mystérieux (on sait peu de chose de son existence) des *Caractères des Peintres François actuellement vivans* et du *Peintre-poète ou Les passions*. Dans ses livres, il dévoile des réflexions de caractère plus théorique que celles exposées dans les premiers *Salons* ou dans les essais de ses prédécesseurs. Il fournit une définition de la peinture qui favorise le rôle du sentiment et des émotions au détriment de l'exactitude de l'imitation. Il réclame de l'artiste de la passion et de l'imagination. De plus, en insistant pour exiger du peintre qu'il lui fasse ressentir des passions, il ne témoigne d'aucune crainte à l'égard de l'enseignement des arts tel qu'il est dispensé alors, et exprime un profond changement d'attitude par rapport à l'institution académique et à la fonction de la peinture. Fervent admirateur de Boucher, ce qu'on peut vérifier dans sa *Lettre sur la peinture, sculpture et architecture...* de 1749, il apprécie chez lui non les peintures libertines, mais surtout la manière dont il représente les fermes, tout ce qui lui fait découvrir des grottes, les *vedute* de Rome, Tivoli, les vues de Sceaux et d'Arcueil. Il admire aussi sa décoration du palais du fleuve Sangar, le jeu de la voûte et les reflets sur les colonnes, souvent taillées à demi dans la roche et toute leur ornementation fantastique de coquillages et de plantes aquatiques. En 1763, il publie à Londres *La Peinture. Ode de Milord Telliab, traduite de l'anglois par un amateur de l'Encyclopédie*. En fait, Telliab est l'anagramme assez transparente de Baillet. Comme le titre le laisse vaguement supposer, ce bref essai (22 pages) consiste en un éloge du peintre Jean-Baptiste Oudry (1686-1755). Il va jusqu'à y affirmer : « Descartes eut renoncé à son système en voyant les Tableaux ; Bougeant eut écrit moins frivolement son *Langage des Bêtes.* » Sans aucun doute fait-il allusion à la théorie de Descartes sur les animaux-machines. Peut-être fait-il aussi allusion à la conférence que Le Brun (1619-1690) a faite en 1668 à l'Académie sur l'expression générale et particulière, l'homme se changeant en animal et réciproquement – ce texte sera repris dans un livre posthume, paru en 1698 : *Méthode pour apprendre à dessiner les passions.* Il est aussi un admirateur inconditionnel de Jean-Honoré Fragonard qui avait peint à son intention *Le Jeu de la Main chaude* et *Le Cheval fondu* – c'est un jeu très en vogue à cette époque.

L'ami de Diderot, Friedrich-Melchior Grimm (1723-1807) a produit des *Salons* en 1753, 1755 et 1757. Et il faut aussi signaler un personnage hors du commun, Charles-Joseph Mathon de La Cour (1738-1793), qui est l'auteur de plusieurs essais curieux d'érudition, comme, par exemple, *Par quelles causes et quels degrés les lois de Lycurgue se sont altérées chez les Lacédémoniens jusqu'à ce qu'elles ayent été anéanties* (1767) ou *Discours sur les meilleurs moyens de faire naître et d'encourager le patriotisme dans une monarchie* (1787). Il collabore au *Journal des Dames* entre 1762 et 1777 puis aux *Mélanges littéraires et philosophiques* et à l'*Almanach des Muses* (qui paraît jusqu'en 1789). Il s'intéresse beaucoup aux arts et il écrit les *Lettres sur les peintures, sculptures et gravures exposées au Salon du Louvre* (1763-1767). Dans sa seconde *Lettre adressée à Madame* ***, il déclare que les ports de France peints par Claude Joseph Vernet (il s'agit d'une commande royale) sont « une des entreprises qui feront le plus d'honneur au goût de notre siècle ». Il ajoute :

> Le Public, accoutumé à recevoir avec empressement les productions du pinceau de M. VERNET, a eu le plaisir d'admirer cette année plusieurs Tableaux de cet Artiste célèbre. Les plus considérables sont la vue du Port de Rochefort (n° 89) & celle du port de La Rochelle (n° 90) qui font partie de la suite des ports de France exécutée pour le Roy sous les ordres de M. le Marquis de Marigny. La vue du port de Rochefort est prise du magasin des colonies, elle est terminée à droite par le bâtiment de la corderie & à l'autre extrémité du Port par les magasins. On y voit un Vaisseau sur le chantier et un autre dans un bassin pour y être radoubé. C'est le moment du départ d'une Escadre, la marée est haute, & l'heure du jour est le matin. La vue du port de La Rochelle est prise

de la petite rive. M. Vernet y a peint des Rochelaises, des Poitevines, des Saintongeoises & des Ollonnaises, ce qui jette dans l'habillement des figures une variété fort originale. La mer est haute & l'heure du jour est au coucher du soleil. M. Vernet est asservi dans ces sortes d'ouvrages comme on l'est dans les portraits pour rendre fidèlement ses modèles. Cependant l'effet de cet esclavage ne se fait point sentir. Il choisit si adroitement ses points de vue qu'on prendrait ses tableaux pour des chefs-d'œuvre de l'imagination la plus heureuse. Son coloris est vrai et brillant, ses figures sont dessinées avec esprit, toutes ses attitudes sont expressives, on retrouve partout la Nature. Il paroit que cet Artiste a fait une étude singulière. Il se plaît à exprimer les beaux effets. Ses ciels sont admirables. Dans le tableau du Port de Rochefort, une vapeur légère annonce que le soleil n'est pas bien avancé dans sa carrière. On croit sentir la fraîcheur du matin. Dans la vue de La Rochelle, M. Vernet a exprimé d'une manière plus piquante encore & qui lui est plus particulière, le moment où le soleil en se couchant dore le Ciel de ses rayons. La magie de la perspective, l'action & le mouvement des figures, l'accord qui se trouve entre les différents groupes, l'unité & l'harmonie de l'ensemble, la précision des détails, toutes ces parties se trouvent réunies chez M. Vernet.

Charles-Joseph Mathon de La Cour – qui n'a pas signé de son nom tous ses ouvrages –, a tenu des propos relativement négatifs, à fleurets mouchetés, sur Noël Hallé (1711-1781) et Carle Van Loo, ou encore sur le Montpelliérain Joseph-Marie Vien (1716-1809) dont il dit sans ménagement à propos de son *Mac Aurèle distribue au peuple du pain et des médicaments* (1765) : « On ne verra ni batailles, ni triomphes, ni les crimes des dieux, ni la furie des conquérants, mais des précieuses de bienveillance et de vertu. » À part lui, la plupart des auteurs se sont maintenus sagement dans la perspective indiquée par André Félibien et Roger de Piles : leur but reste de faire reconnaître l'art français comme étant l'art majeur en Europe, mais sans s'encombrer d'un lourd appareil historique pour le justifier. Ils se dispensent de tout commentaire déplaisant ou pouvant nuire à la réputation des artistes, s'abstenant de prendre la plume quand un peintre leur déplaît. Ils se comportent à l'égal d'observateurs "impartiaux" et non à l'instar des philosophes et encore moins des écrivains. Leurs travaux sur le sujet de l'art ne sont pas mal tournés en général, mais il leur manque une vision théorique, une solide culture sur l'art ancien et, plus que tout, une pensée esthétique et un style ayant du caractère.

En dépit de cette retenue de la plupart des dilettantes, l'Académie royale, face à une situation où elle se sent sans cesse plus menacée par des hommes capables de dénigrer les plus beaux fleurons de leurs disciplines, n'a pas été capable de s'organiser pour se défendre. Quand les attaques commencent à se multiplier et à se faire plus incisives, elle est tout à fait démunie. La démonstration la plus flagrante en est la parution des *Mémoires secrets pour servir à l'histoire de la République des Lettres en France... ou Journal d'un observateur* (pas moins de trente-six volumes de 1777 à 1789, mais leur parution a commencé en réalité en 1767). Ces « mémoires » ont longtemps été attribuées à Louis-Petit de Bachaumont, qui évolue dans le milieu des amateurs d'art et qui fréquente les Académiciens. Mais il est peu probable qu'il ait pu les écrire, car il était déjà très âgé, ayant 77 ans en 1767. La discussion sur la question a fait dire à d'aucuns qu'il n'aurait été que l'artisan des premières ; d'autres se sont persuadés que différents écrivains ont produit les suivantes, ce qui est peu probable. Elles sont toujours divisées en trois sections principales, la peinture d'histoire, la peinture de genre, la dernière partie étant réservée à la sculpture et à la gravure. Bernadette Fort a démontré que les *Lettres* s'appuient explicitement sur les écrits de Roger de Piles, de l'abbé Dubos et du peintre Michel-François Dandré-Bardon (1700-1783), auteur d'un *Traité de peinture suivi d'un Essai sur la sculpture* en deux volumes publiés en 1765, peut-être sur l'avis de Cochin. Ces *Lettres* sont parfois très détaillées et étudient les œuvres avec beaucoup d'acuité, comme, par exemple, *Le Miracle des Ardents* (1773) de Gabriel-François Doyen (1726-1806, prix de Rome en 1748 puis nommé à l'Académie), dans le volume de 1767, ou encore la *Caravane* de François Boucher deux ans plus tard. Ces « fausses » correspondances ne dérogent pas entièrement aux règles en vigueur à l'époque. Mais les artistes peuvent parfois être traités de la pire des manières, victimes d'un trait de plume assassin. On y voit apparaître des visages nouveaux : Élisabeth Vigée Le Brun (1755-1842), qui y est admirée ; Jacques Louis David (1748-1825), un jeune talent qui est approché avec intérêt ; Jean-Baptiste Regnault (1754-1829), qui est loué en 1783 pour son *Éducation d'Achille par le centaure Chiron* (« On ne peut pas nier qu'il n'y ait un mérite dans celui-ci... »). Il est certain que l'écrivain qui a commis ces *Mémoires secrets* possède une solide culture, est un excellent connaisseur et a fait preuve d'un jugement souvent éclairé. On croit savoir aujourd'hui qu'ils ont été rédigés par Mathieu-François Pidansat de Mairobert (1727-1779), un ami proche de Restif de la Bretonne qui, se croyant déshonoré, s'est suicidé. Mais cet homme demeure assez énigmatique et sa vie est mal connue.

17 *Comment Denis Diderot métamorphose-t-il la critique d'art et en fait-il un genre littéraire à part entière ?*

Denis Diderot, qui a fait ses études au collège des jésuites de Langres, sa ville natale, reçoit la tonsure en 1726. Il étudie ensuite à Paris et est reçu maître ès arts en 1732. On ne sait pas précisément s'il s'est penché sur le droit, sur la théologie, ou sur les deux à la fois. En revanche, il est notoire qu'il a rencontré Jean-Jacques Rousseau en 1742 et qu'il a été placé de force dans un couvent par son père l'année suivante pour punir son inconduite. Son œuvre d'écrivain débute vraiment quand il achève la traduction de *An inquiry concerning Virtue or Merit* de Shaftesbury (1699), publié en 1745 sous le titre *Essai sur le Mérite et la Vertu*. Anthony Ashley-Cooper, 3e comte de Shaftesbury (1671-1713), auteur de *A Letter concerning Enthusiasm* (*Lettre sur l'enthousiasme*, 1708, sans nom d'auteur), *A Notion of the Historical Draught or Tablature of the Judgment of Hercules* (1713) et de *Characteristics of men, manners, opinions, times*, qui regroupe l'intégralité de son œuvre, a cultivé une philosophie empreinte de théologie qui a eu une grande influence pendant tout le XVIIIe siècle. Pour lui, toutes choses s'inscrivent dans un ordre cosmique harmonieux qui est sans coup férir le signe d'une conception divine. Il en déduit que le beau serait une valeur objective qui naît en tout lieu où l'on reconnaît cet ordre cosmique harmonieux. On retrouve chez lui une représentation théologique proche de celles qui ont été professées au Moyen Âge. Il s'oppose résolument à l'égoïsme de Hobbes et vise l'étude du grand dessein universel et sa compréhension par l'humanité. En outre, il s'est intéressé à la traduction d'un dilemme moral par des images dans le langage (Hercule est pour lui le modèle de ce genre de contradiction). Sa correspondance sur les points d'érudition est impressionnante. Il a fait preuve d'un intérêt poussé pour les choses de l'art et surtout la peinture. Il écrit sévèrement : « Nous n'avons pas encore produit dans notre pays [l'Angleterre] rien digne d'être mentionné ». Il pense que la pratique des « arts du dessin » conduirait à

> des régions plus hautes, plus sérieuses et nobles de l'imitation qui regarde l'histoire, la nature humaine, et le premier degré ou ordre de la beauté, celui de la vie rationnelle, distinct de celui purement végétatif et sensible des animaux et des plantes, conformément aux différents degrés ou ordres de la peinture dont votre Seigneurie trouvera dans la modeste *Notion of Draught.*

À partir de 1746 commence pour Diderot la grande aventure semée d'embûches de l'*Encyclopédie ou Dictionnaire raisonné des sciences, des arts et des métiers*, qu'il dirige avec d'Alembert et qu'il affronte entouré de collaborateurs choisis parmi les esprits les plus prestigieux de son temps. C'est lui qui rédige l'article « Art », pris dans le sens de compétence technique. Il le qualifie néanmoins de terme « abstrait et métaphysique ». Quand il évoque le but « des Arts en général », il affirme que l'homme n'est que « le ministre ou l'interprète de la nature ». Puis il insiste sur « le défaut de définitions exactes ». Il demande aux artistes de suivre de près les découvertes des savants et insiste sur les progrès de la géométrie, mais il élude curieusement les beaux-arts, s'intéressant plutôt aux arts mécaniques et à l'art militaire. Et, à propos du concept de beau, c'est lui qui se charge également de l'article. Il postule que ce concept repose sur une science des proportions et conclut que l'« application de ce principe peut varier à l'enfance, et ses modifications accidentelles occasionnent des dissertations et des guerres littéraires ». Dans cette tentative d'éclaircissement, Diderot s'appuie sur les Anciens, sachant en soutirer des règles strictes. En ce qui concerne l'artiste, il imagine un dialogue entre ce dernier et « ceux de son art, c'est-à-dire les hommes les moins disposés à lui rendre justice, qui connaissent tous les mérites de ses productions ». Et de conclure, en parlant de la poésie et de la peinture simultanément, que « c'est en vain qu'on en fait un [art] de lire et de voir ». En dépit d'hésitations manifestes, il a déjà en tête d'aborder le problème dans une formule critique, qu'il limite à ce stade à une relation dialectique entre les peintres et les sculpteurs.

Il écrit et il écrit beaucoup : cette année-là, il achève ses *Pensées philosophiques*, puis suivent *La Promenade du sceptique* (1747), *Les Bijoux indiscrets* (1748) et la *Lettre sur les aveugles* (1749) où s'affirme l'originalité de ses conceptions. Après un bref séjour dans les geôles du château de Vincennes, il fait paraître ses *Lettres sur les sourds et les muets* en 1750 et, un peu plus tard, il mène à bien un ouvrage des plus curieux, *L'Histoire et le secret de la peinture en cire* – un texte très court qu'il reprend bientôt dans l'*Encyclopédie*. Il écrit d'autres livres, tels *Le Fils naturel* et les *Entretiens*. *La Religieuse* ne tardera pas ensuite à faire scandale. Tous les volumes de l'*Encyclopédie* ayant été rédigés – les volumes paraissent de 1751 à 1772, non sans difficultés –, il accepte de collaborer à la *Correspondance littéraire*... de F. M. Grimm à partir de 1756, sur des sujets artistiques : son jeune ami lui demande de parler du Salon de peinture et de sculpture. En 1759, son premier compte rendu du Salon paraît dans cette revue manuscrite destinée à un public de princes, de rois et d'empereurs.

Après avoir passé la première partie de son existence à l'étude de questions très diverses et s'être essayé à tous les genres, du roman à la pièce de théâtre, il va se tourner vers les arts et écrire pas moins de neuf *Salons*, le dernier paraissant en 1781. Cet intérêt croissant se traduit par la conception des *Essais sur la peinture* en 1766, les cinq premiers paraissant dans les pages de la *Correspondance littéraire*. Il les a complétés en ajoutant deux chapitres sur l'architecture, et un supplément au chapitre sur le clair-obscur. L'ouvrage dans son intégralité n'a paru qu'après sa disparition, en 1795, avec l'ensemble des *Salons*. Il indique que ces réflexions font suite à la visite du Salon de 1765. Il intitule son premier chapitre d'une manière peu commune : « Mes pensées bizarres sur le dessin », sans doute pour masquer la rupture qu'il entend provoquer dans la doctrine des arts telle qu'elle s'impose encore. Selon lui, « la nature ne fait rien d'incorrect » – ce en quoi il adhère aux thèses les plus traditionnelles, comme celles défendues par Shaftesbury. Il en appelle au respect scrupuleux de ses lois. L'étude de l'écorché, de l'anatomie en général, est incontournable. Mais la réalité demeure le seul modèle authentique. Il refuse donc toute forme de *manière*. En ce qui concerne la couleur et le grand conflit ouvert qui l'oppose depuis plus d'un siècle au dessin à cause de la domination de ce dernier, il règle la question en deux lignes péremptoires : « C'est le dessin qui donne la forme aux êtres ;

c'est la couleur qui leur donne la vie. Voilà le souffle qui les anime. » Il pense que le peintre penche vers les couleurs sombres « s'il fait toujours nuit dans sa tête mélancolique » ; et s'il est « ictérique », il voit tout en jaune. Il est totalement convaincu que « rien dans le tableau n'appelle comme la couleur vraie ». Et il ajoute : « L'arc-en-ciel est en peinture ce que la beauté fondamentale est en musique... » Avec modération, il se range dans le camp des coloristes, à la suite de Roger de Piles. Il pense aussi que l'imitation des maîtres du passé ou du présent, leur choix, sont fondamentaux pour le progrès des artistes (« Celui qui étudiera Chardin sera vrai », déclare-t-il). Il considère, dans la même optique, que la couleur s'impose comme l'expression des passions. Quant au clair-obscur, il est persuadé que « ce sera la distribution variée des ombres et des lumières qui ôtera ou donnera à toute la scène son charme général ». Il suggère que « les ombres ont aussi leurs couleurs », fidèle en cela aux préceptes de Léonard de Vinci. Il va plus loin que lui en suggérant qu'un corps rouge projette une ombre rouge. Ces considérations sur les ombres lui fournissent l'opportunité de disserter sur le proche et le lointain, qui implique une « phénoménologie » – le tableau et ces « objets » se précisent à mesure qu'on se rapproche du tableau (il fait une exception pour Rembrandt, qui ne favorise que le détail qu'il a perçu du « point de vue qu'il a choisi ».) Il analyse rapidement toutes les subtilités de l'expression, des Grecs antiques aux maîtres de la Renaissance (Raphaël, Guido Reni, etc.), pour enfin s'attacher à la composition qu'il veut « simple et claire ».

18 *Pourquoi Diderot introduit-il une clause morale dans son discours ?*

Mais, parvenu à ce point, il introduit une notion paraissant étrangère au discours sur ce sujet : « La peinture a cela de commun avec la poésie, et il semble qu'on ne s'en soit pas encore avisé, que toutes deux doivent être *bene moratæ* ; il faut qu'elle ait des mœurs. » Il l'explique ainsi : « Rendre la vertu aimable, le vice odieux, le ridicule saillant, voilà le projet de tout honnête homme qui prend la plume, le pinceau ou le ciseau. » L'esquisse de révolution esthétique qu'il préconise à pas mesurés pour transformer le sens de la peinture et de la sculpture est contrebalancée par sa requête impérative d'une création ayant pour finalité l'éthique. Sans doute, il pousse le raisonnement jusqu'à la critique politique – par exemple la dénonciation du fanatisme qu'il reprend de Hobbes mais surtout de Shaftesbury. Il en vient du même coup à remettre en question la division de la peinture en peinture de genre et peinture d'histoire, sans la réfuter mais en la relativisant. Il ose alors avancer une définition nouvelle : « Il fallait appeler peintres de genre les imitateurs de la nature sensible et vivante. » Cela veut dire, selon lui, que les peintres qui travaillent dans cet esprit pratiquent un art exigeant

> autant d'esprit, d'imagination, de poésie même ; égale science du dessin, de la perspective, de la couleur, des ombres, de la lumière, des caractères, des passions, des expressions, des draperies, de la composition ; une imitation plus stricte de la nature, des détails plus soignés ; et que nous montrant des choses plus connues et plus familières, elle a plus de jugé et de meilleurs juges.

Il désire plus d'élévation dans l'imagination, une autre poésie, plus étrange. Il fait sienne la formule qu'on trouve dans l'*Art poétique* d'Horace : « Les peintres et les poètes ont toujours eu la permission de tout oser [...]. Mais c'est à condition qu'on n'abusera point de ce droit, pour allier ensemble les contraires, et qu'on n'accouplera pas les serpents avec les oiseaux. »

La conclusion qu'il apporte est assez déconcertante. Qu'est-ce que le goût ? « Une chose de caprice. » Le beau ? « Aucune règle immuable. » En revanche, il veut en revenir à des préceptes anciens : « Le vrai, le bon et le beau se tiennent de bien près » –, ajoutant aussitôt que c'est « une vérité purement spéculative ». Il fait néanmoins du goût la clef de voûte de son jugement : « C'est ainsi que le plaisir s'accroîtra à proportion de l'imagination, de la sensibilité et des connaissances. » Dans son esprit, le goût est par conséquent « une facilité acquise par les expériences réitérées, à savoir le vrai ou le bon, avec la circonstance qui le rend beau », et la faculté « d'en être promptement et vivement touché ». Et de terminer son ouvrage sur la difficulté de juger l'œuvre extraordinaire. De là l'incertitude du succès de tout ouvrage de génie. L'homme d'exception est seul, irrémédiablement. On ne l'apprécie qu'en le rapportant, qu'en le confrontant immédiatement à la nature. Le seul pouvant remonter jusqu'à ce point est un autre homme de génie.

Dans son essai sur « l'esthétique de Diderot » (*Diderot dans l'espace des peintres*, 1991), Jean Starobinski en tire la leçon suivante : il est « disposé à tout aimer ; la diversité l'enchante [...]. À la condition que chaque catégorie de peinture soit traitée selon le "faire" et l'harmonie qu'elle requiert, il les aime et les accepte toutes : il est "pantophile"... » L'admirable commentateur n'a pas tort, mais il semble oublier que le projet de Diderot est plus ambitieux encore puisqu'il n'accepte pas tous les genres selon leur hiérarchie convenue, mais les confond en un seul : pour commencer, il abolit le grand et le petit genre, il détruit une partie consistante de la tradition plastique issue de la Renaissance, il tranche dans le vif en rendant caduque la dispute interminable sur le dessin et la couleur, et il fait le portrait de l'homme de goût, seul capable de – et seul habilité à – décréter la valeur intrinsèque d'une œuvre d'art. Ce « génie », qui reçoit ce pouvoir précieux, inestimable, est le « poète », et c'est le « poète » de l'ère des Lumières, donc un encyclopédiste dans l'âme, homme de sciences, philosophe, romancier et homme de théâtre le cas échéant, à la fois créateur et penseur. En sorte que ce critique très préparé et très doué, qui remplace le bienveillant dilettante et l'amateur éclairé, n'est autre que lui-même. Le critique et le peintre (ou le sculpteur, ou encore le graveur) doivent se trouver sur un pied d'égalité.

De plus, il invente le style, et donc la forme du Salon, qui, tout en évoluant considérablement, restera en gros la même jusqu'au début du XXe siècle. Ce compte rendu doit dépasser la simple relation de la visite commentée d'une exposition : ce doit être une œuvre en soi.

19 *Comment se développe l'esprit des Salons chez Diderot ?*

Le premier de ses *Salons*, celui de 1759, est très court. L'auteur s'y montre déjà sans concession. Il s'adresse à un ami, comme s'il lui envoyait une missive. Il ne fait de préambule que pour réaffirmer la prééminence du goût. Et il n'est pas tendre pour les participants de cette saison : « Beaucoup de tableaux, mon ami, beaucoup de mauvais tableaux. J'aime à louer. Je suis heureux quand j'admire. » Il brocarde sans pitié Hyacinthe Collin de Vermont (1693-1761), Jean-Marc Nattier (1685-1766), Charles Michel-Ange Challe (1718-1778), Jean II Restout (1692-1768), Joseph Aved (1702-1766). Et même Jean-Baptiste Greuze (1725-1805), dont il appréciera les compositions ancillaires, n'échappe pas à ses coups de griffes. Il n'a alors d'yeux que pour Joseph Vernet et Chardin.

Avec le *Salon* suivant (1761), il est plus modéré et les œuvres sont étudiées plus attentivement et en détail. Il invite cette fois ses lecteurs à une promenade agrémentée de ses propos au sein de l'Exposition. Ses jugements sont en général plus étayés, en tout cas pas à l'emporte-pièce. Il donne aussi des considérations plus générales sur l'art et sur les nouvelles tendances qui se font jour, disant entre autres choses : « Il me semble que nos peintres sont devenus coloristes. » Et, cette fois, il dévoile son sentiment sur l'événement. Après avoir salué chaleureusement les portraits et les paysages de Francesco Casanova (1727-1802), le frère de l'auteur de l'*Icosameron*, il déclare : « Récapitulons : jamais nous n'avons vu plus beau Salon. Presque aucun tableau absolument mauvais ; plus de bons que de médiocres, et en grand nombre d'excellents. » Même François Boucher, qu'il n'apprécie guère, est gratifié d'un compliment. Et il revient à de bons sentiments à l'égard de la peinture française contemporaine : « On peut peindre plus en France. On ne peint guère en Italie. La France est donc la seule contrée où cet art se soutienne, et même avec éclat. » Il en profite pour faire un éloge appuyé de Greuze – en particulier à propos du *Père de famille* – et ce passage est le *pezzo forte* de son *Salon*. Il est évident qu'il a changé de stratégie et que l'affrontement direct n'est pas la meilleure des tactiques. Il ne renie pas ses convictions, mais parvient à les habiller avec plus de subtilité.

Le *Salon* de 1763 est pour lui l'occasion d'apporter une modification de poids à la notion de goût en imaginant une communauté de personnes capables de comprendre les progrès réels de la peinture. Il corrige aussi sa proposition initiale en postulant que « c'est le génie d'un seul qui fait éclore les arts, c'est le goût général qui perfectionne les artistes ». Et il donne en exemple les Anciens qui ont su récompenser les peintres et les sculpteurs. Il propose une idée qui lui paraît décisive pour décrire le Salon : « Je vous parlerai des tableaux exposés cette année à mesure que le livret qu'on distribue à la porte du Salon me les offrira. » Chaque artiste de renom a désormais droit à un article autonome et relativement conséquent : Carle Van Loo, Restout, Louis-Michel Van Loo (1707-1771) – peintre officiel de la cour de Philippe V d'Espagne et membre fondateur de l'Académie de Madrid –, Étienne Jeaurat (1699-1789). Il n'en continue pas moins à s'en prendre avec délectation et une certaine férocité à ses bêtes noires (Hallé, le chevalier Pierre, Challe). Et il vante les compositions de Chardin en des termes lyriques : « Ô Chardin, ce n'est pas du blanc, du rouge, du noir que tu broies sur ta palette ; c'est la substance même des objets, c'est l'air de la lumière que tu prends à la pointe de ton pinceau et que tu attaches sur la toile. » Quand il se retrouve devant les toiles de Greuze, il s'exclame avec fougue : « C'est vraiment là mon homme que ce Greuze. » Et le pourquoi de ce choix est simple à comprendre : il répond parfaitement à un aspect de sa théorie. « D'abord, le genre me plaît. C'est la peinture morale. »

Le tableau de Greuze qu'il illustre avec minutie est *La Piété filiale*. Il invite l'artiste à poursuivre en ce sens, ce qui ne l'empêche pas de lui adresser par ailleurs quelques reproches mineurs. Ainsi Diderot s'avance en s'appuyant sur une contradiction apparente : l'amour de la peinture pure avec Chardin et de la peinture morale avec Greuze, deux catégories somme toute inconciliables. Mais si le premier a assurément sa préférence sans la moindre discussion, il a besoin du second pour que ses thèses soient acceptées – d'autant plus qu'il entend, *sotto voce*, remplacer la peinture religieuse par cet art édifiant, mais bourgeois.

Deux années passent encore, et voilà notre écrivain qui accouche d'un *Salon* encore plus volumineux. Il se dispense de la plus menue entrée en matière. Il débute en s'intéressant en premier lieu à ses têtes de Turc (Hallé, Carle Van Loo) et s'en prend de façon encore plus précise à Boucher, qu'il ne peut supporter : « Je ne sais quoi dire de cet homme-ci. La dégradation du goût, de la couleur, de la composition, des caractères, de l'expression, du dessin a suivi pas à pas la dégradation des mœurs. » À ses yeux, la peinture en déclin et le libertinage de mise à Versailles, c'est-à-dire au cœur du pouvoir absolu, ne sont en réalité qu'une seule et même chose. D'où l'utilité d'un artiste tel que Greuze, qui lui permet de lancer des piques politiques sous un déguisement esthétique. Quoi qu'il en soit, il massacre les tableaux de Boucher l'un après l'autre avec un luxe de formules assez offensantes. À propos de Greuze, il écrit un long récit sur sa *Jeune fille qui pleure son oiseau mort*, sur *L'Enfant gâté* et *Le Fils ingrat*, sur le *Portait de Mme Greuze* et plusieurs têtes de jeunes filles.

Les peintres les plus mineurs ne sont pas épargnés et ont droit à l'une de ses attaques : « Nous devons concéder un petit remerciement à nos mauvais peintres car ils ménagent votre copiste et mon temps. Vous m'acquitterez auprès de M. Volade si vous le rencontrez jamais. » Cela vaut aussi pour Alexandre-François Desportes (1661-1743), peintre animalier qu'il traite pourtant avec moins de virulence. Il se montre plus avenant à l'égard de Louis Jean-François Lagrenée (1725-1805). Fragonard lui fournit le prétexte de raconter un rêve et de dialoguer avec Grimm au sujet du *Grand prêtre Corésus qui s'immole pour sauver* Callirhoé devant le peuple de Calydon. Cette scène, inspirée par la *Description de la Grèce* de Pausanias (IIe siècle), est particulièrement opaque et alors méconnue. Fragonard est allé chercher ce drame bien oublié. La ville d'Athènes, décimée par la peste envoyée par les dieux, désigne une victime propitiatoire, Callirhoé, dans l'espoir de mettre fin à l'épidémie. Corésus, le grand prêtre qui doit accomplir le sacrifice, est épris de la jeune fille d'un amour qui n'est pas partagé et il se poignarde à sa place. En fait, Fragonard s'est intéressé à la tragédie car elle a été portée au théâtre et à l'opéra, grâce à l'adaptation de Pierre-Charles Roy. Les peintres comme Doyen et Van Loo ont alors une prédilection pour les sacrifices sanglants !

De sa longue discussion, il tire une conclusion positive, avec quelques réserves : « Quoi qu'ils disent, croyez que vous avez fait un beau rêve et Fragonard un beau tableau. Il a toute la magie, toute l'intelligence et toute la machine pittoresque. La partie idéale est sublime dans cet artiste à qui il ne manque qu'une couleur plus vraie et une perfection technique que le temps et l'expérience peuvent lui donner. »

À la fin de ce *Salon* foisonnant et prolixe, Diderot renvoie le lecteur à son « Traité de peinture », en fait une allusion à ses *Essais sur la peinture*. Leur rédaction a exigé de lui une plus grande assurance et aussi un approfondissement de son savoir sur l'art : il y a élaboré une pensée sur l'art qui est unique et qui fournit à ses *Salons* un fondement solide.

Le *Salon* de 1767 s'ouvre sur un long préambule où il note d'abord l'absence du chevalier Pierre, de Boucher, de Quentin de La Tour.

Cela lui fait dire : « Ils ont dit pour leurs raisons qu'ils étaient las de s'exprimer aux bêtes et d'être déchirés. » Il s'en prend ensuite aux « amateurs » dont le jugement incertain favorise souvent les artistes médiocres. Mais dans ces digressions préliminaires, la partie la plus intéressante est sans nul doute celle qui touche à l'imitation, car l'auteur apporte une énième correction à sa volonté que l'artiste respecte la Nature : en effet, la pensée de Diderot est en perpétuel mouvement et ne cesse de se remettre en question pour se perfectionner – ce qui est un autre signe distinctif par rapport à ses précurseurs. En guise d'exemple, il cible le portraitiste et l'homme de génie. Il s'adresse au premier en ces termes : « Eh ! Grosse bête, est-ce que ton art n'a pas sa métaphysique ? Est-ce que cette métaphysique, qui a pour objet la nature, la belle nature, la vérité, le premier modèle auquel tu te conformes sous peine de n'être qu'un portraitiste, n'est pas la plus sublime métaphysique ? » Diderot se lance dans une longue dissertation sur les Anciens et les Modernes. Il y argue que les Anciens n'avaient aucun modèle à suivre et que les artistes de son temps n'ont donc pas besoin du « modèle idéal de la beauté ». Ils doivent en tout état de cause – s'ils ont du génie – inventer leurs propres idéaux, en fonction de leur époque (il fait même appel à un « esprit rationnel » dans la pure ligne de l'encyclopédisme). Il poursuit son admonestation en affirmant que le seul commandement recevable vient des « lois inviolables de la nature ». Il commence seulement après ces recommandations essentielles le récit de son périple dans l'enceinte du Salon : « Entrons donc dans ce sanctuaire. Regardons ; regardons longtemps ; sentons et jugeons ! [...] Voici mes critiques et mes éloges. Je loue, je blâme d'après ma sensation particulière qui ne fait pas loi. » Il faut souligner que Diderot prononce cette fois-ci le mot « critique » et réaffirme l'effronterie du libre jugement, bien qu'il en limite la portée en la ramenant à son individualité, forcément partiale.

Pour discuter de l'ouvrage de Louis-Michel Van Loo, il invente une nouvelle fois un dialogue plaisant avec son complice Grimm. Il fait alterner les bonnes paroles et les reproches. Il revient sur la question morale mais c'est maintenant pour en fixer les limites, se rendant compte de l'entrave qu'elle pourrait représenter pour la création artistique : il refuse l'idée que le sens moral soit « propre à discerner le bon et le beau ». La moralité est elle aussi affaire de sensibilité. Mais il donne le coup de grâce à l'unité médiévale que la théologie a voulu établir à tout prix en s'appuyant soit sur Aristote, soit sur Platon, soit encore sur les Pères de l'Église, en établissant une totale équivalence et fusion du bien, du bon et du beau. En outre, il n'hésite plus à porter des appréciations venimeuses et quelquefois sommaires sur les peintures qui lui déplaisent. La tyrannie du goût est dorénavant affichée comme arme suprême de cette critique appelée de ses vœux. À propos de *Minerve conduisant la Paix à l'Hôtel de Ville*, de Hallé, il n'hésite pas un instant à lancer : « Énorme composition, énorme sottise. » Et quand il regarde un Lagrenée, il s'exclame : « Qu'est-ce que ça signifie ? Rien, ou pas grand-chose. » À propos d'un groupe d'enfants dans le ciel de Fragonard, il se contente de ce trait : « C'est une belle et grande omelette d'enfants. » Et contre le *Jésus-Christ à l'âge de douze ans* d'Antoine Renou (1731-1806), il a cette flèche imparable : « C'est un mauvais tableau, qui sent le bon temps et la bonne école. » Néanmoins, ses descriptions se font sans cesse plus recherchées, précises, dès que le tableau retient son intérêt réel pour susciter une discussion, comme ceux de Vien, de Vernet, de Doyen, de Madame Therbouche (1721-1782) – qui justement présente le portrait de Diderot gravé. Après quoi, il en arrive aux morceaux de choix, qui se changent en véritables pièces de littérature, souvent dialoguées. Ces dialogues renforcent la vivacité de ses propos. À l'occasion de ce Salon, il veut débattre du paysage. Il voit dans la composition de Vernet la parfaite adéquation du sentiment de la Nature et de sa représentation peinte. Casanove [*sic*] lui offre l'opportunité d'un autre « petit dialogue » divertissant avec Grimm comme interlocuteur. Hubert Robert (1733-1808), quant à lui, lui fournit l'occasion d'une méditation sur l'esprit du voyage et aussi l'amorce d'une philosophie des ruines : la *Ruine d'un arc de triomphe* le plonge dans « une douce mélancolie » et sa *Grande Galerie du Louvre en ruines*, éclairée au fond, lui fait s'écrier : « Ô les belles, les sublimes ruines ! Quelle fermeté et en même temps, légèreté, sûreté, facilité de pinceau ! Quel effet ! Quelle grandeur ! Quelle noblesse. » Il explique que ce genre « a sa poétique ». Les descriptions s'enchaînent, toujours plus ciselées et précieuses dans leur acuité, leur style limé et enlevé. À la fin, pour sceller cette relation nouvelle avec Hubert Robert, il souffle au lecteur : « Le grand homme n'est plus celui qui fait vrai, c'est celui qui sait le mieux concilier le mensonge avec la vérité ; c'est son succès qui fonde chez un peuple un système dramatique qui se perpétue par quelques grands traits de nature jusqu'à ce qu'un philosophe poète dépèce l'hippogriffe et tente de ramener ses contemporains à un meilleur goût. » Ce passage est d'une importance capitale puisqu'il condamne les mythologies et professe l'artifice dans une juste connivence avec le réalisme.

Son compte rendu est complété sur la manière. Il tient à souligner que « le mot manière se prend en bonne et en mauvaise part ; mais presque toujours en mauvaise part, quand il est seul. On dit "Avoir de la *manière*, être *maniéré*", et c'est un vice ; mais on dit aussi : "sa *manière* est grande" : c'est la *manière* de Poussin, de Le Sueur, du Guide [Guido Reni], de Raphaël, des Carraches. »

Avec son *Salon* de 1769, Diderot va largement briser la structure de la littérature salonnière naissante, qu'il n'avait fait jusqu'alors que perfectionner et rendre plus sophistiquée sur le plan de l'écriture et du récit. Il lui offre de nouveaux fondements, et c'est là un tournant historique.

Il débute par un conte qu'il baptise « Regrets sur ma vieille robe de chambre », qui se change en un éloge appuyé d'une « fin de tempête sans catastrophe fâcheuse » peinte par Joseph Vernet. Il en vient ensuite au Salon proprement dit, qu'il juge assez « pauvre ». Il s'en prend d'abord à Boucher, ce « vieil athlète », selon un rituel bien établi, réaffirme son attachement à Louis-Michel Van Loo et ne se prive pas de dénigrer Hallé, Lagrenée – faisant exception miraculeusement pour ses blancs dans *Cérès et Triptolème* – et Charles Amédée Philippe Van Loo (1719-1795), le frère du précédent qui est surtout un portraitiste. Il chante comme d'habitude les louanges de Chardin, malgré la modestie de son envoi, et se montre très empressé auprès de Quentin de La Tour : « Quatre chefs-d'œuvre renfermés dans un châssis de sapin... », de Vernet (qui le déçoit un peu), de Casanova, d'Hubert Robert (avec quelques réserves cette fois), de Philippe-Jacques de Loutherbourg (1740-1812) – « c'est le meilleur que j'ai vu », souligne-t-il. Mais c'est à Greuze que vont tous ses suffrages. Il va jusqu'à décrire son morceau de réception inspiré de l'histoire de Septime Sévère et, tout en lui adressant des conseils et de minces reproches, il trouve que « la petite fille en camisole qui sourit et fait jouer un chien noir » est sans contredit possible « le morceau le plus parfait qu'il y eût au Salon ».

Beaucoup plus court, le *Salon* de 1769 est essentiellement placé sous le signe de la déception. Celui de 1771 est aussi bref et sans aucune fable pour l'orner et l'égayer. Il en revient à la formule première, moins créative, en commençant par la section de la peinture. Il se montre aussi plus expéditif, abrège ses descriptions, sauf pour Lagrenée. Vernet est porté aux nues, mais en quelques lignes, tout comme Casanova, bien qu'il considère ses « tableaux capitaux ». Robert et Loutherbourg ont encore une fois son approbation. Il s'arrête un peu plus longuement sur la *Présentation de Jésus au Temple* de Restout et sur *Saint Paul devant l'Aréopage* de Jean-Jacques Lagrenée, dit le Jeune (1739-1821), qu'il massacre tout en distillant des compliments retors. Il est en revanche enchanté par les toiles de Mlle Vallayer (Anne Vallayer-Coster, 1744-1818), connue pour ses peintures de fleurs (« Surprenant ! », s'exclame-t-il sans beaucoup d'autres précisions) et vante les qualités de Mme Roslin (Marie-Suzanne, née Giroust, 1734-1772), portraitiste.

Le *Salon* de 1775 est encore plus court que le précédent. Il représente une tentative de l'auteur pour s'épargner de longues digressions sans omettre l'essentiel.

Quant au dernier *Salon,* celui de 1781, il est à peine plus long et revient à la première facture de l'écrivain. Cette fois, Diderot est pressé d'en finir. Une certaine lassitude se devine. Il traite les auteurs reconnus avec une redoutable concision. À propos de ceux qu'il n'aime pas, il se contente d'une expression agacée : « Passez, passez ! » ou : « Oh ! Les mauvais portraits ! ». Pour un autre, il rage : « Détestable de tout point. Passez. » Il s'arrête pourtant un instant devant le *Bélisaire demandant l'aumône* de David et fait observer :

> Ce jeune homme montre de la grande manière dans la conduite de son ouvrage, il a de l'âme, ses têtes ont de l'expression sans affectation, ses attitudes sont mobiles et naturelles, il dessine, il sait jeter une draperie et faire de beaux plis, sa couleur est belle sans être brillante. Je désirerais qu'il eût moins de raideur dans ses chairs, ses muscles n'ont pas assez de flexibilité...

Au fond, c'est à peu près le seul peintre, après Vien, qui ait eu grâce à ses yeux.

20 *Quelles conclusions Diderot tire-t-il de son expérience de la peinture ?*

Après cette ultime livraison des *Salons* à son ami Grimm, il rédige des *Pensées détachées sur la peinture, la sculpture, l'architecture et la poésie*. Pour les composer, il a beaucoup emprunté à Christian Ludwig von Hagedorn, directeur de l'Académie des Beaux-Arts de Dresde puis de Leipzig, auteur de *Réflexions sur la peinture* (traduites en français en 1775), à son ami le sculpteur Étienne-Maurice Falconet (1716-1791), auteur de *Réflexions sur la sculpture* (1761), mais aussi aux écrits de Gérard de Lairesse (*Le Grand livre des peintres*, 1707). Le thème du goût demeure sa préoccupation centrale. Le talent n'a de sens que s'il repose sur l'arbitrage du goût : « Le talent imite la nature : le goût en inspire le choix... » Il est convaincu que le goût n'est pas uniquement le fruit de l'éducation, mais qu'il naît surtout de l'observation permanente des produits de la nature et de l'art. Il conteste Aristote et ses règles solidement établies. Le génie a pour raison d'être d'enfreindre les règles qui le freinent. Le second chapitre touche à la critique. La première question qu'il pose est révélatrice : « Je voudrais bien savoir où l'on apprend à sentir. » S'il insiste sur sa nécessité, il n'en donne pas la moindre définition. Pour les modalités de la peinture, il n'apporte pas non plus de réponses nouvelles, sinon des citations et des références éclairantes : il complète cette relation duelle par une autre association, celle de l'enthousiasme et du métier. Le principe au fondement de son raisonnement tient dans cette phrase dont tout le reste découle : « Une composition doit être ordonnée de manière à me persuader qu'elle n'a pu s'ordonner autrement. » Et il réitère son leitmotiv : « Le vrai de la nature est la base du vraisemblable de l'art. » Sa vision de la beauté reste presque inchangée : c'est pour lui « ce qui a pris forme ce n'est que le vrai « relevé par des circonstances possibles, mais rares et merveilleuses ».

Dans ses dernières pages sur l'esthétique, Diderot a tenté de concilier de ce qui est devenu, en partie par la faute, de sa démarche philosophique inconciliable les grands concepts véhiculés par la pensée occidentale depuis l'Antiquité. Il a ébauché ici un petit traité à l'usage des peintres modernes qui pourraient avoir l'envie d'adopter ces principes. Mais c'est aussi l'échec relatif d'une construction théorique parfaitement rationnelle et logique. Le philosophe qu'est Diderot a été supplanté par l'artiste qui est en lui. C'est pourquoi il est reconnu comme étant le père fondateur de la littérature critique, qui est une nouveauté, créative le plus souvent, savante et littéraire à la fois, et donc reposant tout à la fois sur des fondements érudits et sur ce qu'il reconnaît être le « caprice ». C'est un jeu paradoxal car le jugement esthétique tel qu'il voit est presque dénué de lois générales alors que l'étude « expérimentale » de la nature à des fins artistiques est tenue pour indispensable.

Denis Diderot a marqué de son influence toute la littérature critique à venir et en a fait l'un des sujets de prédilection des écrivains avec un autre genre de l'époque : le voyage en Orient.

21 *La critique d'art impose-t-elle sa présence dans le reste de l'Europe ?*

L'exposition au Sallon carré du Louvre est encore une exception et elle ne sera imitée dans les grandes villes de province que très lentement au cours du XIXe siècle.

À l'étranger, des Académies se créent peu à peu, et il est parfois question d'une grande exposition publique. À Londres, la Royal Academy voit le jour en 1768 dans la Burlington House sous la présidence, jusqu'à sa mort, de Sir Joshua Reynolds (1723-1792). Il eut l'idée d'organiser une exposition annuelle qui existe encore de nos jours. À Milan, l'Accademia di Belle Arti di Brera est fondée par l'impératrice Marie-Thérèse d'Autriche en 1776 et la pinacothèque devient la même année son complément logique. Les expositions annuelles débutent en 1805 après une longue période d'aménagement – la pinacothèque est devenue un vrai musée sous l'impulsion de Bonaparte. En sorte que la multiplication des institutions artistiques en Europe peut produire des effets assez différents.

En ce qui concerne la pensée critique sur l'art, la situation est également très diverse selon les pays. Longtemps la critique d'art demeure l'apanage de la France. Mais d'autres pays vont commencer peu à peu à élaborer une relation critique avec les œuvres proposées au jugement des spectateurs. Ce ne sont plus les vrais amateurs (en règle générale, les collectionneurs) et les *dilettanti* qui ont le privilège de juger de la qualité des œuvres produites : peu à peu, tout un chacun va avoir la possibilité de se faire une idée, souvent guidé par les articles des critiques spécialisés.

IV
La critique en Allemagne

22 *L'Allemagne du XVIIIe siècle suit-elle un cheminement comparable à celui de la France ?*

Dans les pays germaniques, l'Académie des Beaux-Arts de Vienne est sans doute la première à voir le jour. Sous le nom d'Académie royale, elle a été créée en 1692 par le peintre Peter Strudel (1660-1714). C'est d'abord une école privée pour les peintres de la Cour, sur le modèle de l'Accademia di San Luca, pour laquelle il obtient une subvention de l'État en 1692. En 1706, elle se transforme en Académie impériale. Elle ferme quand Strudel meurt, en 1714. En 1726, Charles VI (Charles III de Habsbourg, 1685-1740) en fait une grande institution avec Jacob von Schuppen (1670-1751) comme directeur. François-Joseph Ier confirme sa position prédominante dans le monde des arts dans tout l'empire.

En Allemagne, la situation varie considérablement selon les États. C'est à Berlin, en 1696, que voit le jour la première grande Académie Royale de Prusse, sous l'égide de Frédéric Ier, dans une optique particulière puisqu'elle fait cohabiter artistes et savants. Elle devient Académie des Arts de Peinture, Sculpture et Architecture en 1704, pour redevenir une société savante à partir de 1790 sous le nom d'Académie royale des arts et des sciences de la mécanique de Berlin. Goethe a été l'un de ses membres les plus illustres. Elle est de nouveau rebaptisée Académie Royale Prussienne des Arts en 1809. L'Académie des Beaux-Arts de Düsseldorf naît en 1773 créée par Lambert Krahe (1710-1790). En 1809, privée de ses collections, que Napoléon a fait transférer à Munich, elle devient la Königlich-Preussische Kunstakademie, dont le premier directeur (jusqu'en 1826) est le peintre préraphaélite (ou nazaréen) Peter von Cornelius (1783-1867). Lui succède Wilhelm von Schadow (1789-1862), qui la dirige jusqu'en 1859 et lui donne un immense prestige. Il est le créateur d'une véritable école de peinture de Düsseldorf. Pour sa part, la Bavière se dote d'une académie bien plus tard : en effet, l'Akademie der Bildenden Künste München n'est fondée qu'en 1805 par Maximilien Ier.

Mais l'activité de ces académies n'a que peu d'incidence sur l'émergence d'une critique d'art digne de ce nom. Les différentes académies qui voient le jour dans les États allemands sont édifiées sur des bases très éloignées de celle qui a vu le jour à Paris. Et la critique d'art en a été écartée, d'abord à cause de la prépondérance de la philosophie – Lessing, Herder, Schelling ont imposé leurs conceptions de la beauté et du sublime dans des ouvrages essentiels, puis Hegel construira son *Esthétique* –, mais aussi parce que l'histoire de l'art a pris une tournure scientifique.

23 *De quelle manière Goethe a-t-il contribué à une vision nouvelle de l'art ?*

L'influence de Johann Wolfgang von Goethe (1749-1832) va se révéler déterminante dans ce domaine. Goethe, le sublime Goethe, l'auteur des *Souffrances du jeune Werther* et de *Faust*, lit Diderot et s'emploie à le traduire en allemand. Mais, en dépit de l'admiration qu'il lui porte, il en reste à l'idée première qui a été la sienne dans son premier essai sur la question, où il affirme que les Allemands ne sont pas prêts à exercer une activité critique en art. Tout comme il rejette toute intromission de la philosophie parce que trop systématique (il déteste ce qu'il appelle le *genralioribus*).

Dans *Architecture allemande* (1772) déjà, il insiste sur le fait que l'art a plus besoin d'exemples que de principes (« L'école et les principes [...] enchaînent toutes les forces de la connaissance et de l'activité », martèle-t-il.) Il s'en prend alors aux théories de l'abbé Marc-Antoine Laugier (1713-1769), un jésuite qui a voulu proposer un système général pour l'art de la construction. Il relate ensuite son émerveillement devant une cathédrale gothique, surmontant ses préjugés très défavorables : « Une impression totale et majestueuse envahit mon âme », s'exclame-t-il avec étonnement. Il voit le génie du maître d'œuvre qui lui explique que tout était nécessaire et qu'il l'a formé en beauté. Il conseille à un ami imaginaire, comme lui soucieux de poursuivre la vérité et la beauté : « Ferme tes oreilles à toutes les fanfaronnades verbeuses concernant les arts plastiques, viens, jouis et contemple. » Et Goethe de faire remarquer que les premiers hommes avaient déjà trouvé dans leurs modes rudimentaires les linéaments d'une totalité artistique. Il se fait ainsi l'un des précurseurs de ceux qui, en Occident, découvriront la valeur des arts dits « primitifs » (l'art du « sauvage »). Puis il condamne l'art allemand de son temps (« des poupées maquillées ») et recommande l'art français (il donne en exemple l'église de la Madeleine !). Sa conclusion consiste en l'éloge de l'artiste qui refuse toute assistance étrangère à sa discipline :

> Ce sont ses propres forces qui se développent dans le rêve de l'enfance et qui s'exercent dans sa vie d'adolescent, jusqu'à ce qu'il soit fort et agile, il se jette sur sa proie comme le fait le lion de montagne. Voilà pourquoi c'est en général la nature qui éduque ses forces, puisque vous autres pédagogues vous êtes incapables de créer pour lui la scène variée sur laquelle il puisse agir et jouir…

En somme, l'artiste peut frayer avec la beauté divine par le seul exercice de ses pinceaux dans une lutte mettant en jeu désirs et douleurs. Dans « Les objets des arts plastiques » (1797, inédit à l'époque), Goethe peaufine ses conceptions en définissant trois classes d'objets dans une hiérarchie : l'objet naturel, l'espèce idéale qui peut avoir une portée symbolique et, enfin, « des œuvres d'art qui brillent par la raison, l'esprit (*witz*) et la galanterie ». La même année, il rédige un court essai, « Art et artisanat » où il insiste sur le fait que « tous les arts commencent par le nécessaire ». Il considère que l'homme a conservé ce qui a été transmis par la tradition mais a perdu le talent inné.

Dans sa préface de 1798 à la revue *Propyläen* (*Les Propylées*), il se fait le défenseur du néoclassicisme, épousant sans réserve les thèses de Winckelmann. Il justifie le titre de la revue en suggérant que les artistes pourraient être tentés de s'enraciner « au moins en pensée dans cette contrée habitée par un peuple qui possédait par nature la perfection que nous appelons de nos vœux sans jamais l'atteindre... » Et il poursuit en rappelant : « Quelle est la nation moderne qui ne doive pas aux Grecs sa culture artistique ? » Il corrige ses vues sur l'observation de la nature par un approfondissement des connaissances sur le corps humain, en particulier l'anatomie, mais toujours dans la volonté de constituer le Tout. Il n'en persiste pas moins à croire que la nature est « la trésorerie des matières artistiques ». Il pense que l'artiste doit passer par trois phases s'enchaînant : le traitement mécanique, le traitement sensible et le traitement spirituel. Il constate, à ce stade de son développement, que les Modernes se recommandent presque tous des Anciens, mais s'écartent toujours plus de leur enseignement. Ce qui l'amène à affirmer le contraire de ce qu'il a toujours professé : « L'artiste véritable, qui est législateur, tend vers la vérité de l'art ; l'artiste sans loi, qui suit une impulsion aveugle, tend vers la réalité de la nature. Grâce au premier, l'art atteint son sommet le plus haut, le second le rabaisse au niveau le plus bas. » Il l'incite à s'engager dans les « labyrinthes de la contemplation approfondie » et préconise la connaissance des œuvres anciennes, ou, si cela est impossible, de leurs copies. Mais il en appelle encore une fois à l'émancipation de l'artiste qui « doit, par son travail et sa propre réflexion, sinon une théorie, du moins une certaine conception, quintessence de ses moyens théoriques »... Mais, comme toujours, il en revient à ses visions précédentes sur l'unicité de la personnalité de l'artiste, tout en insistant sur les épreuves de son apprentissage : il conseille aux artistes de faire le contraire de ce vers quoi ils tendent – par exemple aller vers la légèreté quand on est attiré par la gravité – et d'être respectueux de règles de modération et d'équilibre. Ce n'est que l'une des contradictions qui apparaissent dans sa réflexion sur l'art.

La même année, toujours dans la revue *Les Propylées*, il se sert du célèbre groupe du *Laocoon*, qui a inspiré à Lessing son étude célèbre de 1760, pour réaffirmer l'une de ses idées les plus chères en matière artistique : l'unité dans la plus grande diversité. C'est à ses yeux un « chef-d'œuvre parfait » qui l'a inspiré, mais dont il ne prétend pas entreprendre l'analyse. Il met l'accent sur le fait que, pour les Anciens, la ressemblance avec la nature était primordiale. Le *Laocoon* est à ses yeux un exemple de symétrie consommée et de diversité, « de calme et de mouvement, d'oppositions et de graduations ». Il l'envisage en oubliant la mythologie et ne perçoit plus que sa réussite formelle, résidant dans un moment de transition qui présente la grandeur du Tout entre deux déplacements extrêmes. C'est le fruit d'une « science suprême ». Chaque figure qui compose le groupe exprime deux actions distinctes. Dans un dialogue paru dans un numéro suivant de la revue, « Du vrai et du vraisemblable », Goethe imagine une vive discussion entre deux personnes à propos du décor réalisé pour l'opéra d'Antonio Salieri, *Palmira, regina di Persia*, représenté à Francfort en août 1797. Le décorateur a imaginé comme décor le reflet de l'intérieur d'un véritable théâtre. « Une œuvre d'art parfaite est une œuvre de l'esprit humain et en ce sens elle est aussi une œuvre de la nature. » C'est sa façon de tenter de résoudre l'aporie qui s'était créée dans sa pensée sur l'art.

24 *Quelle est la seconde phase de la pensée esthétique de Goethe ?*

Après de longues années de silence sur la question artistique, Goethe compose en 1818 une étude baptisée « L'Antique et le Moderne ». Il corrige l'excès de ses jugements passés et prend même soin de rétablir le maniérisme dans son panthéon. Il veut développer un point qui était souvent évoqué dans le passé, mais qui semblait passer au second plan : le contexte permettant l'apparition de grandes œuvres. Il prend l'exemple de Raphaël : « Pourvu à la naissance du naturel le plus heureux, il grandit à une époque où les efforts les plus probes, les plus attentifs, les plus assidus et les plus dévoués étaient consacrés à l'art. » Il le perçoit comme un continuateur inné de la tradition grecque : « Jamais il n'imite la manière des Grecs et pourtant il sent, pense et agit comme un Grec. » Il prend ensuite les exemples les plus divers, les Carrache et leur école, Rubens et d'autres peintres flamands et néerlandais du XVIIe siècle : tous ont bénéficié de conditions favorables à l'épanouissement de leur talent. La conclusion de Goethe est curieuse : « Que chacun soit un Grec à sa manière ! Mais qu'il le soit ! »

Quoi qu'il en soit, Goethe a écrit un remarquable essai sur *La Cène* que Léonard de Vinci a peinte pour les Dominicains à Milan. Si cette étude s'appuie sur une copie de Bossi, qui est un de ses lointains épigones (question qu'il aborde d'ailleurs à la fin de son ouvrage), il tente de donner des indications très précises de la technique employée, de sa réalisation, de son emplacement. Ce n'est qu'après toutes ces analyses qu'il avance un jugement sur l'auteur de ce chef-d'œuvre :

> C'est à sa vive et intelligente perception du monde extérieur que nous devons aussi le grand détail avec lequel il sait présenter par le langage les mouvements les plus impétueux d'événements compliqués, absolument comme s'ils pouvaient devenir des tableaux. Qu'on lise la description de la Bataille, de la Tempête, et l'on reconnaîtra qu'il est difficile de trouver des représentations plus exactes. On ne pourrait les peindre, il est vrai, mais elles indiquent au peintre ce qu'on pourrait exiger de lui.
>
> Nous voyons donc, par les écrits que notre Léonard a laissés, combien son sentiment délicat et paisible était disposé à recevoir l'impression des phénomènes les plus divers et les plus animés. Ses leçons insistent d'abord sur la beauté générale des formes, puis en même temps sur l'observation attentive de toutes les déviations, jusqu'à la plus affreuse laideur. La transformation visible de l'enfance jusqu'à la vieillesse, par tous les degrés, mais surtout l'expression de la passion, depuis la joie jusqu'à la fureur, doivent être rendues d'une manière fugitive, comme elles se présentent dans la vie. Veut-on dans la suite faire usage d'une pareille représentation, il faut chercher dans la réalité une figure qui en approche, la placer dans la même position, et traiter l'idée générale qu'on a dans l'esprit exactement d'après le vif. Mais, quelques avantages que puisse offrir cette méthode, on sent bien qu'elle ne peut être employée que par le plus grand talent. En effet, comme l'artiste part de l'individuel et s'élève à l'universel, il trouvera toujours devant lui une tâche difficile, surtout s'il faut rendre l'action simultanée de plusieurs figures.

Avec ce livre, Goethe nous offre un magnifique exemple de ce que pourrait être le travail d'un historien et d'un critique moderne. Il a dû considérer que cette recherche ne pouvait s'appliquer qu'à ce seul sujet et qu'il serait donc impossible de l'universaliser. Mais rien n'est moins sûr. D'autant plus qu'il a signé plusieurs essais importants sur l'art dont *Vérité et vraisemblance dans les œuvres d'art* et *Sur le « Laocoon »*, où il tente de trouver un compromis entre Winckelmann et Lessing en portant son attention sur l'alternance entre la vision d'aspects successifs et la vision simultanée de l'ensemble.

Ce fait est patent quand l'historien de l'art Heinrich Meyer lui envoie une lettre où il le dissuade de traduire Diderot en allemand, en se lançant dans une violente diatribe contre l'art français à laquelle son correspondant n'a pas voulu répondu. Il est vrai que Goethe a émis des réserves sur la primauté de l'art français. Dans une lettre adressée à Friederike Oeser du 8 avril 1769, il remercie son père, Adam Friedrich, de lui avoir communiqué le « sentiment de l'idéal », la soustrayant ainsi à l'effet des « charmes captieux des Français ». Dans *Architecture allemande*, son premier essai déjà mentionné, il a opposé l'art du « viril Albrecht Dürer » à la peinture rococo française ou d'inspiration française, aux « artificieux peintres de poupées » et aux « postures théâtrales ». Sa réflexion sur la peinture française privilégie Le Lorrain, dont il a admiré les paysages toute sa vie : il y voit le paysage classique idéal, rapportant le peintre non à l'école française, mais au *Landschaftliche Malerei*, dans un essai écrit à la fin de sa vie (vers 1829).

Bien plus tard, à Rome, en 1798, Goethe rédige un article qu'il destine aux *Propylées*, sur la vie des artistes de Rome. Il y souligne la divergence des « formations d'école des différentes nations présentes à Rome ». Ce sont principalement les Français, les Anglais et les Allemands qui retiennent son attention. D'après son esquisse, l'évolution picturale française se déroule historiquement en trois étapes : « Le vieux sens des Français pour la chose sérieuse à partir de Poussin. [...] Déviation de l'école française vers le maniéré et la frivolité [...] Regain d'énergie à travers David. » Il oppose au « maniérisme » français un « style » artistique formé dans l'imitation de la nature et de l'Antiquité et qui a trouvé surtout dans l'œuvre picturale de Raphaël Mengs (1728-1779) sa première expression contemporaine – « Référence à la nature opposée au maniéré. Référence au style par l'exemple de Mengs et de ses maximes. »

Mais il rejette la politique anti-française répandue en Allemagne et le sentiment philo-germanique exacerbé. Si défavorable que puisse se révéler son jugement sur la peinture de la France, Goethe accorde aussi peu d'estime à l'école française qu'à la peinture de son temps en général. C'est pourquoi il n'apparaît dans ses jugements sur la peinture française, aussi critiques soient-ils, aucune acrimonie à l'encontre de la France et de sa culture. En définitive, Goethe critique l'école française comme il critique l'école allemande, et il reste avant toute chose un homme des Lumières et un cosmopolite.

Ce qui est certain, c'est qu'il refuse toute forme de système. Cela est-il dû à sa démarche toujours en acte, sans préjugés, ou à sa propre pratique du dessin, ébauchée déjà en Italie ? Il écrit à Schiller, le 9 mars 1799 : « Il est dans mon caractère de ne savoir m'intéresser qu'à ce qui bien qu'infini est renfermé dans des limites finies. » Ce qui ne l'a pas empêché d'être le chef de file, dans ses jeunes années, du *Sturm und Drang*, qui a une consonance romantique. Il dénie à l'art toute portée morale – c'est l'inverse de ce qu'a formulé Diderot : l'art, pour Goethe, n'est pas fait pour « l'amélioration du peuple » ; de plus il ne croit pas que l'art est fait pour reproduire l'harmonie de la nature, car la nature a son *Sturm* et son *Drang*. Pour Goethe, seul compte l'artiste ; la théorie n'est au fond qu'un renfort nécessaire, mais secondaire. Contre une doctrine *a priori* établie dans « l'Empyrée de la beauté morale », il préconise « une théorie vivante, allant de l'aspect mécanique à l'aspect intellectuel, du broyage des couleurs et du montage des cordes jusqu'à l'influence véritable des arts sur l'âme et les sens ; nous donnerions joie et courage à l'amateur et serions peut-être de quelque profit au génie. » Cela étant dit, Goethe est persuadé qu'en Allemagne, « le temps n'est pas encore mûr pour une théorie des arts ».

Quand il traduit, en 1799, deux chapitres des *Essais sur la peinture* de Diderot (sur le dessin et la couleur), il présente l'écrivain français comme un vrai révolutionnaire qui promeut une « nouvelle construction artistique ». Il voit en lui l'homme qui a su convaincre les artistes d'abandonner « tout ce qui est maniéré, conventionnel, habituel et pédantesque, en faveur de ce qui est ressenti, fondé, bien exercé et libéral ». Mais Goethe ne voit en lui ni l'auteur roué et talentueux, ni le maître incontesté du goût de son époque, encore moins le défenseur d'une vision de la littérature. Il le considère comme un frère dans les choses de l'esprit, qui va à l'encontre du conformisme et des idées générales, mais certainement pas un arbitre du goût en imposant aux peintres et aux sculpteurs. Après avoir plaidé en faveur du néo-classicisme, l'écrivain en revient à son point de départ : le moins possible de critique. La création doit se dispenser de toute contrainte extérieure.

25 *Dans quelle mesure Winckelmann, en sa qualité d'historien de l'art grec antique, a-t-il influé sur le sens de l'histoire de l'art, la critique et la création de son temps ?*

Johann Joachim Winckelmann (1717-1768) est d'origine très modeste (son père est cordonnier). Il ne peut faire autrement que se tourner vers des études religieuses et entre à l'université de Halle pour y suivre les cours de théologie. Il devient précepteur une fois diplômé. Mais il a la chance d'être remarqué par le comte Heinrich von Bünau qui le nomme bibliothécaire de son château de Nöthnitz, non loin de Dresde. C'est un historien de grand renom, mais aussi un amateur d'art consommé. Une fois qu'il s'est converti au catholicisme, il a le droit de fréquenter la collection d'œuvres d'art de la cour de Saxe. C'est là qu'il fait son apprentissage de la culture antique. Il publie en 1755 le fruit de ses études approfondies sur le monde gréco-latin, *Gedanken über die Nachahmung der griechischen Werke in der Malerei und Bildhauerkunst* (*Réflexions sur l'imitation des œuvres grecques dans la peinture et la sculpture*). Ce livre lui vaut une renommée énorme dans toute l'Europe. Il rédige le catalogue des collections de pierres gravées du feu baron Philipp von Stosch. C'est alors qu'il commence à s'intéresser au monde étrusque. L'électeur de Saxe Frédéric-Auguste II (roi de Pologne sous le nom d'Auguste III) lui octroie une bourse pour séjourner dans la Ville éternelle. Il devient alors bibliothécaire du cardinal Alessandro Albani, neveu du pape Clément XI. Puis il est nommé prélat des Antiquités et enfin scripteur de la Bibliothèque vaticane. Dès 1761, il a achevé la rédaction des *Monumenti antichi inediti (Monuments inédits de l'Antiquité*), qui paraît en 1767. En 1762, il fait éditer *Anmerkungen über die Baukunst der Alten* (*Remarques sur l'architecture des Anciens*) [publiés en 1755, et traduit en français en 1762], et les *Gedanken über die Nachahmung der griechischen Werke in der Malerey und Bildhauerkunst* (*Réflexions sur l'imitation des œuvres grecques dans la peinture et la sculpture*). Mais son œuvre maîtresse demeure sa *Geschichte der Kunst des Alterthums* (*Histoire de l'art chez les Anciens*), parue à Dresde en 1764.

Les principes énoncés par Winckelmann dans ses nombreuses publications constituent une révolution profonde dans le domaine de l'archéologie autant que dans celui de la représentation historique de l'art. Il critique ses prédécesseurs dans la longue préface de son *Histoire de l'art chez les Anciens* : il leur reproche surtout de ne pas avoir examiné les œuvres de près et de ne pas avoir pris un certain nombre de précautions pour déterminer leur origine et quels en étaient les sujets. En fait, il ne reconnaît comme précurseur digne de son intérêt que le comte de Caylus (Anne-Claude Philippe de Tubières Grimoard de Pestels de Lévis, 1692-1765), archéologue avisé, amateur de l'Antiquité classique, artiste (peintre et sculpteur) et collectionneur, qui a été un grand ennemi du baroque en France et un des premiers à introduire le néo-classicisme. Quand il meurt, Denis Diderot s'exclame : « La mort nous a délivré du plus cruel des amateurs. » Et son cénotaphe en porphyre lui a inspiré ce distique cruel : « Ci-gît un antiquaire acariâtre et brusque / Ô, qu'il est bien logé dans cette cruche étrusque. »

Ensuite, il expose une évolution logique de la création artistique valable pour toutes les civilisations : la première étape serait la nécessité, la seconde, la beauté, la troisième, le superflu. Selon lui, le point de départ de toute création est la figure humaine et la matière originelle, l'argile – sans doute pour plaire à ses commanditaires ecclésiastiques ou liés à l'Église apostolique et romaine. Et il a eu l'intention de modifier l'idée même de l'histoire, qu'il entend dans sa « signification étendue, celle qu'elle a dans la langue grecque », et ne veut pas écrire un « système doctrinal » qui rechercherait l'essence de l'art.

S'il tente d'être exhaustif dans la mesure des connaissances qui sont alors à sa portée, ses prémisses fondamentales ne l'empêchent pas d'agir de manière parfaitement idiosyncrasique : il prône la supériorité absolue de l'art grec sur tous les autres et considère l'*Apollon du Belvédère* comme « le plus haut idéal de l'art parmi toutes les œuvres antiques ». À le croire, le *Laocoon* a été pour les artistes de la Rome antique ce qu'il est encore pour nous : la règle de Polyclète, une règle parfaite de l'art ». C'est en Grèce que naît le « bon goût » et nulle part ailleurs. Le « haut style » commence avec Praxitèle et atteint son sommet avec Lysippe et Apelle. Et il a des idées très arrêtées sur la question : toute émotion est exclue pour les dieux et les héros, et la grâce n'est « ni recherchée, ni souhaitable ». Mais cette attitude hostile à la sensualité est sans cesse contredite dans ses écrits et même dans les nombreuses notes de son *Histoire*.

L'art grec est aussi le plus désirable. Quand il fait l'éloge de la course, il semble parler de la sculpture classique : elle permet d'estomper les défauts du corps et de développer la belle forme. Il va jusqu'à croire que « les maladies qui détruisent tant de beauté et ruinent les formes les plus nobles étaient encore inconnues aux Grecs ». Il est partisan de ne pas trop s'attacher aux détails de l'anatomie pour n'observer que la connaissance des concepts de l'unité et de la perfection tels qu'ils se réalisent dans la nature.

Raphaël est sans aucun doute le continuateur de cette esthétique. Et Winckelmann est persuadé que tous les artistes doivent se rapprocher le plus possible de cet absolu que le passé nous a laissé en partage : l'imitation des Antiques est incontournable. Il le déclare avec emphase : « Les connaisseurs et les imitateurs des œuvres grecques trouvent dans ces chefs-d'œuvre non seulement le plus bel aspect de la nature, mais aussi plus que la nature, c'est-à-dire certaines beautés idéales de celle-ci, comme l'enseigna un ancien commentaire de Platon, composées de figures créées uniquement dans l'intellect. » Et il fait remarquer : « Parmi les artistes modernes beaucoup ont tenté d'imiter le contour grec, mais presque aucun n'y est parvenu. Le grand Rubens est bien loin du contour grec, encore plus d'ailleurs dans ces œuvres peintes avant son voyage en Italie et avant d'avoir étudié l'Antique. »

La recommandation, on le comprend, s'adresse également à ses contemporains. Du reste, certains d'entre eux la suivent avec passion.

26 *Quels artistes Winckelmann a-t-il influencés en son temps ?*

Entre tous ses amis peintres et sculpteurs, l'un a été très proche de lui, son ami et en même temps un admirateur inconditionnel : Anton Raphaël Mengs (1728-1779). Fils d'un peintre danois, Israël, il étudie à l'Académie des Beaux-Arts de Dresde et révèle très tôt ses dons en exécutant plusieurs peintures très remarquées. Pour l'une d'elles, *La Sainte Famille*, achevée en 1748, il choisit pour modèle une jeune et jolie campagnarde qu'il épouse l'année suivante, devant pour cela se convertir au catholicisme. Il devient rapidement le peintre de cour de Frédéric-Auguste III. En 1751, il doit réaliser les peintures du grand autel de la nouvelle église de Dresde et se rend à Rome pour mener à bien ce travail. En 1754, il est nommé directeur de l'Académie qui est ouverte sur le Capitole et trois ans plus tard, il travaille dans l'église Sant'Eusebio. Il achève son séjour romain en peignant les plafonds de la villa Albani. C'est alors qu'il est invité à la cour d'Espagne. Il est de retour en Italie en 1770 et séjourne un temps à Florence avant de rejoindre Rome. Après un nouveau voyage à Madrid, il rentre à Rome où il meurt, célèbre mais désargenté. Winckelmann est un admirateur et comme un disciple de Mengs. Goethe l'a suivi dans ce penchant pour ce peintre dans un article intitulé *Winckelmann und sein Jahrhundert*, où l'écrivain cite ce qu'il a pu dire sur Mengs (*Le Jugement de Mengs par Winckelmann Mengs et son siècle*) et Catherine II lui a fait élever un monument à Saint-Pétersbourg.

Stendhal se montre particulièrement cruel à l'encontre de Mengs dans ses *Promenades dans Rome* (1829) : « Raphaël Mengs, qui, pendant un demi-siècle, a passé pour un grand peintre, grâce au charlatanisme adroit de M. d'Azara. En 1802, on admirait encore le *Moïse* de Mengs. »

Dans ses *Gedanken über die Schönheit und über den Geschmark in der Malerey* (*Pensées sur la beauté et sur le goût dans la peinture*), parues à Zurich en 1762 et dédiées à Winckelmann, Raphaël Mengs se fait l'apologue de trois peintres : Raphaël, Titien et le Corrège auxquels il ajoute le nom du Tintoret. Il constate une dégénérescence des arts depuis ces grands artistes, surtout dans la sphère du dessin.

Il a une conception de l'art encore classique puisqu'il croit que le monde est régi par des lois immuables qui se révèlent dans les divers phénomènes par un *logos* invisible. La beauté physique ne serait que la traduction sensible d'une norme idéale. Toute forme que l'homme peut contempler s'inscrit dans l'ordre cosmique en obéissant au « fondement que la nature impose ». Les couleurs et les figures géométriques ont une hiérarchie : elles sont classées selon une échelle de valeur intelligible. Au sommet de cette pyramide se trouve le cercle, qui est le symbole de la perfection divine et les trois couleurs originelles, le rouge, le jaune et le bleu. C'est donc le devoir de l'être humain de s'adapter à l'ordre cosmique et d'en interpréter les signes au-delà des apparences. Ainsi son néoclassicisme se nourrit-il de transcendantalisme, inspiré par Platon et Plotin. La liberté sereine de l'esprit permet de renouer avec ses valeurs infrangibles.

La nature elle-même tend à la perfection. « Plus une chose est belle, plus elle est spirituelle », soutient-il.

Cette conception de la nature qui possède la perfection de manière implicite lui dicte une vision de l'exercice de la peinture qui est d'abord imitation du monde tangible :

> Comme la nature distribue graduellement la perfection, ainsi doit faire l'artiste et apporter en toute chose une signification nouvelle qui sert pourtant avec les autres à apporter un sens fondamental : de cette façon, celui qui regarde pourra reconnaître en toute chose l'idée et dans toutes ensemble la cause du tout, et déclarer parfaite une œuvre quand la matière de toute chose est disposée selon son idée ; il éprouvera alors la beauté qui en tous points émeut l'âme.

En allant jusqu'au bout de la logique de l'idéalisme, il introduit une contradiction évidente, puisque Winckelmann avait posé au fondement de sa doctrine l'idéal avant l'imitation.

Le Vénitien Antonio Canova (1757-1822) est sans conteste l'un de ses plus prestigieux adeptes. Issu d'une famille modeste, son père étant tailleur de pierre, il acquiert son métier et y excelle. Puis il apprend les fondements de la sculpture chez différents maîtres de la Vénétie et finit par remporter plusieurs prix à l'Académie des Beaux-Arts de Venise. Il réalise de nombreux portraits (dont celui de Napoléon et de sa sœur Pauline sous l'apparence de *Venus Vixit*), des cénotaphes, des mausolées (dont celui d'Alfieri) et, fortement marqué par le discours de Winckelmann, il produit de nombreuses scènes et figures antiques. Considéré comme l'un des plus grands sculpteurs de son époque, il est élu correspondant étranger de l'Institut de France. Il a été admiré par Quatremère de Quincy, mais est resté sans disciples : bien qu'il ait eu peu d'élèves, ces derniers ont pris note de ses réflexions, qui ont été publiées après sa disparition. Il a été enterré à Venise, dans le tombeau qu'il destinait à Titien, à Santa Maria Gloriosa dei Frari.

27 *Quel rôle la philosophie a-t-elle joué dans le domaine de l'art ?*

Si en France la philosophie et la littérature sont souvent liées intimement, la situation de l'Allemagne n'est pas sensiblement différente. Mais ce lien se traduit en bien d'autres termes. C'est ainsi que Gotthold Ephraim Lessing (1729-1781), qui a fait des études de théologie avant de se familiariser avec la philosophie, a écrit de nombreuses pièces de théâtre et des fables en prose – il publie *Les Juifs* en 1749 et commence un *Faust* en 1759, qu'il n'a pas achevé –, en plus de ses ouvrages strictement philosophiques. Ce fils de pasteur, qui a été l'ami de Heinrich von Kleist et de Moses Mendelssohn (1729-1786), mais aussi de Goethe, a obtenu la fonction de bibliothécaire de l'Académie royale des Sciences et des Lettres de Berlin avant d'être nommé par Ferdinand, le prince héréditaire de Brunswick, à Wolfenbüttel, – après lui avoir dit qu'il ne serait pas au service de la bibliothèque, mais que la bibliothèque serait à son service...

En 1766, il achève un livre sur la relation entre les arts plastiques et la poésie qui fait date, *Laokoon*. Il y détermine les frontières entre les différentes disciplines en partant de l'exemple fourni par le *Laocoon*, un groupe sculpté retrouvé à Rome en janvier 1506 en présence de Michel-Ange et qui a été offert au pape Jules II. Il s'agit bien sûr d'une copie et certains considèrent, comme Winckelmann dans ses *Réflexions sur l'imitation des œuvres grecques dans la sculpture et la peinture* (1755), que l'original a été exécuté pendant la période classique – par conséquent « dans la meilleure période de l'art grec », le IVe siècle avant notre ère –, tandis que d'autres, plus sagement, pensent qu'il a été réalisé vers 50 avant notre ère ; d'autres encore hasardent des hypothèses diverses, Lessing affirmant pour sa part que l'ouvrage est romain, donc plus tardif. Il doit d'ailleurs rédiger en 1768 et 1769 les *Antiquarische Briefe* (*Lettres archéologiques*) pour défendre les thèses qu'il avance aussi bien sur le plan théorique que sur le plan historique.

L'ouvrage de Lessing a au moins deux ambitions majeures. La première et la plus importante est la réfutation de l'*ut pictura poesis* qu'Horace développe dans son *Ars poetica* (*Art poétique,* 19 avant notre ère) comme d'ailleurs Plutarque, qui attribue l'idée à Simonide. Cette conception a été reprise par Léonard de Vinci – il plagie quasiment

Plutarque qui a écrit : « La peinture est une poésie muette, et la poésie est une peinture parlante » – et se retrouve dans la plupart des traités évoquant la place des arts plastiques aux XVIIe et XVIIIe siècles. À ses yeux, cette sculpture est le contraire de la grâce – il faut se souvenir à ce sujet que Titien a fait une gravure ironique où il pastiche le groupe en transformant l'homme et ses enfants en singes ! C'est aussi pour Lessing un moyen de faire pièce aux théories de Winckelmann, qui fait l'éloge du *Laocoon* parce qu'il est convaincu que sa beauté lui vient de sa noblesse et de sa grandeur d'âme. La beauté serait donc le fruit d'un enseignement moral. En premier lieu, la retenue dans l'expression de la douleur n'est pas une caractéristique des Grecs anciens : Lessing prend pour exemple Sophocle, avec son *Philoctète*, réfutant ce qu'affirme l'auteur des *Réflexions sur l'imitation* – qu'il condamne de surcroît pour sa façon de comprendre la civilisation grecque dans son ensemble et, de plus précisément, sur la représentation de l'humain, qui est empreinte de sentiments et de passion, en somme éloignée d'un idéal abstrait. Il pense que la traduction des affects est minorée pour des raisons esthétiques : la violence du mal subi créerait une déformation disgracieuse des visages :

> L'artiste était obligé d'amoindrir la violence déformatrice, de modérer le cri en gémissement, non parce que le cri indique une âme basse, mais parce qu'il donne au visage un aspect repoussant. Imaginez Laocoon la bouche béante et jugez. Faites-le crier et vous verrez [...] Une bouche béante est en peinture une tache, en sculpture un creux, qui produisent l'effet le plus choquant au monde, sans parler de l'aspect repoussant qu'elle donne au reste du visage tordu et grimaçant.

Il veut nous persuader que l'œuvre sculptée ne peut et ne doit pas être l'illustration du passage célèbre de Virgile. Lessing est persuadé de l'inverse.

Cette considération est fondamentale puisqu'elle lui permet de changer l'*ut pictura poesis* en son contraire, *ut poesi pictura*s, car il ne croit pas un instant que l'art puisse s'élever au rang de la poésie, pour des raisons propres à ce genre :

> Si excellent que soit le tableau de Virgile, il contient pourtant plusieurs traits dont les artistes n'ont pu se servir. Il n'est donc pas toujours vrai qu'une bonne description poétique peut produire une bonne peinture.

> […] Cette réserve s'impose à l'esprit pour la seule condition de la vaste sphère de la poésie, du champ illimité de notre imagination, de l'immatérialité de ses images, qui peuvent voisiner en un nombre et une variété infinis sans s'obscurcir ou empiéter l'une sur l'autre, comme le feraient les objets mêmes ou images matérielles dans les étroites limites de l'espace et du temps.

Il en vient à concevoir, en toute logique, deux états opposés de l'art et de la poésie : « Des objets qui se juxtaposent ou dont les parties sont juxtaposées s'appellent des corps. Donc les corps avec leurs qualités visibles sont les objets propres de la peinture. Des objets successifs ou dont les parties sont successives s'appellent génériquement des actions. Donc les actions sont l'objet propre de la poésie. » Cette proposition de définition n'est pas neuve en soi. On la trouve déjà chez Rogers de Piles, dans ses *Cours de peinture* (1708), et chez l'abbé Dubos, dans ses *Réflexions critiques* (1719), qui distinguent dans la peinture un principe de synchronie, et chez les penseurs anglais, dont Shaftesbury ou Daniel Webb. Mais c'est surtout James Harris, dans *Three Treatises : The First concerning Art ; The Second concerning Music, Painting and Poetry ; The Third concerning Happiness*, paru en 1744, qui marque la différence entre la représentation du synchronisme et celle du diachronique.

Toutefois, l'aspect le plus singulier de Lessing est qu'il en vient à formuler les caractéristiques du critique (*kunstrichter*) : pour lui, le critique est la personne qui place l'effet (*wirkung*) de l'œuvre d'art dans une position centrale. Le *Laokoon* distingue trois niveaux dans la manière d'aborder l'activité artistique, comme le note avec justesse Élisabeth Décultot : « Tout d'abord, l'"amateur" (*Kunstliebhaber*), qui juge d'une œuvre d'après l'effet, ou encore le sentiment qu'elle produit en lui ; le "philosophe", qui cherche à démêler les "règles générales" dont procède cet effet ; et enfin le "critique", qui vérifie l'adéquation de ces règles générales aux cas singuliers des œuvres. » Cette hiérarchie, Lessing l'emprunte au *Polymetis* (1747) de Joseph Spence – qu'il conteste par ailleurs, comme le comte de Caylus – et aussi à la mise en avant du « sentiment » par l'abbé Dubos. Lessing réfute ainsi toute velléité d'une « critique de règles », une sorte de critique qui légiférerait à partir de lois s'appliquant à la création du beau et donnerait sa légitimité à l'œuvre. Il réfute aussi l'idée de l'esthétique comme pierre angulaire de toute considération sur les arts. Il s'en prend à l'*Æsthetica* (1750) de Baumgarten et aux

Anfangsgründe aller schönen Künste und Wissenschaften (1748-1750) de Georg Friedrich Meier. C'est l'esprit de système qui l'insupporte alors que ses propres considérations sont nées de manière « accidentelle » : il plaide pour une approche empirique de la création.

Lessing défend l'idée que l'œuvre d'art est le pur produit de l'imagination, qui est le moment marquant le paroxysme de son élaboration théorique. Ce serait donc un absolu. Elle devient ainsi, pour le spectateur, la source d'un imaginaire dont l'étendue ne cesse de croître. La seule réserve qu'il émet est que la peinture et la sculpture ne possèdent pas la faculté qu'a la poésie de donner à l'imagination toute son ampleur, parce qu'elles se contentent de figurer des formes tangibles. Il nous assure que la poésie règne sur « une vaste sphère ». Et cela vaut pour tous les domaines, même le paysage. Ce qui signifie que selon lui, l'artiste ferait mieux de s'instruire d'une pièce de littérature plutôt que de la nature :

> Dans certaines circonstances, le mérite de l'artiste est même plus grand s'il a imité la nature à travers le poète que sans lui. Le peintre qui représente un beau paysage d'après la description de Thompson a fait plus que celui qui reproduit directement la nature. Le second voit un modèle devant lui, le premier doit forcer son imagination pour avoir l'impression qu'il le voit. L'un crée le beau en partant d'impressions vives et sensibles, l'autre à partir d'images vagues et faibles suscitées par des signes arbitraires.

La philosophie de Friedrich Wilhelm Joseph von Schelling (1775-1854) est bien éloignée de celle de Lessing. En matière d'art, elle serait presque son opposé. Ce fils d'un pasteur versé dans les cultures orientales et qui apprend enfant l'hébreu et l'arabe, s'est intéressé très tôt à Giordano Bruno et à Spinoza. Ami de Schlegel, de Goethe et de Hölderlin, il élabore une pensée idéaliste qui se change, après avoir étudié la physique et la médecine, en ce qu'on a appelé la *Naturphilosophie*. Elle suppose, selon ses préceptes, que « la Nature doit être l'esprit visible, l'esprit, la nature invisible. C'est donc ici, dans l'identité absolue de l'esprit en nous et de la nature hors de nous, que le problème de la possibilité d'une nature hors de nous doit se résoudre ». Il réfute les deux étages du monde de Leibniz (qu'il remplace par deux forces, l'une centripète, l'autre centrifuge), mais s'oppose tout autant aux thèses de Hegel.

Dans *De l'Âme du monde* (1798), qui est remarqué par Goethe, il abandonne tout projet de système transcendantal. Mais, un an plus tard, il fait un pas en arrière et décrète dans la *Première esquisse d'une philosophie de la Nature* que l'espèce l'emporte sur l'individu. Son Dieu plus intime semble devoir céder le pas devant une mécanique implacable résidant dans les tensions en acte dans le monde naturel.

C'est à ce stade de sa réflexion que l'art commence à prendre une grande importance à ses yeux. Il achève en 1805 sa *Philosophie de l'art*, qui est une « représentation absolue du monde transposée sous la forme de l'art ». La philosophie puise dans les arts un lieu de prédilection pour se révéler. En sorte que pour lui, l'esthétique est le moyen de poursuivre la philosophie par un autre moyen. Schelling est sans doute l'avant-courrier de la notion de philosophe-artiste. Il a la ferme conviction que l'étude de la nature permet de reconnaître, « dans les œuvres d'art, les vrais archétypes des formes qu'il ne trouve exprimées que confusément dans la nature, et à reconnaître symboliquement par l'art même la manière dont les choses sensibles procèdent de ces archétypes ». En d'autres termes, l'universel révèle le singulier par un schématisme qui se manifeste par l'allégorie, alors que le symbolisme est la résultante d'une synthèse de ces deux termes antagonistes, l'universel et le particulier aboutissant à la forme absolue.

De telle sorte que l'art n'est plus l'élaboration d'une œuvre artificielle et singulière, mais l'instrument de la médiation privilégiée entre le particulier et l'universel. Il ne révèle pas la matière par un artifice mais au-delà de lui, l'esprit passant de l'être ou de la chose distincts à l'universel, d'une réalité sensible à une réalité intelligible. L'art n'est pas pour lui un faux-semblant, mais le mode miraculeux d'une transcendance de la matière par l'esprit.

Le romantisme qu'on lui attribue du fait de ce nouveau rapport entre art et philosophie traduit une véritable élévation de l'exercice de l'art à un rang suprême.

Ses *Cours sur la philosophie de l'art* constituent une critique virulente de la *Critique de la faculté de juger* d'Emmanuel Kant. Il y développe l'idée que la nature dicte ses lois à l'art, que celui-ci exprime l'Idée sous une forme sensible, qu'il est l'absolu donné à l'intuition : le Beau est la manifestation sensible de l'Idée, mais sans en être une forme achevée.

Il s'oppose aussi à la doctrine de G. W. F. Hegel pour qui l'art a le pouvoir de rendre objective, ou plutôt palpable, la conscience, qui se manifeste ainsi à elle-même. Il en était venu à croire que son temps marquait la fin de l'art. Cela signifierait, si cette abolition était la promesse d'une libération, celle-ci aurait permis un dépassement de l'élément sensible vers la pensée pure et libre. Ce dépassement doit se réaliser dans la religion et la philosophie. Pour Hegel, la plus mauvaise production de l'homme sera toujours supérieure au plus beau des paysages, car l'œuvre d'art est le moyen privilégié par lequel l'esprit humain se réalise.

En définitive, entre les deux piliers de l'esthétique du XIXe siècle, Kant qui définit la beauté, quand il aborde l'« Analytique du Beau », comme la finalité d'un objet sans la représentation d'une fin, et les cours de Hegel (publiés après sa mort en 1831), Schelling introduit l'espace pour une démarche spécifique de l'artiste qui aurait une valeur comparable à celle de l'homme de la métaphysique. Et c'est, implicitement, une manière de postuler un rapport entre l'œuvre et le spectateur qui se présente comme une pensée en soi, en dehors des critères spécifiques de la philosophie.

En suivant des chemins tout à fait divergents, Lessing et Schelling ont ouvert la voie à une nouvelle approche des arts plastiques qui aurait pu donner lieu à une critique de l'art passé et présent, car l'un et l'autre, pour des motifs différents, ouvrent en grand la porte de la libre appréciation de l'œuvre peinte ou sculptée, le premier pour échapper aux généralisations arides des idées supérieures, l'autre pour rejoindre le monde des idées en partant des données de la nature.

28 *Quelles ont été les autres options critiques et esthétiques dans l'Allemagne de la fin du XVIIIe et du début du XIXe siècle ?*

Friedrich von Schiller (1759-1805), fils de militaire, a étudié la médecine et le droit. Mais il ne rêve que de littérature et, après avoir écrit plusieurs œuvres poétiques, il publie *Les Brigands*, sans signer cette pièce. Il abandonne son poste de médecin militaire et devient bibliothécaire. Il se lie d'amitié avec Goethe et Humboldt, et achève en 1798 un texte clef pour l'époque : *Du sublime*.

Il condense ses idées sur l'art, en 1795, dans plusieurs essais : *Sur l'éducation esthétique de l'homme* (qui fait partie des *Lettres sur l'éducation esthétique de l'homme*, qui est à la fois une méditation sur la Révolution française et sur la philosophie de Kant), *Sur les limites du beau*, *Sur le danger des mœurs esthétiques* et *Sur l'utilité morale des mœurs esthétique*

Dans le premier de ces essais, écrit en 1784 et paru en 1790, il introduit une notion jusque-là inconnue : celle du jeu. Il distingue chez l'homme deux instincts, l'« instinct sensible » qui pousse le désir et la volonté dans le monde matériel, qui les incite à y agir pour le métamorphoser – ce qui est le sens de l'histoire dans le sens le plus large –, et l'« instinct formel », ou plus spécifiquement sensible, qui a pour tâche de surpasser le temps et le changement qu'il entraîne, l'élevant jusqu'au suprasensible, faisant en sorte que « ce qui est nécessaire et éternel, et ce qui est éternel et nécessaire, soit réel ».

La beauté réside dans la perfection de l'existence enfin réconciliée avec elle-même, ne faisant plus qu'un avec le pur jeu de l'être. C'est la manifestation de la vie, car Schiller croit que le but de l'être vivant est de jouir du seul acte de vivre, qui est une pure dépense, gratuite et ludique de l'énergie. Cette vision ludique de l'art repose sur une observation de nature scientifique de l'univers du vivant qui n'obéit qu'à des lois sans objet autre que sa propre identité, sa propre survie et sa propre expansion. Ainsi, la beauté n'est que le reflet de ce monde sensible, qui est un monde libre (c'est son esprit rationaliste qui parle ici). L'art ne peut que restituer la grandeur de cette liberté qui vaut autant pour la société humaine que pour la nature : « Seuls l'éducation esthétique, l'art, éduquent pleinement, totalement ; seuls ils sont capables d'accomplir le destin complet de l'homme, de le réaliser totalement dans toute sa richesse et sa nature ou essence. » Bien sûr, on peut lire en filigrane l'influence de Kant qui a souhaité séparer esthétique et morale. Malgré cette autonomie, l'art recèle une fonction éthique : « L'objet beau, harmonieux, régulier, rencontre un écho dans la nature même de l'homme et comble son besoin le plus élevé : le besoin d'unité, d'harmonie. » Puisque la nature est un libre jeu, que l'art, par voie de conséquence est la transposition de ce jeu et donc un signe de liberté, l'éducation esthétique est à ses yeux une éducation à la liberté dans tous les domaines de la connaissance et de l'action.

Mais Schiller ne croit pas nécessaire de donner des exemples de grands modèles artistiques qui seraient la manifestation de ses théories. Une fois de plus, l'avènement d'une critique d'art future est contrecarré.

29 *Quel a été le rôle de Carl Gustav Carus au sein du romantisme allemand ?*

Carl Gustav Carus (1789-1869) a fait parallèlement des études scientifiques (botanique, chimie, physique, médecine) et des études de dessin, qui sont d'ailleurs indispensables pour tout savant digne de ce nom à l'époque. Mais il se passionne aussitôt pour la création artistique et devient peintre lui-même. Docteur en médecine, il commence par enseigner l'anatomie comparée à l'université et crée avec des collègues l'Académie de médecine de Dresde. En 1813, il enseigne la peinture selon les principes de Johann Christian Klengel, un paysagiste de Dresde ; il exposera en 1816 pour la première fois au sein de l'Académie de cette ville. Dans les années suivantes, il enseigne la médecine, se spécialisant dans l'obstétrique. À partir de 18, il se lie avec son aîné Caspar David Friedrich (1774-1840) dont il subit l'influence.

Carus est un des tenants de la *Naturphilosophie*. Il semble tout à fait logique qu'il ait admis les principes de Schelling, tout du moins en ce qui concerne les liens entre l'homme, la nature et le divin. Comme l'a noté avec raison Marcel Brion, Carus n'a pas été le premier à professer cette manière d'envisager la place de l'art dans le monde sous l'apparence du paysage, qui n'avait jusque-là qu'une place subordonnée. En 1809, Carl Ludwig Fernow rédige « Über die Landschaftsmalerei » et, en 1815, le peintre Carl Grass relate les impressions qu'il a retirées d'un voyage en Sicile dans « Einigne Bemerkungen über die Landschaftmalerei ». Dix ans plus tard, Carus écrit à son tour un récit de voyage dont le sujet est le paysage, *Voyage à l'île de Rügen*, livre qui est à la fois une apologie de l'art du paysage et un recueil de souvenirs sur un lieu du nord de l'Allemagne qui a été fréquenté par Friedrich. Il y raconte ses vaines tentatives pour saisir par le crayon les beautés sans cesse changeantes de la mer venant frapper la côte.

En 1831 paraissent les *Neun Briefe über Landschaftsmalerei* (*Neuf lettres sur la peinture de paysage*), écrites entre 1815 et 1824, et préfacées par Goethe. Ces lettres adressées à un ami inconnu, Ernst, ont été conçues peu après un périple dans la région de Chamonix, dont il a rapporté des tableaux mais aussi des dessins et des gravures. Ce livre semble être le compte rendu d'un voyage et des sentiments éprouvés par le voyageur. C'est en réalité une façon aimable de faire comprendre le sens des rapports entre l'individu et le monde sensible et aussi un traité de peinture où il expose comment le « rendu » de ces sentiments doit se concrétiser. Il y évoque d'ailleurs la figure de Claude Lorrain, qu'il regarde comme l'un des plus illustres précurseurs de sa philosophie. Il fait référence à Gessner et cite Schiller dans sa troisième lettre : « Alors, l'âme libre et belle, secoua le sommeil des sens ; l'esclave des soucis, délivré par vous de ses chaînes, s'élança dans les bras du Bonheur. Alors tomba la sombre barrière de la bestialité ; l'homme porte sur son front rasséréné l'empreinte de sa grandeur, et la sublime étrangère, la Pensée, jaillit de son cerveau étonné... »

Un peu plus tard, en 1846, dans *Psyché*, un traité sur les causes psychosomatiques de la maladie, il en vient à développer une théorie de l'inconscient :

> La Clef de la connaissance de la nature humaine est à chercher dans le règne de l'inconscient. D'où la difficulté, sinon l'impossibilité, à comprendre pleinement le secret de l'âme. S'il était absolument impossible de retrouver l'inconscient dans le conscient, l'homme n'aurait plus qu'à désespérer de pouvoir jamais arriver à une connaissance de son âme, c'est-à-dire à une connaissance de lui-même. Mais si cette impossibilité n'est qu'apparente, alors la première tâche d'une science de l'âme sera d'établir comment l'esprit de l'homme peut descendre dans ses profondeurs.

Si ces thèses n'ont *a priori* que peu à faire avec l'art, elles n'en indiquent pas moins qu'une part non négligeable de l'activité intellectuelle ou esthétique a une origine inconsciente.

S'il a été un savant complet et novateur, Carus n'en refuse pas moins les conclusions de Darwin et n'a pas pris exactement la mesure de ses considérations sur l'inconscient, que Freud lira avec beaucoup d'attention et d'admiration. Il ne parvient pas non plus à se débarrasser de la question chrétienne de l'âme. Il n'en reste pas moins qu'il a été, au cours de sa longue vie, l'homme qui a su prendre la mesure de deux tendances croissantes : l'amour des ruines et donc du passé, antique mais aussi médiéval – qui donne dans la peinture ce courant qu'on dit être celui des « antiquaires » –, et l'expression des sentiments multiples que l'être éprouve devant le spectacle des choses naturelles. Il a également été un peintre de valeur, comme en témoigne, par exemple, *Le Cimetière d'Oybin* (1828) du musée de Hambourg.

Caspar David Friedrich, après avoir étudié à Copenhague, s'installe à Berlin un court moment et ensuite à Dresde. Il commence par se consacrer avec passion au dessin. Puis, fortement imprégné des idées de Schelling, il aborde la peinture, persuadé que l'artiste doit faire apparaître dans ses compositions la vérité qui s'y dissimule. Il accomplit de nombreux voyages, seul ou accompagné par des amis peintres. En 1810, il est nommé à l'Académie de Berlin. Goethe vient lui rendre visite dans son atelier – il lui avait rendu visite peu avant à Weimar. En 1816, il est membre de l'Académie de Dresde, où il enseigne à partir de 1824. Il se lie avec les peintres nazaréens de Munich. Deux ans plus tard, les premiers symptômes de sa maladie qui l'emportera en 1840 (une congestion cérébrale) se font jour. Ce peintre qui va être admiré un siècle plus tard disparaît dans une grande gêne financière.

Il a laissé des écrits très éclairants sur l'art, en harmonie avec ceux de Carus, disséminés dans son journal intime, des aphorismes ou des lettres. Il fait plusieurs descriptions de ses tableaux, en particulier de *L'Autel de Tetschen*, commandé en 1807 par le comte Franz Anton von Thun-Hohenstein pour la chapelle privée de son château à Tetschen. La plupart de ses écrits sont des descriptions apologétiques de la nature telle qu'il l'a vue au cours de ses voyages. Mais il énonce aussi quelques grandes lignes du bon exercice de la peinture, comme celle-ci : « Il faut que tu voies de tes propres yeux et que tu reproduises fidèlement les objets tels qu'ils t'apparaissent ; reproduis-les dans le tableau selon l'impression qu'ils produisent en toi. » Il maintient que l'homme n'est pas le modèle absolu et définitif et que l'art est « infini ». Proche des idées de Schelling, il insiste pour que la Nature soit le premier sujet de l'artiste. David d'Angers, venu le voir en 1834, déclare : « Cet homme a découvert la tragédie du paysage. »

V
La critique en Angleterre

30

Quelle a été la particularité du Royaume-Uni dans cette métamorphose du monde de l'art au XVIII*e siècle ?*

De grandes académies de peinture, de sculpture et d'architecture continuent à naître un peu partout en Europe. À Vienne tout d'abord, dès 1692, avec l'Akademie der Bildenden Künste fondée par le peintre Peter Strudel – c'était l'académie privée des peintres de cour –, fermée à sa mort en 1714 puis rouverte en 1725 par l'empereur Charles VI, réformée une première fois et définitivement établie en 1872 par François-Joseph Ier. En Espagne, l'Académie Royale des Beaux-Arts Saint-Ferdinand est ouverte à Madrid en 1752 ; au Danemark, l'Académie royale danoise de peinture, sculpture et architecture des Beaux-Arts voit le jour à Copenhague en 1754 et en Russie, l'Académie Impériale des Beaux-Arts de Saint-Pétersbourg ouvre ses portes en 1757. Le Royaume-Uni ne se dote qu'assez tard d'institutions comparables à celles de la France et des autres nations européennes. La Royal Academy n'est en effet créée qu'en 1768, sous l'impulsion de Georges III. Elle est d'abord installée dans la Somerset House et reste longtemps une institution privée. Puis elle est ensuite transférée à Burlington House où elle se trouve encore aujourd'hui. L'idée d'un tel établissement existait depuis un certain temps déjà : John Evelyn (1620-1706), dans un livre intitulé *Sculptura*, avait appelé de ses vœux en 1662, la création d'une académie sur le modèle italien. Au début du XVIIIe siècle, plusieurs écoles privées de dessins sont ouvertes à Londres, avec plus ou moins de succès ; parmi elles, la St. Martin Lane's Academy, devenue vers le milieu du siècle la Society of Artists. Ainsi, le projet continuait de faire son chemin. La Society of Dilettanti, créée en 1734 par des artistes ayant fait le Grand Tour en Italie et dont le but était de diffuser le goût de l'antique, a l'idée de transformer l'école de Saint-Martin en une authentique académie, avec tout ce que cela implique. Le peintre Joshua Reynolds (1723-1792) en est l'un des principaux promoteurs.

Un autre artiste, Francis Hayman (1708-1776), décide alors d'organiser une exposition associant les deux sociétés. Cette exposition finit par se faire au printemps 1760 avec soixante-neuf artistes. Des dissensions se font jour et Hayman décide de fonder en 1765 l'Incorporated Society of Artists of Great-Britain. Sur ces entrefaites, un certain Richard Dalton (*ca.*1715-1791) prend l'initiative de fonder son école de dessin et la baptise Royal Academy. George III, qui était monté sur le trône en 1760 et aimait les arts, avait octroyé une somme de cent livres à cette nouvelle initiative, contribuant réellement à l'essor des arts libéraux. Mais des conflits font que l'architecte William Chambers (1723-1796) et ses amis quittent l'Academy ; ayant été au service de la Couronne, déjà correspondant de la Royal Academy of Architecture depuis 1662, il fait en sorte d'être chargé d'un projet à remettre au Roi en décembre 1768. Il imagine donc une académie comparable à celles qui ont fleuri sur le continent, mais insiste surtout sur la nécessité d'une exposition annuelle du travail de ses élèves et d'autres artistes choisis avec beaucoup de précautions. Le roi approuve l'idée et l'on s'installe dans les locaux de Pall Mall. On s'efforcera en vain de faire fusionner cette nouvelle académie avec les précédentes. Au début, le souverain couvre les dettes de l'Académie, qu'il protège pendant deux ans, jusqu'à son installation à Somerset House, que Chambers restructure au début des années 1780. Joshua Reynolds en devient le président, mais Chambers a l'oreille du roi, et c'est ce dernier qui approuve le conseil d'administration, les officiers et les professeurs. Mais l'influence de Reynolds est immense, nous le verrons, aussi bien sur un plan intellectuel que sur le plan artistique. Il doit accepter ce partage du pouvoir temporel qui, tout bien pesé, n'est pas la question la plus fondamentale.

31 *Comment s'organise la pensée esthétique en Grande-Bretagne à partir des frères Richardson ?*

Le retard que l'Angleterre connaît en matière d'institution par rapport au continent est vraiment paradoxal. En effet, c'est là que se trouvent les plus grands connaisseurs de peinture et de sculpture, qui ont parfois couché par écrit des traités d'une valeur inestimable.

Sur les îles Britanniques, l'histoire, sinon de la critique, mais d'une nouvelle réflexion esthétique sur des objets d'art précis, commence vraiment avec Jonathan Richardson l'Aîné (1665-1745) qui, aux dires de Samuel Johnson, a été aussi bon écrivain que peintre. En 1715, il publie *An Essay on the Theory of Painting*, – qui sera traduit en français et publié en 1728 (Tome 1 du *Traité de la Peinture et de la Sculpture*) –, suivi quatre ans plus tard, en 1719, par le célèbre *Two Discourses : I. An Essay on the whole Art of Criticism, as it relates to Painting ; II. An Argument in behalf of the Science of a Connoisseur*. Puis, en 1722, en collaboration avec son fils, Jonathan Richardson le Jeune (1694-1771), *An Account of Some of the Statues, Bas-Reliefs, Drawings and Pictures in Italy*, qui est la relation détaillée du Grand Tour qu'il a accompli dans la péninsule l'année précédente.

Jonathan Richardson l'Aîné a étudié la peinture auprès de John Riley, portraitiste officiel du roi Guillaume d'Orange. Il s'installe en 1691 dans le quartier de Lincoln's Inn Fields à Londres et est nommé, deux ans plus tard, membre de l'« académie » de Great Queen Street créée par Godfrey Kneller en 1711. Grand ami du poète Alexander Pope, dont il a fait un portrait remarquable, il est possible que ce dernier ait été influencé largement par son traité, considéré depuis comme l'acte de naissance de la critique anglo-saxonne. Il est considéré en son temps comme l'un des plus grands peintres anglais. Et il a grandement influencé la pensée de Joshua Reynolds. Il a aussi eu une activité littéraire : en 1734, il écrit avec son fils *Explanatory Notes and Remarks of Milton's Paradise Lost*, qui est une réponse à l'édition critique du *Paradis perdu* de John Milton par Richard Bentley (1732). Enfin, il a été considéré par ses contemporains comme le plus grand collectionneur de dessins de tous les temps – il possédait près de 5 000 œuvres sur papier des maîtres d'autrefois.

Du point de vue de la recherche archéologique, il a influencé Johann Joachim Winckelmann et Anton Raphaël Mengs par son travail sur l'art italien. Quant à ses vues théoriques, elles reposent sur un fondement pratique et concret, s'éloignant ainsi des doctrines provenant de France, qui s'appuient sur des principes généraux et systématiques. Il a lu attentivement Vasari, Félibien, Dufresnoy et l'abbé Dubos. Il s'est un peu inspiré du travail de William Aglionby, qui avait commencé à classer les différents mérites des artistes dans *Painting Illustrated in Three Dialogues* (1685). Constatant avec regret que l'Angleterre était dominée par les artistes étrangers – en particulier Rubens, Van Dyck, Lely, Kneller –, il était fermement convaincu du grand talent des artistes anglais.

Jonathan Richardson appuie sa propre démonstration sur l'expérience individuelle. Il s'intéresse d'abord aux grands principes qui régissent l'art pictural dans son *Essai sur la théorie de la peinture* et en tire les conséquences dans ses deux *Discours*, notamment une conception personnelle de la critique d'art (*Essai sur l'art de critiquer en fait de peinture*). À ses yeux, la peinture n'est pas un simple plaisir, mais « un autre langage qui achève de perfectionner l'art dans son ensemble ». Il considère que « les Paroles peignent à l'Imagination, mais chaque homme l'interprète à sa façon ». En sorte que s'il ne remet pas en cause la supériorité de la poésie sur la peinture, il laisse une grande liberté de manœuvre aux artistes. Son *Discours sur la science d'un connaisseur* est une œuvre importante, d'abord parce que c'est la première fois qu'un peintre a entrepris une réflexion sur le regard qu'on peut porter sur une œuvre d'art. Il s'étonne du fait que, dans son pays, qui est si riche et où l'on cultive les arts, la philosophie et les sciences, on trouve si peu de personnes « qui soient *Amateurs* et *Connaisseurs de la Peinture...* ». Pour y remédier, il propose une « science nouvelle », celle du Connaisseur, qui serait une « nouvelle scène de Plaisir [...] et une Perfection dont à peine on a ouï parler ». Ensuite, il explique quels sont les principes de la peinture, dont l'objectif est d'abord « d'enrichir la Nature » : elle ne doit pas seulement la représenter, mais surtout « en faire un bon choix ». Et de citer son ami Pope : « Et plus on voit que l'Art cette Nature imite / Plus il est excellent, plus grand est son mérite, / Car elle doit partout produire ses effets, / Sans qu'on puisse pourtant en démêler les traits. » Pour ce qui est du portrait, il convient d'y mettre en évidence les qualités de la personne, c'est-à-dire la beauté de l'esprit, l'éducation, etc. – et pas uniquement les qualités physiques.

Tous les arts doivent donc procurer du plaisir et aussi « fournir des idées » – ici, il fait allusion à la mythologie et à la peinture d'histoire. Il déclare qu'on doit trouver dans les ouvrages des peintres de belles descriptions et la « même élévation de pensée » que chez les poètes. Ils ont pour mission d'instruire l'âme.

> Considérer un tableau comme il faut, ce n'est autre chose que lire, mais à envisager la beauté des couleurs ou des figures qui occupent la vue pendant tout ce temps-là, c'est non seulement lire un livre d'une belle impression et bien relié, mais c'est aussi comme si l'on entendait un concert de musique en même temps : on a un plaisir intellectuel et sensuel tout à la fois.

Les avantages que peuvent apporter la contemplation des œuvres des maîtres anciens sont multiples : « En connaissant les ouvrages des meilleurs maîtres, mon esprit se remplit de belles et grandes images qui se présentent à nous toutes les fois que nous lisons un auteur ou que nous réfléchissons sur quelque action éclatante ancienne ou moderne ; là, tout y est élevé, tout y est plus beau qu'il ne l'aurait été ailleurs. » Il ne doute pas que si les personnes de qualité étaient « amateurs de peinture », elles se piqueraient d'être des Connaisseurs : « Cela les aiderait à se réformer elles-mêmes, et leur exemple ferait le même effet sur le menu peuple. » Il expose sa pensée en la matière en prenant pour exemple les gens de qualité qui voient les tableaux et les dessins comme ils regardent le ciel étoilé. S'ils devenaient des « Connaisseurs », ils auraient la faculté de les regarder avec discernement. Ce nouvel archétype de l'amateur serait un homme avisé qui pourrait examiner les ébauches et les traits d'un grand maître avec beaucoup de joie :

> Outre les attitudes pleines de grâce et de grandeur, outre la beauté des couleurs, la forme et les états charmants du jour, et de l'ombre, que personne ne voit comme un connaisseur les considère, il pénétrera plus avant qu'aucun autre dans les beautés de l'invention, de l'expression et des autres parties de l'ouvrage qu'il examine. Il verra des exemples

remarquables de l'art, il notera des moyens, des expédients, une délicatesse, et un esprit, que d'autres ne voient point ; ou du moins qu'ils ne voient que d'une manière imparfaite.

En définitive, ce Connaisseur est une autre façon d'envisager l'honnête homme, l'universalité du savoir étant remplacée par la subtilité de ses vues.

Il propose de placer le peintre et le poète dans une position identique : « La peinture n'est qu'une autre espèce d'écriture, mais semblable à ce qu'étaient anciennement les hiéroglyphes, c'est un caractère qui n'est pas fait pour tout le monde. » Ce disant, il propose une interprétation de l'*ut pictura poesis* d'un genre inédit, puisqu'il voit l'équivalence des genres, mais pas leur similitude. Il avance aussi que celui qui crée et celui qui regarde la création sont deux compagnons : « Je me représente un auteur et un lecteur comme deux hommes qui voyagent ensemble : si le livre est manuscrit, c'est comme si l'écrivain prenait l'autre dans sa propre chaise ou bien, s'il est imprimé, c'est comme une voiture publique. » Il propose enfin l'enseignement du dessin comme moyen de se perfectionner dans les arts, mais aussi de comprendre les arts anciens et actuels.

32 *En quoi le comte de Shaftesbury s'affirme-t-il comme l'un des penseurs les plus originaux du XVIIIe siècle anglais ?*

Anthony Ashley-Cooper, troisième comte de Shaftesbury, est né le 26 février 1671 à Londres. Il montre très tôt des dispositions exceptionnelles pour les études : il sait le latin et le grec à l'âge de douze ans. Après ses études au Winchester College, il voyage trois ans en Europe. Il doit renoncer à son siège au Parlement en 1698, à cause de sa santé fragile. À partir de cette date, il se consacre exclusivement à son œuvre philosophique. En 1699, il a achevé *An Inquiry concerning Virtue or Merit*. En 1708 est publié *A Letter concerning Enthusiasm*, suivie par *Sensus Communis : an Essay on the Freedom of Wit and Humour* et *The Moralists, a Philosophical Rhapsody* en 1709, puis *Soliloquy, or Advice to an Author* en 1710. L'ensemble de ces travaux est recueilli en 1711 dans un livre en trois volumes, *Characteristics of Men, Manners, Opinions, Time*. Il entreprend ensuite un long voyage en Italie, où il meurt en 1713.

Il considère que la beauté repose sur l'harmonie, la proportion et l'ordre. Cette beauté est générée par l'esprit divin, Dieu étant le premier artiste, elle est donc indépendante de l'esprit humain. De sorte que le jugement que l'on peut porter sur elle n'est pas lié à sa seule nature primordiale, puisque ses critères d'évaluation sont d'une autre nature. Il divise toute beauté en trois catégories : d'abord les « formes mortes », les objets naturels et les fruits de l'artisanat ; viennent ensuite « les formes qui donnent une forme, c'est-à-dire qui ont une intelligence, agissent et œuvrent », et qui sont liées à l'intelligence humaine ; enfin, les formes qui créent même les formes, qui sont du ressort de Dieu. Si ces prémisses peuvent être classées dans le registre de l'idéalisme, Shaftesbury insiste sur le fait qu'ils sont désintéressés et donc sans principes et sans but. Le jugement est donc issu d'une expérience pure des plaisirs d'un sens intérieur. Ce qui ne l'empêche pas de penser que si l'ordre de l'univers est esthétique, il est en même temps moral et religieux. La vertu est par conséquent esthétique.

Le jugement esthétique est le propre de l'homme. C'est un besoin naturel. Mais il doit être éduqué et il est absolument nécessaire de développer le vrai discernement, la perspicacité et le goût.

Dans le dialogue entre Théoclès et Philoclès (cf. *Les Moralistes* de Shaftesbury), le premier se montre satisfait des progrès de son élève en matière de raisonnement : « Je suis satisfait que vous traitiez d'enthousiasme cet amour de la beauté, en lui accordant le privilège des autres passions. » Cette théorie de l'enthousiasme est sans doute la clef de la doctrine de l'auteur : si ses présupposés sont somme toute des plus classiques, l'introduction de l'enthousiasme donne lieu à un genre nouveau de mouvement sensible et intellectuel à l'égard de l'objet esthétique, qu'il soit naturel ou artificiel. Elle implique aussi une réforme intérieure du sujet, qui va de pair avec une réforme de la société civile. Enfin, dans sa *Letter concerning the Art, or Science of Design* (*Lettre sur l'art et la science du dessin*, 1712), il envisage une autre réforme, strictement artistique celle-là, qui serait l'aboutissement des progrès accomplis dans les autres domaines (philosophiques et politiques). En écrivant à Lord Somers, il veut lui montrer la valeur d'une gravure tirée du *Jugement d'Hercule*, un tableau de Paolo de Matteis (1662-1728), élève de Luca Giordano.

Il lui explique sa conception des *virtuosi*, gentilshommes à l'éducation parfaite, amants des arts et des sciences, au fait des choses du monde. S'il plaide encore une fois en faveur d'une élite éclairée, il insiste dans ce bref texte sur le besoin de perfectionnement des arts en Angleterre. Le dessin joue un rôle très important dans cette mutation générale, car il est employé par les architectes et les savants autant que par les artistes.

La pensée de Shaftesbury a eu un impact important dans son pays. Francis Hutcheson (1694-1746), professeur à Glasgow, a diffusé son héritage, en particulier dans *An Inquiry into the Original of our Ideas of Beauty and Virtue* (en deux traités, 1725), où il soutient la thèse d'une beauté originelle et d'une beauté relative. Pour lui, le sens esthétique est une tension ou un équilibre entre la perception de l'harmonie intrinsèque et la perception d'un rapport avec le monde extérieur. L'objet d'art est nécessairement le véhicule, d'une part, de la beauté idéale et, d'autre part, de la ressemblance avec la nature. Il va plus loin que Shaftesbury en reprenant son opposition entre beauté absolue et beauté relative, et en affirmant qu'un objet laid ou sans le moindre intérêt peut être beau puisqu'il est imité de la nature. De plus, la comparaison, ce que nous appellerions la métaphore, s'avère un des points essentiels de sa philosophie de l'art : la « ressemblance » est un autre moyen d'amoindrir la tension entre les deux pôles, le divin et le matériel.

Diderot fait paraître en 1745 sa traduction, passablement augmentée de notations personnelles et même d'ajouts, de *An Inquiry concerning Virtue or Merit* de Shaftesbury, sous le titre *Essai sur le mérite et la vertu* ; un prélude aux *Pensées Philosophiques* achevées l'année suivante. Il apparaît évident que Diderot a puisé dans les œuvres de Shaftesbury la clef de voûte de son esthétique, puisqu'il a, à son tour, voulu associer de manière indissoluble l'art et l'éthique. La liberté du jugement, pour Diderot, a pour contrepartie la reconnaissance d'une finalité morale à la peinture. Mais cette clause ouvre néanmoins un champ d'exploration esthétique beaucoup plus vaste que tous ceux énoncés dans le passé.

33 *Quel rôle Joshua Reynolds joue-t-il dans les grandes orientations de l'esthétique anglaise à la fin du XVIIIe siècle ?*

Joshua Reynolds (1723-1792) fait partie de ces jeunes artistes britanniques qui ont fait le Grand Tour, séjournant surtout à Rome, entre 1749 et 1752. Au cours de ce périple, il a rédigé des carnets qui ont donné lieu, bien après sa mort, à un petit ouvrage intitulé *Notes and Observations on Pictures, chiefly of the Venetian School*, très utile pour comprendre sa relation avec l'art italien. De retour à Londres, il ne tarde pas à s'imposer comme l'un des plus grands portraitistes de son époque avec Thomas Gainsborough. Il fonde le Literary Club avec le grand lettré Samuel Johnson et devient le premier président de la Royal Academy en 1768. Il entreprend un voyage dans les Flandres et la Hollande en 1781 et se passionne pour les œuvres de Rubens, qui l'influence de manière profonde.

Il prononce le premier discours pour les prix de la Royal Academy en 1769 et en prononcera quatorze autres jusqu'en 1790, qui ont ensuite été réunis en un volume. Il y défend la valeur insigne du modèle fourni par la peinture italienne de la fin de la Renaissance, en particulier celle de Michel-Ange et Raphaël. En 1788, il fait l'éloge de Gainsborough, son grand rival, dont il reconnaît l'immense talent. Ses discours en appellent toujours à l'avènement de « l'idée du peintre parfait », empruntée à Roger de Piles – traduit en anglais en 1743 : *The Principles of Painting* –, qui doit prendre modèle sur les Antiques.

Il est assez critique à l'encontre de la plupart des théoriciens qui, par le passé, ont tenté de formuler ce que doit être un art nouveau. Dans son huitième discours, il s'en prend à Félibien et à la trop grande admiration qu'il porte à Charles Le Brun. Mais s'il est relativement caustique et méfiant envers les Français, il suit leurs traces en se demandant de quelle façon on peut apprendre à faire de la peinture. Il faut souligner qu'en 1782 il établit les notes d'une nouvelle traduction en anglais d'un poème en latin de Charles-Alphonse Dufresnoy, *De Arte grafica*. Comme le remarque si bien Élisabeth Martichou, Reynolds considère que l'artiste doit se soumettre à des règles, mais que son génie a le droit de les transgresser. Elle nous apprend que dans l'opposition *ars/ingenium*, Reynolds, contrairement aux théoriciens français, privilégie le premier élément au détriment de l'idée d'un don divin, inné. Son choix se manifeste par les colorations différentes du mot *genius* au fil de ses *Discourses*. Il est rarement à entendre dans son sens moderne, c'est-à-dire associé à l'audace de l'imagination (c'est cependant le cas dans le cinquième discours). Reynolds se méfiait des théories d'Edward Young sur l'originalité. Ailleurs, notamment dans les deux premiers discours, si le peintre ne nie pas l'existence d'un don naturel, il souligne que ce don peut être amélioré par l'étude des règles, inséparable du grand style ou grand goût, de la recherche du beau idéal. Dans le sixième discours, l'inspiration est définie comme une qualité mystérieuse que prêtent à l'artiste ceux qui ignorent que la peinture est un long apprentissage, les peintres eux-mêmes n'ayant pas intérêt à dissiper cette illusion.

Pour lui, l'invention n'est que la combinaison d'images que la mémoire a thésaurisées.

Dans son enseignement, qui s'oppose aux doctrines professées par l'Académie royale de Paris, il envisage trois étapes. La première est l'assimilation des rudiments, l'apprentissage de la grammaire de l'art (dessin, couleur, composition). La seconde est la formation intellectuelle. La troisième est celle où l'élève peut être sûr de son jugement et laisser libre cours à son imagination.

Il reste ennemi du pur *imitatio* : imiter n'est pas copier de manière servile et aveugle. Et pour encourager l'originalité bien mesurée et raisonnée de chacun, il approuve l'idée de l'Académie de Paris que l'*ekphrasis* est indispensable comme propédeutique critique pour examiner les œuvres : leur commentaire collectif et critique est un exercice excellent. En sorte que le besoin de la critique se fait sentir aussi bien dans l'enseignement que dans le jugement d'un travail accompli.

34 *Quels sont les principaux thèmes du débat sur l'art à l'époque de William Hogarth et jusqu'au début du XIXe siècle ?*

William Hogarth (1697-1764), fils d'un pauvre maître de latin, entre à seize ans dans un atelier de gravure et apprend l'orfèvrerie. Sa série de gravures d'après *Hudibras* de Samuel Butler, produite en 1725, et ses premiers portraits (dont celui d'une prostituée) le font sortir de l'anonymat. Il a un goût prononcé pour le théâtre et il illustre aussi bien John Gay que William Shakespeare. Il déclare : « Ma peinture est ma scène, et mes personnages sont des acteurs qui y donnent une pantomime silencieuse. »

Il se distingue dans la représentation de tranches de vie de son époque et refuse la grandiloquence (il échoue à faire de la peinture d'histoire, trop loin de son état d'esprit). Au contraire, il va chercher dans la vie de tous les jours le moyen de dénoncer les injustices et la corruption, et le meilleur de son art prend un aspect domestique avec ses magnifiques *Conversation Pieces*. De plus, il introduit une clause morale dans son travail et se révèle un satiriste redoutable. Son inclination à dénoncer les mauvaises mœurs anglaises le rapproche de grands auteurs tels que Jonathan Swift, Tobias Smollett et Henry Fielding. Il est un défenseur farouche de la gravure : en 1735, il obtient que soit votée une loi – qui portera son nom – permettant aux artistes d'avoir le plein contrôle des gravures tirées de leurs œuvres. Il a beaucoup contribué, comme Chardin en France, à valoriser des genres réputés mineurs. Les charmantes « scènes de conversation » deviennent grâce à lui un genre à part entière, très prisé des amateurs.

Avec William Hogarth, nous sommes confrontés à une tout autre vision de l'art que celle de Reynolds. C'est d'abord l'ennemi juré de ses concepts et il se moque de ses « Connaisseurs » et de ses « Palladiens ». Beaucoup plus pragmatique, Hogarth veut se rapprocher du monde tangible, de la vie telle qu'elle se présente à nos yeux. Son point de vue empirique, exprimé dans *The Analysis of Beauty* (1753), met l'accent sur la variété infinie du beau. Il aboutit à une conception de la composition tout à fait différente de celle que professent ses contemporains. Il propose dans ce livre une série de propositions pour modifier la perception des figures par le jeu de la couleur, de la perspective et d'autres expédients. Il introduit également une sorte de psychologie s'appliquant à l'art de la composition. C'est-à-dire qu'en connaisseur avisé des règles de la peinture, il tend à montrer à quel point leur application systématique est préjudiciable. De plus, ses développements, sous leurs apparences légères et parfois drôles, sont en réalité assez savants. Il fait des parallèles très subtils entre les sons et les ombres. Enfin, il fait l'éloge de la ligne serpentine qui est l'objet de prédilection de l'art baroque et du rococo – alors que son art n'a pas grand-chose à voir avec cette esthétique. Le jeu est essentiel dans sa construction intellectuelle : il démontre que la rigueur excessive peut être pire que l'excès débordant de l'expression linéaire.

L'Angleterre s'est révélée très vivante d'un point de vue théorique pendant tout ce siècle. Joseph Addison (1672-1719), créateur du périodique *The Spectator*, y a développé, dans une série d'article parus en 1712, ses vues sur les relations entre l'art et la nature. Il avance de nouvelles catégories esthétiques : le grand, le nouveau et le beau. Celles-ci ont des précédents historiques, mais se proposent dans une nouvelle optique. Son principal intérêt est l'imagination. Il développe ses vues sur la question en fonction des trois catégories qu'il énonce. Mais il n'a pas peur de voir dans l'imagination quelque chose qui excède les frontières de la réalité tangible : « Tout ce qui est *nouveau* ou *extraordinaire* excite un plaisir dans l'imagination. » Et d'ajouter à ce propos : « C'est ce qui donne des charmes à un monstre, et de là vient que même les imperfections de la nature nous plaisent. De là vient aussi qu'on recherche la variété. » Quant à la nature, il la conçoit en référence au sublime tel que l'a formulé Longin. Mais reste que le plus passionnant dans la réflexion d'Addison est ce qu'il a écrit sur l'imagination, dont il expose les différents modes avec une extraordinaire richesse analytique.

Edmund Burke (1729-1797), auteur de *A Philosophical Inquiry into the Origin of our Ideas of the Sublime and Beautiful* (1757) – traduit en français en 1765 par l'abbé « Des François » sous le titre *Recherches philosophiques sur l'origine des Idées que nous avons du Beau et du Sublime* –, tire l'essentiel de sa pensée de la philosophie de Locke, qui distingue l'esprit qui a la capacité de voir des ressemblances, et le « noble esprit » qui perçoit et s'empare des « analogies spirituelles ». Mais l'aspect le plus singulier de sa réflexion concerne le sublime, qui est d'abord ce qui provoque chez l'individu un sentiment d'incertitude, comme le fait l'infini ou l'obscurité. Comme Addison, il met l'accent sur la puissance de l'imagination dans la formation du goût. Mais là encore, il s'appuie sur les préceptes de Locke sur la ressemblance. Quant à l'infini, il avance ce raisonnement : « Il est encore une autre source du sublime, c'est l'infinité. […] L'infinité tend à remplir l'esprit d'une espèce d'horreur qui donne du contentement, et qui est l'effet le plus naturel et la preuve la plus évidente du sublime. » Mais il tient à apporter une correction : comme on ignore les « bornes du bien des choses », elles peuvent sembler infinies. Donc s'impose ici une distinction entre l'effet de sublimité et la vraie sublimité.

La constante interrogation sur la nature, menée par tous, mais qui fait l'objet d'études particulières, comme c'est le cas avec Samuel Boyse (1708-1749), auteur du poème *Triumphs of Nature*, publié anonymement dans *The Gentleman's Magazine* en 1742, est d'abord un hommage rendu à l'art des jardins. En somme, avec lui comme avec d'autres, on passe de l'interrogation sur la Nature dans son ensemble à la valorisation de la Nature architecturée par l'homme. Le grand écrivain Horace Walpole, quatrième comte d'Oxford (1717-1797), auteur du *Château d'Otrante* (1764) et grand collectionneur, vivant dans son extraordinaire manoir de Strawberry Hill House (dont il a fait la description dans un de ses ouvrages), compose ses *Anecdotes of Painting in England* entre 1762 et 1771. Il y défend, entre mille autres points, la liberté d'action du peintre. L'*Essai sur l'art des jardins modernes*, traduit en français par Louis-Jules Mancini-Mazarini en 1785, est d'abord une histoire des différentes manières de composer les jardins dans le temps. Mais il donne aussi des indications pour le présent, par exemple en montrant les réalisations de Kent.

Par la suite, c'est essentiellement la notion de *picturesque* (pittoresque)qui est examinée, comme c'est le cas pour Uvedale Price (1747-1829) dans son *Essay on the Picturesque* (1794) et son *Dialogue on the Distinct Characters of the Picturesque and the Beautiful* (1801). Cette notion de « pittoresque » est d'une grande importance à partir du moment où, dans la littérature et les arts plastiques, la nature n'est plus seulement objet d'imitation, mais manifestation très précise de certains sentiments. Avec lui, une page de l'histoire de la méditation sur l'art se tourne.

Il n'en reste pas moins vrai que le débat, aussi vivant et pertinent soit-il, a lieu entre les philosophes et les praticiens de l'art. Mais aucune relation n'existe encore entre les uns et les autres, surtout dans le sens d'un jugement porté par les premiers sur les seconds. Ce que Reynolds a considéré comme étant judicieux pour l'éducation de l'œil et de l'esprit des élèves de la Royal Academy n'a pas été appliqué à l'observation des productions artistiques anciennes ou modernes.

35 *Comment naît la critique d'art en Grande-Bretagne ?*

Très vite, Londres se met à rivaliser avec Paris. Elle se dote de galeries et de diverses institutions publiques. Mais la critique demeure la pierre d'achoppement puisque ce sont encore les artistes qui sont les maîtres du jeu. C'est un peintre qui dirige la Royal Academy et ce sont des peintres et des sculpteurs qui imaginent de nouveaux lieux où ils pourraient exposer. Malgré la fabuleuse période des clubs de la seconde moitié du XVIIIe siècle, les hommes de lettres – Samuel Johnson, James Boswell, pour ne citer que ceux-là – qui ont discuté de toutes les questions cruciales de leur nation et du monde, de littérature, de philosophie, de géographie et de politique, ne se sont pas beaucoup immiscés dans les affaires de l'art. Il faut attendre la fin du premier tiers du XIXe siècle pour que s'affirme avec force une littérature critique. Mais jamais la Grande-Bretagne n'aura la même nécessité d'écrire sur l'art en train de se faire pour instruire le public ni de faire en sorte que les néophytes suivent les recommandations des personnes qui s'arrogent le droit de porter des jugements pour ou contre telle et telle œuvre, tel ou tel courant. Cela viendra plus tard, et pour des raisons très différentes de celles qui ont été celles de la France : on a voulu que la majorité des personnes puissent avoir la possibilité de connaître le beau et avoir accès à toutes les formes de la connaissance, même celle des arts plastiques. Ce sera le résultat du mouvement chartiste de 1848, duquel se sentiront proches les préraphaélites, William Morris à leur suite, et John Ruskin. La critique ne sera pas tributaire des questions sociales, mais il est clair que la relation des peintres, des sculpteurs et de ceux qui écrivent sur l'art avec une audience populaire en sera profondément affectée. La création de la Whitechapel Gallery, lieu d'exposition gratuit, élevé en plein East End londonien en 1901 en est la preuve majeure, mais tardive.

C'est avec l'un des auteurs les plus extravagants de ce siècle, William Hazlitt, que commence réellement l'épanouissement de la critique d'art. Comment pourrait-on présenter William Hazlitt (1778-1830) ? Tout à la fois philosophe et critique littéraire, ami des grands poètes de son temps, Coleridge et Wordsworth, il a écrit sur Shakespeare, sur son voyage en France et en Italie, et a laissé, à l'instar de Luther, des *Propos de table*. Issu d'une famille irlandaise protestante. Après avoir terminé ses études, il décide de se plonger dans les œuvres des grands philosophes. Il veut alors s'intéresser à la « philosophie de l'esprit » ; puis, élargissant le champ de ses connaissances et découvrant la littérature, il éprouve un intérêt particulier pour John Milton et Laurence Sterne. Son frère aîné, John, étudiant la peinture avec Joshua Reynolds, comme portraitiste, il se passionne pour l'art. En 1798, il fait la connaissance de Samuel Taylor Coleridge – il écrira un morceau sur cette rencontre fondamentale quelques années plus tard –, puis celle de William Wordsworth. Il abandonne alors l'idée de devenir philosophe, apprend la peinture auprès de son frère et visite avec assiduité les musées. Sa principale inspiration est Rembrandt. Il mène une vie errante, allant où il pouvait trouver du travail. On lui a même commandé plusieurs copies qu'il a dû aller faire au musée du Louvre. En 1802, il expose le portrait de son père à la Royal Academy. Il reviendra sur cette période en 1821 dans *On the Pleasure of Hating*. Dans cet essai lapidaire et insolite, selon sa manière absolument inimitable, il veut démontrer que l'art est une activité très éloignée de la littérature, mais qui nécessite des connaissances profondes. Il s'appuie sur l'histoire pour en faire la démonstration.

> Le plus humble graveur est un érudit de la Nature – et le meilleur qui soit, l'étudiant de la Nature. Pour moi, et pour le meilleur agrément et la plus grande satisfaction qu'on en tire, j'aurais aimé être Jan Steen, Gerard Dou, le plus grand casuiste ou philologue qui ait jamais existé. Le peintre ne voit pas des choses dans les nuages ou la brume, la terminologie commune des théologiens, mais applique le même critère de vérité et d'esprit de désintéressement, qui influence sa pratique quotidienne, à d'autres sujets. Il perçoit des formes, il distingue un caractère. Il lit des hommes et des livres avec un œil intuitif. Il est aussi bien un critique qu'un connaisseur. Les conclusions qu'il tire sont claires et convaincantes parce qu'elles proviennent des choses elles-mêmes. Ce n'est ni un fanatique ni une dupe ni un esclave, car l'habitude de voir par lui-même le prédispose à juger par lui-même. Les hommes les plus sensibles que je connaisse (comme groupe) sont les peintres ; ce sont les observateurs les plus vifs de ce qui se passe dans le monde autour d'eux et les meilleurs observateurs de ce qui se passe dans leur esprit. [...] Richardson, qui est passablement respecté [...] raconte l'histoire de Michel-Ange qui, après s'être disputé avec le pape Jules II [...] est

> introduit auprès de lui par un évêque qui pensait les réconcilier en disant que les hommes de sa profession étaient généralement ignorants. [...] À côté de l'exercice de l'esprit, la peinture exerce le corps. C'est un art mécanique autant qu'un art libéral. [...] La main fournit une vérification de la justesse de l'œil ; et l'œil peut ainsi imposer de nouvelles tâches de dextérité et d'industrie à la main. Chaque coup de pinceau est la vérification d'une vérité nouvelle ; et chaque observation nouvelle est l'instant qui se change en acte et émanation de la volonté. Chaque pas se rapproche de ce qu'on désire, et il y a cependant plus encore à faire. Malgré leur facilité [...], du crayon de Rubens et de Van Dyck, que j'admire, je n'admire pas autant leur puissance que l'exécution lente, patiente, laborieuse du Corrège, de Léonard de Vinci et d'Andrea del Sarto, dont chaque touche paraît consciente de sa charge [...]. On pourrait presque dire que la peinture pense.
> Dans certains cas, les couleurs semblent respirer sur la toile comme par magie, le travail et la merveille d'un instant ; dans d'autres, elles semblent appartenir au corps de l'ouvrage, comme si l'artiste avait accompli des années de travail sans répit et d'un progrès délectable et infini vers la perfection. [...] Rubens, avec son style florissant et rapide, se plaint qu'il doive mourir au moment où il vient tout juste d'apprendre son art. Léonard, dans les lentes avancées du sien, avait vécu assez longtemps !

Deux discours sans rapport se confondent dans ces remarques : la première est la reconnaissance de l'intelligence, et même de la supériorité de la recherche picturale, qui est la pierre angulaire des revendications des artistes depuis la fin de la Renaissance ; la seconde est un éloge de la lenteur, qu'il suppose contraire à la maestria véloce des artistes de l'ère baroque, et de la pensée, qui reprend la fameuse formule de Léonard sur la peinture « *cosa mentale* ».

De retour en Angleterre, il parvient à vivre chichement de ses portraits et fait ceux de ses amis poètes. Il n'avait cependant pas entièrement abandonné tout à fait la philosophie et, en 1805, il publie *An Essay on the Principles of Human Action : Being an Argument in Favour of the Natural Disinterestedness of the Human Mind.* Dès lors, il ne cesse plus de faire paraître de courts traités. Une fois marié, en 1808, il trouve une solution économique en travaillant à une grammaire anglaise, tout en continuant à produire des essais sur la littérature, le théâtre, la critique sociale et la religion, et en donnant des conférences à la Russell Institution (1812). Il est plus que jamais persuadé qu'il pourrait vivre de sa peinture. Mais son goût de la vérité n'est pas toujours en harmonie avec les goûts des commanditaires. Il se tourne alors vers le journalisme et travaille pour le *Morning Chronicle*, écrivant sur les sujets les plus variés, mais commençant aussi à écrire sur l'art, et d'abord sur Sir Joshua Reynolds. Sa carrière dans la presse est désormais lancée : il collabore à *The Edinburgh Review*, *The Quarterly Review*, *The Examiner*.

Au milieu de cette activité fébrile, ses articles étant désormais réunis en volumes, Hazlitt écrit sur l'esthétique, dont un article sur le beau, et sur la série *Marriage à-la-mode* de William Hogarth. Il avait déjà fait l'apologie de Turner, attaqué de toutes parts. En 1824, il fait un long voyage en Europe, dont Rome a été une des étapes, ce qui lui a permis de visiter l'atelier de Titien, son peintre de prédilection, de voir des œuvres du Tintoret, de Giorgione et de Véronèse, entre autres. De retour à Londres en 1825, il entreprend d'écrire un texte plutôt bizarre, « On the Old Age of Artists » (*Propos de table*, VIII), où il fait le portrait de trois artistes : Richard Cosway (1740-1821), Joseph Nollekins (1737-1823) et James Northcote (1746-1831), l'élève et biographe de Reynolds, devenu misanthrope et impécunieux. Dans les *Conversations of James Northcote* (qui paraîtront en volume en 1830), Hazlitt a eu la fâcheuse tendance à s'identifier avec son interlocuteur et à lui prêter ses propres propos. Northcote s'est empressé de faire savoir qu'il n'avait jamais parlé de la sorte quand leur dernière conservation a paru dans *The Atlas*, en novembre 1829. Ses écrits sur l'art n'ont été rassemblés qu'à titre posthume.

VI
Le XIXe siècle en France

36 *Quelles ont été les conséquences de la Révolution française ?*

Contrairement à toute attente, le Salon de peinture et de sculpture a ouvert ses portes sans problème peu après la prise de la Bastille. Il va d'ailleurs se dérouler sans encombre, avec une plus grande ouverture d'esprit et donc un nombre croissant de participants. On remarque un fort opportunisme chez de nombreux artistes, pressés de faire des portraits flatteurs des nouveaux maîtres de la France, quitte à changer de mode de gouvernement d'une année à l'autre étant donné la rapidité des changements politiques et des partis au pouvoir. Les sujets « républicains » fleurissent et ne sont pas toujours à la hauteur des événements. Dans ce contexte assez mouvementé et pourtant relativement apaisé lorsqu'il s'agit des arts plastiques, la critique semble avoir attendu avec prudence que la dynamique révolutionnaire s'épuise et qu'un gouvernement s'établisse de façon durable pour sévir dans ce temple des arts.

Quant à l'Académie royale de peinture et de sculpture, rien ne semble troubler ses agissements jusqu'au régicide, ni même après. Mais Jacques-Louis David, qui a tenté à plusieurs reprises et sans succès d'obtenir le premier prix couronnant son admission pleine et entière au sein de cette noble et puissante assemblée, éprouve du ressentiment vis-à-vis de l'institution ; un ressentiment somme toute injustifié puisqu'il a obtenu le prix de Rome en 1774, et qu'il séjourne quatre ans à l'Académie de France, dont le directeur est son maître Joseph-Marie Vien (1716-1809).

De retour à Paris, il poursuit son œuvre qui est la version française et sévère du néoclassicisme européen. La Convention ne s'intéresse guère aux institutions académiques et ne fait pression, d'ailleurs sans succès, que pour le remplacement du directeur de l'Académie de France à Rome. Mais, après cet épisode laborieux, une foule d'artistes s'empare en 1791 de l'Académie en s'écriant un peu prématurément : « La voilà donc enfin renversée, cette Bastille académique ! » Elle a été remplacée, dans les discours, par une Société révolutionnaire des arts dont David (qui a d'ores et déjà fondé une Commune des arts en 1790), devenu un homme puissant, député à la Convention, tire toutes les ficelles. Son sort n'est cependant pas encore scellé. David fait en sorte que onze membres de cette nouvelle association d'artistes demandent le 11 novembre 1792 l'abolition définitive de l'Académie. Mais l'institution tient bon et elle invite même David à en devenir l'un des professeurs titulaires. Quelques mois plus tard néanmoins, en tant que membre du Comité d'instruction publique, il fait voter la suppression du poste de directeur de l'Académie de Rome puis l'antique Académie royale. Il trouve une occasion en or de la combattre lors l'affaire Topino-Le Brun (1764-1801). Ce dernier a dû fuir la Ville éternelle pour se réfugier à Florence par crainte des représailles du Souverain pontife et il a écrit une lettre à la Convention pour l'alerter de la situation dangereuse dans laquelle se trouvaient les résidents de l'Académie. Le 21 novembre 1792, David n'a aucun mal à prendre des mesures pour transformer les statuts de l'Académie de France, ce qui provoque des incidents extrêmement graves. Les mois suivants, nommé secrétaire de la Convention tout en réalisant les tableaux à la mémoire de révolutionnaires assassinés (Lepeletier de Saint-Fargeau puis Marat), il n'en continue pas moins à poursuivre son travail de sape pour que rien ne reste de cette Académie. Il dissout même la commission du Muséum et toutes les autres. Il propose et obtient la création d'un jury national des arts.

La chute de Robespierre et de ses amis met fin aux agissements politiques de David. Le 13 thermidor, il est sommé de s'expliquer. Il est arrêté le 15 thermidor et, le 10 Fructidor, il est emprisonné puis envoyé au Luxembourg, où il peut peindre en toute quiétude. Ses nombreux élèves parviennent à le faire élargir en 1794.

Son habileté lui permet de trouver grâce auprès du Directoire et d'être intronisé à l'Institut qui remplace désormais l'Académie.

David ne tarde pas à être consacré peintre officiel de l'empereur, entouré d'une bonne partie de ses anciens élèves.

Rien de ce qui a pu se dérouler au cours de ces années tumultueuses n'a ébranlé la tenue du Salon. Certes, des artistes ont protesté à propos de la distribution des prix et Antoine Chrysostome Quatremère de Quincy (1755-1849), auteur du *Dictionnaire historique d'architecture* (1788-1825), prend fait et cause en leur faveur en 1792 en sa qualité de député. Cet ami d'Antonio Canova s'oppose ensuite au pillage des œuvres d'art en Italie dans un pamphlet courageux, *Lettres sur Le préjudice qu'occasionneroient aux Arts et à la Science le déplacement des monumens de l'art de l'Italie, le démembrement de ses Écoles, et la spoliation de ses Collections, Galeries, Musées, etc.* (1796).

37 *Quelles furent les conséquences différées des événements révolutionnaires ?*

La Révolution, sur le plan artistique, n'a guère donné aux artistes que la possibilité de participer à la préparation des grandes fêtes nationales, comme celle du culte de l'Être suprême promulguée par les Jacobins ou de décorer des temples dédiés à la Vertu... De rares commandes importantes sont faites, comme *Le Serment du Jeu de Paume*, que David n'a jamais achevé.

Mais si la critique d'art est peu présente pendant la Révolution, elle ne l'est pas plus sous l'Empire, où une censure sévère est de règle. Quoi qu'il en soit, elle est indirectement à l'origine d'un genre nouveau de littérature artistique, qui est celui de la biographie, ou plus précisément de la monographie artistique. Sans doute Giorgio Vasari a-t-il été le grand précurseur en ce domaine et ceux qui l'ont suivi, même en le contestant, comme Roger de Piles et Félibien, dans l'idée de déplacer le centre de la peinture de l'Italie vers la France, y ont aussi contribué. Mais il faut attendre le triomphe du néoclassicisme français pour voir apparaître plusieurs ouvrages de ce genre. Quatremère de Quincy est l'auteur d'une étude sur Raphaël, l'*Histoire de la vie et des ouvrages de Raphaël* (1824) et d'un *Canova et ses ouvrages* (1834). Il a aussi écrit une *Histoire de la vie et des ouvrages des plus célèbres architectes, du XIe jusqu'à la fin du XVIIIe siècle*, qui témoigne d'un esprit similaire.

Mais le livre le plus remarquable dans cette veine est le *Louis David, son école et son temps, souvenirs* (1855), d'Étienne-Jean Delécluze (1781-1863) – surnommé le « Nestor artistique » pour son abondante production d'ouvrages. Cet ancien élève de David, qui avait eu l'ambition de se faire un nom comme peintre, y a renoncé pour parler de son maître qu'il n'a plus cessé de fréquenter et d'admirer. Delécluze n'a pas uniquement fait usage de sa mémoire, il s'est révélé l'un des grands connaisseurs de l'auteur du *Sacre de Napoléon* et de ceux qui l'ont approché, comme Jean-Auguste Dominique Ingres ou le groupe, curieux mais éphémère, des « Barbus ».

Bien sûr, des histoires et des biographies existaient déjà et l'Italie en a fourni des exemples importants. Mais elles ne s'intéressaient qu'aux maîtres d'autrefois et étaient l'œuvre de modestes auteurs. Il a fallu des personnages d'une certaine carrure, comme Quatremère de Quincy et Delécluze, pour faire émerger ce genre et pour qu'il concerne aussi les modernes : en effet, le *Louis David* écrit par ce dernier est sans nul doute le premier ouvrage d'une grande ampleur écrit sur un artiste vivant.

38 *Que se passe-t-il après la Révolution ?*

Le plus surprenant est que la Révolution française a été relativement peu féconde du point de vue littéraire et artistique. Le néoclassicisme n'est pas son apanage comme on peut le croire : depuis quelque temps déjà, Jacques-Louis David s'était mis à décrire des scènes sévères mettant en scène des Romains illustres et souvent vertueux. Il n'était qu'un épigone très talentueux des théories de Winckelmann et de Goethe, un artiste dans la mouvance d'Antonio Canova, de Battori, de Mengs, d'Angelica Kauffman et de tous ces artistes qui, dans toute l'Europe, avaient cru bon de revenir à l'antique et aux grands modèles de la Renaissance qui privilégiaient l'Antiquité.

Le Salon continue à avoir lieu de manière régulière, même sous la Terreur. Bien sûr, les artistes s'adaptent et les portraits d'aristocrates laissent place à ceux des Conventionnels. La seule transformation profonde qui intervient pendant cette période est la suppression de l'Académie royale de peinture et de sculpture à l'initiative de David, alors député montagnard à la Convention. Mais sa révolution personnelle n'a guère eu d'impact, sinon d'attirer encore plus d'élèves dans un atelier surpeuplé, des « Barbus » à Gérard. Les institutions ont été remises en place en toute discrétion et sans beaucoup de protestations par la suite...

Deux hommes vont dominer cette période et ce ne sont pas à proprement parler des critiques : Vivant Denon, qui est lui-même artiste et qui va s'attacher à concrétiser le musée Napoléon – qui sera rebaptisé ensuite musée royal puis musée du Louvre –, et Quatremère de Quincy, qui fait un travail considérable en dressant un catalogue des monuments historiques – sans parler de son œuvre théorique.

Mais la critique est étrangement en berne. Les événements se déroulent avec une telle rapidité et une telle gravité que l'attention de tous se porte bien ailleurs qu'au Salon.

La reprise en main des institutions artistiques remet un peu d'ordre, mais ne fait que rétablir l'ordre ancien sous des dénominations nouvelles. Durant le Consulat et l'Empire, la critique est muselée. Tout laisse penser qu'une nouvelle génération d'écrivains ne parvient pas à s'affirmer dans ce domaine ou s'en détourne. Les chroniqueurs ne prononcent guère de jugements incendiaires sur l'art sous l'Empire, lequel a pris une tournure très officielle avec les nombreuses commandes exaltant l'empereur, sa famille et ses campagnes militaires. Jean-Jacques Guizot, le frère cadet de l'homme politique, est l'exemple parfait de cette discrétion dans son modeste et tiède « Salon de 1810 ».

Puis, après la chute de Napoléon, le monde des lettres, à commencer par Stendhal et Balzac, s'enflamme pour l'art, ancien ou moderne, et y consacre un soin infini, en relation d'abord avec l'institution du Salon qui connaît un succès sans cesse croissant.

Dès lors, avec la multiplication des journaux et des revues, se multiplient aussi les genres de critique d'art : si les hommes de lettres, et non les moindres, prédominent, il y a aussi des critiques professionnels, qui prennent une place croissante dans cette affaire. Paul de Saint-Victor (1827-1881) est l'archétype de cette catégorie de journalistes influents, qui n'a cessé de s'affirmer avec autorité. Commençant sa carrière comme secrétaire de Lamartine, il se tourne vers la presse, d'abord comme critique dramatique, avant de se consacrer presque exclusivement aux beaux-arts. Il remplace Théophile Gautier dans *La Presse* en 1855, puis entre à la rédaction de *La Liberté* onze ans plus tard, collabore à *L'Artiste* dans les années 1860, enfin entre au *Moniteur universel* en 1869. Sa notoriété est telle qu'en 1870 il est nommé inspecteur des Beaux-Arts pour les expositions internationales et devient omniprésent dans les jurys importants. Il a été l'ami de Delacroix et l'a soutenu sans réserve – à sa mort, il écrit sa notice nécrologique –, alors que ses goûts allaient plutôt vers une peinture académique. Il a participé à un ouvrage collectif, *Les Dieux et les demi-dieux de la peinture*, paru en 1864. Il a incarné le pouvoir pris par la presse écrite au cours de cette période.

39 *Quelle part Adolphe Thiers a-t-il pris dans le débat artistique ?*

Il existe quelques figures singulières qu'il aurait été difficile d'imaginer en train de s'aventurer dans ce domaine. C'est d'abord celle d'Adolphe Thiers (1797-1877), historien de la Révolution et homme politique, devenu président du Conseil après les Trois Glorieuses, qui s'éloigne du pouvoir en 1848, rêvant toujours de contribuer à l'éclipse de la République au bénéfice d'une monarchie constitutionnelle. Il deviendra président de la République en 1871 après avoir impitoyablement écrasé la Commune. Il a eu une importante activité journalistique et s'est intéressé de très près aux arts plastiques, ayant rendu compte de deux Salons, et tout particulièrement de celui de 1824, qui a ouvert ses portes le 24 avril. C'est là que Delacroix a présenté son premier tableau en public, *Dante et Virgile conduits par Plégias, traversant le lac qui entoure les murailles des villes infernales de Dits. Des coupables s'attachent à la barque, ou s'efforcent d'y entrer. Dante reconnaît parmi eux des Florentins.* Dans son article du *Constitutionnel*, Thiers s'intéresse de près à ce jeune inconnu, mais aussi au baron Gérard et à Girodet-Trioson :

> La première impression produite par le salon n'a pas été favorable, parce que longtemps promis il était désiré avec impatience, et que la longue attente est difficile à satisfaire. Les maîtres ont laissé le pas à leurs

> élèves, et ceux-ci ont essuyé seuls la première rigueur du public, toujours si grande et si injuste. M. Gérard n'a pas pu donner sa *Corinne* dès l'ouverture ; M. Hersent n'avait pas achevé *Ruth et Booz* ; M. Paulin Guérin travaillait à son *Anchise* ; M. Gros ne s'est pas fait attendre ; distrait sans doute par de grandes fresques, il n'a pas été aussi heureux que dans ses précédents ouvrages ; M. Girodet se livre à un repos que lui reprocheront tous les amis de son grand talent ; M. Horace Vernet est hors du salon ; David est hors de France, et sa tête blanchit sous un ciel sans éclat et sans chaleur. C'est donc en l'absence des maîtres que s'est ouvert le salon...

Et il ne tarit pas d'éloges sur cette petite toile de Delacroix, qui le subjugue :

> Aucun tableau ne révèle mieux à mon avis l'avenir d'un grand peintre, que celui de M. Delacroix, représentant le Dante et Virgile aux enfers. C'est là surtout qu'on peut remarquer ce jet de talent, cet élan de la supériorité naissante qui ranime les espérances un peu découragées par le mérite trop modéré de tout le reste. [...]. Dans ce sujet, si voisin de l'exagération, on trouve cependant une sévérité de goût, une convenance locale, en quelque sorte, qui relève le dessin, auquel des juges sévères, mais peu avisés ici, pourraient reprocher de manquer de noblesse. Le pinceau est large et ferme, la couleur simple et vigoureuse, quoique un peu crue. L'auteur a, outre cette imagination poétique qui est commune au peintre comme à l'écrivain, cette imagination de l'art, qu'on pourrait appeler en quelque sorte l'imagination du dessin, et qui est tout autre que la précédente. Il jette ses figures, les groupes et les plie à sa volonté avec la hardiesse de Michel-Ange et la fécondité de Rubens. Je ne sais quel souvenir des grands artistes me saisit à l'aspect de ce tableau ; je retrouve cette puissance sauvage, ardente, mais naturelle, qui cède sans effort à son propre entraînement. Je ne crois pas m'y tromper, M. Delacroix a reçu le génie ; qu'il avance avec assurance, qu'il se livre aux immenses travaux, condition indispensable du talent ; et ce qui doit lui donner plus de confiance encore, c'est que l'opinion que j'exprime ici sur son compte est celle de l'un des grands maîtres de l'école.

En revanche, il a eu des mots avec Gustave Courbet, quand ce dernier a refusé la Légion d'honneur en 1870. Mais il s'est fait un ardent défenseur d'Honoré Daumier et de l'art de la caricature. Il est aussi collectionneur et Charles Blanc, administrateur de l'École des Beaux-Arts et auteur d'une *Histoire des peintres français du*

XIXe *siècle* dans laquelle il parle des peintres récents, publie en 1871 un petit livre intitulé *Le Cabinet de M. Thiers*. Ce dernier avait aussi caressé l'idée de créer un musée des copies.

40 *Jules Michelet a-t-il eu un rôle remarquable comme critique d'art ?*

Jules Michelet (1798-1874), le grand et génial historien, auteur de l'*Histoire de France*, l'*Histoire de la Révolution française* en dix-sept volumes mais aussi de *la Sorcière*, *la Mer*, *la Femme* et *l'Amour*, a toujours éprouvé un intérêt profond pour les arts plastiques. Il a écrit à ce sujet des pages importantes qui ont fait dire à Lucien Febvre : « Avec Baudelaire, avec Théophile Silvestre, [Michelet] a été [...] l'un des trois premiers "écrivains d'art" du siècle dernier. » Francis Haskell a également souligné l'originalité foncière de sa pensée dans cette sphère spécifique puisqu'il a toujours considéré que la structure de nos sociétés et leurs traits distinctifs se discernaient dans les œuvres d'art, non seulement dans les représentations, mais aussi et surtout dans le style. Il a écrit sur les maîtres anciens, comme Dürer ou Rubens, mais aussi sur les artistes de son siècle. Les pages de son *Journal* de 1820-1823 sont pleines de commentaires sur les questions artistiques. Petit à petit, il a jeté les bases d'une reconstruction historique sous-tendue par les réalisations artistiques, partant du Moyen Âge, passant par la Renaissance et le Siècle d'or. Dans une conférence donnée au Collège de France en 1846, il a décrété que Théodore Géricault était le meilleur représentant de la relation d'un artiste avec la société de son temps. Il commence par résumer sa pensée sur ce que l'art apporte à l'histoire : « Oui, plus j'étudie et j'interroge l'art véritable, plus je trouve qu'en bien des cas il est un merveilleux interprète du génie national d'un peuple… » Il donne pour le XVIIIe siècle l'exemple de Jean-Antoine Watteau, qui s'est efforcé de rendre ce qu'on prise le plus alors chez la femme. À ses yeux, David n'incarne pas la période révolutionnaire car il reste dans le général et il trouve que Gros rend avec mollesse l'épopée impériale de Napoléon. Il oppose David et Géricault qui, lui, a pris « la France pour elle-même ». Il considère que *Le Naufrage de la « Méduse »* est le portrait de la France et offre du tableau une description dans le ton lyrique si particulier qui le caractérise :

> Ce tableau donne la fin d'une tempête qui a dû causer bien des naufrages ! Dans un dernier spasme, le flot vient de lancer, en épave, deux corps. Ils gisent au pied de sombres et bas rochers. Quels corps ? Hélas ! une mère et son enfant que, dans la mort même, elle retient étroitement embrassé. D'elle, on ne voit que les beaux et longs cheveux noirs, de lui aussi la tête est seule visible, mais elle apparaît de face...

Et il vante la fouge de ce peintre :

> Sa vigueur fougueuse [celle du peintre Géricault] fut telle qu'elle éclate encore dans la copie d'une copie, faite par la main timide d'une toute jeune fille. Elle explique les exagérations de ceux qu'il a inspirés.

Michelet fait état d'autres tableaux de ce peintre, comme *Le Cuirassé blessé quittant le feu* ou l'*Officier de chasseurs à cheval de la garde impériale chargeant* – qu'il nomme *Le Chasseur au départ* –, expressions artistiques d'un moment de l'histoire de son temps. En somme, le génie de ce peintre mort trop jeune est d'avoir su restituer l'amour de la patrie au plus juste et avec force. Michelet n'a pas cherché à passer pour un expert, mais il a compris à quel point cet art pouvait entrer en relation harmonique avec l'esprit d'une nation.

41 *Quelles sont les autres figures marquantes de la Restauration ?*

Il faudrait encore citer le cas singulier de Gustave Planche (1808-1857), qui était d'abord un critique littéraire peu amène, capable de traiter les auteurs qui lui déplaisaient sans ménagement, et qui n'a pas dédaigné parler des beaux-arts dans des revues telles que *L'Artiste*, la *Revue des Deux Mondes* ou le *Journal des débats*. Il a fait le compte rendu de plusieurs Salons (1831, 1834, l'Exposition universelle de Paris en 1855 et enfin le Salon de 1857). En 1834, ce bohème intransigeant s'est appliqué à décrire l'école française entre Ingres et Delacroix. C'est l'année où Ingres a présenté son *Martyre de saint Symphorien*, qui a suscité d'innombrables réactions négatives l'ayant convaincu de ne plus jamais se montrer au Salon. Et Planche ne l'a pas épargné : « La tonalité générale du tableau est sourde, opaque, plutôt déplaisante ; même les taches bleues et rouges qu'on y trouve sont, à première vue, dissonantes et dures. » Et il examine à la loupe le moindre détail de ses figures en pesant le pour et le contre. Il en conclut que c'est là « un mélange inégal de qualités et de défauts ». Il est également déçu par *La Bataille de Nancy* de Delacroix : « L'ensemble n'a rien de clair ni d'attrayant. » Et il enfonce le clou : « Mais le défaut capital de cette toile est que la terre, la neige, le ciel et les figures sont élaborés à l'excès sans pourtant atteindre une forme définitive et satisfaisante. » Il reconnaît toutefois la « finesse chromatique » de l'*Intérieur d'un couvent de Dominicains à Madrid*. Et il a exprimé son admiration pour les *Femmes d'Alger dans leur appartement* : « Les figures et le fond de ce tableau sont d'une richesse et d'une harmonie profonde. » Planche, surnommé « Gustave le cruel » par Alphonse Karr, a choisi son camp, très hostile aux romantiques. Il a]laissé à la postérité un grand ouvrage, les *Portraits d'artistes : peintres et sculpteurs* (2 volumes., 1853).

Le XIXe siècle est celui où les artistes sortent de leur domaine réservé et des personnes qui le fréquentaient par goût et par passion. Dès lors, tout est une affaire qui concerne tout le monde. Le Salon est le plus important événement culturel en France. Les opinions des artistes et des observateurs divergent toujours plus, les écoles s'affrontent et les idées esthétiques se combattent avec âpreté. L'art est devenu un enjeu national. Une sorte de tauromachie du goût.

C'est ainsi qu'Hippolyte Taine, partisan inconditionnel d'une histoire scientiste, auteur des *Origines de la France contemporaine*, a entrepris de composer une *Philosophie de l'art* (1865), qui est la somme de son enseignement à l'École des Beaux-Arts de Paris, puis une *Philosophie de l'art en Italie* l'année suivante, une *Philosophie de l'art dans les Pays-Bas* (1868), et enfin une *Philosophie de l'art en Grèce* (1869).

42 *Pourquoi Balzac, le grand homme de lettres, n'a-t-il pas été un salonnier ?*

Tout aurait pu laisser croire qu'Honoré de Balzac, ce lion qu'on voit parmi les dandys de la terrasse du café Tortoni, collectionneur et amateur d'art, deviendrait l'un des grands salonniers de la Restauration. Il n'en a rien été. Balzac a bien médité sur l'art, mais exclusivement dans ses romans et ses nouvelles. La première dans laquelle il aborde le sujet est *La Maison du chat-qui-pelote* (1830), d'abord intitulé *Gloire et malheur*. S'il ne s'agit pour lui que de brocarder les peintres d'enseignes parisiens qui font de mauvais jeux de mots et des images naïves et souvent maladroites, la désastreuse histoire d'amour entre Augustine, la fille du marchand de drap Guillaume et l'aristocrate Théodore de Sommervieux, qui se pique d'être artiste, lui permet de brèves et sarcastiques plongées dans le monde des artistes des années 1820. Les drapiers se méfient des artistes en général : « Ils sont trop dépensiers pour ne pas être toujours de mauvais sujets. J'ai fourni feu M. Joseph Vernet, feu M. Lekain, et M. Noverre. [...] Ah ! Si tu savais combien de tours ils ont joué à ce pauvre monsieur Chevrel ! Ce sont de drôles de corps. »

Mais, au fond, Balzac a fait de ce noble un artiste pour mettre en évidence le fossé entre sa condition et celle de son épouse – fossé qui n'a pu être comblé de manière trompeuse que par la beauté de la jeune fille.

Dix ans plus tard, il met la dernière main à *Pierre Grassou*, où il s'intéresse de près aux rapports compliqués entre la bourgeoisie et le monde de l'art. Ce Pierre Grassou est un peintre médiocre, qui vit de copies qu'il exécute pour un négociant, Élias Magus. Ce dernier n'hésite pas à les faire passer pour de vraies toiles de maîtres. Toujours intéressé, Magus arrange un mariage entre le peintre, qu'il fait passer pour un futur Rembrandt ou un futur Rubens, et la fille d'un couple de fabricants de bouteilles, M. et Mme Vervelle. Quand il se rend chez ses futurs beaux-parents, Grassou découvre certaines de ses « œuvres » accrochées au mur au milieu de croûtes infâmes.

Balzac montre dans ce roman le peu d'estime qu'il a pour la plupart des artistes de son temps. Il a d'ailleurs manifesté sans ambages son regret de la sélection trop laxiste du jury du Salon, alors que tout le monde se plaint du contraire. Il déplore aussi le peu de discernement du public et, implicitement, des amateurs « éclairés ».

En 1847, la déplorable histoire du *Cousin Pons*, montre un collectionneur désargenté, âgé et tout à fait démodé qui vit chichement d'expédients. Mais on découvre un beau jour que sa collection si méprisée avait une valeur énorme. Tout le monde tente de s'en emparer par les moyens des plus éhontés, de la logeuse jusqu'à Élie Magus qui fait sa réapparition, en passant par toutes sortes d'aigrefins. Le malheureux Pons ne saura se défendre contre ces vautours et succombera dans cette lutte qu'il est incapable de mener.

Avec sa merveilleuse nouvelle, *Le Chef-d'œuvre inconnu* (1831), Balzac raconte une fable superbe qui met en scène les peintres Poussin, Porbus et Frenhofer. Poussin constate que le tableau de Porbus, *Marie l'Égyptienne*, semble inachevé et il y fait une retouche qui le métamorphose. Quant à Frenhofer, il travaille depuis dix ans sur *La Belle Noiseuse*, sans parvenir à l'achever faute d'un modèle digne de ce projet ; Poussin lui propose un modèle digne de lui : Gillette. Frenhofer travaille avec enthousiasme. Mais quand les deux peintres sont enfin autorisés à le voir, ils ne découvrent qu'un petit pied sortant d'un nuage de couleurs. Frenhofer, désespéré, met le feu à son atelier et meurt.

Ainsi, Honoré de Balzac a imprimé avec puissance sa pensée sur l'art, et cela de manière durable. Tous auront en tête son exemple, des frères Goncourt à Zola.

43 *Quelles ont été les positions esthétiques de Stendhal ?*

Henri Beyle découvre l'Italie en 1800, après s'être engagé dans l'armée de Bonaparte en qualité de sous-lieutenant. Il trouve ce pays « selon son cœur ». En 1802, il démissionne de l'armée où il n'a jamais envisagé de faire carrière ; mais quelques années plus tard, en 1806, ruiné, il est contraint de reprendre du service. Il a déjà commencé la rédaction de son *Journal* et lit surtout des livres d'histoire. Il rêve de retourner en Italie pour « étudier le caractère italien » et y part enfin au mois de septembre 1811. Il visite Milan, Bologne, Florence, Rome, Naples. L'argent et le temps lui manquent. Ses visites aux musées et aux églises sont brèves et sommaires. C'est dans la capitale lombarde qu'il lit la *Storia pittorica dell'Italia* (*Histoire de la peinture en Italie*) de l'abbé Luigi Lanzi. Il lui vient alors l'idée de traduire ce livre en espérant qu'il l'aidera à se procurer « assez d'argent pour un second tour en Italie ». Il achète pour 104 francs d'ouvrages sur l'art et dix registres reliés couleur vert pomme, et se lance dans ce travail sans attendre, dédiant l'œuvre à peine ébauchée à sa maîtresse, Angela Pietragrua (« To milady Angela G., 4 déc. 1811 »). Il faut dire que le jeune homme a déjà le dessein de s'approprier ces pages et de les signer de son propre nom. Il y travaille avec entrain sitôt de retour à Paris mais il doit rejoindre la Grande Armée à Smolensk. Il égare ses carnets pendant la retraite de Russie et ne peut en reprendre la rédaction qu'en 1814. Son *Histoire de la peinture en Italie* paraît en 1817, en deux volumes, chez P. Didot l'Aîné. De mystérieuses initiales, M. B. A. A., cachent son identité tout en la dénonçant car elles signifient : Monsieur Beyle Ancien Auditeur. Les ventes sont médiocres et les critiques sont rares. En somme, c'est un échec.

Stendhal a pourtant de la chance puisque personne ne dénonce son plagiat éhonté. Il a pillé pas moins de douze ouvrages, à commencer par celui de l'abbé Lanzi, dont il traduit des pages entières *in extenso*, reprenant à son compte ses jugements et même ses erreurs. Cette étude mal ficelée, mal conçue, fragmentaire et largement dépassée, révèle néanmoins les réels intérêts de son auteur. S'il est ignorant des choses de la peinture, il montre sa passion sans borne pour l'histoire, la philosophie et aussi la représentation des sentiments. Et il prouve enfin ses capacités d'écrivain, puisqu'il est capable de tirer de ses maigres connaissances un récit vif et séduisant.

En fin de compte, Stendhal a peu à dire de l'art. Pour lui, « l'expression est tout l'art. Un tableau sans expression n'est qu'une image pour amuser les yeux un instant ». Lorsqu'il contemple, dans l'église de Santa Croce à Florence, la *Descente du Christ dans les Limbes* de Bronzino, il dit avoir été touché aux larmes et ajoute : « Je n'ai jamais rien vu de si beau. Il me faut de l'expression ou de belles figures de femmes. » Il n'est que trop évident qu'il s'inspire là des *Expressions des passions* de l'âme de Charles Le Brun, qui a paru après sa mort en 1727. Quand il aborde la question cruciale du beau moderne, il se sert de la peinture et de la sculpture pour tenter de dégager la figure de l'homme aimable de son temps, qui ne peut en aucune manière prendre modèle sur l'antique. L'art étant à ses yeux le « fruit inattendu » de toute une civilisation, il se doit de la manifester. Parfois, il a un trait d'esprit qui est en même temps un trait d'intelligence, quand il remarque par exemple : « Le beau moderne est fondé sur cette dissemblance générale qui sépare la vie de salon de la vie du forum. »

En dépit de son échec, Stendhal persiste et écrit une biographie d'Andrea del Sarto en 1821 et, dix ans plus tard, une *Notice sur la vie de Raphaël* – qu'il affirme avoir écrit en une semaine. Entre ces deux textes, qui ne sont pas d'une importance fondamentale, il produit, après Diderot, un *Salon*, publié en feuilleton dans le *Journal de Paris* en 1824. Pour la première fois – et la dernière –, il se frotte à l'art de son époque. Il considère d'emblée que cette Exposition est le terrain où s'affrontent avec violence deux partis : celui de David et de ses partisans, pour qui « toute figure peinte doit être la copie d'une statue », et celui des artistes portant les idées nouvelles, pour qui « ce n'est pas le tout pour un tableau que de présenter une grande quantité de beaux muscles dessinés bien correctement ». Il est persuadé que l'art va subir des transformations importantes : « Nous sommes à la veille d'une révolution dans les beaux-arts. Les grands tableaux composés de trente figures nues, copiées d'après les sculptures antiques, et les lourdes tragédies en cinq actes, en vers, sont fort respectables sans doute ; mais, quoi qu'on en dise, ils commencent à ennuyer. »

Mais si l'écrivain parvient à désigner clairement le camp de la réaction, représenté par les académiciens et les tenants du néo-classicisme – il s'exclame : « Je demande une âme à la peinture et à ce peuple de figures » –, il éprouve beaucoup de mal à définir la substance du camp adverse. Il a bien pris fait et cause pour Victor Hugo dans l'affaire tragi-comique d'*Hernani* et a affirmé ses convictions avec son *Racine et Shakespeare*. Cependant, quand il se trouve devant les *Massacres de Scio* d'Eugène Delacroix, il est embarrassé. Il compare ce tableau avec les vers d'Alfred de Vigny, qui sont en poésie « l'exagération du triste et du sombre », et il poursuit en disant que le public ne s'arrête « devant les cadavres livides et à demi terminés » que par lassitude vis-à-vis de la vieille école. Il le considère comme un tableau « destiné originairement à représenter une peste ». Il va plus loin encore, pensant qu'il est « médiocre par la déraison » et en profite pour exposer son point de vue sur ce genre de représentation historique : « Un massacre exige impérieusement un bourreau et une victime. Il fallait un Turc fanatique, beau comme les Turcs de M. Girodet, immolant des femmes grecques d'une beauté angélique et menaçant un vieillard, leur père, qui, après elles, va tomber sous ses coups. » Il souligne, comme à regret : « J'ai beau faire, je ne puis admirer M. Delacroix... »

Qu'aime donc Stendhal parmi toutes ces toiles accrochées dans le Salon carré du Louvre ? Il fait la louange de Xavier Sigalon (1787-1837) qui, selon lui « sera peut-être un grand peintre, précisément parce qu'il a eu le courage de repousser toute cette demi-philosophie qui empoisonne les arts », mais que l'histoire a oublié tout à fait, d'Horace Vernet – « cela est peint avec une facilité étonnante », dit-il devant une de ses batailles – et de Gérard, qui « atteint à la noblesse de l'histoire » dans son évocation de Louis XIV. Il considère le modeste Jean-Victor Schnetz (1787-1870) comme le meilleur de tous les jeunes talents pour sa *Jeune paysanne romaine assassinée par son amant* et *La Femme du brigand qui s'enfuit*. Quant à Ingres, qui présente *Henri IV jouant avec ses enfants* dans cet étrange style troubadour qu'il va bientôt abandonner, il apprécie le peintre qui « dessine supérieurement et qui peint avec finesse ». Mais il se montre plus réservé au sujet de sa grande composition, *Louis XIII mettant la France sous la protection de la Sainte Vierge* : « La Madone est belle sans doute, mais c'est d'une sorte de beauté matérielle qui exclut l'idée de la divinité [...] La physionomie céleste, l'onction indispensable dans un tel sujet manquent entièrement aux personnages de ce tableau. » Un portrait d'Ingres le séduit beaucoup plus parce qu'il est convaincu que c'est « un chef-d'œuvre dans l'art de distribuer la lumière ».

Et parmi les artistes étrangers présentés en 1824, il n'éprouve qu'aversion pour Thomas Lawrence (1769-1830), mais est admiratif devant les paysages de Constable, sans avoir cependant l'intuition de son influence future sur l'art français. Il défend aussi Canova et se remémore ses entretiens avec Napoléon dans son atelier romain. Et, de Rome encore, il rappelle l'existence d'une « école de peinture allemande qui n'est point sans mérite. MM. Cornelius, Weiss, Begas imitent le Ghirlandaio, le Pérugin et les peintres antérieurs à Raphaël ; ils disent que ce grand homme a gâté la peinture ».

Le reproche que Stendhal adresse à la peinture de son temps est d'être, dans son ensemble, trop théâtrale – elle lui semble imiter le grand tragédien Talma – et d'ignorer toutes les subtilités du clair-obscur. Il est déçu par le présent qui se présente à lui, sous quelque forme que ce soit – par défaut, mais aussi par excès, comme dans le cas de Girodet-Trioson. La révolution esthétique qu'il annonce ne se traduit pas dans les faits. Et comment le pourrait-elle puisque c'est une conception qu'il défend dans son *Histoire* en dehors de toute référence aux réalisations artistiques de ses contemporains. Il a une seule certitude : « Par malheur, depuis que le monde s'est mis à adorer le beau idéal antique, il n'a plus paru de grands peintres. L'usage qu'on en fait aujourd'hui en dégoûtera. » C'est une pierre dans le jardin des émules de David. Mais ce n'est pas une alliance avec le romantisme, dont Delacroix s'avère le champion. En choisissant Horace Vernet, il commet sans doute une faute d'appréciation en matière de peinture, mais pas tant en matière d'histoire. Celui-ci va devenir le chantre de la colonisation de l'Algérie à partir de 1830 et son œuvre va accompagner les grandes entreprises de conquêtes françaises en Orient. En réalité, Stendhal porte une appréciation sur l'art qui correspond au projet littéraire qui peu à peu se forme dans son esprit. Il annonce en filigrane la philosophie de la vie moderne que Charles Baudelaire fera triompher. Il fait observer à propos du costume et du mouvement de la vie sociale : « Les dessinateurs [...] entassent toutes les recherches de la mode sur des corps manquant de ce bon air primitif, et qui tient à l'essence des mœurs modernes. » Stendhal a une grande et belle intuition dont il ne parvient pas à voir la traduction dans les arts plastiques d'une période de transition. Et la fascination qu'il éprouve pour l'histoire, manifestée avec éclat dans *Le Rouge et le Noir*, l'aveugle au point de ne pas comprendre ce que Delacroix accomplit dans ce domaine.

44 *De quelle manière Musset est-il entré dans l'arène de l'art ?*

Alfred de Musset (1810-1857), poète et dramaturge, n'est qu'un salonnier occasionnel. Il publie en 1836 le « Salon » de cette année dans la *Revue des Deux Mondes*. Il fait une sorte d'introduction pour dire qu'il n'est pas peintre et qu'il ne peut avoir de système. Il cherche conseil à la fois parmi les connaisseurs et dans le public.

Il rappelle que tant d'artistes désormais oubliés, comme Santi-Titi ou Laureti ont été importants à Rome à l'époque de Pie IV, de Grégoire XIII et de Sixte V. Il rappelle aussi que le Corrège est mort pauvre, selon Vasari. Même si le contraire a été démontré, la fable demeure. Il parle de Jean-Jacques Rousseau, si décrié et pourtant si populaire. En somme, il en appelle à la prudence, même pour les grands peintres comme Raphaël, qui a été apprécié pour des raisons spécifiques à son temps.

Ensuite, comme beaucoup, il est désemparé par la quantité et la variété des œuvres qu'il voit. Il ne sait trop à quel saint se vouer et fait de son désarroi un beau morceau de bravoure littéraire. Il se limite à choisir quelques ouvrages parmi ce qui lui est proposé. Il décrit longuement un tableau d'Alexandre Hesse (1806-1879) qui représente Léonard de Vinci. Puis il passe devant les tableaux d'Édouard Bertin et d'Eugène Le Poittevin (1806-1870), regarde une *Vue de Naples* de Théodore Gudin (1802-1880) pour arriver devant un paysage de Jean-Victor Bertin (1767-1842) et ne fait une première réserve qu'à propos du *Jean-Jacques Rousseau cueillant des cerises* de Camille Roqueplan (1802-1855). Il admire par contre l'*Épisode de la retraite de Russie* de Nicolas-Toussaint Charlet (1792-1845), « ouvrage de la plus haute portée » à ses yeux. Il décrit le tableau avec une précision extrême. Il est assez peu réceptif au portrait exécuté par Charles-Émile Callande de Champmartin (1797-1883) et adresse un compliment à Henri Decaisne (1799-1852) pour son *Ange Gardien*. Il profite de ce tableau pour encourager son auteur et pour digresser sur Raphaël et Rubens. Et il conclut à propos de la peinture actuelle en s'inspirant du roman de Balzac : « Le temps n'est pas loin où le romantisme ne barbouillera plus que des enseignes. » Il poursuit son chemin, note quelques titres, quelques noms et s'arrête finalement devant la *Bataille de Fontenoy* d'Horace Vernet. Il doit revenir sur sa position initiale : un grand succès de public prouverait « un incontestable talent ». Il s'interroge longuement sur les raisons de son succès et rappelle que ses défauts sont ceux d'un maître, non d'un apprenti. Mais s'il ne voit en lui ni un Holbein, ni un Titien, il défend le caractère français de son art et en appelle même à Michelet ! Puis c'est Eugène Delacroix qui le sollicite. Et il part dans une longue digression sur la sévérité et la bienveillance de la critique, sur le souvenir de sa *Mort de Sardanapale* où le peintre a voulu se hisser à la hauteur de Rubens et de conclure : « M. Delacroix peut demain, s'il veut, se mettre à imiter Michel-Ange, comme il a imité Rubens. Après-demain il imitera Rembrandt, et dimanche le Caravage ; mais lundi, tout sera fini ; il s'ennuiera de ce travail aride, et, vaincu par sa propre force, il redeviendra lui-même à son premier coup de pinceau. » Il n'ignore pas, et le dit, que Delacroix a été considéré comme le chef d'une nouvelle école, mais il a la sagesse de croire qu'il n'a pas eu d'aussi noirs desseins. Il admet ne pas connaître nombre de ses compositions célèbres et qu'il a simplement entendu parler de quelques autres, comme son *Hamlet*. Au fond, il ne sait pas trop que dire devant son envoi, *Saint Sébastien soigné par sainte Irène*. Mais il devine qu'il y réside quelque chose d'important.

Puis il passe au pas de charge devant une foule de portraits où il rencontre les mêmes défauts. Dans la galerie, il admet aimer la *Venise* de Flandrin : « Il a du moins fait sa lagune tranquille, et non agitée comme une mer, comme on s'obstine à nous la peindre en dépit de la vérité : car, n'en déplaise au Canaletto lui-même, la lagune est toujours dormante. » Il est frappé par le « beau talent » d'Henri Lehmann (1814-1882), connu pour son *Tobie et l'Ange* de l'année précédente et qui montre cette fois *La Fille de Jephté*. Mais il fait des reproches sévères sur les proportions et sur le ton ivoire de ses chairs. Et il le reprend sur le titre du livret, corrigeant sa mauvaise traduction du latin ! Après plusieurs tableaux qui ne semblent pas le concerner, il s'arrête de nouveau devant Hippolyte Flandrin (1809-1864) – cette fois, il s'agit du *Dante, conduit par Virgile*. Il apprécie beaucoup le petit tableau de Jean-François Brémond (1807-1868) : « Je voudrais en savoir le secret, car cette nature laide me répugne, et cependant cet ange debout avec son auréole d'or, ou plutôt malgré l'auréole, me frappe et m'émeut. Singulier travail ! », note-t-il. Il est plein d'admiration pour Isabey, « qui a plus que réussi ». Il loue Madame Adèle Clerget-Melling (1818-1899) pour son *Voyage en Orient*.

Puis il a une émotion : « Le *far-niente* de M. Winterhalter me plaît tellement, que je n'ose dire à quel point. » Puis les événements se précipitent, les œuvres se multiplient, les noms se bousculent, se chevauchent, Cabat, Rousseau, Danvin, Paul Huet, d'autres encore. Il souffle un instant : « La mémoire du moins ne me manquera pas pour citer Mme de Mirbel. La patience unie au talent est une des premières vertus féminines, et c'est bien à elle qu'il appartient de conserver en France l'art précieux de la miniature. » Il est plutôt conquis par *Les Catacombes* de François-Marius Granet (1775-1849). Mais il ironise tout de même : « Il y a une fierté singulière dans l'espace d'inhabileté avec laquelle M. Granet peint les personnages de ses tableaux. Jamais on n'a mis tant de largeur dans les détails, ni tant de grandiose dans les petites choses. » Mais il ne l'en salue pas moins et le montre en exemple à ses pairs. Il voit du progrès dans le *Triomphe de Pétrarque* de Louis Boulanger (1806-1867). Il aime le sujet et sa façon de le traiter.

Il passe à la sculpture, où il remarque le talentueux Antoine Étex (1808-1888) et Antoine-Louis Barye (1795-1875), puis regarde à peine les suivants, de Jean-Baptiste Joseph Debay (1802-1862) à James Pradier (1790-1852), le seul qui lui inspire un quelconque sentiment – d'une nature plus érotique qu'esthétique – avec sa *Vénus* : « Non seulement je le trouve [le groupe] d'une parfaite exécution, mais la pensée m'en semble délicieuse. »

Il achève sa longue pérégrination par les *Pêcheurs* d'Alexandre Robert (1817-1890), qui lui donne l'opportunité de raconter une histoire survenue à Venise – en somme, c'est l'écrivain qui se dévoile, et de la toile, il ne dit mot !

Avec un peu plus de constance et de passion pour les arts plastiques, Musset aurait pu faire un salonnier tout à fait convenable. Mais son expérience s'est limitée à ce morceau, où il révèle sans fard son ignorance en la matière, mais parvient à tirer de beaux moments de littérature et, parfois, de beaux morceaux sur les œuvres.

45 *Quel rapport Mérimée a-t-il entretenu avec la peinture de son temps ?*

Prosper Mérimée (1803-1870) a grandi dans un climat artistique qui l'a marqué en profondeur. *Sa mère, Anne Moreau*, était peintre (et surtout bonne portraitiste), tout comme son père, Jean-François-Léonor, auteur d'un trait éintitulé *De la peinture à l'huile ou Des procédés matériels employés dans ce genre de peinture, depuis Hubert et Jean Van Eyck jusqu'à nos jours* (1830), spécialisé dans la peinture d'histoire, il a été professeur de dessin à l'École centrale des travaux publics (devenue Polytechnique en 1795). Il a été révoqué en 1815, à la Restauration. De 1806 à sa mort en 1836, il est secrétaire perpétuel de l'École des Beaux-Arts.

Le jeune homme connaît très tôt de grands peintres, comme Gérard, Delacroix, Lawrence et d'autres, qui fréquentent la demeure familiale. Il fréquente différents *salons* comme celui de Delécluze ou celui de Mme Ancelot

Il commence à participer à la revue *L'Artiste* dès 1831 en écrivant un article sur le musée du Prado. Il donne un « Salon » à la *Revue des Deux Mondes* en 1839. En 1843, il publie *L'Architecture militaire au Moyen Âge* ainsi que, dans la *Revue des Beaux-Arts*, un article sur le palais de justice de Paris et la Sainte Chapelle, puis, en 1845, il rédige un morceau sur les peintures murales de Saint-Savin. En 1848, dans la perspective de la réorganisation des institutions entreprises par le gouvernement provisoire né de la révolution de Février, il publie dans la *Revue des Deux Mondes* un projet de réforme de l'enseignement artistique, « De l'enseignement des beaux-arts ». À l'occasion de la nomination d'Eugène Viollet-le-Duc à Saint-Denis, il produit un article sur la restauration de l'ancienne abbatiale dans la *Revue archéologique*. En 1851, il s'intéresse à la commande artistique et publie dans la revue qu'anime l'architecte fouriériste César Daly, la *Revue d'architecture et des travaux publics*, des propositions intitulées : *De la peinture murale dans l'architecture moderne*. En 1853, le voici critique d'art pour *Le Moniteur universel* avec deux articles : « Des monuments de la France » et « Le Salon de 1853 ». L'année suivante, paraît une étude du retable de Bâle, également dans *Le Moniteur universel* et, en 1855, dans le même périodique, une longue analyse du *Dictionnaire raisonné de l'architecture* de Viollet-le-Duc. En 1855 encore, il publie une biographie d'Alexandre Du Sommerard, le fondateur du musée de Cluny, pour la *Biographie universelle*.

Il écrit d'autres « Salons », en particulier sur celui de 1857 pour la *Revue des Deux Mondes*. Ainsi, il s'intéresse autant aux arts anciens qu'à l'art de son temps, aux arts en France qu'à ceux qui se font jour à l'étranger – voir pour exemple un article sur la peinture anglaise, publié par *Le Moniteur*. Ses nombreux livres de voyage regorgent de descriptions de tableaux, en particulier ceux de Vélasquez, de Murillo, de Reynolds.

Il n'a jamais pris parti pour une tendance. Ses goûts sont éclectiques. Il est opposé à une critique « objective », c'est-à-dire fondée sur la technique et hostile aux préalables, surtout ceux imposés par une culture, comme la française, qui privilégie des sujets contre d'autres. Il a aussi une certaine conception de la relation de l'artiste avec la nature où il montre qu'il n'est pas prêt à adopter une attitude idéaliste ; pas plus d'ailleurs qu'une attitude franchement réaliste : « Savoir choisir dans la nature ce qu'il faut imiter est assurément le grand problème de l'art, du moins c'est à le résoudre que se sont appliqués de tout temps les maîtres qui ont laissé une renommée durable. » Ce point de vue « moyen » lui fait aimer à la fois Delacroix et Horace Vernet, détester les préraphaélites anglais, Ary Scheffer et Prosper Marilhat. En 1839, il ne signe pas son « Salon » de son nom, se faisant passer pour un « peintre anglais ». Il y fait l'éloge d'Alexandre Decamps, dont il proclame : « Si jamais un homme est né peintre et coloriste, c'est certainement Decamps. Pour lui, la couleur, ce n'est pas une méthode, mais un sentiment intime. Il ne comprend la nature d'une autre façon. » Decamps représente son idéal. Sans être un inconditionnel de l'œuvre de cet artiste – il n'aime pas ses singes inspirés par les leçons de Charles Le Brun et des peintures humoristiques du XVIIIe siècle, mais n'est pas beaucoup plus enthousiaste pour ses *Philistins* –, il admire cependant sans réserve *Joseph vendu par ses frères*. Il lui reproche là encore d'être trop précis dans les détails, par exemple dans sa description des rochers qui peut seulement « intéresser un géologue ».

Inspecteur des monuments historiques, auteur de monumentales *Instructions du Comité historique des arts et monuments. Architecture gallo-romaine et Architecture du Moyen Âge,* écrites avec Albert Lenoir, Auguste Le Prévost et Charles Lenormant, et de nombreux ouvrages sur le passé architectural de la France, ses écrits sur l'art sont relativement peu nombreux, d'autant plus que la littérature l'accapare par ailleurs. Mais il n'en demeure pas moins une des figures curieuses de ce siècle où, en France, la critique d'art est devenue une activité normale pour tout homme de culture.

46 *Comment Théophile Gautier est-il devenu le plus grand des salonniers ?*

La postérité n'a pas entièrement rendu justice à Théophile Gautier (né à Tarbes en 1811, mort à Paris en 1872). On se souvient surtout de ses grands romans d'aventures qui enchantent encore les écoliers comme *Le Capitaine Fracasse*, *Le Roman de la momie*, *Mademoiselle de Maupin* et de quelques nouvelles fantastiques, comme « La Morte amoureuse » ou « La Cafetière », qui appartiennent encore au bagage de l'« honnête homme » – et donc de « l'honnête femme » – de notre temps. Le poète d'*Émaux et camées*, que Charles Baudelaire admirait au point de lui dédier ses *Fleurs du mal*, n'est plus beaucoup lu et n'est cité que dans les manuels scolaires. Et que dire du reste de son œuvre ? Ses ballets, à part *Giselle*, ont été oubliés ; tout comme ses pièces de théâtre. De plus, Gautier, qui a été au fond un homme sans histoires – exception faite de la bataille d'*Hernani* –, s'est révélé un grand voyageur malgré sa maigre fortune : l'Espagne en 1840, l'Algérie en 1850, l'Italie en 1852, la Suisse, Constantinople en 1858, la Russie en 1869, l'Égypte lors de l'inauguration du canal de Suez. Il en a rapporté de merveilleux récits, car il y était souvent envoyé en reportage par des journaux. Et que reste-t-il du mémorialiste de la bataille du romantisme, et du critique ? Il a écrit des milliers d'articles sur la littérature, la danse, le théâtre, l'esprit de son temps. C'est Balzac qui lui a permis de collaborer à *La Chronique de Paris* en 1836. Il a aussi été une sorte d'encyclopédiste à sa façon, mais à la mesure du XIXe siècle, et il a apporté une précieuse contribution à l'entreprise de Pierre Larousse.

Il a aussi écrit une quantité vertigineuse d'essais et d'articles sur les maîtres d'autrefois, de Raphaël à Watteau, mais aussi sur ses contemporains, d'Ingres à Delacroix. Pour comprendre cette passion pour l'art, au moins égale à sa passion pour l'écriture, il faut se souvenir qu'adolescent, il avait désiré avant toute chose se consacrer à la peinture : il a peint une Vierge tout à fait remarquable pour son âge (treize ans) et, trois ans plus tard, il a fait un portrait de sa mère au pastel. Rien n'aurait pu alors le dissuader de choisir une autre voie : cinq ans plus tard, il entrait dans l'atelier de Louis-Édouard Rioult (1790-1855), rue Saint-Antoine à Paris. Ce dernier a surtout été un portraitiste, mais d'une certaine qualité. Gautier exécute très tôt sa première œuvre religieuse : en 1829, on le prie de réaliser une œuvre pour l'église de Mauperthuis : *Saint Pierre guérissant un paralytique*. Au fond, la chance lui a souri très tôt pour une commande. Il compose d'autres tableaux mais il est saisi par le doute, à moins que ce ne soit sa myopie qui le décide à changer d'orientation. Il renonce donc à cette première vocation pour se lancer dans la littérature, sans qu'on en connaisse la raison véritable. Il est vrai que le jeune Gautier s'est lié très tôt à Petrus Borel, Camille Rogier, Arsène Houssaye et Gérard de Nerval – il partage un appartement avec ces trois bons amis, impasse du Doyenné –, qu'il rencontre Victor Hugo en 1829, l'année où celui-ci publie *Les Orientales* et, le 25 février 1830, il s'illustre lors du charivari historique qui a accompagné la première d'*Hernani* à la Comédie-Française en exhibant son célèbre gilet rouge. C'est après cette soirée mouvementée qu'il abandonne pinceaux et palettes. De sa brève expérience de peintre, il retire une conviction : l'art est la seule et unique valeur.

Et il se forge une théorie de cet art auquel il aspire en rédigeant un article dans une perspective encyclopédique, sans doute avec l'idée de rivaliser avec son grand précurseur, Denis Diderot. Dans *Du beau dans l'art* (repris dans *L'Art moderne* en 1856), il se réfère, pour étayer sa démonstration, à un essai (posthume) de l'écrivain et dessinateur suisse Rodolphe Töpffer, l'aimable auteur des *Voyages en zigzag* et des *Réflexions et menus propos d'un peintre genevois*. Ce dernier consacre en effet un chapitre assez intriguant au « sixième sens », cette « perception des choses naturelles qui ne se rapporte à aucun [des cinq]sens ». Ce sens supplémentaire se sert des autres comme d'autant d'« humbles esclaves » et ne trouve pas de localisation précise : en somme, il a pour fonction de discerner la beauté, ou plutôt, une idée de la beauté. Et Gautier en déduit qu'il possède ce que Boileau appelle l'influence secrète. « Ce sixième sens ne s'apprend pas ; il ne s'acquiert d'aucune façon. » L'écrivain fait remarquer : « Hors quelques procédés matériels de peu d'importance, tout est toujours à apprendre, et il faut que l'artiste se fasse son microcosme de toutes pièces. En art il n'y a pas de progrès... » En sorte que l'art ne connaît pas de dépassement. L'artiste crée de toutes pièces un univers en soi et emporte son secret dans la tombe : « Le grain des toiles, la manutention des couleurs, le choix des pinceaux dont il se servait, voilà ce que l'on peut s'approprier de son expérience. » Il insiste ensuite sur le paradoxe qui l'accompagne tout au long de sa méditation :

> Il ne faut pas conclure que l'artiste soit purement subjectif ; il est aussi objectif : il donne et il reçoit. Si le type de la beauté existe dans son esprit à l'état d'idéal, il prend à la nature des signes dont il a besoin pour les exprimer. Ces signes, il les transforme : il y ajoute et il en ôte, selon le genre de sa pensée, de telle sorte qu'un objet, qui dans la réalité n'exciterait aucune attention, prend de l'importance et du charme étant représenté ; car les sacrifices et les mensonges du peintre lui ont donné du sentiment, de la passion, du style et de la beauté.

Il donne ici l'exemple de Raphaël, l'artiste qui engendre par excellence un monde complet se suffisant à lui-même. L'art serait donc, à ses yeux, la coïncidence de ce monde intérieur – *a priori* inconnaissable en dehors de sa manifestation esthétique – et des formes les plus proches contenues dans la réalité. En d'autres termes, le peintre ou le sculpteur « cherche dans la nature des formes qui se rapprochent de son type préconçu ; il choisit les plus belles têtes de femmes et de jeunes filles, il épure leurs traits, allonge les ovales de leurs figures, amincit leurs sourcils vers les tempes, arque leurs paupières et leurs lèvres pour les faire coïncider avec le sublime modèle qu'il porte au-dedans de lui-même ». Gautier condamne du même coup le principe d'illusion, la condamnant comme substrat du « chef-d'œuvre suprême » (c'est-à-dire le trompe-l'œil), revendiquant pour l'art « les tableaux les plus vrais » et affirmant par conséquent que la peinture n'est pas art d'imitation. C'est d'ailleurs cette doctrine qui le tient toujours à l'écart du réalisme qui commence alors à s'affirmer avec force, car il est persuadé que le tableau est un intermédiaire entre la nature et le peintre, reprenant à son compte les spéculations esthétiques de Schiller dont il accentue le caractère contradictoire, puisque cette tension extrême risque de provoquer une rupture profonde et irrémédiable entre le réel et l'irréel. Ne prêchant pas en faveur de la gloire de l'idée pure, il tient à souligner que l'art « n'a pas besoin de vérité absolue, mais seulement de clarté relative ». En répudiant à la fois Platon et toute la tradition néo-platonicienne, en réfutant du même coup le néoclassicisme, il invente une esthétique de l'équilibre parfait, qui risque à tout moment de se rompre. Il est porté à croire que l'art ne peut être qu'un « art de transformation » et que la peinture « agit souvent avec d'autant plus de force qu'elle s'éloigne de la nature ». L'artiste ne peut pas se comporter en photographe et, ironique, il prend le jeune paysagiste Auguste Charles de La Berge (1807-1842) en exemple : s'il peint un arbre, « souvent l'automne venait effeuiller le modèle avant que Laberge (*sic*) eût fini l'étude commencée au printemps ».

En définitive, Théophile Gautier a posé la question fondamentale de l'art de manière abrupte : l'art existe-t-il en soi et pour soi, idéalement, ou relativement ? Il évoque les conclusions d'Emmanuel Kant qui revendique la subjectivité sans partage puisque les choses « nous apparaissent belles en vertu des lois du moi... » Il fait remarquer que l'auteur de *La Critique de la faculté de juger* évite le piège de l'unicité de la vision – il est persuadé que la beauté de la fleur est purement subjective – en faisant naître le beau de la « conformité des intelligences humaines », qui lui confère d'emblée un caractère universel, immuable, éternel. La forme peut-elle être vraiment indépendante de l'idée ? L'art est-il moral ? Il réfute ces deux possibilités, marquant une fois de plus la distance qu'il entend prendre avec Diderot : « Les formes de l'art ne sont pas des papillotes destinées à envelopper des dragées plus ou moins amères de morale et de philosophie, et leur chercher une utilité autre que la beauté, c'est montrer un esprit fermé à tous les souffles supérieurs et incapable de vues générales. » Toutefois, il nie avec la même véhémence l'art pour l'art : « Est-ce à dire pour cela que l'art doive se renfermer dans l'"indifférentisme" de parti pris, dans un détachement glacial de toute chose vivace et contemporaine pour n'admirer, Narcisse idéal, que sa propre réflexion dans l'eau et devenir amoureux de lui-même ? Non... » Il a la conviction que « ce qui a été exécuté dans une autre intention que de satisfaire aux éternelles lois du beau ne saurait avoir de valeur dans l'avenir... » L'art pour l'art n'est pas la forme pour la forme. L'idéal n'est pas nécessairement préconçu. À ses yeux, et c'est là une rupture significative dans la conception de l'art par rapport à la tradition, de grandes œuvres peuvent naître d'une rencontre fortuite. L'artiste, immergé dans son époque, a le pouvoir de révéler le beau à partir d'une conception *a posteriori* : « Au lieu de donner une forme à l'idéal, ils donnent un idéal à la forme. » En définitive, ce sont les artistes qui donnent une âme à un corps, et non le contraire. Ainsi postule-t-il un compromis délicat entre l'éternel et le contingent au-delà de tout diktat éthique ; mais toujours en mettant l'accent sur la relation infrangible avec le monde tangible, l'artiste recherchant « son alphabet dans le monde visible, qui lui fournit ses signes conventionnels ». Il ne peut pourtant pas s'empêcher d'adopter une attitude paradoxale car il n'en fait pas moins l'éloge de l'imaginaire, avançant que les « chimères les plus monstrueuses sont réelles », mais en se souvenant que leur combinaison bizarre est issue d'éléments concrets normaux. Il essaie de sortir de cette aporie en proclamant que la nature est la manufacture de la norme comme de son contraire. De toute façon, les grands artistes se sont dispensés de froids raisonnements, et « l'inspiration a sa pudeur ». Il fait alors appel à ce que l'art suppose d'irrationnel et de bouleversant : « Livrons-nous à l'amour, à l'admiration, à l'enthousiasme, au travail et au loisir, à la pensée et au rêve, à toutes les ivresses de l'intelligence, à tous les épanouissements de la vie... » Et il ne reconnaît (autre paradoxe) que la définition fournie par Platon : « Le beau est la splendeur du vrai. » Mais le vrai qu'il entend n'a plus rien à voir avec la vérité, la beauté et la bonté platonicienne qui s'est reformulée sans cesse au cours du Moyen Âge, de la Renaissance, du Baroque, et même de son temps.

En somme, la beauté est selon lui une notion volatile qu'il convient d'apprivoiser, et nos sens ne sont pas toujours des alliés pour la débusquer. Il explique ces points dans un long article paru dans *Le Figaro* du 16 octobre 1836, « Des beaux-arts et d'autres » :

> La beauté a plus de voiles qu'Isis ; elle ne se présente pas tout d'abord et dans tout son éclat ; elle a ses heures d'éclipse et de défaillance ; son rayonnement n'est pas toujours aussi intense. Un amant discret et persévérant ne se rebute pas pour cela ; il sait attendre, il est là patiemment assis, le crayon à la main : le nuage se déchire, le rayon tombe, le profil se découpe, le front s'illumine, la beauté se révèle, mais aux initiés et aux adeptes seulement ; l'homme vulgaire, qui était peut-être présent, ne s'est douté de rien. Cette grossièreté générale du sens de la vue, et ce manque de finesse dans l'appréciation de la beauté de la forme, est cause d'une singulière aberration dans le jugement des œuvres d'art.

Devenu salonnier en 1833, Théophile Gautier le reste jusqu'à sa mort en 1872. Il a accumulé durant quarante ans ou presque une expérience énorme et donc une connaissance unique de la création artistique de son siècle. Témoin du conflit virulent entre le courant néo-classique et le courant romantique, il assiste à l'apothéose simultanée des deux champions de ces orientations opposées, Jean Auguste Dominique Ingres et Eugène Delacroix, à l'occasion de l'Exposition universelle de 1855, comme il assiste en même temps à la naissance du réalisme sous la houlette de Gustave Courbet, et à l'émergence d'une peinture « révolutionnaire », non dans ses thèmes mais dans sa facture, avec Édouard Manet.

Dans le « Salon » de 1834, publié dans *La France Industrielle*, il écrit à propos de l'envoi d'Ingres :

> Pour le *Saint Symphorien* de M. Ingres, c'est la plus belle fresque, le plus magnifique carton qu'il soit possible de voir. Quelques journaux ont dit que c'était un pas rétrograde, n'écoutez pas les journaux ; c'est un pas en avant. C'est la logique de la manière de M. Ingres, poussée jusqu'à la dernière conséquence. On a dit que M. Ingres imitait servilement Raphaël, et se traînait comme un écolier dans l'ornière ouverte par le divin jeune homme. Nous ne sommes pas de cet avis ; le sentiment de M. Ingres est bien plus allemand qu'italien. Albert Dürer est plutôt son patron que Raphaël. Les têtes de M. Ingres sont bien moins idéales que celle du Sanzio ; c'est une traduction de la nature beaucoup plus mot à mot : son dessin serre la forme de plus près ; et le caractère de son style est l'exagération dans un principe vrai des détails extérieurs, car M. Ingres soigne principalement la silhouette linéaire de ses personnages, et dessine plus sur le bord que dans le milieu : procédé qui, ôtant beaucoup de relief, a pour résultat un aspect large et simple tout à fait magistral, et qui ferait distinguer au premier coup d'œil le tableau entre mille. Un peintre de l'école angélique eût seul pu dessiner la tête du saint Symphorien. Le sentiment catholique qu'elle respire est admirable. On prétend que le tableau est d'une vilaine couleur. Nous ne nous sommes pas aperçu qu'il fût d'une couleur plutôt que d'une autre.

Et son admiration pour Ingres ne se dément jamais. Il n'oublie jamais de souligner l'absence d'Ingres quand celui-ci boude le Salon pendant plus d'une décennie. En 1847, il fait savoir au lecteur de *La Presse* : « À dater de ce jour, M. Ingres n'a plus voulu se risquer au Louvre ; il expose chez lui. C'est ainsi qu'il a laissé entrevoir la *Vierge à l'hostie*, le *Portrait du duc d'Orléans*, celui de *Cherubini couronné par la muse de la musique*, etc. » L'année suivante, il s'impatiente :

> Beaucoup de noms célèbres manquent à l'appel. Ingres continue la longue bouderie du saint Symphorien. Nous le déclarons ici coupable du crime de haute trahison envers l'art. Le beau appartient à tous, et nul n'a le droit de l'accaparer pour soi. On devrait forcer le peintre du *Plafond d'Homère* et du *Vœu de Louis XIII* à se présenter tous les ans au Salon. Il doit à son pays la vue de ses tableaux.

Il salue avec enthousiasme les œuvres présentées par Eugène Delacroix en 1848 :

> Des cinq tableaux d'Eugène Delacroix, le plus important, sinon le meilleur, est *Le Christ au Tombeau*. C'est là un de ces vieux sujets éternellement jeunes, comme l'amour et la douleur, que l'on peut traiter cent mille fois sans les épuiser jamais. Même pour ceux qui ne voient pas un dieu dans le Christ, pour l'idolâtre, le musulman, le bouddhiste, n'est-ce pas le plus attendrissant spectacle que cette gamme de la douleur humaine faisant vibrer ses notes autour du cher cadavre, que ce concert plaintif du désespoir de la mère, du deuil de l'amante, des regrets de l'ami et du morne abattement des disciples ? Le corps divin, déjà revêtu comme d'un suaire, de la blancheur bleuâtre de la mort, repose sur les genoux de la mère désolée aux lèvres violettes, aux yeux rougis de larmes, plus froide que le cadavre dont elle soutient la tête. Les personnages sacramentels complètent la scène, chacun dans une de ces attitudes dramatiques sans effort que M. Delacroix sait varier à l'infini. Une figure agenouillée sur le devant a la partie inférieure du corps enveloppée d'une draperie d'un de ces rouges d'une crudité violente, comme Rubens seul peut les risquer. Ce ton si éclatant au milieu d'une scène de désolation, est-il de la part d'Eugène Delacroix, le coloriste si fin et si poétique, une faute, un oubli ou un calcul ? Cette tache écarlate, plaquée au premier plan, donne une tristesse immense à la localité générale du tableau : elle rend terreux, malades, livides et verdâtres les autres tons. Grâce à cette rude dissonance, rien n'est plus lugubre que ce ciel lourd, épais, grisâtre, où rampent des nuages éventrés, que ce sommet du Golgotha, sinistrement chauve, et boisé seulement de trois gibets, dont l'un vide et entouré d'une auréole est devenu la croix, et les autres, garnis encore de leurs fruits infâmes, qu'aucun ami n'est venu décrocher, car les voleurs n'ont que des complices, restent d'ignobles et vulgaires instruments de torture.

Aussi curieux que cela puisse paraître, Gautier ne s'avère pas un instant le défenseur farouche du romantisme en art. C'est un quiproquo né du fameux gilet rouge de la première d'*Hernani*. En 1833, son « roman goguenard », *Les Jeune-France*, est déjà un désaveu du romantisme littéraire qui a tendance à s'académiser. Toute son ambiguïté se révèle dans sa relation complexe à Delacroix. En 1836, il considère le *Saint Sébastien* de l'église de Nantua comme « la plus belle page » du Salon. Il écrit à son sujet :

> On prendrait cette toile pour une œuvre d'un maître de la seconde période italienne, Pietro de Cortone ou Carle Maratte. Ce n'est pas le dessin ronflant et féroce de Michel-Ange, ni la limpidité éthérée de Raphaël ; c'est quelque chose de plus fiévreux et de plus inquiet dans le contour, un effort plus soutenu pour arriver à quelque chose de supérieur. Comme dans toutes les époques de décadence et de renouvellement, quand l'art ancien n'existe plus, que la synthèse de l'art nouveau n'est pas encore formulée.

Il voit en Delacroix l'héritier des maîtres du passé, mais aussi l'incarnation d'une modernité aussi redoutée qu'espérée. Cela ne l'empêche pas d'admirer Ingres et de faire sienne la cause des meilleurs représentants de son école.

Plus le temps passe, plus son autorité s'assoit, plus il participe au Salon – non plus comme observateur éclairé mais souvent comme membre du jury de sélection –, plus son attention se disperse. S'il défend encore un camarade de la folle époque du Petit Cénacle de l'impasse du Doyenné comme Narcisse Díaz de la Peña, il éprouve beaucoup de difficultés à suivre le mouvement de la nouvelle « pensée artistique ». Il ne peut se résoudre à accepter le réalisme, considérant par exemple *Un enterrement à Ornans* comme appartenant un genre « anecdotique », et conteste « une recherche du portrait poussée jusqu'à la caricature ». Gautier en appelle en 1833 à un renouvellement de la peinture d'histoire, dont il a discerné les signes avant-coureurs chez Leleux et Courbet, mais abandonne ce dernier parce qu'il a enlaidi la nature à dessein. Au point que Courbet devient dès lors sa bête noire. S'il admet qu'il appartient de plein droit à l'école de la vie, il lui reproche de prôner un idéal inverse de l'idéal normal : « Les types vulgaires ne lui suffisent pas ; il y met un certain choix, mais dans un autre sens ; il outre à dessein la grossièreté et la trivialité. Boucher est un maniériste en joli. Courbet est un maniériste en laid… » Curieusement, il va défendre les premiers envois de Manet au Salon, saluant avec enthousiasme et un certain humour complice son *Guitarero* en 1861 : « Caramba ! Voilà un *Guitarero* qui ne vient pas de l'Opéra-Comique, et qui ferait mauvaise figure sur une lithographie de romance ; mais Vélasquez le saluerait d'un petit clignement d'œil amical, et Goya lui demanderait du feu pour allumer son *papelito.* » Trois ans plus tard, il loue son *Épisode d'un combat de taureaux*. Mais il n'est pas d'accord quand il peint son *Christ mort* et, alors que la grande majorité des critiques l'attaque avec véhémence, il ne peut que reprocher au peintre le mauvais traitement qu'il a fait au Fils de Dieu. Il lui reproche avec sévérité son intrusion scandaleuse dans la sphère religieuse.

Par la suite, il se reconnaît incompétent pour juger les jeunes artistes et les courants novateurs, admettant en 1869 que Manet « a une certaine action sur la peinture contemporaine. Et cette action, il la doit à une seule chose : la persistance du ton local qu'il maintient d'un bout à l'autre de ses figures… » Il ne se sent pas en mesure de juger au-delà de certaines limites, il sait qu'il ne possède plus les instruments pour exercer son magistère : « Quant à Monet et *tutti quanti* », ils « renferment des beautés qui nous échappent à nous autres chevelures romantiques… »

En fin de compte, l'un des peintres qui répond le mieux aux préceptes de Gautier est Théodore Chassériau, qui demeure un excellent élève d'Ingres mais est incapable d'assimiler la leçon de Delacroix. Il admire aussi Puvis de Chavannes à ses débuts, car il voit en lui le successeur de Flandrin et déclare : « Ce jeune artiste, dans un temps de prose et de réalisme, est naturellement héroïque, épique et monumental » (« Salon » de 1833). En 1861, quand il présente *Concordia* et *Bellum*, il n'hésite pas à écrire que « son esprit se meut dans la plus haute sphère de l'art et son ambition dépasse encore son talent ». Il éprouve aussi un grand attrait pour un autre inconnu, Gustave Moreau, dont il salue *Orphée* – « Une jeune fille thrace recueille pieusement la tête et la lyre d'Orphée », dit le livret du Salon de 1866 – expliquant aux visiteurs de l'Exposition : « Ce qu'il y a de sûr, c'est que son talent rare, curieux et travaillé intéresse, surprend, fait rêver, et donne une sensation différente de celles que causent tant de toiles irréprochables… » Mais par la suite il se montre méfiant à son égard et le qualifie de peintre

« pour les délicats, pour les rêveurs, pour les blasés », pour tous ceux qui recherchent le bizarre. Le temps passant, Gautier s'entiche du très surprenant Gérôme, mélange de conformisme et d'invention, en qui il perçoit de « nobles qualités », approuvant sa volonté de concéder aux artistes « le droit d'écrire l'histoire avec leurs pinceaux aussi bien que les littérateurs avec leur plume », même s'il critique son *César* présenté en 1859.

Si Gautier n'est déjà plus capable, quand il devient le critique attitré du puissant *Moniteur* en 1855, de comprendre et d'expliquer la peinture moderne, il faut tout de même souligner son mérite : celui de détester Bouguereau et pas mal d'académiciens pleins de suffisance, et de ne pas s'attacher aux petits-maîtres de l'académisme.

Le domaine de prédilection du poète Gautier est surtout l'orientalisme. Le premier, il a la prémonition de la naissance d'un genre nouveau. En 1833, il fait l'éloge des toiles d'Alexandre Decamps, décidant que son « *Paysage turc* est beau et coloré comme une *Orientale* d'Hugo » et que sa « *Halte d'Arabes* est un diamant de couleur ». Decamps réalise dans la peinture son grand rêve oriental, comme le fait par ailleurs son ami Prosper Marilhat, auquel il consacre une belle monographie à l'occasion de sa mort prématurée, donnant *La Place de l'Esbekieh au Caire* pour l'un des tableaux l'ayant le plus marqué :

> Aucun tableau ne fit sur moi une impression plus profonde et plus vibrante. [...] Je crus que je venais de connaître ma véritable patrie, et, lorsque je détournais les yeux de l'ardente peinture, je me sentais exilé ; je le vois encore cet énorme caroubier au tronc monstrueux pousser l'air chaud de ses branches entortillées comme des nœuds de serpents boas, et ses touffes de feuilles métalliques dont les noires découpures font briller si vivement l'indigo du ciel.

Et, bien entendu, c'est le Chassériau fasciné comme lui par les horizons lointains qui lui plaît, celui de *La Toilette d'Esther* et du *Sabbat des Juifs à Constantine*. Tout orientaliste qu'il est, il répudie, peut-être avec une relative injustice, l'énorme composition d'Horace Vernet, *La Prise de la smalah d'Abd-el-Kader* (« Salon » de 1849) mais sait reconnaître la capacité inouïe d'Eugène Fromentin de représenter « ce qui n'a pas de forme » et ces « magnificences de solitudes », c'est-à-dire le désert.

Gautier a été un témoin extraordinaire de l'art de son temps, en dépit de ses limites, ce dont il a toujours convenu. Aussi mérite-t-il d'être réhabilité comme salonnier scrupuleux, parfois inspiré voire même prophétique, et mémoire encyclopédique de la peinture, de la sculpture et de la gravure des débuts du romantisme jusqu'à la fin du Second Empire.

47 *En quoi Baudelaire révolutionne-t-il l'art de la critique ?*

Charles-Pierre Baudelaire est né à Paris le 9 avril 1821 et il y est mort quarante-six ans plus tard (en 1867) après avoir été frappé de paralysie dans une église jésuite à Namur –, l'église Saint-Loup ; il a alors été transporté à Bruxelles où l'on a déclaré son cas désespéré – il avait atteint le dernier stade de la syphilis. Au cours de sa brève existence, il a pu réaliser trois choses considérables. En premier lieu, il a produit les œuvres poétiques inestimables que l'on sait ; ensuite, il a composé de petits récits (comme *La Fanfarlo*, 1847), des essais sur des écrivains (comme Victor Hugo) et même des musiciens (Wagner, 1861), mais aussi sur les drogues – « Du vin et du haschisch », la première partie des *Paradis artificiels*, paraît en 1851 et le livre complet en 1860 –, des textes satiriques (*Amœnitates Belgicæ* proses autobiographiques comme *Fusées* (écrit en 1851), *Mon cœur mis à nu* (écrit en 1864), et des aphorismes ; enfin, il a traduit une larges élection des contes d'Edgar Allan Poe, qui paraissent en 1856, 1857 et 1864. Mais son œuvre ne serait pas ce qu'elle est sans les nombreux essais qu'il a écrits sur l'art et sur les artistes de son temps.

Il n'est pas aisé de dire quand et comment le goût de l'art et la nécessité de sa critique sont venus à Charles Baudelaire. Son père, François, mort quand il avait six ans, a bien été conservateur du Luxembourg et son appartement comptait bon nombre de peintures, de gouaches et de pastels, sans parler des statuettes et d'un mobilier précieux. Quand il mène la vie d'étudiant à la pension Bailly, il se lie avec un artiste, Jules Buisson et avec Philippe de Chennevières, qui signera ultérieurement des *Lettres sur l'art français*. Quand il demeure à l'hôtel Pimodan, quai d'Anjou, il décore son appartement sous les combles de lithographies d'Eugène Delacroix et de toiles de son élève Émile Deroy, qui a fait un portrait du jeune Baudelaire. On le sait un assidu du Louvre, où il s'intéresse au Greco, au Bronzino et à Van Eyck. Il est aussi probable que ses premières expériences dans la presse, à *L'Artiste* et au *Corsaire-Satan*, lui aient permis de parfaire ses connaissances artistiques. Enfin, l'influence de Théophile Gautier, à qui il dédie ses *Fleurs du mal*, n'est pas à mésestimer.

Il serait aussi délicat de dire pour quelle raison il a décidé de publier son premier *Salon* en 1845, à compte d'auteur, chez « Jules Labitte, éditeur » sous le nom de Baudelaire Dufaÿs, le nom de jeune fille de sa mère. Tous les écrivains le font par passion pour l'art, bien sûr, mais généralement aussi parce qu'ils y trouvent un moyen de subsistance conséquent. Dans ses « Quelques mots d'introduction », il justifie cette attitude un peu déconcertante – il a bien une petite rente, mais il n'a pas de fortune personnelle – en affirmant : « Ce que nous disons, les journaux n'oseraient pas l'imprimer. » C'est sans doute assez faux, même si certains directeurs se montrent parfois exigeants sur les limites de ce qui peut être loué ou être rejeté. Il commence d'ailleurs par critiquer vertement la presse dans son ensemble, et la critique « tantôt niaise, tantôt furieuse, jamais indépendante, [qui] a par ses mensonges et ses camaraderies effrontées, dégoûté le bourgeois de ces utiles guide-ânes qu'on nomme comptes rendus de Salons ». Mais s'il entend implicitement en revenir à la critique de Diderot, pure expression du libre arbitre et du goût souverain, faisant implicitement référence à Stendhal qu'il imite à loisir et qu'il pille sans vergogne dans le *Salon de 1846* – ce qui est encore une attitude singulière, car Stendhal ne s'est pas montré un arbitre des arts judicieux ni un auteur prolifique en la matière, incapable d'ailleurs de défendre quoi que ce fut en son temps, incapable de parvenir à une doctrine même très libre, mais ayant néanmoins eu de belles intuitions –, Baudelaire conserve la forme la plus traditionnelle de la poésie, en observant la hiérarchie des genres en cours et passant en revue les artistes qu'il a pu retenir dans ce chaos de 2 322 numéros. Au fond, il ne s'y est exercé que pour parler de trois artistes : Eugène Delacroix, qu'il admire profondément, William Haussoullier, se plaignant du mauvais accueil qu'on a pu faire à son tableau, *La fontaine de Jouvence*, et Camille Corot, qu'il regarde comme étant « à la tête de l'école moderne du paysage ». Il accorde quelque attention à Decamps (« Decamps a fait du Raphaël et du Poussin – Eh ! mon dieu ! – oui. »), à Achille Devéria (« ... voilà un noble et vrai artiste à notre sens »), à Boulanger (pour le dénigrer), à Chassériau (« il y a tout lieu d'espérer qu'il deviendra un peintre, et un peintre éminent ») et à Meissonier (avec beaucoup de réserve : « C'est un Flamand moins la fantaisie, le charme, la couleur et la naïveté – et la pipe ! »).

Quand on parcourt le *Salon de 1846*, qu'il fait paraître chez Michel Lévy frères, un éditeur de renom à l'époque, on s'aperçoit que le *Salon de 1845* en a été le brouillon. Il renonce cette fois à traiter le Salon comme une promenade « orientée » mais l'organise selon des thèmes qui lui donnent une structure originale. Paru quelques semaines après l'ouverture de l'Exposition, ce *Salon de 1846* s'ouvre par une curieuse adresse « Aux bourgeois », qui développe ce qu'il a esquissé dans l'introduction du précédent : il en fait les destinataires exclusifs de ses écrits. Puis il revient sur la question de la critique, commençant par un insolent « À quoi bon ? », et plaide en faveur d'une critique « amusante et poétique », qui ne cherche pas à tout expliquer et qui se vante de son outrageante émancipation de tout critère : « La critique doit être partiale, passionnée, politique, c'est-à-dire faite à un point de vue exclusif, mais au point de vue qui ouvre le plus d'horizons. » Et il conclut en jetant que le grand artiste sera celui qui aura « le plus de romantisme possible ». Mais il définit ce terme en avançant que le romantisme serait « l'expression la plus récente et la plus moderne de la beauté ». Il consacre tout un chapitre à ce point qui est la clef de voûte de sa pensée, qui réside dans une certaine manière de sentir, d'interpréter la morale du siècle, d'appréhender le progrès. Ces réflexions sur la modernité, qui signifie pour lui « intimité, spiritualité, couleur, aspiration vers l'infini », se prolongent par une étude sur la couleur, où il préconise une incroyable liberté dans son emploi qui lui fait dire : « Une immensité bleue quelquefois et verte souvent, s'étend jusqu'aux confins du ciel : c'est la mer. » Il s'efforce dans ce chapitre de démontrer que l'antagonisme entre dessin et couleur est une aporie, expliquant sa pensée en définissant les coloristes comme les dessinateurs de la nature, qui travaillent à partir de « la lutte harmonieuse des masses colorées ». Ces « purs dessinateurs » seraient comme « des philosophes et des abstracteurs de quintessence », tandis que les purs coloristes sont des « poètes épiques ».

Dans ce jeu de poupées russes, le « romantisme de la couleur me conduit droit à EUGÈNE DELACROIX ». Il l'élève au rang de « chef de l'école moderne ». Et Baudelaire de citer Thiers qui a vanté en son temps (1822) *Dante et Virgile aux enfers*. Dans les pages qu'il lui consacre, le poète trace les grandes lignes de la monographie qu'il publiera en 1863, l'année de la mort de l'artiste, dans *L'Opinion nationale*. Ce qu'il admire chez le peintre, c'est « son excellence, doublée d'un raisonnement profond », – l'art étant, selon Baudelaire, « la pensée intime de l'artiste » – mais aussi et surtout son universalité : « Il a fait des tableaux de genre pleins d'intimité, des tableaux d'histoire pleins de grandeur. »

L'enchaînement logique se rompt alors et l'auteur des *Paradis artificiels* passe à l'art érotique, évoquant Watteau, Jules Romain, Rembrandt pour remonter jusqu'à Achille Devéria et Paul Gavarni. Le prétexte de cette digression ? Deux toiles d'Octave Tassaert (1800-1874), *Érigone* et *Le Marchand d'esclaves*. Prétexte destiné à unir éros et mélancolie, plaisir et douleur. En sorte que ce Salon devient le catalogue des thèmes accouplés qui dominent son esprit.

Avec le chapitre réservé aux coloristes, Baudelaire en revient à une description du Salon, mais sans autre ordre que celui que lui dictent son caprice et sa curiosité, s'attardant sur des petits-maîtres qui ont retenu son imagination et en profitant pour faire un éloge appuyé de Decamps, dont il s'efforce de mettre en évidence les qualités essentielles et la place qui lui revient : « Les tableaux de M. Decamps étaient donc pleins de poésie, et souvent de rêverie ; mais là où d'autres, comme Delacroix, arriveraient par un grand dessin, un choix de modèle original ou une large et facile couleur, M. Decamps arrivait par l'intimité du détail. » Dans le chapitre qu'il intitule « De l'idéal et du modèle », il définit l'art comme « mnémotechnie du beau ; or, l'imitation exacte gâte le souvenir ». Et il fustige le principe du beau idéal en affirmant qu'il y a autant d'idéals que d'individus : « Ainsi l'idéal n'est pas cette chose vague, ce rêve ennuyeux et impalpable qui nage au plafond des académies ; un idéal, c'est l'individu redressé par sa conscience propre, reconstruit et rendu par le pinceau et le ciseau à l'éclatante vérité de son harmonie native. » Et de citer Stendhal, prenant en exemple un chapitre intitulé « Comment l'emporter sur Raphaël ? »

Avec « De quelques dessinateurs », il entreprend une méditation en creux, puisque le dessinateur, en toute logique, devrait être l'exact opposé du coloriste, le qualifiant même de « coloriste manqué ». Il en profite pour analyser ce talent « avare, cruel, coléreux et souffrant » et scrute en détail ce qui rend son travail fascinant. Peut-être est-ce son observation excessive de la femme qu'il restitue avec « une précision de chirurgien » et avec « une servilité amoureuse », au point de produire « des œuvres d'une volupté profonde ».

Le reste de l'ouvrage fait alterner des réflexions sur ce que l'écrivain a pu voir au Salon – il consacre tout un chapitre à exécuter Horace Vernet, « un militaire qui fait de la peinture » – et sur des questions subalternes qui prennent une importance cruciale à ses yeux, souvent présentées par couples sémantiques : le chic et le poncif, l'éclectisme et le doute. Ceux-ci lui permettent de poursuivre sa circumambulation dans le Salon et de placer les artistes et les tableaux jugés à l'emporte-pièce dans l'optique qu'ils lui offrent. Ce parcours s'achève par une violente attaque contre la sculpture, qui « n'est autre chose qu'un art complémentaire ».

Il est intéressant de remarquer que la rédaction du *Salon de 1846* a été précédée et suivie par deux publications qui l'éclairent. En janvier 1846, Baudelaire publie dans *Le Corsaire-Satan* un article sur l'exposition du Bazar Bonne-Nouvelle, baptisée *Le Musée classique du bazar Bonne-Nouvelle*. Il y évoque des œuvres Prud'hon – qu'il désigne comme le « frère en romantisme d'André Chénier » –, de Delaroche, des Cogniet, d'Ary Scheffer. Il en profite pour faire l'apologie du bourgeois, pour s'en prendre aux « malingreux », et pour louer l'illustre absent, Delacroix.

Peu de temps après ce *Salon* signé Baudelaire paraît un ouvrage anonyme : *Le Salon caricatural. Critique en vers et contre tous illustrée de soixante caricatures dessinées sur bois*. Bien peu de personnes savent alors que ce livre qui remet à l'honneur un genre apparu vers 1780 et qui a fleuri à nouveau dans les journaux à la fin des années 1830, est l'œuvre commune de Théodore de Banville, d'Auguste Vitu et du poète. Ces vignettes légendées font apparaître une autre dimension de l'esprit de Baudelaire : un humour féroce et une sorte de catharsis par le rire. Cette expérience se prolonge par la suite avec la rédaction de trois courts essais, « De l'essence du rire », publié dans *Le Portefeuille* en 1855, « De la caricature, et généralement du comique dans les arts », mis sous presse en 1854, et enfin « Quelques caricaturistes étrangers », paru dans *Le Présent* en octobre 1857. La clef de voûte de sa démonstration consiste à faire valoir que le comique « est un des plus clairs signes sataniques de l'homme » et que l'école romantique pourrait bien s'appeler « l'école satanique ». De sorte qu'il bâtit « une espèce de théorie du rire », le rire étant pour lui contradictoire par définition, « à la fois signe d'une grandeur infinie et d'une misère infinie ». Il est convaincu que « le comique ne peut être absolu que relativement à l'humanité déchue ».

Neuf années passent avant que Baudelaire ne se donne la peine d'envisager un nouveau compte rendu. L'Exposition universelle de 1855 lui fournit une occasion unique de peaufiner sa « méthode de critique » et de mettre en avant les points déconcertants de sa pensée esthétique – comme « le beau est toujours bizarre » – ou le paradoxe qu'il cultive au sujet du progrès, ce « fanal obscur, invention du philosophisme actuel, breveté sans garantie de la Nature ou de la Divinité, cette lanterne moderne [qui] jette des ténèbres sur tous les objets de la connaissance ». Il remet en cause l'idée même de progrès dans les arts : « Dans l'ordre poétique et artistique, tout révélateur a rarement un précurseur. »

Baudelaire écrit son dernier *Salon* en 1859. Son préambule est désabusé. Il a vu « tant de platitudes menées à bonne fin, tant de niaiseries soigneusement léchées, tant de bêtises ou de faussetés habilement construites... » Il ne sauve guère que Delacroix, Penguilly L'Haridon, Fromentin et Daumier. Il s'emploie aussitôt, avec férocité, à fustiger un autre aspect du progrès de l'industrie : la photographie, que l'on veut élever au rang d'art à part entière : « Comme l'industrie photographique était le refuge de tous les peintres manqués, trop mal doués ou trop paresseux pour achever leurs études, cet universel engouement portait non seulement le caractère de l'aveuglement et de l'imbécillité, mais avait aussi la couleur d'une vengeance. » Et il poursuit sa lettre au directeur du périodique en insistant sur le primat de l'imaginaire sur la nature et en en appelant à un gouvernement de l'imagination qui voudrait que l'art soit d'origine divine. Selon lui, « un bon tableau, fidèle et égal au rêve qui l'a enfanté, doit être produit comme un monde ». Dans cette optique, l'univers visible est un « magasin d'images et de signes auxquels l'imagination donnera une place et une valeur relative... ». Le Salon proprement dit est traité à la diable, le poète ne s'attachant qu'à remarquer le déclin de la peinture religieuse, seul Delacroix, auquel il consacre des pages enflammées, étant en mesure « d'escalader les hauteurs difficiles de la religion », et s'en prenant au clan des néo-grecs, qu'il surnomme « l'école des *pointus* ». Une digression sur la peinture militaire lui permet d'égratigner une fois de plus Horace Vernet et de louer Octave Penguilly L'Haridon (1811-1870) pour son *Combat des Trente* et François Tabar (1818-1869) pour *Guerre de Crimée, Fourrageurs*. Il commente plus volontiers les « charmantes compositions » signées par des petits-maîtres : Lamypseudonyme Eugène Lami, 1800-1890, illustrateur qui a beaucoup traité de sujets militaires et de scènes de la vie urbaine ; Émile-Charles Wattier (1800-1868) ; Henri-Charles-Antoine Baron (1816-1885) ; Auguste Clésinger (1814-1883), peintre mais aussi sculpteur, auteur de *Léda et le Cygne*, mais aussi de bustes tels que celui de Théophile Gautier, dont il défend l'*Ève* si dénigrée ; Ernest Hébert (1817-1908), un cousin de Stendhal, qui s'est fait connaître au Salon en 1839 avec *Le Tasse en prison* ; Paul Baudry (1828-1886), prix de Rome en 1850, qui privilégie le sportraits et les sujets historiques, parfois les mythologies, Narcisse Díaz de la Peña (1807-1876), paysagiste qui a joué un rôle certain auy sein de l'école de Barbizon ; et quelques autres encore. Mais le peintre qui manifestement l'a le plus touché est Eugène Fromentin (1820-1876), qu'il apprécie surtout pour ce qu'il n'est pas : « Il n'est précisément ni un paysagiste ni un peintre de genre », souligne-t-il. Et s'il semble être doué de « cette savante et naturelle intelligence de la couleur », il fait découvrir ce qui fait son caractère unique : « La lumière et la chaleur, qui jettent dans quelques cerveaux une espèce de folie tropicale, les agitent d'une fureur inapaisable et les poussent à des danses inconnues, ne versent dans son âme qu'une contemplation douce et reposée. » Et quand il évoque le portrait, il se montre plus conciliant et admet : « Le portrait, ce genre en apparence si modeste, nécessite une immense intelligence. » Il trouve même des qualités à Hippolyte Flandrin (1809-1864) et à Amaury-Duval (1808-1885), deux élèves d'Ingres, mais en évoquant les grands exemples fournis par le passé, de Vélasquez à Goya, de Van Dyck à Rembrandt. À propos du paysage, il tient à mettre en relief les qualités supérieures de Charles-François Daubigny (1817-1878) et de Jean-François Millet (1814-1875) et, plus encore, de Jean-Baptiste-Camille Corot (1796-1875) et de Théodore Rousseau (1812-1867). Il note au passage les études au pastel improvisées d'Eugène Boudin (1824-1898), qui l'ont passablement intrigué. Il révise aussi son jugement sur la sculpture, qu'il a méprisée jusqu'alors et va jusqu'à lui attribuer un rôle divin : « Le fantôme de pierre s'empare de vous pendant quelques minutes, et vous commande, au nom du passé, de penser aux choses qui ne sont pas de la terre. » Plus qu'un *Salon*, ce texte est d'abord une forme d'histoire de l'art et de l'esthétique placée à l'enseigne de l'idiosyncrasie, une divagation sublime qui s'arrime à des idées-forces que l'auteur a précisées au gré de ses méditations sur l'état des arts à son temps.

Tous ces *Salons* aboutissent à la rédaction de trois essais résumant sa philosophie de l'art moderne : « L'Art philosophique », demeuré inédit de son vivant, « Le Peintre de la vie moderne », paru dans *Le Figaro* en novembre et décembre 1863, et « L'Œuvre et la vie d'Eugène Delacroix », publié dans *L'Opinion nationale* la même année.

Baudelaire commente la notion d'art philosophique défendue par Paul Chenavard qui pense que la peinture moderne tend à remplacer le livre. Il critique cette inclination et écrit : « Plus l'art voudra être philosophiquement clair, plus il se dégradera et remontera vers l'hiéroglyphe enfantin... » L'art romantique a été, à le croire, le seul « qui a réagi contre ces tendances raisonnables et qui a fait prévaloir la gloire de l'art pur... » Dans « Le Peintre de la vie moderne », il élargit le champ de son analyse et reprend à son compte la doctrine du beau professée par Théophile Gautier, qui aurait une « composition double », à mi-chemin entre l'absolu et le particulier. Il brosse ensuite un portrait de l'artiste moderne, qu'il nomme par des initiales, « M. G. », en s'inspirant de Constantin Guys (1802-1892). Il en fait, assez curieusement, le prototype même de « l'homme-enfant », car il assure que le génie « n'est que l'*enfance retrouvée* à volonté ». Pour cet artiste, « toute pensée sublime s'accompagne d'une secousse nerveuse, plus ou moins forte », qu'il a la faculté de contrôler et de canaliser. Cet artiste doit « voir le monde, être au centre du monde et rester caché du monde », en somme se fondre dans la foule, « voyageant à travers *le grand désert d'hommes* ». « M. G. » incarne la philosophie de la modernité de Baudelaire, qu'il énonce désormais ainsi : « Il s'agit, pour lui, de dégager de la mode ce qu'elle peut contenir de poétique dans l'historique, de tirer l'éternel du transitoire. » Après avoir réaffirmé sa conception de l'art mnémotechnique, il dresse le portrait du dandy, personnage récurrent dans les dessins et gravures de Guys, en en faisant une sorte de héros stoïque. Les sujets que ce dernier privilégie lui offrent la possibilité de définir des types dans la société de son temps, le militaire, les femmes, les filles. Et de conclure : « Nous pouvons parier à coup sûr que, dans peu d'années, les dessins de M. G. deviendront des archives précieuses de la vie civilisée. » Quant à Delacroix, qu'il compare volontiers à Stendhal, de la plus étrange des façons, il en fait son *alter ego*, puisque les principes esthétiques qu'il lui attribue sont en substance les siens. Le portrait mortuaire de « cet homme unique dans l'histoire de l'art européen », qui est doté d'une « dualité de nature » se traduisant par un caractère fait d'« un curieux mélange de scepticisme, de politesse, de dandysme, de volonté ardente, de ruse, de despotisme, et enfin d'une espèce de bonté particulière et de tendresse modérée qui accompagne toujours le génie ».

Charles Baudelaire, en refusant de formuler une doctrine de l'art en bonne et due forme, est parvenu à jeter les bases d'une conception esthétique qui intègre des termes contraires, comme la nostalgie – ou plutôt le *spleen*, la forme qu'il donne à la mélancolie, et qui est sienne – et l'enthousiasme pour la vie moderne, le fugace et l'éternel, l'universel et l'anecdotique.

48 *Champfleury, Duranty et Castagnary : qui sont les trois mousquetaires du réalisme ?*

Il a bien et bel existé une bataille du réalisme comme il y a eu une bataille du romantisme en France. Mais le problème se pose en des termes bien différents car, cette fois, la politique s'insinue de manière explicite au sein de la virulente discussion artistique. Et le meneur incontesté de cette révolte dans la peinture est Gustave Courbet, originaire de la région de Besançon (il est né en 1819 à Ornans). Aussi curieux que cela puisse sembler, c'est au petit séminaire de son village où son père, riche propriétaire terrien, fait figure de notable, qu'il apprend les premiers rudiments de la technique artistique. Il a douze ans. Son professeur a été un disciple du baron Gros. Au collège de Besançon, il suit les cours de la classe des beaux-arts dont le professeur sort lui aussi, comme Gros, de l'atelier de David.

Mais c'est un élève assez médiocre. Il part pour Paris en 1839 pour faire son droit. Mais il entre aussitôt dans l'atelier de Charles de Steuben. C'est un compagnon d'enfance, Marlet, qui le présente à Nicolas-Auguste Hesse, un peintre d'histoire qui s'intéresse à lui et l'encourage. Il passe plus de temps au musée du Louvre que sur les bancs de la Faculté. Il y observe surtout les peintres espagnols et éprouve une fascination pour Géricault, dont il copie une tête de cheval. En 1840, il s'installe au Quartier latin. Il installe son atelier rue de la Harpe et fréquente l'Académie de Charles Suisse.

Courbet, qui n'avait pas la langue dans sa poche et aimait plastronner dans son atelier de la rue Hautefeuille, dans le quartier ou à la brasserie Andler Keller où il se réunissait avec ses fidèles, a peu écrit ou plutôt, peu publié. Il a bien produit un « manifeste » en 1855, quand il a fait édifier son Palais du Réalisme, mais c'est une brève proclamation. Le discours qu'il prononce au congrès d'Anvers en 1861 paraît en partie le 29 décembre dans le *Courrier du dimanche*. Il s'applique surtout à donner des conseils à de jeunes artistes qui accepteraient de se placer sous sa férule. Plus curieux, il édite en octobre 1870 une brochure avec un texte qu'il intitule « Aux Allemands ». Pendant la Commune, il est président de la Commission des arts. Il écrit alors plusieurs lettres dont une adressée aux artistes où il fustige le rôle de l'État, l'École des Beaux-Arts et le Salon, proposant des réformes mais sans entrer dans les détails. Courbet est un épistolaire compulsif, et il a beaucoup envoyé de lettres à ses amis et à ceux qui l'ont soutenu. Mais il laisse le soin aux critiques de mener la bataille avec la plume alors que lui, en tête, la mène avec son pinceau et sa palette.

Avec la multiplication des revues et des journaux rendant compte du Salon, sans oublier les volumes des grands écrivains qui sont publiés ultérieurement, le débat d'idées prend une importance croissante. Toute polémique a rapidement un impact sur le milieu de l'art, mais aussi sur le public. La querelle du réalisme, qui se rallume à chaque Salon, connaît un écho jusque-là sans précédent. Les opposants à Gustave Courbet et à ses proches sont très nombreux et ne sont guère tendres. Il faut donc bien du courage aux critiques qui épousent la cause de l'auteur d'*Un enterrement à Ornans*.

Champfleury, pseudonyme derrière lequel se cache Jules-François-Félix Husson (1821-1889), est sans conteste le plus célèbre et aussi le plus singulier d'entre tous. Après avoir terminé ses études, il travaille chez le libraire Legrand à partir de 1839. Il se lie avec des écrivains comme Théodore de Banville et Henry Murger, rencontre Balzac, et commence à s'intéresser au microcosme de la peinture. Il devient l'ami de Chintreuil, de Bonvin et de Bresdin. En 1843, il fait représenter ses premières pantomimes et commence à collaborer à des périodiques comme *Tam-Tam* et *Le Corsaire-Satan*. Il entre à la rédaction de *L'Artiste* l'année suivante. C'est alors qu'il décide de changer de nom. En 1848, il rencontre Courbet pour la première fois au Salon. Il écrit alors un article dans *Le Pamphlet* pour défendre sa conception du réalisme. Dès l'année suivante, il collabore à *La Silhouette* puis à *L'Événement* de Victor Hugo, jusqu'à sa disparition en 1851.

Champfleury commence son article sur le Salon de 1848 par un éloge de Gustave Courbet : « On n'a pas assez remarqué cette année au Salon une œuvre grande et forte, la *Nuit classique du Walpurgis*, peinture provoquée par l'idée générale de *Faust*. Je le dis ici, qu'on s'en souvienne ! Celui-là, l'inconnu qui a peint cette Nuit sera un grand peintre. » Lors du Salon de 1849, et plus en encore en 1851, il prend fait et cause pour le grand homme qu'il présente comme un rude montagnard vivant en solitaire dans son atelier d'Ornans. Il fait un brillant et comique récapitulatif des critiques de toutes sortes adressées à l'*Enterrement* et ajoute : « Il ne se fait pas tant de bruit autour d'un tableau sans qu'il ne renferme des qualités sérieuses. Or, la critique qui nie rend plus de services que celle qui affirme. Le *contre* est plus utile que le *pour*. » Mais l'attitude de Champfleury à l'égard du réalisme et de son plus illustre représentant se révèle très vite ambiguë. Dès 1852, il émet des réserves à propos du *Départ des pompiers*. L'année suivante, il est saisi par le doute : « Je ne sais plus que penser des tableaux de Courbet au Salon de cette année » ; mais il se déclare malgré tout en faveur de ses *Lutteurs*. Dans le numéro du 2 septembre 1855 de *L'Artiste*, il adresse une lettre ouverte à George Sand pour lui parler de l'exposition « Du Réalisme » où Courbet a réuni quarante œuvres. Il approuve les déclarations de l'artiste mais ne se juge pas en mesure d'expliquer à sa correspondante fictive la nature de ce fameux réalisme :

> Avec dix personnes intelligentes, on pourrait vider à fond la question du réalisme ; avec cette plèbe d'ignorants, de jaloux, d'impuissants, de critiques, il ne sort que des mots. Je ne vous définirai pas, Madame,

le *réalisme* ; je ne sais d'où il vient, où il va, ce qu'il est ; Homère serait un réaliste, puisqu'il a observé et décrit avec exactitude les mœurs de son époque.

Toutefois, son apologie est sans réserve : « Avant tout, il est né *peintre*, c'est-à-dire que nul ne peut contester son talent robuste et puissant d'ouvrier : il attaque une grande machine avec intrépidité, il peut ne pas séduire tous les yeux, quelques parties peuvent être négligées ou maladroites, mais chacun de ses tableaux est *peint*... » Mais il change de ton quand il s'agit de parler de l'*Atelier*, dont il fait une superbe description. Il lui reproche d'avoir tenté de faire une « allégorie réelle » : « Voilà deux mots qui jurent ensemble, et qui me troublent un peu. [...] Une *allégorie* ne saurait être *réelle*, pas plus qu'une *réalité* ne peut devenir *allégorique* : la confusion est déjà assez grande à propos de ce fameux mot *réalisme*, sans qu'il soit nécessaire de l'embrouiller encore davantage. » En 1857, il publie le recueil de ses principaux essais sous le titre de *Le Réalisme*. Trois ans passent et l'auteur fait un bilan provisoire de la carrière de Courbet. Il se montre toujours favorable et l'évoque au passé. Mais, en 1865, il juge mauvais le portrait que Courbet a fait de Proudhon et, la même année, il s'empresse de rédiger une *Lettre confidentielle à mon ami Courbet* – qui ne sera publié dans *Le Diable* qu'en 1870 –, où il lui réaffirme son soutien tout en soulignant qu'il ne partage pas ses idées sur l'art. À partir de cette date, il n'écrira plus jamais une ligne sur lui.

Champfleury s'oriente alors vers l'étude des peintres du XVIIe siècle, comme les frères Le Nain (1862), des caricaturistes (*Histoire de la caricature*, en cinq volumes, 1865-1880), de l'imagerie populaire (1869). Il continue à s'intéresser à l'art de son temps, puisqu'il inclut Manet dans son livre, *Les Chats* (1869). Il devient conservateur du Musée de la manufacture de Sèvres en 1876, se consacrant à ses collections de faïences, de lithographies et de tableaux. Il achève en 1886 son étude sur Quentin de La Tour, commencée en 1855. À côté de ses livres d'érudition et de ses recueils de souvenirs, il a une mince œuvre littéraire, qui n'en est pas moins intéressante, avec des nouvelles telles que *Chien-Caillou* (1847) et *Le Violon de faïence* (1862).

En dehors de Champfleury, le réalisme parvient à rallier plusieurs critiques d'art. Le plus remarquable d'entre tous est Jules-Antoine Castagnary (1830-1888). Ce juriste fait la connaissance de Courbet en 1860 et s'enthousiasme dès lors pour son combat. S'étant forgé une culture artistique sérieuse, il publie son premier texte critique dans *La Revue moderne*, « La Philosophie du Salon de 1857 ». Il collabore à partir de ce moment à plusieurs revues. Républicain convaincu, il donne à sa réflexion un tour social marqué. Il se pose très vite en promoteur de la « nouvelle école » qu'il qualifie pour sa part de « naturaliste » à partir de 1863. Plus concerné par le message délivré par le tableau que par le style de l'artiste ou son caractère novateur dans la construction d'une œuvre, il est néanmoins ouvert à des démarches téméraires, comme celle de Manet, qu'il méprise dans un premier temps avant de lui rendre hommage et de le classer parmi les créateurs qui font entrer « le naturalisme dans l'histoire ». Il peut faire figure de première figure de la critique militante en France.

Le moins connu d'entre eux est Louis-Émile-Edmond Duranty (1833-1880), qui passe pour être le fils naturel de Prosper Mérimée – ce qui s'est révélé être faux. Cet autodidacte un peu gauche et au talent réel mais court, écrit des romans et des nouvelles : il commence sa carrière avec *Le Malheur d'Henriette Gérard* (1858), puis publie *La Cause du beau Guillaume* (1862). Il écrit également des saynètes et se passionne pour le théâtre de marionnettes : en 1861, il obtient l'autorisation d'ouvrir son propre théâtre aux Tuileries, Courbet réalisant ses décors. Il écrit un certain nombre de pièces dans ce répertoire, en l'honneur de George Sand.

Avant même de se faire un petit nom dans la littérature, Duranty collabore à l'éphémère revue baptisée *Réalisme*, qui paraît en 1856-1857, et collabore à de nombreux journaux et périodiques comme *Le Figaro*, *Paris-journal*, *La Vie parisienne*, *Le Progrès de Lyon*, entre autres. Ce seront autant de tribunes pour diffuser ses idées. Il participe aux réunions organisées par Édouard Manet au café Guerbois, boulevard des Batignolles, avant la guerre de 1870. Mais il a une conception très personnelle et très peu sectaire du réalisme : Edgar Degas figure parmi ses admirations et ses amis intimes.

En décembre 1856, il s'en prend aux bourgeois (ce qui est le moindre à cette époque) et aux esthètes de « l'art pour l'art » et résume ainsi les positions des réalistes :

> Il a été nettement établi :
> Que le Réalisme proscrivait l'Historique dans la peinture, dans le roman et dans le théâtre, afin qu'il n'y trouvât aucun mensonge, et que l'artiste ne pût pas emprunter son intelligence aux autres ;

> Que le Réalisme ne voulait, des artistes, que l'étude de leur époque ;
> Que dans cette étude de leur époque, il leur demandait de ne rien déformer, mais bien de conserver à chaque chose son exacte proportion ;
> Que la meilleure manière de ne pas errer dans cette étude, était de toujours songer à l'idée de représenter le côté social de l'homme, qui est le plus visible, le plus compréhensible et le plus varié, et de songer ainsi à l'idée de reproduire les choses qui touchent à la vie du plus grand nombre, qui se passent souvent dans l'ordre des instincts, des désirs, des passions ;
> Que le Réalisme attribue par là à l'artiste un but philosophique pratique, utile, et non un but divertissant, et par conséquent le relève ;
> Que, demandant à l'artiste le *vrai* utile, il lui demande surtout le sentiment, l'observation intelligente qui *voit* une émotion dans tout spectacle, de quelque ordre qu'il soit, bas ou noble, selon la convention, et qui tire toujours cet enseignement, cette émotion, de ce spectacle, en sachant le représenter complet et le rattacher à l'ensemble social...

Dans un petit livre qui a paru en 1876, *La nouvelle peinture*, il fait la somme de son expérience dans le monde de l'art en quelques pages. Il y évoque les artistes présentés « dans les galeries Durand-Ruel ». Poursuivant la polémique sur le réalisme, il ouvre son opuscule en citant un extrait d'un article d'Eugène Fromentin publié dans les pages de la *Revue des Deux Mondes* :

> La doctrine qui s'est appelée *réaliste* n'a pas d'autre fondement sérieux qu'une observation meilleure et plus saine des lois du coloris. Il faut bien se rendre à l'évidence et reconnaître qu'il y a du bon dans ces visées, et que si les réalistes savaient plus et peignaient mieux, il en est dans le nombre qui peindraient fort bien. Leur œil en général a des aperçus très justes et des sensations particulièrement délicates, et, chose singulière, les autres parties de leur métier ne le sont plus du tout. Ils ont, paraît-il, une des facultés les plus rares, ils manquent de ce qui devrait être le plus commun, si bien que leurs qualités, qui sont grandes, perdent leur prix pour n'être pas employées comme il faudrait ; qu'ils ont l'air de révolutionnaires parce qu'ils affectent de n'admettre que la moitié des vérités nécessaires, et qu'il s'en faut à la fois de très peu et de beaucoup qu'ils n'aient strictement raison...

Fromentin associe le réalisme tel que l'ont envisagé Courbet et ses partisans, mais aussi les paysagistes de Barbizon et même les impressionnistes. Duranty lui reproche d'aller peindre les Arabes en

Algérie au lieu de s'emparer du monde moderne. Puis il s'en prend aux partisans de la tradition et se réfère à une lettre écrite par son ami Degas. Pour lui, Balzac et Courbet ont brisé ce lien rétrograde avec la tradition et ouvert la voie à une nouvelle manière de voir le monde. Après quoi, il fait l'éloge de Manet pour avoir été l'un des pionniers de cette conquête de la vie moderne. Dans cette optique, il loue Camille Corot, Antoine Chintreuil (1814-1873), Johan Barthold Jongkind (1819-1891), Boudin et ensuite James Abbott McNeill Whistler (1834-1903), Giuseppe De Nittis (1846-1884) et Henri Fantin-Latour (1836-1904), pour finir par louer Alfred Stevens (1823-1906) et Théodule Ribot (1823-1891), qui sont des peintres qui évoluent dans bien d'autres sphères. Mais c'est surtout Degas qui semble à l'époque le subjuguer le plus. Après avoir fait remarquer que les romantiques n'ont pas su travailler ni la couleur ni la lumière, il évite de deviner l'avenir de ce réalisme élargi qu'il défend en y incluant des réalistes proches de l'Académie.

Bien plus tard, en 1876, dans le petit essai écrit à l'occasion de l'exposition de la galerie Durand-Ruel, *La nouvelle peinture*, Duranty observe que la bataille du réalisme est bien loin derrière lui et qu'il n'y a plus qu'un seul combat à mener : « Le débat n'est donc plus vraiment qu'entre l'art ancien et le nouvel art, entre le vieux tableau et le jeune tableau. » Il note en passant que Flandrin et Ingres admiraient Courbet, et même Alphonse Legros (1837-1911). L'Institut est le seul bastion à abattre. Il récapitule brièvement l'histoire récente de la peinture française pour arriver aux exposants de la galerie Durand-Ruel, à commencer par Manet. Il tente une synthèse pour montrer ce que les uns et les autres ont apporté : « Une coloration, un dessin et une série de vues originales. Dans le nombre, les uns se bornent à transformer la tradition et s'efforcent de traduire le monde moderne sans beaucoup s'écarter des anciennes et magnifiques formules qui ont servi à exprimer les mondes précédents, les autres écartent d'un coup les procédés d'autrefois. » Duranty parle ensuite de la couleur, vantée par les romantiques, de l'idéal du dessin moderne selon Diderot, qui représente pour lui une étape décisive dans le cheminement de l'art moderne, et puis le fait d'« enlever la cloison qui sépare l'atelier de la vie commune », action décisive puisqu'elle institue l'art dans la réalité de l'époque. Il poursuit avec les principes nouveaux du paysage. Il en tire la somme : « On a essayé de rendre la marche, le mouvement, la trépidation et l'entrecroisement des passants, comme on a essayé de rendre le tremblement des feuilles, le frissonnement de l'eau et la vibration de l'air inondé de lumière, comme à côté des irisations des rayons solaires, on a su saisir les douces enveloppes du jour gris. » Ce moment complexe, aux formes innombrables, a pu décontenancer le public et il conseille alors le « laissez faire, laissez passer ». « Ne voyez-vous pas dans ces tentatives le besoin nerveux et irrésistible d'échapper au convenu, au banal, au traditionnel, de se retrouver soi-même, de courir loin de cette bureaucratie de l'esprit, tout en règlements, qui pèse sur nous en ce pays »... Ainsi défend-il encore une fois l'originalité, l'ennemie jurée de l'imitation et donc de la fossilisation. Le plus étrange dans cet essai pertinent, c'est qu'il a trouvé son prétexte dans des pages d'Eugène Fromentin ! Un an plus tard paraît *Le Pays des Arts*, la somme de ses écrits sur la peinture. En 1880, il défend avec ardeur Adolphe Menzel (1815-1905), peintre allemand et professeur à l'Académie de Berlin, sa ville natale – ce qui n'était guère apprécié alors, après la défaite de 1870 contre la Prusse. C'est un peintre, dessinateur et graveur qui a acquis très tôt une grande réputation. Duranty a fait sa biographie détaillée et a évoqué les quatre cents gravures (en fait il n'ty a eu que deux cents de commandées, pas toutes réalisées) qu'il devait exécuter pour *L'Histoire du grand Frédéric* de Franz Kugler (1840) où il voit « grandir et s'affermir, chapitre après chapitre, le talent et l'originalité de M. Menzel ». D'ailleurs, la vie militaire autour de Frédéric de Prusse sera son principal sujet (imposé) pendant les années qui ont suivi.

Duranty a trouvé ses gravures magiques car elles restituaient la vie dans des temps révolus. Le critique est d'ailleurs aussi élogieux pour sa peinture, même lorsqu'elle représente des cérémonies officielles en présence du Kaiser ! Il aime aussi bien ses tableaux que ses pastels. Paysages, sujets religieux, scènes officielles, tout lui a plu chez ce représentant du « génie germanique », et il termine en le distinguant comme une des « hautes personnalités de l'art du XIXe siècle ». Prophétie ou ironie ?

49 *Quelle est l'originalité des frères Goncourt ?*

Dans ce grand débat, Edmond (1822-1896) et Jules (1830-1870) de Goncourt tiennent une place très à part. En premier lieu, ce ne sont pas des salonniers patentés. Ensuite, leur goût de collectionneurs avisés les porte à apprécier le passé, surtout la peinture du XVIIIe siècle, à laquelle ils consacrent, entre 1860 et 1870, de nombreuses études, qui seront réunies en 1875 sous le titre *L'Art du XVIIIe siècle*.

C'est en 1852 qu'ils se lancent dans l'aventure de la rédaction d'un *Salon* en guidant le visiteur dans le Louvre, en commençant par le Salon carré, et en classant les artistes par ordre alphabétique, en respectant le règlement, dont ils reproduisent un extrait en guise de préface. Ils chérissent Théodore Rousseau et saluent Félix Ziem (1821-1911), le « peintre de l'Adriatique, le peintre de ce fluide doré qui enveloppe la forme, sans l'estomper, qui n'enlève aucun lustre, n'amortit aucun contour, et sous l'obliquité des rayons du soleil fait tous les points lumineux et étincelants... » Cette étude méthodique est faite en sorte que rien de précis ne ressorte avec éclat, si ce n'est un intérêt pour l'*Homme choisissant son épée* du martial Jean-Louis-Ernest Meissonier (1815-1891). Seuls quelques paysagistes sont traités avec un peu de conviction, comme François Bonvin. En 1855, ils commentent la section de l'art français de l'Exposition universelle avec un peu plus de mordant, mais ne publient pas leur essai. Celui-ci tranche par rapport aux opinions émises par leurs contemporains. Contre toute attente, et pour exprimer leur désappointement, ils commencent par parler du peintre d'origine néerlandaise Ary Scheffer (1795-1858), formé par Pierre-Narcisse Guérin (1774-1833), proche des romantiques à ses débuts, puis influencé par la pratique de Théodore Rousseau. Sans doute ont-ils placé en lui quelque espoir qui a été déçu puisqu'ils qualifient son entreprise d'« erreur ingénieuse ». Ils constatent le déclin du grand genre – Scheffer l'a exploité, abandonnant son style moins poseur et moins proche de l'Académie de sa jeunesse – et affirment qu'il ne subsiste à leur époque que le portrait et le paysage : « Le paysage est la victoire de l'art moderne. » Ils se montrent impitoyables au sujet d'Ingres, le qualifiant de « talent avare », mais se montrent plus conciliants au sujet de Delacroix, bien qu'ils lui reprochent de ne

que le général l'emportât sur le particulier : ils distinguent le détail comme expression majeure d'une époque et ils restent toujours attentifs aux variations de la forme humaine dans le temps comme des choses qui les ont accompagnées.

Edmond de Goncourt écrit seul en 1873 un essai sur son ami Sulpice-Guillaume Chevalier, qui a choisi le pseudonyme de Gavarni (1804-1866), plus lithographe et aquarelliste que peintre. Il est l'équivalent de ce qu'a pu être Constantin Guys aux yeux de Baudelaire : le paradigme de ce qui leur était le plus aimable et le plus révélateur de leur pensée et de leur inclination.

Le critique Gustave Geffroy, romancier, historien et critique d'art – c'est le futur biographe de Claude Monet – leur fait rencontrer le peintre Eugène Carrière (1849-1906). Grâce à lui, ils ont fréquenté le « Grenier », un cercle où se retrouvaient, entre autres, Maurice Barrès, Émile Zola, Octave Mirbeau et Auguste Rodin.

Les deux frères se sont très tôt passionnés pour les estampes japonaises auxquelles Edmond consacra les dernières années de son existence. Le 30 septembre 1864, ils notent dans leur *Journal* :

> L'art chinois et surtout l'art japonais, ces arts qui paraissent aux yeux bourgeois d'une si invraisemblable fantaisie, sont puisés à la nature même. Tout ce qu'ils font est emprunté à l'observation. Ils sentent ce qu'ils voient : les effets incroyables du ciel, les zébrures du champignon, les transparences de la méduse. Leur art copie la nature comme l'art gothique. Au fond, ce n'est pas absurde de dire qu'un album japonais et un tableau de Watteau sont tirés de l'intime étude de la nature.

Mais c'est Edmond seul qui a entrepris de rédiger deux monographies sur les grands xylographes nippons : *Outamaro* en 1891 puis *Hokusaï* en 1896, un ouvrage qui scrute à la loupe avec un discernement admirable les créations de cet immense artiste.

Cela étant, il n'a pas renoncé à l'ivresse de la collection et, en partie pour rendre hommage à son frère chéri, il s'emploie à rédiger le catalogue détaillé de leur vaste collection dans un livre considérable, deux volumes publiés en 1881 : *La Maison d'un artiste* ; un titre étrange si l'on oublie qu'ils dessinaient et gravaient l'un et l'autre, sans jamais avoir eu l'ambition de se faire un nom dans la sphère des arts plastiques. Du reste, en 1893, leurs *Salons* seront illustrés par leurs propres aquarelles et eaux-fortes.

Leur amour partagé pendant toute une vie pour l'art et leur intérêt pour le petit monde excentrique des artistes, ils l'ont surtout exprimé, non tant dans leurs *Salons* que dans leur roman *Manette Salomon*, publié en 1867, qui en est la manifestation la plus révélatrice et la plus singulière. C'est un roman déjà étrange par son titre – ils voulaient l'appeler *L'Atelier Languibout*, là où Anatole, le héros principal, et ses amis, étudient l'art de peindre, qui paraît en feuilleton dans *Le Temps* du 18 janvier au 10 juillet 1867. Manette Salomon est la maîtresse de Coriolis, issu d'une famille aristocratique et originaire de la Réunion, intelligent et raffiné, qui voyage en Europe et en Orient. Celui-ci a une idée très résolue de son art – un art du réel. Mais il finit par connaître l'échec car sa vision ne rencontre pas les faveurs des amateurs et du public. Les Goncourt ont voulu décrire tous les aspects de la vie de bohème de la décennie 1840 en mettant en scène quatre jeunes artistes et leur destin. Anatole est digne des *Scènes de la vie de bohème* de Murger, c'est le raté par excellence, qui renonce très vite à toute ambition et survit grâce des expédients. Coriolis, lui, incarne le mieux l'idéal des deux frères, mais sans jamais l'atteindre. Garnotelle, un campagnard d'extraction très modeste, reçoit le Prix de Rome et devient l'un des habitants de la villa Médicis. À son retour, il incarne la réussite mondaine en devenant l'un de ses pompiers adulés. Chassagnol est un homme de conviction. Il sera ridiculisé. C'est pourtant lui qui incarne l'école de Barbizon et qui déclare sans ambages qu'il ne restera, comme grands peintres du XIXe siècle, « que les paysagistes ». Il est proche des conceptions des Goncourt mais ne parvient pas à donner corps à ses vues, incapable de fournir une définition convaincante du beau.

Les frères Goncourt se sont appliqués à tout dire du monde de l'art de cette période. La description de l'atelier du vieux maître est une pièce d'anthologie et l'ouverture du Salon a sans nul doute inspiré Émile Zola, qui a fait une ouverture de l'un de ses *Salons* dans une optique assez similaire. Il ne fait aucun doute aussi que ce roman a fourni à ce dernier un fondement à *L'Œuvre*. Cette exploration du monde de l'art est faite avec une telle précision – les auteurs fournissent même des dates – que le lecteur est introduit sans qu'aucun détail de ce mode de vie et de l'atmosphère qui règne dans cet univers puisse leur échapper. En réalité, ce livre est une radiographie très riche et presque encyclopédique de la peinture de leur temps. Mais ce n'est en aucun cas la recherche « naturaliste » d'un Zola. Ce sens aigu du détail qui les distingue et qui fait de cette fiction une création unique les fait s'enfoncer dans un labyrinthe touffu qui fait passer les intrigues croisées au second plan.

Enfin, Manette Salomon n'apparaît que très tard dans le récit, bien après le retour de Coriolis d'un voyage en Orient. Elle est son modèle et ensuite sa maîtresse. Elle a un enfant et après avoir connu une période florissante, elle sombre peu à peu dans la déchéance, parce qu'elle est mal née et juive de surcroît. Elle personnifie le doute et la remise en cause de cette bohème qui reste le véhicule de préjugés bourgeois.

50 *Que peut-on conclure de ce long parcours de la critique dans le temps ?*

Il n'y a rien à faire ! L'histoire a quelque chose d'implacable et d'intransigeant dans ses développements. Le simple fait que les premiers textes sur l'art aient été principalement des descriptions très fines des œuvres a orienté le cours de la relation entre les artistes et ceux qui ont pu apprécier leurs travaux.

L'*ekphrasis*, qui signifie en grec « expliquer à fond » et surtout « donner la parole à une chose inanimée », consistait en général à décrire minutieusement un ouvrage, réel ou imaginaire. Il arrivait parfois qu'elle se trouve au milieu d'un récit. Par exemple, les boucliers des grands héros, comme ceux qui figurent dans l'*Iliade* d'Homère, ont été l'objet privilégié de ce type de description. Chez les Latins, elles ont pris une expansion très importante dans la littérature, comme on peut le constater aussi bien chez Virgile que chez Pétrone.

Le sophiste romain Philostrate de Lemnos, dit Philostrate l'Aîné, a voulu faire de la description des tableaux – c'est-à-dire des « images représentées », *eikones* en grec, *imagines* en latin – un genre en soi. C'est en tout cas sous cette forme, à la fois dépourvue de tout commentaire, mais capable de restituer au mieux la vérité d'une composition, qu'elle a été transmise à la Renaissance.

Au fond, l'histoire de l'art avant la lettre a suivi deux cheminements : la restitution aussi précise que possible, par le langage, des formes et des figures présentes dans une œuvre d'art, et par ailleurs, une appréciation de ses qualités. Les Grecs anciens ne se sont d'ailleurs pas privés de porter des jugements sur les artistes de leur temps, souvent en termes élogieux, mais parfois pour faire observer quelque défaut ou faiblesse.

À la fin de la Renaissance, de très nombreuses hagiographies de peintres, sculpteurs et graveurs, faites à l'exemple des vies de saints, deviennent à leur tour un genre autonome, accompagné le plus souvent d'appréciations sur les ouvrages des artistes concernés.

À la fin du XVIIe siècle, et plus encore pendant tout le XVIIIe, on voit se multiplier le nombre des livres spécialisés dans l'art et l'architecture. Et de plus en plus de recueils de biographies voient le jour, en plus des grands ouvrages savants et des publications présentant le meilleur de l'art d'un lieu spécifique. On voit donc se développer, surtout en Italie, des ouvrages de vulgarisation sur les œuvres d'une région ou d'une ville, certains étant destinés tout spécialement aux *forestieri* (« étrangers »). En somme, ce sont les ancêtres des guides touristiques.

Cet élargissement constant du champ d'exploration des productions artistiques passées mais aussi présentes s'inscrit dans la perspective qui nous concerne ici, le désir des peintres et des sculpteurs de se faire connaître du plus large public et leur aspiration grandissante à être reconnus comme de grands créateurs, à l'égal des hommes de lettres. Cette rivalité s'exprime dès la toute fin du Siècle d'or, de manière ouverte et se traduit par l'apparition d'allégories de la peinture.

Cependant, que des amateurs éclairés écrivent à leur sujet pour les louer, mais aussi pour les critiquer, surprend les artistes qui ne pensaient pas qu'on s'autoriserait, sans être artiste soi-même, à écrire pour les juger aux yeux de tous.

Dans ce contexte mouvementé et déjà plein de contradictions et de conflits plus ou moins ouverts, les auteurs ne négligent pas pour autant l'*ekphrasis*. Celle-ci peut s'en tenir au plus près de ce qu'ils voient sur la toile, mais aussi y introduire des nuances ou des piques ironiques ou carrément sardoniques. En sorte que le genre a évolué rapidement. Mais l'idée de faire une grande et belle description d'un grand tableau ou d'une sculpture admirable ne quittera pas de sitôt l'esprit des commentateurs. Cela est dû au fait qu'avec Denis Diderot la critique d'art s'est changée en un genre littéraire intrinsèque. La plupart des grands critiques seront des écrivains et pas des moindres. Cette tendance se poursuivra encore au XXe siècle, en déclinant à son terme.

En somme, surtout depuis l'époque des Lumières, toutes les sphères de l'art se meuvent comme des boules de billard, interagissant les unes avec les autres. L'histoire de l'art soutient et modifie les termes de la critique en modifiant ses propres paramètres et ses méthodes d'investigation, et la critique fabrique l'histoire de l'art qui se fait.

Sur ces entrefaites, les artistes ont eux aussi décidé de prendre le taureau par les cornes, c'est-à-dire la plume, et certains n'ont pas hésité à se lancer dans la critique d'art pour imposer leur propre vision.

En dépit de toutes ces nouveautés, confortées tout au long du XIXe siècle, c'est la grande littérature qui conserve la main sur ce jeu. Le début du siècle suivant, avec l'avènement des pratiques d'avant-garde, ne fera que conforter cette extraordinaire attirance des romanciers et des poètes pour ces arts en révolution permanente.

Et cela jusqu'à ce que l'« art contemporain » n'advienne, au début des années 1970, en apportant un bouleversement radical.

Bibliographie sélective

Ouvrages généraux

Bazin (Germain), *Histoire de l'histoire de l'art de Vasari à nos jours*, Paris, Albin Michel, 1986.

Espagne (Michel) et Savoy (Bénédicte) [dir.], *Dictionnaire des historiens d'art allemands*, Paris, CNRS Éditions, 2010.

Hautecœur (Louis), *Littérature et peinture en France du XVIIe au XXe siècle*, Paris, Armand Colin, 1942.

Lemaire (Gérard-Georges), *Histoire du Salon de peinture*, Paris, Klincksieck, 2004.

Levi (Donata), *Il discorso sull'arte. Dalla tarda antichità a Ghiberti*, Milan-Turin, Bruno Mondadori, 2010.

Ragghianti (Carlo Ludovico), *L'arte e la critica*, Florence, Vallecchi, 1951.

–, *Profilo della critica d'arte in Italia*, Florence, Edizioni U, 1948 ; rééd. Florence, Vallecchi, 1973.

Schlosser (Julius von), *Die Kunstlitteratur. Ein Handbuchzur Quellenkunde der neueren Kunstgeschichte*, 1924 ; *La Littérature artistique : manuel des sources de l'histoire de l'art moderne*, traduction de l'allemand par Jacques Chavy, traduction de l'italien par Marc Le Cannu, Paris, Flammarion, coll. « Idées et recherches », 1986.

VENTURI (Lionello), *History of Art Criticism*, New York, E. P. Dutton, 1936 ; *Storia della critiqua d'arte*, Rome-Florence-Milan, Edizioni U, 1945 ; *Histoire de la critique d'art*, traduit par Juliette Bertrand, préface de Nello Ponente, Paris, Flammarion, coll. « amg », 1968.

VOUILLOUX (Bernard), *Le tournant « artiste » de la littérature française. Écrire avec la peinture au* XIXe *siècle*, Paris, Hermann, 2011.

Antiquité

CICÉRON (Marcus Tullius Cicero), *Œuvres*, éd. des Aldes, 1519 ; des Étiennes, 1528 et 1543 ; de Lambin, 1566 ; de Gruter, 1618 ; de Gronovius, 1692 ; d'Olivet, 9 vol., 1740 ; d'Ernesti, *cum clave*, 8 vol. in-8, 1716 ; de Schutz, 20 vol., 1814-1823 ; collection des *Classiques latins* chez Lemaire, 19 vol., 1827-1832 ; d'Orellius, Zurich, 1826-1827.

LUCIEN DE SAMOSATE, *Œuvres*, texte établi et traduit par Jacques Bompaire, Collection des Université de France, Paris, Les Belles Lettres, 1993-2008.

PHILOSTRATE, *Luciani opera : Icones Philostrati ; ejusdem heroica ; ejusdem vitae sophistarum ; Icones junioris Philostrati ; descriptiones Callistrati*, Venetiis, in ædibus Aldin, 1503.

–, *La Galerie de tableaux*, trad. Auguste Bougot, révisé et annoté par François Lissarrague, Paris, Les Belles Lettres, coll. « La Roue à livres », 1991.

PLINE L'ANCIEN, *Histoire naturelle,* éd. Stéphane Schmitt, Paris, Gallimard, coll. « Bibliothèque de la Pléiade », 2013.

QUINTILIEN, *Institution oratoire*, trad. et éd. Jean Cousin, 7 vol., Paris, Les Belles Lettres, coll. « Budé », 1975-1980.

Renaissance et maniérisme

COMANINI (Gergorio), *Il Figino, overo del fine della pittura*, Mantova, per Francesco Osana, 1591 ; rééd. *Figino ou De la finalité de la peinture*, trad. et éd. Marie-France Courriol, Paris, Hermann, 2014.

CONDIVI (Ascanio), *Vita di Michelagnolo Buonarroti* [1553], éd. Emma Spina Barelli, Milan, Rizzoli, coll. « Biblioteca Universale », 1964 ; *Vie de Michel-Ange*, trad. Bernard Faguet, Paris, Climats, 1997.

HOLANDA (Francisco de), *Da pintura antigua*, 1548.

–, *Diálogos em Roma*, 1549 ; *Colloqui con Michelangelo*, trad. ital. et éd. Emilio Radius, Milan, Antonioli, 1945 ; *Dialoghi romani con Michelangelo*, éd. Emma Spina Barelli, Milan, Rizzoli, coll. « Biblioteca Universale », 1964.

LOMAZZO (Giovanni Paolo), *Trattato dell'arte della pittura, scoltura et archittetura di Gio. Paolo Lomazzo milanese pittore. Diuiso in sette libri. Ne' quali si contiene tutta la theorica, & la prattica d'essa pittura*, Paolo Gottardo Pontio, Milan, 1584.

PINO (Paolo), *Dialogo di pittura* [1548], éd. Pascale Dubus, Paris, Champion, 2011.

Van MANDER (Karel), *Het Schilder-Boeck*, Haarlem, 1604 ; *Le Livre des peintres*, 2 vol., éd. Véronique Gerard-Powell, Paris, Les Belles Lettres, 2002.

VASARI (Giorgio), *Le vite de' più eccelenti architetti, pittori e scultori italiani da Cimabuè insino a' nostri tempi*, 2 vol., L. Torrentino, Florence, 1550 ; éd. augmentée, *con i ritratti loro e con l'aggiunto dall'anno 1550 al fino 1557*, Florence, Giunti, 1578 ; *Les Vies des meilleurs peintres, sculpteurs et architectes*, éd. André Chastel, 2 vol., Actes Sud, coll. « Thesaurus », 2005.

VINCI (Léonard de), *Libro di pittura. Codice Urbinate lat. 1270 nella Biblioteca Apostolica Vaticana*, éd. Carlo Pedretti et Carlo Vecce, 2 vol., Florence, Giunti, 1995. *Trattato della pittura, nuovamente dato in luce, con la vita dell'autore* par Raphael Trichet du Fresne, et *Traitté de la peinture*, trad. Roland Fréard de Chambray, textes choisis et traduits d'après les manuscrits originaux, Paris, 1651, rééd. avec une introduction de Joséphin Péladan, Paris, Mercure de France, 1929 ; *Traité de la peinture*, trad. et com. André Chastel, Paris, Calmann-Lévy, 2003 ; *Traitté de la peinture/Trattato della pittura*, trad. de 1651, éd. Anna Sconza, Paris, Les Belles Lettres, coll. « Le Cabinet des images », 2012.

XVIIe siècle

AGUCCHI (Giovanni Battista), *Trattato della pitura*, éd. de Giovanni Antonio Massani, Rome, 1646.

BAGLIONE (Giovanni), *Le vite dei pittori, scultori & architetti dal pontificato dui Gregorio XIII del 1572 fino a' tempi de papa Urbano VIII nel 1642*, Rome, 1642.

BELLORI (Giovanni Pietro), *Le vite dei pittori, scultori et architetti moderni*, Mascardi, Rome, 1672.

BOSSE (Abraham), *De la manière de graver à l'eau-forte et au burin*, Paris, 1645 ;

–, *Le peintre converty, aux précises et universelles règles de cet art* [1667], édition de Roger-Armand Weigert, Paris, Hermann, coll. « Miroirs de l'art », 1964.

DE PILES (Roger), *Abrégé de la vie des peintres, avec des réflexions sur leurs ouvrages, et un Traité du peintre parfait, De la connaissance des desseins ; De l'utilité des estampes*, Paris, François Muguet, 1699 ;

2e éd., Jacques Estienne, 1715 ; éd. de Pierre-Emmanuel Dauzat, Paris, Les Belles Lettres, 1997.

FÉLIBIEN (André), *Entretiens sur les vies et les ouvrages des plus excellents peintres anciens et modernes*, cinq tomes, Paris, 1686-1688 ; Amsterdam, 1706 ; rééd. des livres I et II (1666), présentation René Démoris, Paris, Les Belles Lettres, 2007.

LA FONT DE SAINT-YENNE (Étienne), *Œuvre critique*, éd. Étienne Jollet, Paris, École nationale supérieure des Beaux-Arts, coll. « Beaux-Arts Histoire », 2001.

MICHEL (Christian), *L'Académie royale de Peinture et de Sculpture (1648-1793)*, Genève, Droz, 2012.

MÉROT (Alain) [éd.], *Les Conférences de l'Académie royale de peinture et de sculpture*, Paris, École Nationale supérieure des Beaux-Arts, coll. « Beaux-Arts Histoire », 1996.

TEYSSÈDRE (Bernard), *L'Histoire de l'art vue du Grand Siècle*, Paris, Julliard, 1964.

XVIIIe siècle

BATTEUX (Charles), *Les Beaux-Arts réduits à un même principe*, Paris, chez Durand, 1746.

CANOVA (Antonio), *Œuvre de Canova, recueil de gravures d'après ses statues et ses bas-reliefs, exécutées par M. Réveil ; accompagné d'un texte explicatif de chacune de ses compositions, et d'un essai sur sa vie et ses ouvrages par M. de Latouche*, Paris, Audot, 1825.

DIDEROT (Denis), Salons de 1759, 1761, 1763 1765, 1767, 1769, 1771, 1775, 1781, dans *Correspondance littéraire*, dirigée par Melchior Grimm, éd. Jacques-André Naigeon, Paris, Desray-Deterville, 1798.

–, *Œuvres complètes*, éd. Georges Bernard Depping, 7 vol., Paris, A. Belin, 1818-1819.

–, *Écrits sur l'art et les artistes*, éd. Jean Seznec, Paris, Hermann, 1984.

–, *Œuvres esthétiques*, éd. Paul Vernière, Paris, Classiques Garnier, 1994.

–, *Œuvres. Tome IV : Esthétique-Théâtre*, éd. Paul Versini, Paris, Robert Laffont, coll. « Bouquins », 1996.

–, *Pensées détachées sur la peinture, la sculpture, l'architecture, la poésie*, dans *Correspondance littéraire*, à partir de 1772.

DUBOS (Jean-Baptiste), *Réflexions critiques sur la poésie et la peinture* [1719], éd. Dominique Désirat, Paris, Beaux-Arts de Paris éditions, 1993.

FORT (Bernadette) [éd.], *Les Salons des « Mémoires secrets »* [de Bachaumont], *1767-1787*, Paris, École nationale supérieure des Beaux-Arts, 1999.

FRANTZ (Pierre) et LAVEZZI (Élisabeth) [dir.], *Les Salons de Diderot. Théorie et écriture*, Paris, PU Paris-Sorbonne, 2008.

GOETHE (Johann Wolfgang von), *Écrits sur l'art*, Paris, Klincksieck, coll. « L'Esprit et les Formes », 1991 ; *Écrits sur l'art*, Paris, Flammarion, coll. « GF », 1997.

HERDER (Johann Gottfried von) et GOETHE (Johann Wolfgang von), *Le Tombeau de Winckelmann*, trad. Marianne Charrière, Nîmes, Jacqueline Chambon, 1993.

LE LEYZOUR (Philippe) et DAGUERRE DE HUREAUX (Alain), *Les Peintres du roi, 1648-1793*, catalogue d'exposition, Paris, Réunion des Musées Nationaux, 2000.

LESSING (Gotthold Éphraïm), *Laocoon, oder über die Grenzen der Mahlerey und Poesie*, Berlin, C. F. Voss, 1766 ; *Laocoon, ou Des frontières de la peinture et de la poésie*, préface Hubert Damisch, Paris, Hermann, 1990 ; *Laocoon, ou Des frontières respectives de la peinture et de la poésie*, trad. Frédéric Teinturier, Paris, Klincksieck, coll. « L'Esprit et les Formes », 2011.

MAY (Roland) [dir.], *Diderot et la critique du Salon 1759-1781*, catalogue d'exposition, Langres, musée du Breuil, 1984.

MENGS (Anton Raphaël), *Opere diverse*, J. N. de Azara, Parme, 1780 ; *Œuvres complètes*, éd. Jansen, deux tomes, Paris, à l'hôtel de Thou, 1786.

NAIGEON (Jacques-André), *Mémoires sur la vie et les œuvres de Diderot*, Paris, 1832.

POMMIER (Édouard), *Winckelmann, inventeur de l'histoire de l'art*, Paris, Gallimard, coll. « Bibliothèque des idées », 2003.

QUATREMÈRE DE QUINCY (Antoine-Chrysostome), *Considérations sur les arts du dessin en France, suivies d'un plan d'Académie ou d'École publique et d'un système d'encouragement*, Imprimerie Devaux, Paris, 1791.

–, *Suite aux considérations sur les arts du dessin en France, ou réflexions critiques sur le projet* ; et *Seconde suite aux considérations sur le dessin en France, ou projet de règlement*, Paris, 1791.

–, *Lettres sur les préjudices qu'occasionnerait aux arts et à la science le déplacement des monuments de l'art de l'Italie*, 1796.

–, *Essais sur la nature, le but et les moyens de l'imitation dans les beaux-arts*, Paris, Treuttel et Würtz, 1825.

–, *Histoire de la vie et des ouvrages de Raphaël*, Paris, Firmin Didot frères, 1824.

–, *Canova et ses ouvrages*, Paris, Le Clerc, 1834.

–, *Histoire de la vie et des ouvrages de Michel-Ange Buonaroti*, 1839.

–, *Lettres écrites de Londres à Rome et adressées à M. Canova sur les marbres d'Elgin ou les sculptures du temple de Minerve à Athènes*, Rome, 1818.

REYNOLDS (Sir Joshua), *Discours sur la peinture*, éd. Jean-François Baillon, d'après l'édition de Louis Dimier, Paris, École nationale supérieure des Beaux-Arts, 1991.

RICHARDSON père et fils (Jonathan et Jonathan), *Traité de la peinture et de la sculpture*, éd. Isabelle Baudino et Frédéric Ogé, Paris, Beaux-arts de Paris éditions, 2008.

SAHUT (Marie-Catherine) et VOLLE (Nathalie) [dir.], *Diderot & l'Art de Boucher à David*, catalogue d'exposition, Paris, Éditions de la Réunion des Musées Nationaux, 1984.

SCHELLING (Friedrich Wilhelm Joseph von), *System des transzendentalen Idealismus*, Tübingen, 1800 ; *Textes esthétiques*, trad. Alain Pernet, préface Xavier Tilliette, Paris, Klincksieck, 2005 ; *Philosophie de l'art*, Grenoble, Jérôme Millon, 1999.

SCHILLER (Friedrich von), *Säkularausgabe*, éd. E. von der Hellen, 16 vol., Stuttgart, 1904-1905.

–, *Du sublime* [1798], trad. Adolphe Régnier, Cabris, Sulliver, 2005.

SHAFTESBURY (Ashley-Cooper, 3e comte de), *Essai sur le mérite et la vertu*, trad. Denis Diderot, Paris, 1745.

–, *Lettre sur l'enthousiasme*, trad. et éd. Claire Crignon-De Oliveira, Paris, Le livre de Poche, coll. « Classiques de la philosophie », 2002.

STAROBINSKI (Jean), *Diderot, un diable de ramage*, Paris, Gallimard, coll. « Bibliothèque des idées », 2002.

WILSON (Arthur McCandless), *Diderot, sa vie et son œuvre*, Paris, Robert Laffont, coll. « Bouquins », 1972, rééd. 2013.

WINCKELMANN (Johan Joachim), *Über die Baukunst der Alten*, 1762.

–, *Gedanken über die Nachahmung der griechischen Werke in der Malerei und Bildhauerkunst*, 1755 = *Réflexions sur l'imitation des œuvres grecques en peinture et en sculpture*, trad. et éd. Léon Mis, Paris, Aubier-Montaigne, 1954 ; trad. Marianne Charrière, Nîmes, Jacqueline Chambon, 1998 ; *Pensées sur l'imitation des œuvres grecques en peinture et en sculpture*, trad. Laure Cahen-Maurel, Paris, Allia, 1991 ;

–, *Histoire de l'art dans l'antiquité*, trad. Dominique Tassel, éd. Daniela Gallo, Paris, Le Livre de poche, « La Pochotèque », 2005 ;

–, *De la description*, trad. et éd. Élisabeth Décultot, Paris, Macula, 2006.

XIXe siècle

BALZAC (Honoré de), *Le Chef-d'œuvre inconnu*, Paris, Flammarion, coll. « GF », 2008 (il fut d'abord appelé « Maître Frenhofer », *L'Artiste*, août 1831, rebaptisé « Catherine Lescaut », *L'Artiste*, 1831).

–, *La Maison du chat-qui-pelote*, Paris, Furne, 1842 ; Le Livre de poche, coll. « Libretti », 1999.

–, « Sarrasine », *La Revue de Paris*, 1830, puis dans *Contes philosophiques*, Paris, Charles Gosselin, 1831 ; *Sarrasine*, Paris, Le Livre de poche, coll. « Libretti », 2001.

–, « Pierre Grassou », dans *Babel*, Paris, 1839, puis dans les *Scènes de la vie parisienne*, Paris, Charpentier, 1839 ; Paris, Nathan, coll. « Carrés classiques », 2012.
–, « Le Cousin Pons », *Le Constitutionnel*, puis chez Charles Furne, 1847 ; rééd. Paris, Flammarion, coll. « GF », 2015.
Barthes (Roland), *S/Z*, Paris, Seuil, 1970.
Baudelaire (Charles), *Salon de 1845*, Paris, Jules Lafitte, 1845.
–, *Salon de 1846*, Paris, Michel Lévy Frères, 1846.
–, *Salon de 1859*, Paris, Librairie nouvelle, 1859.
–, « *Le Peintre de la vie moderne* », *Le Figaro,* 1863 ; repris dans *L'Art romantique*, Paris, Calmann-Lévy, 1869 ; rééd. Paris, Mille et une nuits, 2010.
–, « *L'Œuvre et la vie d'Eugène Delacroix* », *L'Opinion nationale*, Paris, 1863 ; repris dans *L'Art romantique*, Paris, Calmann-Lévy, 1869.
–, *Œuvres complètes*, éd. Claude Pichois, 2 vol., Paris, Gallimard, coll. « Bibliothèque de la Pléiade », 1975-1976 ;
–, *Œuvres complètes*, préface Claude Roy, éd. Michel Jamet, Paris, Robert Laffont, coll. « Bouquins », 1980 ; rééd. 2011.
–, *Baudelaire journaliste. Articles et chroniques*, éd. Alain Vaillant, Paris, Flammarion, coll. « GF », 2011.
Castagnary (Jules-Antoine), *Philosophie du salon de 1857*, Paris, Poulet-Malassis et de Broise, 1858.
–, *Les Artistes au* XIX*e siècle : Salon de 1861*, 1861.
–, *Grand Album des Expositions de peinture et de sculpture. 69 tableaux et statues*, Paris, A. Lacroix, Verboeckhoven & Cie, 1863.
–, *Exposition des œuvres de G. Courbet à l'École des Beaux-Arts en mai 1882*, Paris, Impr. E. Martinet, 1882.
–, *Gustave Courbet et la colonne Vendôme : plaidoyer pour un ami mort*, Paris, E. Dentu, 1883.
–, *Salons*, préface d'Eugène Spuller, 2 vol., Tome I : 1857-1870. Tome II : 1872-1879, Paris, G. Charpentier et E. Fasquelle, 1892.
Champfleury, *Du réalisme. Lettre à Madame Sand*, 1855.
–, *Le Réalisme*, Paris, Michel Lévy Frères, 1857.
–, *Histoire de la caricature moderne*, Paris, E. Dentu, 1865.
–, *Le musée secret de la caricature*, Paris, E. Dentu, 1887.
–, Son regard et celui de Baudelaire, textes choisis et présentés par Geneviève et Jean Lacambre, Paris, Hermann, coll. « Savoir sur l'art », 1990.
Delécluze (Étienne-Jean), *Louis David, son école et son temps*, [1855], éd. Jean-Pierre Mouilleseaux, Paris, Macula, 1983.
Duranty (Louis Edmond), revue *Réalisme*, Paris, 1856-1857 ; rééd. Paris, L'Arche du livre, 1970.
–, *La Nouvelle peinture*, 1876 ; rééd. Caen, L'Échoppe, 1988.
–, *Le Pays des arts*, Paris, 1877.
–, *Le Peintre Marsabiel*, Caen, L'Échoppe, 2013.

GAUTIER (Théophile), « Salon », *Revue de Paris*, avril 1841.
–, *Salon de 1847*, Paris, Hetzel, Warnod, 1847 ;
–, *Les Beaux-Arts en Europe*, 2 vol., Paris, Michel Lévy Frères, 1855-1856.
–, *L'Art moderne*, Paris, Michel Lévy Frères, 1856 ;
–, *Abécédaire du salon de 1861*, Paris, E. Dentu, 1861 ;
–, *Fusains et eaux-fortes*, Paris, Charpentier, 1880 ;
–, *Critique d'art* (extraits des Salons, 1833-1872), éd. Marie-Hélène Girard, Paris, Séguier, 1994.
–, *Gautier journaliste. Articles et chroniques*, éd. Patrick Berthier, Paris, Flammarion, coll. « GF », 2011.
GONCOURT (Edmond de), *La Maison d'un Artiste*, 2 vol., Paris, G. Charpentier, 1881.
–, *Outamaro. Le peintre des maisons vertes*, Paris, G. Charpentier, 1891.
–, *Hokousai*, Paris, G. Charpentier et E. Fasquelle, 1896 ; *Hokousai : l'art japonais au XVIIIe siècle*, préface d'Hubert Juin, Paris, UGE, « Fins de siècle », 1986 ; *Hokusai. L'art japonais au XVIIIe siècle*, Paris, Les Éditions de Paris-Max Chaleil, 2014.
GONCOURT (Edmond et Jules de), *Histoire de la société française pendant la Révolution*, Paris, E. Dentu, 1854.
–, *Histoire de la société française pendant le Directoire*, Paris, E. Dentu, 1855.
–, *Portraits intimes du XVIIIe siècle*, 2 vol., Paris, E. Dentu, 1857-1858.
–, *L'Art du XVIIIe siècle*, Paris, E. Dentu, 1859-1875.
–, *Manette Salomon*, 2 vol., Paris, Lacroix-Verboeckhoven, 1868 ; rééd. éd. Stéphanie Champeau, préface de Michel Crouzet, Paris, Gallimard, coll. « folio », 1996.
–, *Arts et artistes*, Paris, Hermann, 1997.
HAZLITT (William), *Criticisms on Art*, édité par William Carew Hazlitt, Londres, C. Templeman, 1844 ; *Winterslow : Essays and Characters*, édité par William Carew Hazlitt, Londres, David Bogue, 1850 ; *The Collected Works of William Hazlitt*, 13 vol., édités par A. R. Waller and Arnold Glover, avec une introduction de W. E. Glover, Londres, J. M. Dent, 1902-1906 ; *Selected Essays*, Edited by George Sampson, Cambridge, The University Press, 1917 ; *New Writings by William Hazlitt*, édités par P. P. Howe, Londres, Martin Secker, 1925 ; *New Writings by William Hazlitt : Second Series*, édités par P. P. Howe, Londres, Martin Secker, 1927 ; *Selected Essays of William Hazlitt, 1778-1830*, Centenary Edition. éditée par Geoffrey Keynes, Londres, Nonesuch Press, 1930 ; *The Complete Works of William Hazlitt*, Centenary edition. 21 vol., édités par P. P. Howe, d'après l'édition d'A. R. Waller & Arnold Glove, Londres, J. M. Dent, 1931-1934.
HAZLITT (William), *Criticisms on Art*, éd. William Carew Hazlitt, Londres, C. Templeman, 1844.

–, *Winterslow : Essays and Characters*, éd. William Carew Hazlitt, Londres, David Bogue, 1850.
–, *The Collected Works of William Hazlitt*, 13 vol., éd. A. R. Waller et Arnold Glover, avec une introduction de W. E. Glover, Londres, J. M. Dent, 1902-1906.
–, *Selected Essays*, éd. George Sampson, Cambridge, CUP, 1917.
–, *New Writings by William Hazlitt*, éd. P. P. Howe, Londres, Martin Secker, 1925.
–, *New Writings by William Hazlitt : Second Series*, éd. P. P. Howe, Londres, Martin Secker, 1927.
–, *Selected Essays of William Hazlitt, 1778–1830*, éd. Geoffrey Keynes, Londres, Nonesuch Press, 1930.
–, *The Complete Works of William Hazlitt*, 21 vol., éd. P. P. Howe, d'après l'édition d'A. R. Waller et Arnold Glove, Londres, J. M. Dent, 1931-1934.
–, *Liber Amoris, et autres textes*, préface de Virginia Woolf, trad. Guillaume Villeneuve, Paris, José Corti, 1994.
–, *Du plaisir de haïr*, trad. Patrice Oliette-Loscos, Paris, Allia, 2005.
–, *Du goût & du dégoût*, Strasbourg, Circé, 2007.
LANZI (abbé Luigi), *Histoire de la Peinture en Italie*, trad. Armande Dieudé, 2 vol., Paris, Séguin et Dufart, 1824.
MARTELLI (Diego), *Scritti d'arte*, éd. Antonio Boschetto, Florence, Sansoni, 1952.
NETTI (Francesco), *Scritti critici, antologia*, éd. Lucio Galante, Rome, De Luca, 1980.
PAILLOT DE MONTABERT (Jacques-Nicolas), *Dissertation sur les peintures du Moyen Âge*, [1812], Paris, Allia, 2002.
PITT-RIVERS (Françoise), *Balzac et l'art*, préface de Félicien Marceau, Paris, Chêne, 1993.
STENDHAL, *Mélanges d'art*, Paris, Henri Martineau, 1932.
–, *Salons*, éd. Stéphane Guégan et Martine Reid, Paris, Le Promeneur, 2002.
–, *Histoire de la peinture en Italie*, anonyme, Paris, 1817 ; édition complète, revue et corrigée, Michel Lévy, Paris, 1860 ; *Histoire de la peinture en Italie : autour de Léonard de Vinci*, Paris, Seuil, coll. « l'école des lettres », 1994 ; éd. Victor Del Litto, Paris, Gallimard, coll. « folio essais », 1996.
THIERS (Adolphe), *Salon de Mil huit cent vingt-deux*, Paris, Maradan Libraire, 1822 ; *Salon de Mil huit cent vingt-quatre*, Paris, 1824.
–, *Critique d'art. Salons de 1822 et de 1824*, éd. Marie-Claude Chaudonneret, Paris, Honoré Champion, 2005.

Deuxième partie

De l'impressionnisme à l'art moderne

1 *Comment la critique d'art a-t-elle évolué à partir du milieu du XIXe siècle ?*

Quand est née l'Académie royale de Peinture et de Sculpture et quand elle a pu organiser ses premières expositions, réalisant le vœu de toutes les académies de l'Italie de la fin de la Renaissance, aucun des artistes de cette institution n'avait pu prévoir qu'allait se produire un événement imprévu : les amateurs et dilettantes qui allaient écrire sur les travaux qu'ils présentaient ne se sont pas contentés de les décrire et de les louer, mais aussi de les commenter en estimant leurs qualités, mais aussi leurs défauts. Ils se sont sentis blessés et ont même tenté de faire interdire ces écrits quand ils leur étaient défavorables. Ce fut en vain. Le succès croissant de cette exposition présentée d'abord dans le Salon carré du palais du Louvre – d'où le nom de Salon – n'a fait que multiplier le nombre de comptes rendus, des plus savants, rédigés par de véritables *dilettanti* – ce qui signifiait à l'époque être des amateurs très avertis, des amants de l'art – jusqu'aux plus virulents, parfois sous une forme caricaturale et pas toujours signés de leurs auteurs. Ils ont donc été contraints d'accepter, bon gré, mal gré, cet état de fait.

Nous l'avons vu, Denis Diderot, qui a eu de talentueux prédécesseurs dès la fin du XVIIe siècle, a inventé la critique philosophique et littéraire. Bon nombre d'hommes de lettres ont suivi son exemple. Le XIXe a vu le nombre d'écrivains qui ont pris la plume pour commenter le Salon augmenter de manière impressionnante, et la presse a donné toujours plus de place à cet événement qui avait lieu tous les ans ou tous les deux ans. À côté des écrivains sont apparus les journalistes spécialisés qui, à leur tour, se sont subdivisés en grands connaisseurs et en amateurs peu éclairés, avec toutes sortes de nuances. Et l'on peut plus aisément pointer du doigt les auteurs de talent qui n'ont pas écrit un *Salon* que ceux qui l'ont fait. Honoré de Balzac – qui en a cependant parlé dans ses romans – et Gustave Flaubert font partie de ces exceptions. Le faux débat entre Jean Auguste Dominique Ingres et Eugène Delacroix, créé par ceux qui n'ont pas su voir le coloriste chez Ingres et le grand dessinateur chez Delacroix, a fait couler beaucoup d'encre ; les duellistes des théories artistiques croyant raviver le vieux débat du coloris et du dessin qui avait fait rage au XVIIe siècle avec Roger de Piles, Philippe de Champaigne, Sébastien Bourdon, et qui s'était curieusement terminé par la victoire des tenants du coloris – contre toute attente, l'Académie ayant prôné la suprématie du dessin.

Quoi qu'il en soit, la création du réalisme par Gustave Courbet permet de nouvelles polémiques, encore plus virulentes. La présentation hors du Salon de son « Pavillon du Réalisme », en 1850, est la première fracture dans la cohésion de cette manifestation, alors considérée comme la plus importante manifestation artistique au monde. Édouard Manet l'a imité en 1867 au moment de la nouvelle Exposition universelle. Le remplacement du Salon par une plus grande sélection d'artistes et d'œuvre au sein de l'Exposition universelle de Paris en 1855 en avait été une autre. À chaque exposition, les grandes nations étrangères qui y participent montrent leurs artistes et les valorisent. Le Salon, en ces occasions, prend une dimension considérable. En 1855, Ingres et Delacroix sont érigés au rang de grands artistes français. Une page de l'histoire de la peinture a été ainsi tournée. L'idée du Salon des Refusés en 1863, approuvée par Napoléon III, est partie d'un bon sentiment : c'était un moyen d'en terminer avec les interminables polémiques sur le jury, l'exclusion d'un tel ou d'un autre, voire le bien-fondé de l'institution. Cela s'est conclu par un désastre : les visiteurs, comme une bonne partie des critiques, ont vu là la présentation d'artistes de second ordre, et même ratés. Les articles les plus goguenards ont fait florès et les Salons caricaturaux se sont multipliés. L'expérience ne sera pas reproduite. Le Salon a atteint son point culminant sous le Second Empire et Émile Zola a vraiment incarné cette période fastueuse. Il a souvent commencé ses chroniques par une description du public, de la foule énorme qui se pressait à l'entrée du Palais de l'Industrie où il se tenait alors, attirant les représentants de la haute société comme le bon peuple. Le Salon a représenté l'unique moment véritablement démocratique de la culture de la seconde moitié du XIXe siècle, le reste, comme l'opéra ou le théâtre de qualité, et même le cirque, étant réservé à une élite. Les reproches continuent à fuser de toutes parts, mais il n'en reste pas moins vrai que le Salon a continué à fasciner le monde des lettres. Et les numéros spéciaux se multiplient tout comme la presse artistique, qui ne se limite plus à *L'Artiste*.

La création de la Société anonyme des artistes peintres, sculpteurs, graveurs donne naissance à une exposition qui a marqué la naissance publique de l'impressionnisme – seul Manet a refusé d'y participer pendant que le champ de bataille demeurait le Salon, dont il était souvent exclu. Ses huit éditions n'ont pas eu, et de très loin, le succès du Salon – et de très loin –, et pourtant, cela a été le dernier coup qui a ébranlé ce que tout le monde appelait l'exposition avec un E majuscule. L'État a décidé de renoncer (en apparence au moins) à son organisation, et trois salons ont alors vu le jour ; puis d'autres, plus marginaux. Mais les écrivains et les journalistes ont continué à arpenter les salles de ces manifestations toujours plus nombreuses, chacune avec son style, mais sans jamais opposer les Anciens et les Modernes. Ce qui n'a fait que produire une littérature encore plus pléthorique. Il faut attendre les grands scandales du Salon d'Automne pour voir s'installer deux camps, mais pour une durée assez courte. Il y a désormais dans l'idée de Salon une tendance à englober tous les styles et tous les genres avec plus ou moins de discernement.

Il faut ajouter enfin que bon nombre de galeries ont vu le jour, d'abord de très élégantes, puis de très modestes, même de très improvisées. Les expositions se multiplient. Les revues croissent et prospèrent, grandes ou petites – même les cafés et les cabarets en faisaient, comme Le Procope ou Le Mirliton –, elles connaissent leur apogée dans le dernier tiers du XIXe siècle. L'apparition des avant-gardes artistiques est accompagnée par celle des avant-gardes poétiques ou romanesques. D'autres revues défendent ces nouvelles aspirations à l'aube du nouveau siècle. Et ce qui vaut pour Paris, vaut pour la province et pour l'étranger, avec des décalages temporels et idéologiques. De nouvelles conceptions de la critique apparaissent bien sûr et, face à elles, les plus traditionnelles veulent faire entendre leur voix. Berlin, Vienne, Munich, Londres, Bruxelles, qui avaient depuis longtemps adopté, à leur façon, le principe des Académies des beaux-arts et du Salon – voir par exemple la fameuse exposition annuelle de la Royal Academy à Londres ; elle existe encore de nos jours. Et si les écrivains sont attirés par l'éclat de Paris demeurée capitale incontestée de la culture, ils ont développé une littérature spécifique dans leurs pays respectifs ; à l'exception de l'Allemagne, où domine encore la spéculation esthétique – la critique n'a vraiment pu exister qu'à partir du début du XXe siècle.

I
La résistible ascension de la critique littéraire en France

Reste un fait marquant, fondamental, unique dans l'histoire des lettres : les plus grands auteurs français de la seconde moitié du XIXe siècle, comme pendant sa première partie marquée par les batailles romantiques, ont parlé du Salon, des artistes et des courants qui ont émergé sous leurs yeux.

2 *Quelle est la place d'Edmond About dans les polémiques artistiques à l'époque impressionniste ?*

Sans doute le plus oublié des hommes de plume qui ont écrit un *Salon*, Edmond About (1828-1885) – on ne lit plus guère que *Le Roi de la montagne* – n'est pourtant pas celui qui démérite le plus. Ce fils d'épicier devenu séminariste a fait de brillantes études et est entré à l'École Nationale Supérieure. Il devient membre de l'École française d'Athènes en 1851. Après avoir passé deux ans en Grèce, il se rend en Égypte. En 1854, il publie *La Grèce contemporaine*, qui remporte un grand succès. De ses voyages en Orient, il tirera en 1884 un pastiche de Chateaubriand, *De Pontoise à Stamboul*. À côté de son importante œuvre littéraire, il a été particulièrement intéressé par les arts de son temps, laissant à la postérité deux *Salons*, l'un en 1855, le second en 1857 (*Nos artistes au Salon*), puis il rédigea les *Salons* pour les années 1866, 1868 et 1869. Enfin, il publia *Le Décaméron du Salon de peinture pour l'année 1881* et *Quinze jours au Salon de peinture et de sculpture* en 1883. Sa verve, sa grande culture et son ironie font de ses écrits sur l'art des récits passionnants et toujours très riches d'informations et de références. S'il ne fut pas homme à admirer Gustave Courbet et l'esprit du réalisme, il avait pour l'essentiel un jugement assez sûr sur les peintres et les sculpteurs.

En 1855, il se lance dans la rédaction d'« Un voyage à travers l'Exposition des beaux-arts » qui se tient à l'occasion de l'Exposition universelle de Paris à la place du Salon habituel. Le jury qui se compose de 64 membres a choisi pas moins de 700 artistes français – il y a, en comparaison, 150 Britanniques, 115 Belges, 75 Prussiens, etc.

Il commence ce périple par l'Angleterre, mais sans doute est-ce par malice, peut-être pour se moquer de nos voisins insulaires, mais plus sûrement pour ne pas flatter les artistes français tant choyés. Quoi qu'il en soit, il ouvre son commentaire sur l'art anglais en disant que cette nation est réputée avoir des dons pour le commerce. Voilà une curieuse entrée en matière ! Mais c'est en réalité pour fustiger le mépris que les artistes affichent en France pour l'industrie : « Ils aiment mieux jeter des invectives à l'encontre des boutiques de leur rue, à l'usine la plus prochaine, au chemin de fer qui mène à la campagne, et à l'esprit positif de leurs contemporains. » En somme, il veut montrer que l'esprit mercantile peut très bien s'allier à une inclination pour les beaux-arts. Il se demande si l'intérêt porté à ces arts de l'autre côté de la Manche est à la mesure des récompenses attribuées. Il commence par dire : « La première l'impression est faible. » Mais il s'empresse d'ajouter : « Au second examen, on acquiert la conviction que les peintres anglais ont infiniment d'esprit, de savoir et d'adresse. »

Après avoir rapidement passé devant des peintres de second rang, il fait l'éloge du brillant et plutôt étrange John Martin :

> Il y a cent fois plus de grandeur dans une petite toile de M. Martin, qui représente le festin de Balthazar. Cette salle découverte, assez vaste pour contenir une ville moderne, ces lourds piliers de granit, les constructions étranges qui se profilent à l'horizon, la lumière rouge qui enveloppe, pour ainsi dire, incendie tous les personnages, tout rappelle à l'esprit la grandeur monstrueuse et l'éclat fantastique de cette civilisation babylonienne, dont les débris épars sur la terre d'Asie sont encore un objet d'étonnement pour les voyageurs.

Après s'être extasié devant *L'Amour dans le mariage* de Sir George Hayter, qui rappelle un triste et tragique événement survenu sous le règne de Charles II, il s'arrête un bon moment sur le vieux William Mulready (1786-1863) et fait dire à un visiteur britannique qu'il peignait mieux quand il était jeune ; il apprécie ses sujets, mais trouve ses couleurs médiocres (« La couleur de M. Mulready n'est pas seulement fausse, mais elle est crue »). Sa flânerie l'entraîne à découvrir d'autres auteurs : Webster, Augustus Egg (1816-1863), Charles Robert Leslie (1794-1859). Il s'arrête devant le célèbre Edwin Landseer (1802-1873), peintre préféré de la reine Victoria, spécialisé dans la peinture animalière. Avec ironie, il écrit : « Les animaux de M. Landseer ont le même défaut que les hommes peints par ses confrères : l'esprit. » Il relate de manière savoureuse les scènes peintes par ce maître, mais lui adresse une pique en disant que les gravures qu'on en tire sont meilleures que ses tableaux. Toutefois, il ajoute : « M. Landseer met au service de ses idées une habilité d'exécution vraiment prodigieuse. » Il fait ensuite la louange de C. L. Eastlake (1793-1865) et montre la richesse des coloristes anglais.

Il est sceptique en revanche devant le jeune préraphaélite John Everett Millais (1829-1896), regrettant qu'il « donne dans la peinture réactionnaire », lui reprochant en fait de se référer à des peintres de la Renaissance italienne. « M. Millais dessine divinement et peint savamment. Ses tableaux, exécutés avec une conscience toute britannique reproduisent non seulement le modelé et la couleur des chairs, mais jusqu'au grain des étoffes [...] M. Millais exprime aussi bien un sentiment qu'une paire de guêtres, et une passion qu'une manche d'habit. » Il salue la grâce et la naïveté de son *Ophelia*. Et de conclure à son sujet que « M. Millais a infiniment de talent, puisqu'il nous émeut et nous charme en se privant de tous les moyens que l'art moderne a découverts. On dirait un coureur du stade qui a mis des semelles de plomb et qui remporte, ainsi chaussé, le prix de la course. M. Millais ira loin, s'il consent à changer de souliers ». Dans ce passage, Edmond About fait preuve d'un rare discernement puisque le jeune et précoce Millais est à peine sorti de la Royal Academy ! Il est également bienveillant pour William Collins (1788-1847) et William Dyce (1806-1864), même s'il leur fait quelques reproches. Et il reste éberlué par *Le Christ à la lanterne* de William Holman Hunt (1827-1910), qui mériterait de figurer dans un « cabinet des horreurs ». Hunt a été le plus radical de la Confrérie et sa manière de peindre était trop distincte de ce que l'auteur avait pu connaître.

Il se montre sensible aux portraitistes et aux aquarellistes anglais et il est indulgent pour les nouveaux paysagistes. L'homme qui le frappe est Lewis, dont il raconte rapidement l'existence – qui se déroule en grande partie en Égypte. Mais il n'aime pas sa dernière aquarelle, *Harem d'un bey*.

Il termine son long chapitre sur la Grande-Bretagne en soulignant : « En résumé, l'école anglaise est la seule au monde qui ne relève pas de la nôtre et qui ait gardé une originalité marquée. Elle a plus d'esprit que d'imagination, plus de science que de talent, plus de minutie que de verve, plus de dessin que de couleur… »

Pour ce qui est de l'Allemagne, il constate que ses principaux représentants sont Peter Cornelius (1824-1874) et Wilhelm von Kaulbach (1805-1874), qui ne montre aucune peinture mais seulement des cartons de fresques. Ce qui ne l'empêche de disserter longuement sur ces deux maîtres. Il écrit du premier : « M. Cornelius doit être un lecteur de Dante. » Et comme il sait qu'il vit à Rome, il l'imagine campant devant la chapelle Sixtine – il pense qu'on devrait lui interdire l'accès du *Jugement dernier* de Michel-Ange. Du second, il commente *La Construction de la Tour de Babel* avec moult digressions sur la peinture d'histoire. Sans indulgence, mais sans trop de préjugés non plus, il passe en revue les nombreux peintres allemands représentant tous les genres possibles, les comparant souvent à des artistes français.

Quant à l'Italie, elle le déçoit considérablement : « Je n'accuse personne, mais l'art est tombé bas à Rome, à Naples et à Florence. » Plutôt que de parler de peinture, il se plaît à définir le charme de chacune des villes qu'il a citées.

Il voit en revanche des progrès en Espagne. Et il s'attarde sur le cas d'un certain Ribera. En abordant les Pays-Bas, il choisit de commenter un tableau du Néerlandais David Bles (1821-1899), qu'il met en rapport avec des pages de Boileau. Les pays scandinaves ne le passionnent guère.

Des peintres américains, il observe que neuf sur dix habitent à Paris : « Ils ont pris chez nous leurs qualités et leurs défauts ; ils ajoutent à l'école française un appoint qui n'est pas sans valeur ; mais ils ne forment pas une école américaine. » Il remarque Healby, qui travaille dans la manière de Charles Müller (1815-1892), un élève du baron Gros, et de William Holman Hunt, qui a étudié auprès de Thomas Couture.

Pour les paysagistes suisses, il a une relative clémence et même un intérêt particulier qui le pousse à les étudier de près. Il a la même prévenance pour les artistes de la jeune Belgique. Il leur trouve beaucoup de mérite en général. Les tableaux de Decroux lui plaisent et il en fait force compliments. Il s'attache enfin aux Belges de Paris, à Willems, mais surtout à Alfred et Joseph Stevens : « L'un et l'autre sont coloristes et réalistes ; les personnes de M. Stevens *des bêtes* semblent peintes par M. Stevens *des hommes*... » – Joseph Stevens est peintre animalier, alors que son frère peint la société moderne. On comprend qu'il se trouve en bonne compagnie avec ces deux hommes et qu'il les regarde comme deux peintres tels qu'il les aime.

L'art français vient en dernier. À tout seigneur, tout honneur, il commence par traiter le cas de Jean-Auguste-Dominique Ingres. Il aborde la question de manière plaisante en disant qu'Ingres inspirerait de la crainte aux visiteurs : « Bonnes gens (car c'est pour vous que j'écris, et des méchants fort peu me soucie), bonnes gens, dis-je, pourquoi regardez-vous d'un œil si consterné la peinture de M. Ingres ? » Et il poursuit sur ce ton badin : « Si vous aviez rencontré M. Horace Vernet, vous l'auriez invité à dîner. Pourquoi donc avez-vous peur de M. Ingres ? » Tout le monde passe rapidement devant les portraits d'Ingres sans les regarder vraiment et sans qu'ils aient le temps, ajoute-t-il, de les regarder. Il se met alors en devoir de rappeler qui a été cet homme et, pour ce faire, nous renvoie à son autoportrait de 1804 afin de brosser non seulement son portrait physique, mais également son portrait intellectuel et artiste. Edmond About le voit ainsi : « "C'est un Chinois égaré dans Athènes." En effet, M. Ingres est Chinois par la patience et athénien par le sentiment du beau. » Et il le voit comme un homme dépourvu de fougue, qui n'a jamais rien abandonné à l'inspiration : « S'il a jeté ses idées sur la toile, c'est à la façon de Virgile... »

Tout en le comparant sans cesse à Delacroix, il le présente comme un amant inconditionnel de l'histoire antique et même comme un archéologue dans l'âme. Pour définir son style, il convoque Victor Hugo, Lamartine, Musset, et un jeune inspecteur des Eaux et Forêts à Fontainebleau, chacun interprétant ce qu'il contemple. Il poursuit sa fable dans la forêt de Fontainebleau et convoque le lendemain Corot, Rousseau et un photographe de Paris. Tout cela pour rendre avec clarté ce qu'il entend par style, cette faculté de transformer les choses selon la nature de son esprit. Et d'expliquer comment Ingres a élaboré ses portraits en fonction de l'impression que lui fait son modèle. Il résume son œuvre en s'efforçant de mettre en évidence sa spécificité – les comparaisons abondent une fois de plus. About est un admirateur inconditionnel d'Ingres portraitiste et y dénote « la puissance du génie ».

Il passe ensuite au cas d'Horace Vernet, sans ménagement : « Voulez-vous juger de ce que peut faire le talent sans le style ? » Il rappelle au lecteur qu'il appartient à une grande lignée de peintres. Et il n'est pas celui qui a connu les plus maigres faveurs : « Non seulement M. Horace Vernet est décoré de tous les ordres connus et membre de toutes les académies sublunaires ; il est encore le plus populaire des peintres français. » Et il le dépeint de manière sarcastique :

> Monsieur Horace Vernet est admiré jusque dans l'Ardèche. C'est quelque chose, cela. Cependant les neuf dixièmes des critiques donneraient quatre toiles de M. Horace Vernet pour un seul tableau d'un de ces peintres inconnus. La bourgeoisie verrait M. Horace Vernet ministre des beaux-arts, elle n'en serait nullement scandalisée ; l'armée apprendrait qu'il vient d'être nommé maréchal de France, elle trouverait qu'on lui rend justice : voilà ce que j'appelle une solide et franche popularité.

Il lui trouve des qualités dans la composition, le dessin et la peinture en général. Il est précis, scrupuleux et voit en grand. Il lui reconnaît surtout une connaissance de l'art de la guerre. Mais le résultat de toutes ses vertus se conclut sur cette phrase assassine : « Ses tableaux sont intéressants et intelligibles, comme les pièces de M. Scribe. » Il lui reconnaît de la valeur, mais pas de génie : « M. Horace Vernet manque de style, mais n'est jamais vulgaire. » C'est presque une épitaphe féroce !

Après l'examen attentif de ces deux monstres sacrés, l'auteur se tourne vers l'école d'Ingres, bien qu'il soit convaincu que « l'empire de M. Ingres, comme l'empire d'Alexandre, n'aura pas d'héritier ». Il voit Hippolyte Flandrin comme le « légataire universel » de l'auteur du *Triomphe d'Homère*. Selon lui, il ne détrônera pas son maître et ne lui ajoutera rien. Ce sera encore moins le cas pour Amaury Duval, bien qu'il ait un faible pour *La Tragédie*, qui est le portrait de Mlle Rachel. Il s'emploie à faire le catalogue de ces nombreux disciples et voit poindre une nouvelle génération avec Alexandre Cabanel. Le plus remarquable serait Lehmann, peintre d'origine allemande, qu'il pense prometteur avec *Le Départ du jeune Tobie*. Après quoi, son regard se tourne vers les néo-grecs, Jean-Léon Gérôme (1824-1904) étant son plus illustre représentant : « Le jour où M. Gérôme exposa son *Combat de coqs*, il n'y eut qu'un cri : "Du grec ! Il sait du grec ! du grec ! Quelle douceur !" Mais son succès rapide le fait changer d'orientation et inventer une grande machine qu'est *Le Siècle d'Auguste*. » Et, avec malignité, il en appelle à ses amis pour le conjurer de retourner à ses petits tableaux grecs. À côté de lui s'impose le Canadien John Hammond (1843-1939), le seul à suivre encore cette voie : « Son dessin est souvent lâché, ses figures manquent parfois de précision, son modelé est un peu confus. Mais ce qui fait de lui un peintre inimitable, c'est quelque chose de simple, de candide, de jeune, de frais, de moelleux, d'enfantin qui se retrouve dans tous ses ouvrages. » About lui découvre une « saveur poétique ».

S'il reconnaît les mérites d'Ernest Meissonier (1815-1891), qu'il trouve grands, et s'il énumère un nombre vertigineux de peintres présentés à cette exposition, il en vient finalement aux coloristes et donc à Eugène Delacroix. Et là, il ne tarit pas d'éloges :

> Il est également certain que M. Delacroix possède une couleur inimitable, et qu'il manie la lumière comme s'il avait passé un marché avec le soleil. [...] M. Delacroix est plus qu'un peintre, c'est un créateur. Il est celui qui donne la vie. Son génie consiste à prêter un corps aux récits de l'histoire et aux fictions de la poésie. [...] Regardez cependant ; regardez encore. Peu à peu la peinture s'empare de vous ; les images descendent à travers vos yeux jusqu'au plus profond de votre être ; elles s'y fixent, elles s'y installent, elles y resteront si bien engravées que nulle autre impression ne saurait les effacer.

Et Edmond About examine enfin celui qu'il appelle « le troisième larron », Alexandre-Gabriel Decamps (1803-1860). « Personne n'a jamais attaqué M. Decamps, tout le monde l'a loué », note-t-il ; mais il ajoute que la critique n'a pas su le reconnaître. « Ses tableaux ont pour eux le premier coup d'œil. Du plus loin qu'on les aperçoit dans leur bordure, on se dit, avant de distinguer aucun trait : "Voilà qui doit être joli." Ils flattent le regard, ils préviennent les yeux en leur faveur, ils sont pittoresques. » Et l'auteur d'admettre la variété de son talent, et qu'il est un « homme d'esprit ». Il est admiratif devant ses facultés de coloriste : « M. Decamps est le seul peintre qui ait su rendre la couleur de l'Orient. » Mais il corrige son jugement en disant qu'il serait un peintre plus puissant « si sa peinture avait une âme ».

Il a encore de bonnes paroles pour Isabey et pour Félix Ziem. Mais c'est Théodore Chassériau qui l'intrigue : « De deux choses l'une : ou M. Ingres l'a surpris en flagrant délit de couleur et lui a donné sa malédiction ; ou c'est lui qui s'est enfui par la fenêtre pour se livrer à la couleur buissonnière. »

Il ne peut pas manquer de regretter que le jury n'ait retenu que trois toiles de son ami Gustave Doré qui, à son avis, ne sont pas les meilleures. Mais il lui adresse néanmoins des compliments sentis, malgré sa déception.

Il lui reste maintenant à aborder la question encore brûlante du réalisme. Il ne se montre pas tendre pour Courbet : « En 1851, M. Courbet, soit par haine du style, soit plutôt par un désir effréné de faire connaître son nom, a exposé d'immenses tableaux qui frisaient la caricature... » L'auteur lui reproche d'avoir acquis sa notoriété en faisant scandale et de persister dans ses défauts, qu'il entretient, dit-il, « avec autant de soin que s'ils étaient des qualités ». En analysant les œuvres exposées (*La Fileuse*, *Les Cribleuses de blé*, *La Rencontre*...), About trouve qu'elles sont dépourvues de mouvement et de grâce. Il se montre plus amène à l'égard de Millet, et est frappé par « un dessin large, un style austère, un goût irréprochable ». Mais il n'aime pas son excès de nudité, allant jusqu'à exclure le nécessaire. Il n'a pas plus de sympathie pour les autres réalistes, faisant une exception pour François Bonvin (1817-1887).

Il est très enthousiaste devant les toiles des paysagistes : « Le seul genre où les peintres français semblent réunis en école est le paysage. » Et c'est à Camille Corot qu'il adresse ses éloges :

> M. Corot est un peintre unique, exceptionnel, en dehors de tous les genres et de toutes les écoles ; il n'imite rien, pas même la nature, et il est inimitable. Aucun artiste n'a plus de style et ne fait mieux passer ses idées dans le paysage. Il transforme tout ce qu'il touche, il s'approprie tout ce qu'il peint, il ne copie jamais, et lors même qu'il travaille d'après nature, il invente.

Il est aussi mesuré à l'égard de Nicolas-Louis Cabat (1812-1893) et de François-Louis Français (1814-1897). Et il reproche à Théodore Rousseau de sacrifier aux pochades. Et de peindre « grassement », d'avoir une « facture large », de ne pas « lécher » suffisamment ses tableaux. Il a plus de sympathie pour Daubigny, qui serait le plus naïf des réalistes. Il est très positif à l'égard de Jongkind : « M. Jongkind s'est frayé dans l'art un fort joli chemin, qui n'est pas une route royale, mais où il marche seul et sans être coudoyé. » Et il consacre Léon Belly (1827-1877), désormais oublié, l'auteur du plus beau paysage de l'Exposition. Il ne rechigne pas à commenter les productions des peintres animaliers, trouvant du mérite à Joseph Stevens (1816-1892) et à Constant Troyon (1810-1865). De Rosa Bonheur (1822-1899), il dit que c'est un excellent peintre. Ses paysages sont « un peu froids, un peu monotones, un peu lourds, un peu plombés », et il ajoute : « ils sont fermement dessinés, solidement peints, et d'un grand caractère ». Il lui trouve du tempérament, et sa *Fenaison* « est le meilleur [tableau] qu'elle ait fait ».

Son parcours n'aurait pas été complet s'il n'avait pas parlé de la sculpture. Il sacre David d'Angers le meilleur des sculpteurs. Il met en avant le fait que « ses grandes compositions décorent nos temples et nos arcs de triomphe ; ses groupes de statues embellissent les places publiques de la France, de l'Europe et de l'Amérique. Ses bustes sont l'ornement le plus magnifique de nos palais et de nos musées ». Il trouve son travail « parfait ».

Edmond About résume la situation qui s'est présentée à lui au cours de cet événement :

> S'il fallait décider à la majorité des voix quel est le plus grand peintre de l'Europe en 1855, les suffrages seraient partagés entre M. Ingres et M. Delacroix. Je voterais, la main haute, pour M. Delacroix ; mais je reconnais que M. Ingres aurait pour lui tous les amateurs de la ligne, tous les enthousiastes de la perfection, tous les fanatiques de la tradition et de l'antiquité, tous ceux que l'incorrection scandalise, que la fougue épouvante et que la couleur force à cligner les yeux.

En 1881, l'année où l'État se désengage de l'organisation du Salon – ce qui provoque la création de trois manifestations concurrentes –, Edmond About écrit son dernier *Salon*, son chant du cygne en quelque sorte. Il est publié en un petit volume à tirage limité, imprimé par la Librairie des bibliophiles, avec des illustrations gravées, et porte le titre curieux de *Décaméron du Salon de peinture pour l'année 1881*. Il est divisé en dix journées et ne traite que de la peinture. L'ouvrage est curieux car on aurait pu s'attendre à une charge violente ou au moins à un récit sarcastique. Il se montre, en apparence, très bienveillant pour la majorité des artistes, dont la plupart sont oubliés à jamais. Il commence la première journée en rendant grâce au jury d'avoir donné une si grande place à Paul Baudry (1828-1886) avec sa *Glorification de la Loi*. C'est une pure création de l'Académie et l'écrivain lui adresse des louanges sans fin, disant qu'il l'admire « parce qu'il se plonge dans les formes et les couleurs comme un poulain normand dans la grande herbe d'un pré ». Rien de plus pondéré que la peinture de Baudry ! Il va jusqu'à le comparer au Corrège ! À partir de là on sent poindre le canular à grande échelle. Dans les journées suivantes, il passe en revue les gloires éphémères d'alors comme Alexis-Joseph Mazerolle (1826-1889). Il sauve à peine *Le Pauvre pêcheur* de Puvis de Chavannes. Mais quand il en vient aux peintures décoratives, il ne peut s'empêcher d'envoyer une flèche mortelle : « Malheureusement, le beau style est une espèce de variole qui ne s'attrape que par contagion, et les conditions de la vie parisienne en 1881 tracent comme un cordon sanitaire autour des maîtres contagieux. » Hippolyte Berteaux, élève de Flandrin, exécute le plafond du théâtre Graslin de Nantes, Médard peint un *Lecourbe* pour l'Hôtel de ville de Belfort, Schulzenberger, un *Mariage* pour la mairie de Reims. À la cinquième journée, il laisse échapper : « Les derniers envois de l'Académie ne brillent depuis un certain temps ni par l'audace ni par l'originalité. » Ce qui ne l'empêche pas de saluer *La Vierge aux anges* de William Bouguereau, tout en lui assénant cette phrase assassine : « Le génie est absent, mais le talent incontestable. » À mesure qu'on progresse dans ce livre écrit avec une rare fantaisie et un humour pince-sans-rire, il multiplie les coups de griffe. Par exemple, à propos de Pierre-François Lehoux (1803--1892), il fait observer : « Ni son *Mars*, ni son *Précurseur* n'ont l'air d'avoir été peints de nos jours, dans un atelier de Paris. » Pour Monclerc et son *Atala*, il réserve cette question : « Pourquoi réveiller ces gens-là qui reposent sur le rayon le plus poussiéreux des bibliothèques désertes ? » Il n'a de pitié que pour la *Femme de l'Artois* de Jules Breton (1827-1906), « belle et poétique ». Quand il aborde la question du portrait, il remarque en passant que Léon Bonnat « a la brosse dure », et il énumère une liste sans fin d'inconnus, qu'il complimente de toutes les manières possibles. Même le pauvre Fantin-Latour se retrouve dans ce purgatoire de la peinture ! Pour Giovanni Boldini (1842-1931), peintre de Ferrare lancé dans la bonne société parisienne, il se montre d'une cruauté sans nom : « La comtesse de M. Boldini est vraiment élégante, mais le comble de l'élégance serait d'avoir des ombres un peu plus propres, les jolies femmes de notre temps ne font pas leur toilette dans la boutique des charbonniers. » Avec Alexandre Cabanel, le peintre consacré de la IIIe République, il ironise : il a « traité la *Scène des coffrets* de Portis avec sa science impeccable et sa dextérité bien connue ; mais ce n'est pas dans une interprétation de Shakespeare qu'il est permis de pousser la distinction jusqu'à la fadeur. » Alberto Pasini (1826-1899), un modeste orientaliste italien qui a fait fortune à la cour du sultan, et Luc-Olivier Merson (1846-1920) en prennent eux aussi pour leur grade. Et la dixième journée, consacrée au paysage, semble l'apothéose d'une décadence. Mais, quelle que soit la déchéance du vieux Salon, About a su en tirer un livre qui se lit avec ravissement, délectation et plaisir – même si le fond de l'affaire est bien noir !

3 *Quelle contribution apporta Émile Zola à la reconnaissance d'Édouard Manet et des impressionnistes ?*

Émile Zola (1840-1902), qui n'est pas encore une célébrité du monde littéraire parisien – il ne connaîtra la popularité qu'en 1877 –, entre en lice dans la grande arène de la critique d'art en 1866. Et il le fait d'une manière particulière, qui marque sans doute un tournant décisif dans ce domaine. Au lieu de définir une ligne de conduite esthétique ou de marquer son appartenance à une école de pensée, il écrit deux essais : le premier sur *Du principe de l'art et de sa destination sociale* de Proudhon, le second sur *La Philosophie de l'art* de Taine. L'un a pour prétexte Gustave Courbet et l'autre n'en a pas puisqu'il traite de Taine en tant qu'artiste. Il reproche à Proudhon d'utiliser l'art à une fin déterminée, puisqu'il y voit un moyen de perfectionnement de l'humanité. Cette perspective d'analyse est totalement nouvelle. Et le débat qui s'ébauche dans ces pages va sous-tendre à l'avenir toute considération sur les arts plastiques. Zola prend nettement position en faveur de la liberté souveraine des artistes. Proudhon admire Courbet pour la seule raison qu'il donne l'impression de tenir un discours en faveur de thèses sociales et politiques opposées à la société bourgeoise. Zola veut renverser cette tendance philosophique : « Il désire faire de moi un citoyen, je désire faire de lui un artiste. » Il est en effet choqué par le dédain total de Proudhon pour l'art, qu'il sacrifie au nom de l'idée pure, et profite de l'occasion pour affirmer les valeurs qui confortent la peinture de Courbet et qui le relient à Véronèse, à Titien et à Rembrandt. De Taine, il fait un portrait élogieux. Et il exprime son admiration devant son enseignement, qui se dispense de préceptes : « Il n'a pour règle que l'excellence de ses yeux et la finesse de son intuition... » Mais malgré toute son admiration, il renâcle devant le système qu'il a échafaudé, « obéissant malgré lui à cette folie de notre siècle, de tout savoir, de tout réduire en équations, de tout soumettre aux puissants agents mécaniques qui transformeront le monde. » Entre ces deux études où il affirme l'individualité d'un point de vue et sa valeur intrinsèque, il fait l'éloge de Gustave Doré, dont il dit : « Il a l'intuition de toutes choses, et il crayonne des rêves, comme d'autres sculptent des réalités. » Sa seule réserve à son égard est sans doute d'avoir un « étrange talent » un peu trop pléthorique.

Après ces premières mises au point, il se met à rédiger *Mes Haines*, qui paraissent d'abord dans *Le Figaro*, puis en volume un mois plus tard. Ce texte, qui ne manque ni de véhémence ni de panache, lui sert à marquer son entrée officielle dans la sphère réservée du Salon. Il veut le faire d'une façon surprenante, sinon provocante. « Je suis pour les libres manifestations du génie humain », proclame-t-il. « Je crois à une suite continue d'expressions humaines, à une galerie sans fin de tableaux vivants [...] » Il s'en prend aux conservateurs en art, « qui veulent faire de la vérité d'hier la vérité d'aujourd'hui ». Le décor est-il planté ? Pas tout à fait. Dans *Mon salon*, il trouve là encore un biais original et frappant pour planter le décor dramatique de cette grand-messe esthétique. S'il refuse d'adopter une quelconque grille d'interprétation, il doit défendre une cause. Celle-ci lui est offerte par un triste fait divers : faute de n'avoir pu être admis au Salon, un peintre d'origine allemande s'est tiré une balle dans la tête. Sans faire le procès du jury, ce qui est désormais le fondement *rhétorique* de tout *Salon*, il désigne les responsables. Et pour faire bonne mesure, le chapitre suivant prend la forme d'une lettre adressée à un peintre encore inconnu, son ami Paul Cézanne. Le troisième chapitre concerne spécifiquement les membres du jury, qu'il présente comme autant de « cuisiniers ». Il s'inquiète du fait que ce jury « nous assaisonne notre admiration » et « nous mâche nos opinions ». Son « ragoût » est tel qu'il ne peut être représentatif de « l'art français en l'an de grâce 1866 ». Il plaide alors en faveur d'un jury qui donne une idée plus juste et plus vraie de l'état réel de la vie moderne. Et de conclure avec un aperçu des artistes composant ledit jury. Dans « Le Moment artistique », il veut démontrer que « l'œuvre de demain ne saurait être celle d'aujourd'hui » et que, par conséquent, « vous ne pouvez formuler aucune règle, ni donner aucun précepte ». Il déplore néanmoins la médiocrité générale de ce qui est présenté à ce Salon.

Mais la pièce maîtresse de sa chronique est indubitablement sa prise de position en faveur de Manet. « Je viens aujourd'hui tendre une main sympathique à l'artiste qu'un groupe de ses confrères a mis à la porte du Salon », précise-t-il. Et d'ajouter, comme un défi : « Il paraît que je suis le seul à louer sans restriction M. Manet. » Il explique ensuite en quoi Manet se distingue : « Il s'est donc mis courageusement en face d'un sujet, il a vu ce sujet par larges taches, par oppositions vigoureuses, et il a peint chaque chose telle qu'il la voyait. » Zola apporte une nouvelle stratégie pour rendre compte de l'Exposition : faire état des œuvres qui n'y sont pas présentes. Par exemple, il revient longuement sur *Olympia* :

> J'ai revu également l'*Olympia*, qui a le défaut grave de ressembler à beaucoup des demoiselles que vous connaissez. Puis, n'est-ce pas ? quelle étrange manie que de peindre autrement que les autres ! Si, au moins, M. Manet avait emprunté la houppe à poudre de riz de M. Cabanel et s'il avait un peu fardé les joues et les seins d'Olympia, la jeune fille aurait été présentable. Il y a aussi un chat qui a beaucoup amusé le public.

À ses yeux, le peintre dépasse tous ses contemporains et il demande au lecteur : « Vous savez quel effet produisent les toiles de M. Manet au Salon. Elles crèvent le mur, tout simplement. » Et de conclure sans détours : « La place de M. Manet est marquée au Louvre comme celle de Courbet, comme celle de tout artiste d'un tempérament original et fort. » Quant au réalisme, il déclare s'en moquer, « en ce sens que ce mot ne représente rien de bien précis pour moi, préférant prendre le parti de la vérité, voilà tout ». Il considère qu'il y a autant de réalismes que de tempéraments particuliers. Entre tous, il distingue Claude Monet dont il aime sa *Camille* : « Voyez la robe. Elle est simple et solide. Elle traîne mollement, elle vit, elle dit tout haut qui est cette femme... » Il passe ensuite en revue quelques-uns de ces réalistes, Cézanne en premier lieu, Antoine Vollon (1833-1900), qui le laisse sceptique, et Ferdinand Roybet (1840-1920), qui le déçoit. Quant à Courbet, il le range parmi les « chutes ». Il trouve son envoi trop charmant et rappelle qu'il « se sentait entraîné par toute sa chair – par toute sa chair, entendez-vous ? – vers le monde matériel qui l'entourait, les femmes grasses et les hommes puissants, les campagnes plantureuses et largement fécondes ». Pour le reste, il est peu indulgent à l'égard de Fromentin et de Daubigny, mais reconnaît le talent de Pissarro.

En 1867, il écrit une monographie de Manet – la première – et y démontre avec talent en quoi il est un grand novateur. Mais quand il fait le bilan de l'exposition du Champ-de-Mars, il ironise : « Les quatre génies de la France sont : MM. Meissonier, Cabanel, Gérôme et Théodore Rousseau. » Seul Théodore Rousseau est épargné par ses traits cinglants.

L'année suivante, son *Salon* reprend les mêmes thèmes, consacrant un long passage à Monet – après avoir encensé Manet une fois de plus –, qui apparaît comme le chef de file des peintres « qui aiment leur temps du fond de leur esprit et de leur cœur d'artistes, entendent autrement les réalités ». Il insiste également sur le fait que les paysagistes sont ceux qui ont rompu le plus courageusement avec la tradition. Et après avoir évoqué Courbet, Bonvin, Valernes et Degas, il constate avec dépit que « notre art est encombré de gens nuls... »

Dans ses *Lettres parisiennes* de 1869, Zola revient sur le cas de Johan Bargold Jongkind (1819-1891), dont il n'avait pas su estimer la valeur précédemment. La chute du Second Empire interrompt le Salon et il ne repend la plume sur le sujet de l'art qu'en 1874. À partir de cette date, il va commencer à diviser son essai en deux parties, en consacrant une bonne part à l'illustration des travaux des impressionnistes. *Le Salon de 1875* tend à accentuer le fossé entre les académiques et les novateurs : « Les tableaux ne m'apparaissent qu'au fond d'une sorte de cauchemar », note-t-il. Et un leitmotiv inattendu fait son apparition, celui des maîtres disparus, qui ne va plus cesser de le hanter. Il s'en prend aux artistes officiels, surtout William Bouguereau et Cabanel, mais il commence aussi à se prendre au jeu du Salon et trouve du mérite à Bonnat ou à Chaplin. En 1876, il n'apporte rien de plus sinon un coup de chapeau à Puvis de Chavannes – « le seul de nos peintres qui fasse réellement de la grande peinture » –, et dénigre l'œuvre de Gustave Doré, l'une de ses premières amours en peinture. Deux années s'écoulent et il adopte de plus en plus le ton distant de l'historien, regrettant que l'école du paysage ne soit plus aussi brillante que par le passé. Il avoue ne pas savoir quoi penser de Gustave Moreau – « inclassable » –, reconnaît des qualités à Meissonier, à Léon Bonnat (1833-1922) et à Carolus-Duran (1837-1917). Dans ses *Lettres de Paris* de 1879, il demande au jury d'être plus sévère et, après avoir parlé de l'exposition des Indépendants, qui se tient avenue de l'Opéra, il exprime une réserve à propos de Manet, reprenant à son compte des critiques faites autrefois à l'auteur du *Déjeuner sur l'herbe* : « Sa longue lutte contre l'incompréhension du public s'explique par la difficulté qu'il rencontre dans l'exécution, je veux dire que sa main n'égale pas son œil. » Et il généralise cette remarque : « D'ailleurs, tous les peintres impressionnistes pèchent par insuffisance technique. » Est-ce un tournant ? Cette année-là, comme plus tard en 1880 et en 1881, Zola se montre hésitant, prend beaucoup de recul, ne veut plus s'engager dans la moindre bataille. Et il fait des compromis, exprimant son intérêt pour Jules Bastien-Lepage (1848-1884) et pour Henri Gervex (1852-1929), sans doute parce qu'ils semblent mieux porter sa conception du naturalisme.

Il a en tête un roman sur le microcosme des artistes : en 1869 déjà, lorsqu'il avait présenté à Lacroix, son éditeur de l'époque, le plan de pas moins de dix romans, se trouvait en neuvième position un « roman sur l'art ». Celui-ci n'allait voir le jour qu'en 1885. Dans *L'Ébauche*, il définit le grand dessein qui le sous-tend : « En un mot, j'y raconterai ma vie intime de production, ce perpétuel accouchement si douloureux. » C'est donc de la création en général, et pas exclusivement de peinture, dont il est question. Pour en rendre les tourments palpables, il imagine un peintre, Claude Lantier, le fils de Gervaise, qui échoue dans ce qu'il entreprend. Il en fait néanmoins le modèle du créateur : « Je veux peindre la lutte de l'artiste contre la nature, l'effort de la création dans l'œuvre d'art. » Si l'auteur s'est de toute évidence inspiré du *Chef-d'œuvre inconnu* de Balzac et de *Manette Salomon* des frères Goncourt – ce qui lui a été beaucoup reproché –, il a voulu aussi puiser dans la grande expérience qu'il a acquise du milieu artistique, depuis le jour où, en 1861, Paul Cézanne lui a proposé de visiter le Salon. Et, après toutes ces années de combats artistiques, de soirées passées dans le cercle de Manet au modeste café Guerbois avant la guerre de 1870, sa prise de position n'est pas étonnante : « Cette question de l'acceptation au Salon tient tout mon livre. » Zola s'est probablement servi de Lantier pour faire son autoportrait. C'est en tout cas la thèse tout à fait crédible avancée par Belinda Cannone : « Pourquoi 1876 alors ? Qu'est-ce que Zola, dans ce roman et dans ce personnage à teneur hautement autobiographique, fait mourir ? N'est-ce pas précisément ce jeune homme fougueux et provocateur qui lançait aux bourgeois : “Je les hais” ? N'est-ce pas la tentation de l'absolu du romantisme ? N'est-ce pas surtout le spectre de l'échec ? » Son attitude a de quoi surprendre et Belinda Cannone en tire cette conclusion :

> Pour l'heure, Zola exprime ce qui peut arriver de pire à l'art et aux artistes dans cette étrange vision, répétée, gratuite et qui n'est attribuée à aucun personnage en particulier, des deux indifférents au Salon : « Seuls, sur le pouf où ils se contaient déjà leurs histoires, dès midi, les deux messieurs décorés causaient toujours tranquillement, à cent lieues. Peut-être y étaient-ils revenus, peut-être n'en avaient-ils pas même bougé. »

Quoi qu'il en soit, le livre est ressenti comme une catastrophe par ses anciens amis. Cézanne ressent le roman comme une offense grave, Monet craint que les lecteurs ne voient en Lantier l'incarnation de Manet, qui est mort un an auparavant, et Pissarro exprime sa déception. Guillemet est le seul à s'offusquer sans détour. Il est en tout cas certain que Zola a tourné une page et sa rupture avec le monde des artistes se consomme avec ce livre. Il va quand même rédiger un dernier « Salon » en 1896, intitulé *Peinture*, qui est son adieu à ce genre d'engagement, mais aussi le bilan du critique d'art. Il revendique la découverte de ces peintres auxquels il a tourné le dos, de façon plus ou moins volontaire, avec *L'Œuvre* : « Non, j'ai fait ma tâche. J'ai combattu le bon combat. J'avais vingt-sept ans, j'étais jeune avec les jeunes et avec les braves. Ce que j'ai défendu, je le défendrai encore, car c'était l'audace du moment, le drapeau qu'il s'agissait de planter sur les terres ennemies. »

Cela peut paraître paradoxal : le caractère de plus en plus académique du Salon ne rebute pas les écrivains de la IIIe République. Ils n'hésitent pas à plonger leur plume dans une encre empoisonnée. Ce rituel littéraire a pris une telle ampleur au XIXe siècle que personne n'est disposé à y renoncer. Les plus grands écrivains de la jeune et fragile IIIe République croient donc nécessaire de continuer à se prononcer sur une institution qui a perdu peu à peu son prestige et n'attire plus les jeunes générations de peintres et de sculpteurs, qui la rejettent ou ne peuvent y trouver leur place.

Paul-Armand Sylvestre (1837-1901), un vieux routier du Salon, y observe le déclin de l'art officiel. Il lui consacre moins de lignes qu'aux impressionnistes, qui en sont pourtant largement absents, annonçant à la surprise générale que cette école « occupera plus de place qu'on ne l'imagine dans l'histoire de la peinture contemporaine ». En 1880, Auguste Renoir présente au Salon sa *Jeune fille endormie au chat*. Tout comme l'avait fait Manet, il se plaint, dans une lettre au ministre, d'avoir été particulièrement mal accroché. Averti par Cézanne, Zola en fait état dans le compte rendu qu'il rédige pour *Le Voltaire* : « Quant aux exempts et non-exempts, ils sont furieux contre l'administration, qui les a empilés dans les salles, qui a accroché leurs tableaux jusqu'aux corniches, lorsque les hors-concours sont logés si larges. » Mais, dans le même article, Zola se montre assez réservé à l'égard de ses amis : « Le plus grand malheur, c'est que pas un artiste de ce groupe n'a réalisé puissamment et définitivement la formule nouvelle qu'ils apportent tous, éparse, dans leurs œuvres. La formule est là, divisée à l'infini : mais nulle part, dans aucun d'eux, on ne la trouve appliquée par un maître. » C'est presque une trahison – celle d'un amant éconduit. Zola aurait aimé voir les impressionnistes devenir célèbres et passer pour l'avant-courrier, sinon le prophète, de cette vérité esthétique que plus rien ne peut arrêter. Zola décide alors d'abandonner la critique d'art. Et il se met à rédiger *L'Œuvre*, où il poignarde dans le dos non seulement Cézanne, son ami d'enfance, mais la plupart de ceux qu'il a défendus si longtemps et avec autant de conviction. Car son héros n'est pas Cézanne – comme celui-ci a pu le croire – ni son ami Pissarro, mais un personnage inventé à partir de différentes figures que Zola a pu rencontrer à cette époque.

Il est sans doute curieux d'observer que Zola déserte ce grand champ de manœuvres au moment précis où les Indépendants sont parvenus à créer un événement non pas aussi considérable que le Salon, mais qui retient en tout cas l'attention d'une bonne partie de la critique et de la presse spécialisée et qui ne laisse plus personne indifférent. Charles Ephrussi (1849-1905), grand collectionneur, déplore en 1880 que plusieurs de ces artistes soi-disant Indépendants aient abandonné leur propre manifestation pour revenir dans le giron de la grande machine du Salon :

> Où est M. Manet ? Où est son presque homonyme M. Monet ? Où sont MM. Renoir et Sisley ? Deux d'entre eux, préférant la pompe officielle des Champs-Élysées à l'hospitalité moins solennelle des boulevards, réservent le fruit de leur labeur annuel pour le prochain Salon. Les deux autres, découragés évidemment, tranchent la question des expositions dépendantes ou indépendantes... en n'exposant pas. Et c'est vraiment dommage.

4 *Quelles ont été les marottes artistiques de Jules Barbey d'Aurevilly, « Connétable des Lettres » ?*

De tous les grands écrivains qui ont ferraillé dans le périmètre sacré du Salon, Jules Barbey d'Aurevilly est sans doute le plus atypique. S'il produit depuis 1837 de nombreuses chroniques sur le théâtre, la littérature et les mœurs de son temps, l'art reste un domaine dont il ignore presque tout. Il ne s'en cache pas en 1838, quand il commente son premier Salon sous le pseudonyme d'Amédée Renée :

> Ai remarqué deux choses : la *Danseuse* de Winterhalter, qui est la plus grande beauté physique qu'on puisse voir, une image vraie de la jeunesse qui rêve parce qu'elle est lasse d'avoir dansé. Il y a une vie écumante dans cette forte et belle fille [...] Puis le tableau de Biard, je crois, les Femmes Grecques se précipitant dans l'abîme – belle composition ! Coloris, expression, groupes, variété d'attitudes, cela paraît très beau à un Ostrogoth comme moi qui n'ai pas la moindre appréciation des Beaux-Arts.

Il se trompe d'ailleurs dans l'attribution de cette dernière œuvre, qui a été peinte par Mme Blanchard. Quand il écrit « Des tendances de l'art contemporain à l'occasion de l'Exposition des Beaux-Arts de 1864 », publié dans les *Annales de la Charité* sous un nouveau pseudonyme, Old Noll, l'auteur d'*Une vieille maîtresse* adopte une posture ouvertement rétrograde. Il se plaint que la tradition fasse sourire et que l'innovation soit placée à l'enseigne de l'oubli des grands maîtres. Il remarque que l'abus de la liberté de l'art n'est qu'un leurre puisque c'est l'administration qui lui donne ses directions principales. Il observe aussi que le « mépris systématique des traditions a un premier résultat, dont la portée est en quelque sorte mathématique : la prodigieuse accélération de la production des œuvres d'art ». Et il voit le portrait presque disparaître, puisque, parmi « les 2 777 tableaux de l'Exposition, on peut compter 2 000 paysages ». Il ne montre aucune attirance pour l'école de Barbizon et développe ses propres conceptions en matière de genre, défendant le paysage historique, tombé en désuétude. Et de conclure : « La mode des paysages passera, parce qu'elle n'a pas pour principe l'intelligence sérieuse et l'étude philosophique de la nature. » Peu de toiles trouvent grâce à ses yeux, à part Meissonier, dont il apprécie *L'Empereur à Solférino* et *La Campagne de 1814*. Le passage le plus singulier est sans doute celui où il affirme que la « présence des femmes aux expositions est très utile » et loue Rosa Bonheur, la portraitiste Frédérique O'Connell (1823-1885) et la comtesse de Nadaillac (1825-1887), une bonne aquarelliste. Le dernier Salon qu'il écrit pour *Le Gaulois* date de 1872 et est sous-titré « Un ignorant au Salon ». À l'inverse de ses collègues, il s'attache surtout à la sculpture, où il analyse les travaux de Zacharie Astruc, de Frémiet, de Carpeaux – dont il dit qu'« il est *voué au diable* de la danse et aux diableries des danseuses » –, de Gérôme, de David d'Angers. Il aborde le problème de la sculpture religieuse et s'en prend à la *Notre-Dame-du-Bon-Secours* de Victor-Edmond Le Harivel-Durocher (1816-1878) destinée à l'église de Saint-Pierre de Montrouge. Il s'intéresse enfin de près aux bustes des écrivains, Frédéric Mistral, Théodore de Banville, Jules Janin. Parmi les peintres, il élit Henri-Léopold Lévy (1840-1904), Carolus-Duran, Édouard Dubufe, Léon Bonnat, le reste n'étant pour lui que l'expression d'une médiocrité rédhibitoire. Même Cabanel n'échappe pas à ses phrases assassines. Il accuse vertement le jury d'avoir récompensé des artistes sans talent. Mais, aussi étrange que cela puisse paraître, il termine ce long feuilleton au vitriol par une chaleureuse, humoristique et brillantissime défense de Manet où il joue de toutes sortes de paradoxes :

> C'est un barbouilleur systématique et volontaire, qu'on a dans ces derniers temps impitoyablement *ridiculisé*, ce qui n'implique pas qu'il soit ridicule (ah ! non, par exemple !). Selon les autres, c'est un homme de génie [...] les bonnes réputations, qui toute ma vie m'ont joué leur musique, m'ont donné un *préjugé* en faveur des mauvaises et je traverse volontiers l'injure, le ridicule, les risées insolentes dans lesquelles on les roule comme des pêches pelées dans du sucre pour juger de ce qui est de ces mauvaises réputations, trompeuses parfois comme des bonnes.

Et il se prévaut de Baudelaire pour saluer ce peintre tellement vilipendé. Il analyse *Le Combat du Kearsarge et de l'Alabama* et s'exclame : « Ainsi, un seul paysagiste – qui soit sorti du Salon de cette année !... Et c'est Édouard Manet ! Est-ce incroyable ! »

5 *Dans quelle encre vénéneuse Octave Mirbeau plongeait-il sa plume ?*

Originaire de la Normandie, Octave Mirbeau (1848-1917) fait ses études chez les jésuites –, études qui finissent assez mal puisqu'il est chassé du collège. Puis, son père étant notaire, il a dû faire des études de droit, qu'il n'a pas achevées. Après avoir fait l'expérience calamiteuse de la guerre de 1870, il s'est tourné vers le journalisme. À son arrivée dans la capitale en 1872, il a commencé par collaborer aux publications bonapartistes comme *L'Appel du peuple* et *L'Ordre de Paris*, puis à des journaux tels que *L'Ariégeois* ou *Le Gaulois*, organe du parti monarchiste. Tandis qu'il est resté douze ans le secrétaire de Dugué de la Fauconnerie, il s'est forgé une réputation dans la presse et s'est distingué par ses talents de pamphlétaire qui n'a peur de rien ni de personne. En 1883, il a pris pendant trois mois la direction de *Paris-Midi Paris-Minuit*, puis celle de *Les Grimace*s.

Au cours des années 1880, il a trouvé un emploi de critique dans *Gil Blas*, *Le Figaro* et *L'Écho de Paris*.

S'il a d'abord dû faire le nègre quelque temps pour compléter ses maigres revenus, il fait paraître son premier roman à la fin de 1886 : *Le Calvaire* est un scandale considérable qui fait de lui un écrivain en marge de l'*establishment*. Ses ouvrages suivants, *L'Abbé Jules* (1888) et *Sébastien Roch* (1890), ont renforcé la nature sulfureuse de sa prose. Il a traversé ensuite une période de doute, à cause du penchant « naturaliste » de ses fictions, et il s'est essayé au théâtre. Il connaît le succès avec *Le Jardin des supplices* (1899), *Le Journal d'une femme de chambre* (1900), et *Les Vingt et un jours d'un neurasthénique* (1901). Il est apprécié par Léon Tolstoï, Émile Zola, Rémy de Gourmont, le poète flamand Georges Rodenbach (1855-1898) et même Stéphane Mallarmé. Et le scandale est encore et toujours au rendez-vous !

S'il est parvenu à la force du poignet à se faire reconnaître comme un auteur de premier plan, il n'en reste pas moins un pamphlétaire redouté, grâce en particulier à ses articles favorables au capitaine Dreyfus, ou à son effroyable et injuste destruction du mythe balzacien (*La Mort de Balzac*, 1907). Il est resté antimilitariste, hostile à l'Église, opposé au système éducatif obligatoire, à la fausse démocratie imposée en France.

Dans le domaine littéraire, il a lancé Maurice Maeterlinck, a su apprécier Marcel Schwob, a soutenu Rémy de Gourmont et Jules Renard à leurs débuts, a pris fait et cause pour Oscar Wilde lors de son procès. À l'Académie Goncourt – où Edmond avait exigé sa présence –, il défend Valéry Larbaud, Paul Léautaud, Charles-Louis Philippe, qui n'ont cependant pas été couronnés de lauriers.

Après avoir publié *La 628-E8* en 1907, déjà malade depuis plusieurs années, il a laissé le soin à son jeune ami Léon Werth le soin d'achever son ultime roman, *Dingo*. Il s'est éteint à Paris en 1917.

Bien qu'il soit l'ennemi du conformisme de l'Académie et de la critique d'art dans sa grande majorité, Octave Mirbeau a énormément écrit sur l'art. Il est sans doute le premier écrivain passionné par la peinture à s'en prendre avec véhémence au rite presque religieux des Salons. Dans *L'Illustration* du 8 janvier 1881, il imagine un dialogue avec un peintre où ce dernier déclare : « Des pessimistes s'en vont prophétisant la fin du Salon. C'est une erreur. Il y aura toujours un Salon, et dans ce salon, une quinzaine de toiles de premier ordre.

C'est tout ce qu'on peut demander raisonnablement. Quant au reste, que vous importe ? Succès de mode, succès de coterie. Autant en emportent les temps et la réclame. » Cette remarque est d'autant plus importante que l'État venait juste de se désengager en abolissant le Salon imaginé au XVIIe siècle au sein de la jeune Académie royale et qui avait plus de 250 ans d'existence. Trois nouveaux salons sont nés de cette dissolution et l'État n'a pas tardé à reprendre la main dans ce domaine.

Mirbeau n'a pas cessé de s'en prendre au Salon qu'il trouve d'une « désolante monotonie » et qualifie « d'immense bazar de médiocrité à treize sous ». Et il n'a de cesse de s'en prendre aux institutions. Il qualifie les membres des jurys de distributeurs de « bonbons » et de « dragées ». Quant à tous ceux qui ont à voir avec ces affaires de près ou de loin, il les traite de « bibelotiers », de « cuisiniers », d'« admirateurs de la Sainte Routine », de « barboteurs de terre », de « fabricants », de défenseurs du « triomphe de l'éternelle médiocrité ». Il a un registre inépuisable de noms d'oiseaux pour qualifier les « médiocres, les myopes et les simples » qui gouvernent les arts. Et il revendique pour les artistes le droit d'œuvrer comme bon leur semble : « Un artiste, dans un temps de liberté, n'est pas libre de travailler suivant son génie. Il doit obéir aux commissions, aux sous-commissions. » Mais cette hargne et toutes ces préventions à l'encontre des institutions ne l'ont pas empêché de sacrifier à son tour au rite du « Salon ».

Il a commencé par s'occuper en 1885 de salons modestes, comme celui du Cercle Volney, où sont réunis des aquarellistes. Il n'a alors d'yeux que pour Jean-Charles Cazin (1840-1901), se montrant sévère pour les artistes académiques : « Je n'en finirais pas s'il fallait m'arrêter à tous les Bonnat, à tous les Barrias, à tous les Bouguereau, qui endeuillent les murs de cette exposition ». Le salon de l'Union des femmes peintres et sculpteurs de février 1885 est pour lui l'occasion d'évoquer le destin tragique de l'artiste russe Marie Bashkirtseff (1858-1884) et de louer ses qualités. Puis il aborde le salon des pastellistes, où il se montre plutôt élogieux, en particulier pour James Tissot (1836-1902) et Giuseppe De Nittis (1846-1884), terminant par un éloge appuyé à Millet.

À partir du mois de mai, il s'attaque au Salon en proclamant d'entrée de jeu dans son « Coup d'œil général » : « L'Académie ne produit rien. Le jury de peinture ne sert à rien, impuissant à provoquer quoi que ce soit, incapable d'étouffer qui que ce soit. Elle fait des vieillards de nos enfants. » Mirbeau est frappé par une impression de déjà-vu. « L'art est devenu un cheval de manège », s'écrit-il. « Il tourne sur lui-même. » Mais il en rejette la faute sur les artistes, et d'abord sur le très académique William Bouguereau (1825-1905) dont il juge l'*Adoration des bergers* d'un définitif : « Pas même une illustration de missel » –, Boulanger et Cabanel, qui « a l'air de remplir là un intérim ». Bonnat en prend pour son grade avec ses « portraits maçonnés ». Il n'a sauvé que Jean-Paul Laurens et Jean-Jacques Henner (1829-1905), « avec ses femmes peintes en coup de vent, éternellement pétries de la neige de son froid talent, mais admirablement brossées ». Il loue le portrait de Clemenceau par Raffaëlli et est subjugué par *Autour du piano* de Fantin-Latour. Il s'intéresse tout particulièrement aux orientalistes, évoquant Delacroix et Decamps, mais est déçu par les toiles de Benjamin Constant, ainsi que par « Les Maures de M. Clarin [qui] ne sont pas plus fabuleux que les Porteurs d'eau juifs de M. Boulanger ».

Ce qui l'a passionné dans ce Salon, ce sont les œuvres de son ami Fantin-Latour – « On pourrait s'attarder de longues heures devant chacune de ses figures, certain, comme dit Schopenhauer, qu'elles nous parleraient » – et d'Henri Gervex (1852-1919) – il souligne la hardiesse de sa fameuse *Séance du jury de peinture* faute d'avoir affaire à un grand styliste –, deux peintres auxquels il consacre un chapitre entier. Il dit des amabilités à propos d'Alfred Roll (1846 -1919), même pour sa *Pasiphaé*, s'en prend à Jules Breton (1827-1906) et commente chaleureusement Puvis de Chavannes : « Personne ne dessine mieux que lui, personne n'a mieux plié le dessin à l'analyse, n'a contraint la ligne, avec plus de bonheur, à s'adapter à son rêve ». Plus loin, il encourage une femme, Mlle Breslau (1856-1927), originaire de Suisse, pour son *At Home*. En ce qui concerne la sculpture, il salue le buste d'Antonin Proust, et en profite pour réitérer son admiration devant sa « puissance de création ». Il a des compliments pour Jules Dalou (1838-1902) et n'est pas trop sévère pour Adrien Gaudez (1845-1902) et Emmanuel Frémiet (1824-1910). Enfin, il salue le portrait de Lady Dombasle par Whistler : « Il est sobre. Il est même sombre au premier coup d'œil : mais que de claires et vibrantes harmonies dans ce sombre si musical et si charmant. » Il a moins aimé son portrait de Théodore Duret, mais écrit que « cette infériorité constitue encore une supériorité ».

Il n'a vu en John Singer Sargent (1856-1925) qu'une « virtuosité agréable » mais a trouvé que c'était néanmoins « quelqu'un » et a salué *Le Veuf* de Jean-Louis Forain (1852-1931), peintre « ennemi de la banalité épaisse et de la rondeur bourgeoise » qui possède une « grande élégance de dessin ». Il conclut ce pléthorique compte rendu en saluant les paysagistes, même les plus modestes.

Il a également parlé brièvement de l'Exposition internationale de peinture, brocardant le *Job* de Bonnat et restant silencieux sur le célèbre *Rolla* de Gervex, refusé au Salon de 1878 pour son caractère scandaleux. Il est surpris de voir Monet figurer au milieu de tous ces artistes dont il est fort éloigné et fait remarquer « qu'il semble avoir retrouvé les bleus et les verts ». En 1886, il renouvelle cet exercice avec une verve tout aussi virulente. Sa première remarque est curieuse : « La note dominante du Salon est le blanc. [...] Ils ont voulu réagir et voir tout ça tout en blanc, même ce qui est vert, jaune ou rouge. » Il s'est montré ravi de l'abandon du bitumeux. Il est attristé par le succès de Cabanel (« Tout est au Cabanel ») auquel il oppose Puvis de Chavannes, disant que ses seules toiles présentes à ce Salon « suffiraient à elles trois à le remplir ». Il paraît réservé devant la *Femme au masque* de Gervex, et s'il est enthousiaste devant l'envoi de Raffaëlli (*Effet de givre*), il n'a en vérité d'yeux que pour le *Portrait de M. L.* Il est en admiration en face du Portrait de M. Sarasate de Whistler et est positif à l'égard de Roll, de William Stott, un des « Glasgow Boys », Mlle Breslau à nouveau, et Duez. Il poursuit avec le paysage, son genre préféré, appréciant *La Neige* d'Albert Lebourg (1849-1928), et des petits-maîtres comme Maxime Maufra (1861-1918), et beaucoup d'autres que la postérité n'a pas reconnu. Pour la sculpture, il est saisi par *Le Marteleur* de Constantin Meunier (1831-1905), l'un des premiers apôtres du naturalisme en Belgique.

L'année 1887, il ne s'intéresse qu'à l'Exposition internationale de peinture de la rue de Sèze, où il met surtout en exergue Whistler et ses 51 petits tableaux et admire sans réserve *Les Baigneus*es d'Auguste Renoir. Il professe en outre que l'« exposition de M. Auguste Rodin est écrasante de beauté » et il en profite pour dire tout le bien possible de Berthe Morisot.

Il ne revient à la lourde tâche du Salon qu'en 1892. Parcourant de long en large le bâtiment installé au Champ-de-Mars, il s'étonne d'abord du nombre toujours croissant d'artistes : « Aujourd'hui, les peintres pullulent avec une rapidité bacillaire... » Comme toujours, il met en avant une femme, cette fois il s'agit de Madeleine Lemaire (1845-1928), l'amie de Proust, qui a été selon lui l'égérie de la nouvelle Société Nationale des Beaux-Arts. Ce salon a été fondé avec de bonnes intentions (plus de médailles, etc.), mais il a vite fait de noter que ce n'était que « Génie et bonne société ! » Il ne cache pas sa déception. Pour se consoler, il fait à a nouveau le panégyrique de Puvis de Chavannes, de Whistler, qui nous « ravit et nous violente », d'Alfred Stevens, à qui il est resté fidèle, et bien sûr de son vieil ami Raffaëlli, qui avait fait un portrait de lui. Il prend le parti de quelques obscurs et aussi de Jacques-Émile Blanche (1861-1942). On sent bien que sa veine s'épuise. Ce sera son dernier Salon, mais pas, et de loin, son dernier écrit sur l'art de cette fin de siècle.

Autodidacte, Octave Mirbeau s'était forgé au gré de ses voyages et de ses lectures une solide culture artistique. De plus, il fréquentait Narcisse Díaz de la Peña (1867-1876), un romantique admirateur de Delacroix, mais aussi un proche des membres de l'école de Barbizon et un ami intime de Gustave Courbet, qui avait connu un succès éclatant au Salon de 1844, mais qui n'avait pas ensuite tenu toutes ses promesses. Il a aussi connu Henner, Alfred Roll (1846-1919) et Édouard Manet, dont il sera en 1890 l'un des plus actifs pétitionnaires pour que son *Olympia* soit accrochée au musée du Louvre.

Il n'a malheureusement pas consacré beaucoup de temps à écrire sur des peintres anciens. Mais l'inauguration en 1884 d'une statue honorant Antoine Watteau lui a donné l'opportunité de rendre hommage à celui qu'il considérait comme le plus grand peintre français. Il s'est moqué du discours célébrant le maître de Valenciennes et il s'est employé à énumérer ses qualités sous la forme d'une litanie :

> Toi, le cerveau de qui sortit toute une création de poème, de rêve et d'humanité ; toi qui fis s'envoler de ton imagination mille féeries, pareilles à celles qui hantent les paradis shakespeariens, toi dont le moindre profil perdu de femme, dont le moindre dessin à la sanguine, emporte la pensée aussi bien que tes beaux paysages de lumière dorée, dans le royaume des grâces mélancoliques et des visions enchantées !

Mais Mirbeau n'ira pas plus loin dans le passé. S'il a bien fait un éloge appuyé d'Eugène Delacroix, au fond, c'est le présent qui l'intéresse et le fait passer à l'action.

Son principal intérêt s'est porté sur les impressionnistes, qui n'en sont plus à leurs débuts, mais n'ont pas encore conquis le cœur des amateurs. Il a d'abord écrit sur Edgar Degas en 1884, qu'il jugeait « impeccable, comme le disait Théophile Gautier ». Il a admis que ses danseuses sont « une méditation sur la danse ». Il a vu dans ces danseuses des êtres torturés. Plus curieux, il a distingué un versant furieux dans ses tableaux de courses équestres : « Ils ont le même caractère de synthétisme violent et cruel. » Peu après, il a fait l'éloge de Claude Monet, se demandant : « Que pensera-t-on de nous, plus tard, quand on dira [que] tous ceux qui furent de grands artistes et qui porteront, dans la postérité, la gloire de ce demi-siècle, ont été insultés, vilipendés... ? » Il a érigé l'artiste au rang de martyre. Il a décrit dans ce long article une de ses toiles représentant une prairie et a surtout mis en avant sa simplicité. Pour *La Nuit d'Étretat*, il a conclu : « Il est impossible de rendre avec une vérité plus noble et plus poignante cette chose simple et pourtant mystérieuse. » Et il a vu en lui l'égal de « l'immense et sublime Corot ».

Il s'est ensuite employé à attirer l'attention sur Auguste Renoir, un autre de ces « insultés ». Il a usé des charmes de son écriture pour vanter la faculté de ce dernier à rendre le charme ineffable d'une jeune femme, avec un art qui l'a éloigné de son plus brutal « naturalisme ». Et il a terminé ses pages vibrantes en invitant les dames à aller demander leur portrait à Renoir, « qui est aussi un exquis poète ». Dans sa volonté de faire triompher le nouvel art français, il a salué chapeau bas un marchand tel que Durand-Ruel.

Toutefois, on l'a déjà noté dans ses *Salons*, Mirbeau est très sensible aux artistes femmes. C'est ainsi qu'après les champions de l'impressionnisme, il a rendu un hommage appuyé à une élève de Manet, Eva Gonzalès, qui venait de mourir prématurément. Il l'a décrite en 1885 un peu comme la représentante de son idéal en art : « Elle n'a rien peint qu'elle n'ait vu ; mais ce naturalisme ne copiait pas servilement les formes, il allait sous les formes chercher la vie et l'expression de la vie. »

Il n'a eu de cesse de défendre Monet, mais aussi Camille Pissarro – sur lequel il a écrit en 1891, en 1904 et encore en 1911 –, Renoir et son cercle, avec une belle obstination et aussi une sensibilité difficile à concevoir chez cet être qui se voulait rugueux et incisif dans ses écrits.

Mirbeau a aussi ses bizarreries, qui l'ont éloigné de toute vision rétrécie. Par exemple, il s'est passionné pour Félicien Rops en 1886.

Il a profité de la publication des *Diaboliques* de Barbey d'Aurevilly avec dix eaux-fortes de Rops pour parler de ce dernier. Il l'a perçu comme un dandy, mais qui s'est éloigné de la mondanité et de ses modes. Admirant ces nouvelles illustrations, il a rappelé en quoi sa peinture possédait « une âpre et douloureuse philosophie ». En outre, il s'est avéré un fervent partisan de l'œuvre de Puvis de Chavannes. Enfin, il n'a jamais cessé de soutenir le paysagiste. Il a fait l'éloge appuyé de François Bonvin, « un vieux maître, imbu d'une pensée d'art très personnelle et très fière ».

Il n'est pas seulement attiré par des peintres qui ont déjà une œuvre accomplie, même si elle n'est pas encore tout à fait reconnue. Il voit plus loin, et il éprouve des engouements pour une nouvelle génération. À commencer par Paul Gauguin : dans un bref article paru dans *Le Figaro* du 18 février 1891, il se montre enchanté que l'État ait souhaité acquérir un de ses paysages de Pont-Aven. Il en profite pour saluer chaleureusement l'artiste. Ailleurs, il annonce son départ, profitant de cette occasion pour en brosser le portrait et relater ses origines. Deux ans plus tard, il annoncera son retour de Tahiti et le présentera comme l'anti-Pierre Loti. Et il applaudira les œuvres de ces trois ans dans le Pacifique : « On voit bien qu'il n'alla pas chercher là-bas un renouvellement de son art, mais bien une continuation », souligne-t-il.

Il est également séduit par l'art de Vincent Van Gogh, la même année, dans *L'Écho de Paris*. Il l'avait remarqué au Salon des Indépendants. Saluant au passage Seurat, Théo van Rysselberghe, Toulouse-Lautrec, il s'interroge à haute voix sur la singularité et l'originalité de ce peintre hollandais et s'émerveille de son « instinct extraordinaire », de ses « merveilleuses qualités de vision », de sa « sensibilité aiguë qui devinait la forme vivante et remuante sous l'aspect rigide des choses ». Et il insiste sur son style, qui le fait se distinguer parmi tous les autres. En 1894, il célèbre la mémoire du pauvre père Tanguy dans un savoureux dialogue où il le fait parler de Van Gogh. En 1901, son amour pour cet artiste n'a fait que croître. Il lui consacre un long papier où il raconte sa vie et le présente comme l'antithèse de tous les peintres symbolistes – qu'il traite de « néo-pédérastes » et de « jobards ». Il l'encense pour avoir « reproduit pour notre joie et notre émotion, les aspects féeriques de la nature, la joie énorme et magnifique, la fête miraculeuse de la vie… »

En 1907, il évoque la ville natale de ce peintre, Breda. Il se remémore alors un voyage qu'il avait fait en Hollande et ses visites de musées. Ne cessant de s'extasier devant ce que Van Gogh a fait des paysages du Midi, il les détaille, tout en tenant à dire à la fin : « C'est l'ensemble des formes, c'étaient les taches de lumière qu'elles faisaient sur les murs, qui me retenaient et me charmaient... »

En matière de sculpture, Mirbeau a eu un dieu : Auguste Rodin. Sans doute a-t-il été l'artiste vivant qui l'a le plus subjugué. Il a profité d'une commande faite à cet homme presque inconnu en 1885 pour dire à ses lecteurs qu'il était resté fasciné par *L'Enfer*. Et pour le glorifier, il reprend les arguments de ses adversaires : « Voilà ce qu'on ne peut pardonner à Auguste Rodin : c'est de donner à la beauté un accent éloquent et vrai d'humanité, de faire palpiter de vie grandiose et forte le marbre, le bronze, la terre ; c'est d'animer ces blocs inertes d'un souffle chaud et haletant, de couler en ces matières mortes le mouvement. » L'exposition jumelée de Monet et de Rodin lui fournit l'occasion en 1889 de tresser des courages de laurier à Monet, avec une rare emphase, mais il ne dit mot du sculpteur. Il se rattrape en 1895, quand on inaugure *Les Bourgeois de Calais*. Il fait alors un long récit de la vie de l'artiste, puis rappelle les principales œuvres qu'il a créées jusque-là. Il évoque un de ses bronzes, le buste d'une femme, en le trouvant « plus douloureux que n'importe lequel des poèmes de Baudelaire ». Il poursuit la métaphore poétique dans son envoi : « Ce qu'il y a de poignant dans les figures de Rodin, ce par quoi elles nous touchent si violemment, c'est que nous nous retrouvons en elles. Suivant une belle expression de M. Stéphane Mallarmé "elles sont nos douloureux camarades". » Un an plus tard, il déclare haut et fort « qu'en lui s'incarnera dans l'immortalité la plus haute expression d'art de ce siècle ». En 1897, il préface l'édition à tirage limité de 129 dessins de Rodin. En songeant aux grandes œuvres du passé, qui rendent la comparaison avec le présent toujours délicate, il continue à se convaincre de la valeur du sculpteur : « Mais tout mon enthousiasme et toute mon émotion demeurent intacts et vibrants en Auguste Rodin. » Au moment de l'Exposition universelle, il soutient Rodin encore décrié et le dépeint comme le seul à avoir « retrouvé un art admirable qui n'existait plus ». Cela ne l'a pas empêché de prêter main-forte au jeune Aristide Maillol, à l'occasion de l'inauguration de sa sculpture figurant Émile Zola.

Au fil du temps, Mirbeau s'est senti plus libre dans son écriture. Ses jugements varient peu, mais il a tendance à transformer ses papiers en petits récits, à raconter la vie de l'artiste en tentant de donner une vision globale de son long parcours. « Vachard » quand il s'en prenait à ses ennemis préférés – les avatars de l'Académie, mais aussi les suiveurs tardifs des préraphaélites et les « peintres de l'âme » –, il savait se révéler un poète en prose de talent quand il avait aimé une œuvre : ses nombreuses chroniques sont riches de ces paragraphes qui ne faisaient souvent qu'une phrase et qui ramassaient l'essence d'une beauté qu'il voulait saisir comme un peintre se hâte de faire une esquisse pour ensuite la réélaborer.

6 *Qu'est-ce qui a pu attirer Guy de Maupassant dans l'arène des arts ?*

Guy de Maupassant (1850-1893) n'a pas écrit de longues pages comme a pu le faire Émile Zola sur toutes les questions liées aux arts plastiques. Il se montre même un peu réticent à ce sujet. Il a écrit en tout et pour tout quatre articles et un *Salon*. Mais c'est un signe des temps : aucun grand écrivain français, à de très rares exceptions près, ne néglige d'avoir son mot à dire dans un domaine qui déclenche de féroces batailles.

Malgré toutes ses réticences, l'auteur de *La Maison Tellier* finit par succomber à la fascination du Salon. Déjà, en 1880, il a eu le projet d'en faire le compte rendu avec un peintre, son ami Henri Gervex, mais l'idée ne s'est pas concrétisée. Le premier (et dernier) texte qu'il rédige sur un Salon, celui de mai 1886, lui est commandé par *Le XIXe Siècle*. Il ne paraîtra pas à cause d'un trop grand nombre d'erreurs dans la composition… Mais le manuscrit a été retrouvé et publié tel quel ultérieurement. Il s'adresse à ses lecteurs en les rassurant, n'ayant pas l'idée de leur faire un cours théorique sur la peinture. Il reconnaît n'être pas plus expert que ses collègues. D'abord, le critique ne sait rien de la pratique de la peinture – il reprend là l'argument le plus souvent lancé contre la critique. Son pouvoir ne repose que sur le grand nombre de tableaux déjà vus. Il juge à partir de cette connaissance. De plus il est partisan, soit pour les classiques, soit pour les novateurs. Le public n'est pas mieux placé pour juger. Il en appelle à la sensibilité et à une délicatesse d'œil très rare : « Un regard fin et exercé les distingue, ces nuances, les savoure avec une joie infinie, en saisit les accords invisibles pour les foules, en note les innombrables et discrètes modulations. » Cette éducation de l'œil s'est faite au fil des siècles. On a compris aussi que le sujet n'est pas important, seule la façon de le rendre l'est. Il reproche à la critique et au public d'avoir imposé aux peintres une « peinture littéraire, antique ou moderne, tirée de l'histoire ancienne, des mémoires tragiques ou galants de jadis ou de la *Gazette des tribunaux* d'aujourd'hui... » Mais les peintres ne sont pas mieux placés pour juger, étant donné leur partialité : « Comment admettre qu'il puisse [l'artiste], étant donné ses œuvres, comprendre et apprécier la peinture microscopique de M. Meissonier ? M. Gustave Moreau cherche aussi à fixer des rêves, mais avec une précision méticuleuse. » Et que dire des « insaisissables harmonies de tons » ? Alors il ira voir ce Salon en bon naïf, en bourgeois qui va voir des images.

Son entrée au Salon est marquée par « une vive douleur, un coup de couleur crue et de jour brutal, qui se transforme bientôt en migraine ». Il est question pour lui de classer les peintres en « groupes sympathiques ». Et il débute sa visite en faisant un constat : « Dans les allées où dominent les batailles, le niveau de l'art est haut ; dans les salles où dominent les Orientales sur des coussins et les baigneuses sur l'herbe verte, le niveau de l'art est bas. » Et d'énumérer les groupes : « 1er groupe – Antiquaires religieux... », ce sont ceux qui peignent des mythologies et la Bible. Il poursuit :

> 2e groupe – Antiquaires histoires. [...]
> 3e groupe – Modernistes champêtres et fantaisistes.
> 4e groupe – Classiques fantaisistes et champêtres.
> 5e groupe – Peintre de harengs, fleurs, légumes et casseroles [...]
> 6e groupe – Peintres de faits divers. Accident de voiture, chiens écrasés, naufrages, événements parisiens... [...].
> 7e groupe – Marines. Marines de guerre, de plaisance, de pêche, de commerce. Canotage.
> 8e groupe – Paysagistes : bois, vallons, rivières, bosquets, plages, plaines, landes, etc.

Le 9e groupe est celui des animaliers, le dixième, celui des portraits et le « 11e groupe – Fumistes et déments. »

Maupassant ne paraît pas devoir faire pas des choix très originaux : il recommande avant toute chose Puvis de Chavannes. Quant au *Justinien* de Benjamin-Constant (1845-1902), il y voit une grande toile « toute en or et en pierres précieuses [...], bien faite pour exciter les convoitises du pauvre monde et soulever les passions basses, les désirs de pillage et de vol ». Et il se montre aussi élogieux à l'égard de Georges-Antoine Rochegrosse (1859-1938) pour sa *Folie du roi Nabuchodonosor*.

Dans la troisième partie de son *Salon*, il donne quelques exemples de lettres de confrères qui lui recommandent de prêter attention à un protégé. Cela devient pour lui un vrai cas de conscience qu'il dépeint avec un humour irrésistible. Il n'en continue pas moins sa promenade, signalant des artistes inconnus ou médiocres, et ne saluant que la *Femme au masque* de Gervex. Il se divertit devant la femme de Roll et s'interroge sur celle de Henner. Il constate que les « paysanneries » ont remplacé les mythologies : « Ils ont remplacé [par les paysans] les Vénus et les amours que, seul, M. Bouguereau continue à préparer avec de la crème rose. » Mais il voit que le paysan va bientôt céder la place à l'ouvrier. Il se moque des peintres de nature morte, Rousseau et Vollon. Il se moque tout autant des « illustres », à commencer par Gérôme, et n'est clément que pour une poignée de paysagistes, dont Harpignies.

La cinquième partie est celle des remords : « Réparons deux oublis en mentionnant un charmant tableau de Mme Marguerite Ruffo (1877-?), *La Veuve*, et un joli paysage de M. Darasse... » ; deux peintres presque complètement oubliés. On ne se souvient même pas de cette Marguerite Ruffo ! Il admire le portrait de Pasteur par Léon Bonnat et, après avoir examiné d'autres portraitistes, s'arrête devant Jacques-Émile Blanche, « un véritable artiste », selon lui. Pour le 11e groupe, celui des « fumistes et déments », il abandonne – « Trop nombreux pour être cités. » La sculpture ne lui inspire guère de grands commentaires.

En conclusion, il se met à rêver qu'il n'y aura plus de ministre ni de directeur des Beaux-Arts et que le Salon sera supprimé. Mais il ajoute : « Le Salon annuel est, en effet, la conséquence directe de la peinture protégée à la façon de l'agriculture et de la prostitution. » Et d'énumérer tous les dégâts provoqués par ce rite incontournable.

Il prévient ceux qui vont pénétrer dans le Palais de l'Industrie : « Prenez garde à la peinture ! »

Maupassant a renoué avec la tradition perdue du *Salon* satirique ou humoristique, qui s'était épanouie au XVIIIe siècle et avait eu encore quelques belles heures avec Baudelaire, par exemple. À l'époque où il écrit ce *Salon*, seules subsistent les caricatures, et elles ne feront que prendre de l'ampleur jusqu'au XXe siècle. Il y a des morceaux de bravoure dans ces pages, qui sont souvent des petits bijoux de mise en boîte et de mauvais esprit, ce qui est d'ailleurs le propre du dernier tiers de son siècle.

L'auteur de *Bel Ami* n'a pas eu ou voulu trouver le temps de développer ses connaissances en art contemporain. Mais le Salon n'était alors que la vitrine des peintres arrivés, souvent réactionnaires. Malgré de solides amitiés avec des artistes, il n'est jamais allé plus loin que cette tentative, qui ne vaut que par de beaux et féroces moments d'humour.

Dans « La Balançoire », qui paraît dans *Le Gaulois* du 12 mai 1881, il parle du Salon après avoir fait diverses considérations acides sur l'amitié entre les peuples. Et il ne peut s'empêcher d'égratigner l'événement : « Mais, convaincu que je n'y ferai aucune trouvaille de valeur, je me suis bien gardé de contempler les murs ; j'ai regardé les visiteurs, et surtout les visiteuses. Elles sont si charmantes, les Parisiennes… […] Oh ! être peintre ! quel rêve ! peintre aimé des dames ! faire de la peinture élégante, amusante, à la mode ! et vous voir sourire devant mes toiles, ô Parisiennes ! » Et, de salle en salle, il se met en chasse, ne traquant que le visiteur ! Et la chute n'est pas moins divertissante que son bref récit : « C'est chic tout de même, la peinture ! » Dans ses « Notes d'un démolisseur », que publie *Gil Blas* le 1er mai 1882, il choisit le parti pris inverse et supplie avec véhémence les artistes : « Peintres, quand nous débarrassera-t-on de vos concours à images ? » Il les brocarde sans ménagement, et il ne voit en eux que des hommes en quête d'un Graal : la médaille. Il imagine, une fois les salons supprimés, une exposition qui aurait lieu toute l'année. Il s'en prend aussi aux sculptures qui cherchent le beau idéal et déclare, à propos du type que représente la *Vénus de Milo* : « Tu fus sublime, sans doute, mais tu n'es plus la femme d'aujourd'hui… » Et d'ajouter avec rage, en digne précurseur des futuristes : « Brisons les marbres, les moules et les admirations antiques. » Pour clore sur le sujet, il demande à ce qu'on le dispense du « chapelet des articles attardés que les Salonniers ruminants vont délayer obstinément… » Il imagine un nouveau ministre des Arts, qui ne sait pas bien qui sont Zola et Barbey d'Aurevilly et nomme des écrivaillons à leur place. Il en profite pour régler son compte à Albert Wolff (1835-1891), critique influent et très réactionnaire qui siège au *Figaro* et s'y maintient ennemi acharné des impressionnistes – il avait vertement écorné son *Pot-Bouille*. Dans le même journal, le 7 juillet 1885, il écrit, après la fermeture du Salon : « Adieu tableaux, critiques sont faites ! » Il défend la cause des peintres contre les critiques. C'est pour lui l'occasion de dire ce qu'il pense de l'art : « Il ne faut pas confondre la sensation qu'un objet quelconque produit sur nos sens avec la sensation complète que nous donne un art représentant et interprétant cet objet. La chose la plus affreuse et la plus répugnante peut devenir admirable sous le pinceau ou sous la plume d'un grand artiste. » Maupassant reconnaît que les « écrivains, en général, jugent la peinture avec des idées et des tendances d'hommes de lettres, et que cette façon de juger a eu, depuis le commencement du siècle, la plus fâcheuse influence… » Mais ce n'est pas non plus au public d'être juge. Ce sont là des peintres restés méconnus jusqu'à leur grand âge, comme Corot et Millet. Il cite aussi le cas de Manet. « D'où il résulte que tout est encore pour le mieux dans le meilleur des mondes, ou plutôt que, si tout va mal, tout pourrait aller pis, que les critiques incompétents valent encore mieux que les spécialistes infaillibles qui n'admettront ceci que par haine de cela… » Il imagine un Salon qui commencerait ainsi : « Mesdames et messieurs, je n'entends rien à la peinture ; vous non plus d'ailleurs, et mes confrères n'en savent pas davantage… » Il poursuit en tentant d'imaginer ce qui se passerait si le public connaissait les ficelles du métier. Il fait le même constat pour la poésie et le roman. Enfin, en 1886, il propose, sous forme d'une lettre écrite de Honfleur, « La vie d'un paysagiste ». Un ami lui écrit de Paris pour lui parler du Salon des Indépendants aux Tuileries. Se mettant dans les habits d'un paysagiste, il lui explique que ses « yeux ouverts, à la façon d'une bouche affamée, dévorent la terre et le ciel ». Il lui confie qu'il a le sentiment de n'avoir jamais rien regardé. Il lui dépeint son émerveillement et désigne l'homme qui l'a mené sur cette voie : « L'an dernier, en ce même pays, j'ai souvent suivi Claude Monet à la recherche d'impressions. » Il relate de quelle manière l'artiste a peint les célèbres falaises : « Je l'ai vu saisir une tombée étincelante de lumière sur la falaise blanche et la fixer à une coulée de tons jaunes qui rendaient étrangement le surprenant et fugitif effet de cet insaisissable et aveuglant éblouissement. » Il s'emploie à montrer comment ce peintre, et d'autres comme Corot, parviennent à restituer cette réalité fugace. Un homme l'invite à aller rendre visite à Gustave Courbet et il se retrouve dans une pièce nue où se dresse « un gros homme graisseux et sale » qui dépose des « plaques de couleur blanche » sur une grande toile, qui allait s'appeler *La Vague*. Et, après avoir loué les vertus de l'œil, il rappelle les efforts d'Émile Zola : « Tout le combat terrible que Zola raconte dans son *Œuvre* admirable, toute cette lutte infinie de l'homme avec la pensée, toute cette bataille superbe et effroyable de l'artiste avec son idée, avec ce tableau entrevu et insaisissable... » Cela, il a le pouvoir de le lire avec son « œil seul ».

7 *Comment s'est exprimé l'esthétisme de J.-K. Huysmans, l'auteur d'À rebours ?*

Joris-Karl Huysmans (1848-1907) écrit son premier *Salon* en 1879, l'année où il publie *Les Sœurs Vatard*, c'est-à-dire dans la phase initiale de son œuvre, marquée par l'influence de Zola et du naturalisme. Pour lui, le Salon est l'occasion de produire des morceaux de bravoure littéraire. Et c'est aussi l'occasion rêvée de tracer une frontière franche entre le monde du conformisme ambiant et celui des « modernes ». Il commence son compte rendu en ces termes guère ambigus : « Si j'excepte tout d'abord le Herkomer, le Fantin-Latour, les Manet, les paysages du Guillemet [...] plusieurs toiles signées Rafaëlli, Bartholomé et quelques autres, je ne vois pas trop ce qu'au point de vue de l'art moderne nous pourrons trouver de réellement neuf dans ces coupons de toile qui se déroulent sur les murs du Salon de 1879. » Il prend un certain plaisir à renverser quelques-unes des idoles du moment comme, par exemple, Flameng : « J'arrive maintenant aux Girondins secs et vitreux de M. Flameng, et je me demande comment ce peintre, qui est jeune, peut s'attarder dans cette voie battue. » La visite du Salon se transforme chez lui en un véritable jeu de massacre. Il n'est que de lire ce qu'il dit de *La Mort de l'Empereur Commode* de Fernand Pelez (1843-1913) : « J'avais tout d'abord mal compris le sujet. Je pensais que le monsieur en caleçon de bain vert penché sur l'autre monsieur en caleçon de bain blanc était un masseur, et que la femme soulevant le rideau disait simplement : “Le bain est prêt”. » Et, pour l'essentiel, il s'emploie à défendre les « modernes », c'est-à-dire Degas, Manet, Gervex, Bastien-Lepage, Renoir et Fantin-Latour.

L'année suivante, il fait débuter son récit par une note aussi peu engageante : « Cinquante tableaux à peine méritent qu'on les regarde. » Ce *Salon officiel de 1880* est écrit pour défendre une poignée de peintres – les mêmes que l'année précédente, à peu de chose près, auxquels il associe Guillemet – et pour faire l'éloge d'un homme qui le fascine, Gustave Moreau, « un artiste extraordinaire, unique. C'est un mystique, enfermé en plein Paris, dans une cellule où ne pénètre même plus le bruit de la vie contemporaine qui bat furieusement pourtant les portes du cloître. Abîmé dans l'extase, il voit resplendir les féeriques visions, les sanglantes apothéoses des autres âges ». Cet amour inconditionnel pour l'art de Moreau trouve sa traduction dans le roman de sa rupture avec le naturalisme, *À Rebours*, publié en 1884. Dans ce livre qui est à la fois le comble du nihilisme et le comble de l'esthétisme, il fait un éloge appuyé de Gustave Moreau et d'Odilon Redon. En 1881, Huysmans se montre très sceptique, même devant l'envoi de Manet ou devant *Le Pauvre pêcheur* de Puvis de Chavannes, qu'il qualifie de « peinture crépusculaire ». Faute d'avoir beaucoup plus à dire des créateurs français, il écrit de longues pages sur les Anglais, en particulier sur les illustrateurs, dont Alma-Tadema, Kate Greenaway (1846-1901), la célèbre illustratrice de livres pour enfants, Caldecott et Walter Crane (1845-1915), qu'il compare avec Gustave Doré. Néanmoins, il ne faut pas oublier que l'écrivain rend compte de manière scrupuleuse du Salon des Indépendant, qui constitue à ses yeux le contrepoint du Salon devenu une institution sclérosée. En 1885, il ne renonce pas à exercer sa verve. Il s'en prend cette fois à Bouguereau – « paganisme et chrétienté, salauderies de la chair et flans de l'âme, tout y passe ». Mais, en substance, ce sont toujours les mêmes qu'il défend : Gervex, Fantin-Latour – qu'il salue longuement –, Roll et Bastien-Lepage. Parallèlement, Huysmans cultive, outre celle qui l'attache à Moreau, deux grandes passions qui supposent l'étrange et le diabolique : Odilon Redon et Félicien Rops – passions qui ne sont pas sans liens avec sa conversion au catholicisme.

8 *Quels étaient les penchants de Mallarmé dans le domaine de l'art ?*

À l'inverse de la majeure partie des grands écrivains du XIXe siècle, Stéphane Mallarmé (1842-1898) n'est jamais pris par le démon du Salon. Après l'échec de ce qui devait être son *opus magnus*, le « Livre », le poète s'est consacré à des vers de circonstance et à des poèmes d'éventail, ne réalisant que deux œuvres importantes, *Igitur* et « Un coup de dé jamais n'abolira le hasard ». Sa relation avec le monde de l'art, qu'il ignore peu ou prou jusque-là, commence quand il fait la connaissance d'Édouard Manet au printemps 1873. Quand il traduit « Le Corbeau » d'Edgar Allan Poe, c'est à lui qu'il songe pour illustrer l'ouvrage qui paraît en juin 1875.

Sur ces entrefaites, fait rare, il écrit une défense de Manet, parue dans *La Renaissance artistique et littéraire* le 12 avril 1874, qu'il intitule « Le Jury de peinture et M. Manet ». Il y déplore la décision du jury du Salon d'avoir écarté deux tableaux de l'artiste sur les trois qu'il avait envoyé. Synthétique à son habitude, Mallarmé met le doigt là où cela fait mal : « M. Manet, pour une Académie (et j'ai nommé ce que, chez nous, malheureusement, devient tout conciliabule officiel), est, au point de vue de l'exécution non moins que de la conception de ses tableaux, un danger. » S'il reconnaît que le *Bal masqué à l'Opéra* est un tableau « capital dans l'œuvre du peintre », il suggère que *Les Hirondelles*, « très singulier pour un œil d'amateur et doué d'une séduction calme », tout comme *Le Chemin de fer*, sont dignes d'être présentés aux amateurs. Il entreprend alors de visiter un Salon imaginaire et de rendre compte en détail de ces trois compositions, avec le souci de penser les qualités et même les défauts qu'on pourrait discerner en elles. Et de conclure :

> Ce maître nouveau, qu'on a vu, dans une pensée supérieure et avec une sagacité mal comprise, présenter annuellement le développement de sa manière, toujours de plus en plus accusé et de plus en plus antipathique, par conséquent, avait le droit d'attendre que le sous-entendu impliqué par sa démarche fût compris, à la longue, de juges délicats et soucieux de rien d'autre chose que du talent.

Manet, profondément ému par ses propos, lui envoya un billet – avec ces deux mots inscrits sur l'enveloppe : « Tout arrive » – pour lui dire : « Mon cher Ami, Merci. Si j'avais quelques défenseurs comme vous, je me... absolument du jury. – Tout à vous... »

Pour la France, ce fut tout. Mais, deux ans plus tard, un poète anglais, Arthur O'Shaughnessy (1844-1881), envoyait à Mallarmé une lettre lui proposant d'écrire un article sur l'art nouveau à Paris pour la revue londonienne *The Art Monthly Review*. « The Impressionists and Edouard Manet » fut imprimé le 30 septembre 1876 et n'a jamais été traduit en français de son vivant. La même année, il enverra à l'*Athenæum* deux petites notes sous le titre « Fine Art Gossip » : des informations sur le Salon et surtout sur deux œuvres de Manet, *Argenteuil*, qui a été accepté, et *La Lessive*, qui a été refusé. Il annonce également l'exposition que l'artiste compte faire dans son atelier, en marge d'un Salon qui le traite si mal.

Dans ce long article, Mallarmé fait un bref et abrupt résumé de l'art de son temps, en partant de Courbet et du réalisme et en y incluant l'œuvre d'Henri Regnault. Il met aussitôt en évidence le rôle solitaire de Manet et souligne que c'est un « dilettante », solitaire lui aussi, qui a pris la mesure de son talent : Charles Baudelaire. Il montre le déroulement des événements à partir du moment où Édouard Manet s'est retrouvé avec un petit groupe de disciples et explique que le peintre a exposé dans son atelier, que ses amis ont été montrés par la galerie Durand-Ruel entre 1874 et 1876, et qu'on les a surnommé les « Intransigeants ; il a ajouté qu'ils allaient plutôt au-delà du réalisme. Le poète s'emploie alors à faire voir en quoi Manet a été un grand précurseur dans l'aventure de l'impressionnisme :

> Fatigué des petites formules de l'Académie où il avait étudié sous la direction de Couture [Mallarmé se trompe : Manet n'a jamais étudié à l'Académie des Beaux-Arts, mais est bien entré dans l'atelier de Thomas Couture], reconnaissant le vide de tout ce qu'on lui avait enseigné, Manet prit la décision d'arrêter de peindre, ou de plutôt de ne plus peindre qu'en se fiant à lui-même. Toutefois, au sein de l'isolement qu'il avait choisi, il reconnaît deux maîtres – des maîtres du passé – qui l'ont soutenu dans sa révolte. Il a été surtout inspiré par Vélasquez et par les peintres flamands. L'atmosphère mystérieuse qui enveloppe les compositions du bon vieux maître espagnol et la tonalité éclatante qui émane des toiles

de ses pairs, les peintres du Nord, ont conquis l'admiration de l'élève, le conduisant à deux aspects de cet art dont il est devenu le maître et qu'il sait doser à sa manière. Ce sont justement ces deux aspects qui révèlent la vérité et qui confèrent aux tableaux – qui s'y réfèrent – une réalité vivante et non une élaboration sans fondement d'obscures fantaisies éloignées de l'objet. Ce furent ses premières expériences de Manet, et il est curieux qu'il se soit appuyé sur le passé et sur l'étranger pour corriger les maux de son pays et de son temps. Néanmoins, la vérité m'impose de dire qu'il n'en avait pas du tout besoin.

Force est de constater qu'en faisant l'éloge de son ami, Mallarmé démontre son ignorance relative en matière de peinture et que si les Espagnols ont joué un grand rôle dans l'histoire de Manet, il aurait fallu qu'il évoque Goya, Murillo et Zurbaran, et que si l'art des Flandres a eu quelque importance à ses yeux, ce fut plutôt du côté de Rubens et de Franz Hals. Mais il a parfaitement compris que la « matière première » de son art – pour reprendre son expression – est bel et bien le Nord et le Sud. Il attribue ensuite à Baudelaire le fait que Manet soit « tombé sous l'influence de la vie moderne ». C'est une légende que l'auteur de l'*Hérodiade* invente et qui aura la vie dure. Et il prophétise qu'avec le temps, l'œil du public s'éduquera et adoptera sa manière de voir, même si la lutte se poursuit encore à la date où il trace ces lignes. Il fait alors un commentaire détaillé de toiles récentes, comme *La Lessive*, qui lui permet d'exposer la manière qu'a l'artiste de représenter la femme.

9 *Comment s'est traduit l'idéalisme du Sâr Péladan dans ses écrits sur l'art ?*

L'écrivain Joseph-Aimé Péladan (1858-1918), passionné par les sciences occultes, s'est fait appeler Sâr Péladan ou Joséphin Péladan Sâr Mérodack. Après avoir été employé dans une société de crédit, il fait un voyage à Florence et à Rome qui le transporte d'enthousiasme. Il y admire sans réserve le Quattrocento qu'il y découvre et surtout Léonard de Vinci. À son retour, il collabore à la revue *L'Artiste* pour y disserter sur les arts plastiques. Il contribuera par la suite à d'autres périodiques, toujours en tant que critique d'art.

En 1888, il crée l'ordre kabbalistique de la Rose-Croix et, trois ans plus tard, l'ordre de la Rose-Croix catholique et esthétique du Temple et du Graal. Il crée en 1892 le premier Salon chez Durand-Ruel, du 10 mars au 10 avril. Le succès est immédiat. Plus de vingt mille visiteurs s'y rendent. Parmi les exposants se trouvent Ferdinand Hodler (1853-1918), Jean Delville (1867-1953), Henri Martin (1860-1943), Émile Bernard, Fernand Khnopff (1858-1921), Antoine Bourdelle, Alexandre Séon (1855-1917), Jan Toorop (1858-1928), Carlos Schwabe (1866-1926), etc. En 1894, il écrit un ouvrage sur la question : *L'Art idéaliste et mystique*, où il considère l'être humain comme un singulier mélange de bête et d'ange. Pour exposer au Salon, nulle adhésion à l'ordre n'est requise, seul le caractère spirituel des œuvres est pris en considération, car son ambition est de contrecarrer « le matérialisme européen ». Il exige une pure beauté, certes, mais n'impose pas d'autre programme que celui de la noblesse et du lyrisme. Dans cet état d'esprit, Péladan rédige un règlement sévère, qui interdit « toutes les représentations de la vie contemporaine », les scènes de bataille, les tableaux patriotiques et militaires, les œuvres historiques, ainsi que celles représentant des animaux domestiques et tous « les accessoires et autres exercices que les peintres ont d'ordinaire l'audace d'exposer ». De plus, les femmes ne sont pas admises. Dans son étude sur l'art, il a tenu à souligner :

> Artiste... sais-tu que l'art descend du ciel, comme la vie coule du soleil ? Qu'il n'est pas de chef-d'œuvre qui ne soit le reflet d'une idée éternelle ? Que ce que l'on nomme abstrait, peintre ou poète, le sais-tu ? C'est un peu de Dieu même, dedans une œuvre. Apprends que si tu crées une forme parfaite, une âme viendra l'habiter, et quelle âme ! une parcelle de l'Archée...

Et d'ajouter :

> Artiste, tu es le prêtre : l'art est le grand mystère et quand vos efforts aboutissent à une œuvre d'art, un faisceau Saint descend sur l'autel... Artiste, vous êtes le roi : l'art est le véritable empire ; lorsque votre main écrit une ligne parfaite, les chérubins descendent prendre du plaisir en elle comme dans un miroir... Artiste, vous êtes le magicien : l'art est le grand miracle et prouve notre immortalité.

Pour lui, l'art avait été assassiné par la révolution de 1789. Il fallait donc réformer le « goût latin et créer une école d'art idéaliste ».

Les membres du jury de son Salon sont nommés les Magnifiques. Le jour du vernissage, Péladan s'est exclamé : « Ce jour, l'idéal eut son temple et ses chevaliers et nous, Macchabées du Beau, nous allâmes apporter à Notre-Dame aux pieds de notre Suzerain Jésus l'hommage du temple et l'agenouillement des Rose-Croix. » L'inauguration a été précédée par l'exécution de l'ouverture de *Parsifal* de Wagner, à la trompette, dans une adaptation d'Erik Satie. Les salles sont ornées de fleurs aux parfums capiteux et orientaux. L'affiche a été dessinée par Armand Point. Elle représente un jeune guerrier androgyne qui tient dans une main la tête tranchée d'Émile Zola ! Cela n'a pas empêché ce dernier de venir au vernissage. Mario Praz jugera plus tard ses intentions héroïques et les résultats plutôt comiques.

Un second Salon est organisé en 1893 aux Champs-Élysées, où Khnopff se taille la part du lion. Quatre autres événements suivront de 1895 à 1897 – la dernière exposition ayant lieu à la galerie Georges Petit). Le dernier Salon présente douze élèves de Gustave Moreau, dont Georges Rouault. Cependant, des peintres qu'on aurait pu penser proches de l'idéal symboliste proposé par Péladan ne tiennent pas à y participer, comme Gustave Moreau et Odilon Redon.

Joséphin Péladan est un être tout de paradoxes et sa vision idéalisée à l'extrême de l'art comme manifestation de Dieu est parfois transgressée par des choix singuliers, comme celui d'opter pour une gravure de Félicien Rops pour son roman *Le Vice suprême* (1884). Sa conception des arts n'a pas eu une influence aussi considérable que ses Salons car elle entrait en conflit avec celle du symbolisme, beaucoup plus ouverte – une conception que le poète d'origine grecque Jean Moréas (1856-1910) a formalisée à la Une du *Figaro* en 1886.

10 *Quel a été le destin critique de Jules Laforgue ?*

Jules Laforgue (1860-1887), l'auteur des *Moralités légendaires*, a connu un destin qui n'est pas banal pour un poète : il a beaucoup plus écrit sur l'art que sur la littérature. Une fois finies ses études à Tarbes, où il se passionne déjà pour le dessin, il se rend à Paris et fréquente l'atelier d'Henri Lehmann, puis suit les cours d'Hippolyte Taine à l'École des Beaux-Arts. Le poète symboliste Gustave Kahn (1859-1936) le décrit d'ailleurs comme « un dévot du tableau et de l'image ». Ses textes regorgent de références picturales. Quand a lieu l'Exposition universelle de Paris en 1868, il crayonne des chroniques humoristiques. Ses caricatures légendées paraissent dans *La Guêpe* et dans *Balivernes*. Il se révèle amateur d'art assez averti en fréquentant les galeries et devient en 1881 le secrétaire particulier de l'éminent collectionneur Charles Ephrussi. C'est là qu'il découvre Ary Scheffer, Gustave Moreau et surtout les impressionnistes. Il se lie d'amitié avec Henry Cros, le sculpteur, Seurat et Jacques-Émile Blanche.

La même année, il commence à écrire pour *La Gazette*. Ephrussi est le mentor de ce jeune homme encore bien inexpérimenté et la tête remplie d'idées audacieuses. Il propose à cette revue de publier un livre de sa main, qui serait, selon lui, un ouvrage « définitif » sur l'art moderne allemand. Cette idée lui est venue car il a eu la possibilité de devenir le lecteur attitré de l'impératrice d'Allemagne Augusta. Cette charge l'éloigne de Paris pendant trois ans. Ses articles vont porter exclusivement sur ce qu'il a pu voir en terre allemande. Après un premier article sur les œuvres décoratives d'un modeste élève de Puvis de Chavannes, Henry Daras, il commence à rédiger une série d'articles sur les grandes expositions de Berlin : l'Union Artistique de Berlin, le Salon, et même sur l'exposition du centenaire de l'Académie royale des arts). Son premier papier est assez critique : « Pas une nature morte qui attire [...] Pas une toile historique. » Ce qui le chagrine, c'est que l'art allemand n'a rien à offrir d'intéressant comparé à l'art en France. Il n'hésite pas à écrire : « N'ayant pas encore digéré le présent en art, l'école allemande devra se surmonter encore avant de nous donner une peinture de l'avenir »... (1883) Son jugement est sans appel !

Il est cependant admiratif du vieil Adolphe von Menzel (1815-1905), qu'il découvre au Salon de 1883 puis lors d'une grande exposition commémorative à la Nationalgalerie. Mentzel est connu pour ses représentations de la cour au temps de Frédéric II, mais aussi pour ses scènes très modernes du monde du travail. Laforgue déclare à son sujet : « Comme toujours, l'impression dominante et obsédante des œuvres de Mentzel est celle d'un génie dont la raillerie est impitoyable... »

En plus de ses qualités de peintre, cet artiste se montre très doué pour les aquarelles, les gouaches, les dessins et les gravures.

Il est frappé par un autre artiste, qui lui en impose, le Suisse Arnold Böcklin (1827-1901). Il est en admiration devant *L'Île des Morts* et il considère que c'est un « artiste extraordinaire ». *Jeux dans les vagues*, un des tableaux les plus connus, l'inspire :

> Avec son étroite bande d'un ciel singulier, et sans heure, donne d'abord une puissante impression de haute mer solitaire aux vagues bleues, vertes, flasques et mouvantes, berçant leurs reflets. Une petite sirène aux formes laides mais agiles, les pieds gris, aigrettés de courtes nageoires, plonge sous l'eau vert-de-gris. Ahuri, les bras penauds, un centaure qui la poursuivait s'arrête, trapu, les yeux injectés, la croupe ruisselante et la queue joyeuse, ses mamelles et son ventre énorme polis comme un cuivre, les sabots battant sous l'eau allongés par l'illusion.

Somme toute, Laforgue se divertit de l'ambiguïté de la composition mythologique, certes, mais aussi de sa facture un peu trop grotesque.

Mais de tous, c'est encore Max Klinger (1857-1920) qui le fascine le plus. Il le cite chaque fois qu'il en a la possibilité. Il note à son propos que ce n'est pas un nouveau venu, mais ajoute, toujours pour le Salon de Berlin en 1883 : « M. Klinger m'apparaît comme un poète dévoyé, d'une imagination universelle, d'une sensibilité excentrique et pessimiste, que les circonstances ont mis dans un atelier, et qui, jeté par son indépendance spleenétique dans les formules modernes les plus avancées... »

Par bonheur pour lui, il obtient de la Cour la permission de retourner à Paris pour la période du Salon. Dans son compte rendu de celui de 1886, dans *Le Symboliste*, il se moque de la « corporation » mais semble resté bouche bée devant *La Jeune fille à la tête d'Orphée* de Gustave Moreau : « Mais, je vous en prie ! nulle gravure ne donnera le profil de cette immortelle jeune fille, cette Cordélie si jeune [...], si mûre d'expression compatissante et supérieure. » Il apprécie aussi le dernier tableau de Puvis de Chavannes – « Un âge d'or magnanimement claustral, mais avec des nostalgies vers des horizons de déchéances » –, ainsi que les portraits de Fantin-Latour qu'il trouve « attachants d'apparition et d'une très riche modestie de facture... »

La phtisie l'emporte en août 1887. De telle sorte qu'une grande partie de son œuvre critique est demeurée inédite. Ce n'est qu'après sa mort que paraît son essai le plus significatif, les « Origine physiologique de l'impressionnisme. – le préjugé du dessin. » C'est un plaidoyer fervent, qui s'appuie sur des considérations scientifiques. Laforgue les traduit de cette façon :

> Étant admis que, si l'œuvre picturale relève du cerveau, de l'âme, elle ne le fait qu'au moyen de l'œil et que l'œil est donc d'abord tout comme l'oreille en musique, l'impressionnisme est au peintre moderniste qui, doué d'une sensibilité d'œil hors du commun, oubliant les tableaux amassés par les siècles dans des musées, oubliant l'éducation optique de l'école (dessin et perspective, coloris) à force de vivre et de voir franchement et primitivement dans les spectacles lumineux en plein air, [...] est parvenu à refaire un œil naturel, à voir naturellement et à peindre naïvement comme il voit.

C'est là certainement la seule vraie tentative du poète pour décrire un mode de peindre dans des termes nouveaux. Dans ses notes, brouillons, premiers jets, débuts d'articles, on se rend compte de l'étendue de ses intérêts : la philosophie de l'inconscient de Hartmann, par exemple, qu'il développe ; les théories de Taine et de Renan – cet essai est publié dans *La Revue Blanche*, le 1er décembre 1896 –, l'art ancien, depuis l'art égyptien jusqu'à Rembrandt, Van Dyck et Hals. Il a laissé entre autres une esquisse de visite au musée du Luxembourg où il rend hommage à Whistler, à Bastien-Lepage et bien sûr à Gustave Moreau, sans parler d'Eva Gonzalès. Ailleurs, il s'en prend à Alexandre Cabanel, qu'il surnomme « le petit suisse des pauvres ». Enfin, parmi tous les papiers concernant l'Allemagne, on a trouvé l'éloge des peintres nazaréens, à commencer par Overbeck et Cornelius.

11 *Quelle a été la relation de Marcel Proust avec la chronique artistique ?*

Sans doute serait-il exagéré et même fallacieux de considérer Marcel Proust (1871-1922) comme un critique d'art. Tout bien pesé, il n'a jamais écrit que deux articles dans sa jeunesse. Le premier est signé d'un pseudonyme, De Barbant, et a paru en décembre 1890

– le jeune homme n'a pas encore vingt ans ! – dans le 3e numéro du *Mensuel*. Il y parle d'une exposition qui a eu lieu à la galerie Georges Petit et commence son morceau par une formule qui ne manque pas de panache et de subtilité : « Petite salle, petits tableaux, et j'allai dire injustement petite exposition. » Mais ce n'est qu'une modeste tentative qui se révèle plaisante. Paru dans la même revue en mai 1891, l'article suivant est plus ambitieux puisqu'il traite des deux grands Salons parisiens, le Salon des artistes français aux Champs-Élysées et celui de la Société Nationale des Beaux-Arts au Champ-de-Mars. Proust se révèle un salonnier plein d'esprit et de mordant. Il brocarde Georges-Antoine Rochegrosse (1859-1938) et reconnaît des qualités à Puvis de Chavannes – « Puvis personnifie le rêve, la vie contemplative... ». Il a aussi des attentions pour l'œuvre de Paul-Albert Besnard (1849-1934) dont il loue les « couleurs éclatantes, [de] la vie dans tout son épanouissement, la nature grandie, je dirais idéalisée... » Il s'enthousiasme pour quelques artistes inconnus auxquels il concède de la poésie. Il remarque Boldini et Jaques-Émile Blanche, s'arrête devant des portraits de Stevens et surtout de Whistler. « Que de talent ! que de nobles efforts ! », s'exclame-t-il. Dans ce compte rendu, Proust révèle sa maigre culture artistique, mais aussi son désir de mieux en pénétrer les secrets.

Par la suite, il préfère se consacrer à la mode et parfois à la musique. Il s'essaye même à quelques portraits de peintres en vers après avoir visité le musée du Louvre avec André Billy. Il compose une petite ode à Antoine van Dyck, où il évoque le *Portrait de James Stuart* :

> Et toi par-dessus tous, promeneur précieux,
> En chemise bleu pâle, une main sur la hanche,
> Dans l'autre un fruit feuillu détaché de la branche,
> Je rêve sans comprendre à ton geste et tes yeux.

Il chante aussi les louanges d'Antoine Watteau et deux autres peintres mineurs. Il renouvelle cette expérience peu après, mais avec des musiciens.

La « carrière » de critique de Proust s'arrête là. Il écrit par la suite de nombreux articles, mais en général sur des questions littéraires, sans parler de ses pastiches célèbres de Flaubert, de Sainte-Beuve ou d'Henri de Régnier. De toute façon, Proust n'a aucune vocation à exercer cette fonction. Comme le note Jérôme Picon, dans son introduction aux *Écrits sur l'art* de ce dernier : « Seul un subtil réseau de références régente ce Parnasse aux bornes indécises : Proust cite Chardin à propos de Moreau, Véronèse à propos de Chardin, ou, à propos de Jacques-Émile Blanche, Chardin encore, mais aussi Manet, Hals, Feydeau, Barrès, Stendhal, Nadar, Gide, le Tintoret et bien d'autres. » L'univers pictural de Proust est fantasmatique, même si ses connaissances s'étendent et se précisent à mesure qu'il avance dans la composition de la *Recherche*.

Cependant, il a abandonné complètement ce qui pourrait ressembler de près ou de loin à l'activité critique traditionnelle. À l'époque où il conçoit *Jean Santeuil*, c'est-à-dire à partir de 1895, il écrit quatre textes sur l'art qui restent alors inédits. Il s'agit de quatre brèves méditations sur Rembrandt – en fait, cet essai fait écho à celui sur Rembrandt et Chardin, qui était sans doute destiné à *La Revue littéraire* –, Moreau et Monet. L'association de ces quatre noms suffit à faire comprendre que l'écrivain était loin de s'intéresser aux débats esthétiques de son temps, ou de la période précédente, les deux derniers artistes traités paraissant incompatibles. Chacun d'entre eux le passionne au plus haut point et c'est à ce seul titre qu'il entreprend de leur consacrer ces études. Dans les pages dédiées à Rembrandt, il expose sa conception de l'institution muséographique : « Les musées sont des maisons qui abritent seulement des pensées. » En contemplant des tableaux, explique-t-il, nous contemplons des pensées. En formulant cette idée, Proust révèle la véritable quête de l'art depuis la Renaissance, au-delà de toutes les spéculations strictement picturales. Il élève la peinture au rang de langage, non pas inspirée par la poésie, mais étant une forme de poésie en soi et pour soi.

Analysant les relations que Rembrandt établit entre les êtres et les choses (qu'il aurait peints « comme s'il n'en avait pas peintes d'autres »), il discerne un point fondamental : sa manière de peindre des lieux et des choses entre ombre et lumière ne formule pas non plus des choses qu'il aime, mais son propre goût, ses idées, qui ne font qu'un avec lui-même. Contempler ses toiles dans un musée pourra rendre capable de saisir une de ces idées, qui l'entraîneront à d'autres considérations précieuses. Ses œuvres ressembleraient donc plus à lui-même qu'à la nature et à l'humanité qu'il y représente. On y découvre sa personnalité complexe. Proust fait remarquer que les choses sont souvent faites d'une « sorte de matière dorée » et qu'elles sont peintes sous la lumière d'or du couchant. « C'est la lumière de sa pensée. Avec cette lumière, il montre que nous pouvons atteindre quelque chose d'élevé, manifestation de la joie « que la vue de sa manière dorée nous inspire ». C'est donc d'une façon obsessionnelle qu'il veut traduire la lumière dans son intensité, sans plus procurer la pensée de la beauté ou d'une vérité extérieure, se refermant sur son for intérieur, pour ne rien en perdre.

Pour Chardin, il choisit de brosser un tableau où l'on voit un jeune homme d'extraction modeste dans une salle à manger, assis devant une table qu'on n'a pas encore tout à fait débarrassée. Au fond de la pièce, il voit sa mère, déjà son ouvrage et, derrière elle, une porcelaine destinée aux « grandes occasions ». Ce jeune homme ne goûte pas ce qu'il l'entoure. L'auteur lui conseille de se rendre au Louvre et d'aller dans la galerie Lacaze regarder des tableaux de Chardin. Il n'y distingue qu'une femme qui enseigne à sa fille l'art délicat de la broderie (*La Mère laborieuse*) que des intérieurs de cuisines, un chat qui marche sur des huîtres, une raie morte suspendue (*La Raie*), des objets familiers dont une chocolatière de porcelaine (*Ustensiles variés*), une crédence avec des couteaux sur la nappe (*Fruits et animaux*). Ces choses si communes deviennent belles parce que pour Chardin, nous dit Proust, elles sont belles à peindre. Son « langage impératif et brillant » a restitué le spectacle plaisant de la vie humble grâce à sa conscience vive qui se traduit par des « touches onctueuses, par des couleurs éternelles ». Là encore, la lumière joue un rôle primordial dans l'intelligence des choses. La lumière, mais aussi la disposition de ces choses, comme les verres qui se changent en emblèmes. Sous le pinceau de Chardin, la cuisine devient un univers d'une richesse immense, inépuisable. Les visages ont aussi leur enchantement. Il songe aux pastels que l'artiste a exécutés à soixante ans et vante sa capacité à saisir non seulement le plus infime détail de la physionomie, mais aussi les sentiments qu'elle trahit. Il donne en exemple son *Autoportrait*. Après les objets, « vivants comme des personnes », et les visages, si bien dépeints qu'ils ressemblent à ses fruits, Proust réunit objets et personnes dans une pièce et discerne la relation qui les unit. Chardin enseigne à voir qu'une poire est aussi belle qu'une femme et qu'un récipient vulgaire est aussi beau qu'une pierre précieuse. Avec lui, on apprend que la beauté n'est plus prisonnière d'une convention, mais qu'elle est libre et forte, universelle. Déjà avec

Rembrandt, on sait que les objets ne sont rien par eux-mêmes. Sa lumière les rendent mystérieux et beaux, leur existence contenant alors le principe vital. Avec Chardin apparaît le plus intime et le plus profond dans les choses.

Après ces deux grands peintres d'autrefois, Marcel Proust introduit le lecteur à l'un de ses contemporains, qui n'était pas apprécié des partisans de l'académisme et encore moins des modernistes. Quoi qu'il en soit, Gustave Moreau reste une sorte d'énigme à ses yeux et c'est cette énigme qui le fascine. Il voit ses œuvres réservées à la jouissance d'un petit cercle d'amateurs. Et il distingue ses compositions comme des paysages – presque toujours enfermés dans une gorge profonde ou obstrués par un lac – où passe un dieu, un augure, un oiseau bleu. Il choisit de disserter sur la *Courtisane sur une terrasse*, avec son visage triste et beau qui concentre toute la puissance de son destin. Mais ce qui le fascine le plus est l'insistance de Moreau à faire des tableaux antiques, qui sont ses propres rêves, dans lesquels il

> rassemble autour de lui ces étoffes rouges, ces vêtements verts constellés de fleurs et de joyaux, ces têtes graves qui sont celles de courtisanes, ces têtes douces qui sont celles des héros, ces gorges montagneuses qui sont le pays où vivent toutes les choses qu'il peint, car la vie ne déserte pas les choses pour confluer toute dans les êtres, parce que la montagne est légendaire et la personne ne l'est pas, car le mystérieux de l'action est exprimé surtout par la personne réservée [...] parce que les antres cachent des monstres, les oiseaux disent des présages, les nuages gouttent du sang, et parce que l'heure est mystérieuse...

Proust perçoit son art comme une poésie nostalgique où chaque paysage est un fragment de l'âme du poète. Il décrit enfin la maison du prêtre défunt, devenu un musée par sa volonté : « Sa maison est à moitié église, à moitié maison du sacerdoce. » Proust fait de l'« âme intérieure » l'élément moteur de la poursuite artistique. Quand les artistes demeurent fidèles à eux-mêmes, c'est-à-dire tant qu'ils sont fidèles à leur âme intérieure, « ce genre d'artiste agit selon un instinct sûr qui est le pressentiment secret de la grandeur de leur entreprise et de la brièveté de leur vie ». Tout cela se déroulant dans un territoire « où l'allégorie est la loi des existences ».

À l'inverse, ceux qui apprécient les œuvres de Claude Monet et d'Alfred Sisley aiment nécessairement les cours d'eau, les plages, les rives herbeuses, la mer. Toutefois, le voyageur qui accomplit un long périple pour voir un tableau de Monet représentant un champ de coquelicot ne fera peut-être pas une promenade pour aller voir un champ de coquelicots. Les tableaux sont ici un miroir magique de la réalité. Les couleurs y composent un paysage pour notre fantaisie. Ils font aimer le pays qu'ils montrent. Ils révèlent l'essence enchantée de Giverny ou de Vétheuil. Tout ce qu'ils font paraître devient choses divines. Ils font de nous des amoureux de l'idéal.

Dans ces quatre pièces en partie inachevées, Marcel Proust tente de cerner ce qui fait l'attrait d'une œuvre d'art, dans des genres différents sinon opposés. Entre Rembrandt et Chardin, quelque analogie peut être entrevue. Mais entre Moreau et Monet, absolument aucune ! Et pourtant, l'un et l'autre artiste ont la même faculté d'éveiller en nous des sensations, les sentiments qui contribuent à découvrir l'idéal dans le monde – un idéal à portée de main ou un genre d'idéal presque inaccessible.

D'une certaine façon, l'écrivain a esquissé les grandes lignes de l'esthétique d'*À la recherche du temps perdu*, qui va se révéler autrement plus complexe et bien plus riche et profonde qu'on aurait pu le croire.

Autre rapport avec l'art, il va se passionner pour l'œuvre d'un grand amateur d'art, savant, critique et peintre britannique, John Ruskin (1819-1900), qui est l'auteur de *Modern Painters*. Ce livre est né d'un voyage, entrepris en 1840, en Allemagne, en Suisse et en Italie – en somme, son Grand Tour. L'objectif assigné à ce grand ouvrage était la défense de l'œuvre de Turner. En 1836, Ruskin avait déjà écrit un plaidoyer en faveur du peintre, qui était vivement attaqué à l'époque. Il publie le premier tome en 1843. Le cinquième, qui est le dernier, n'a été imprimé qu'en 1860. Il s'est aussi fait le défenseur des jeunes artistes réunis dans la confrérie préraphaélite, qui a subi des jugements défavorables de la part de l'*establishment* anglais. En 1854, à la faveur d'un cycle de conférences à Édimbourg (*Lectures on Architecture and Painting*), il se fait le défenseur de l'art gothique et des artistes préraphaélites. Il achète des dessins à Dante Gabriel Rossetti et à son épouse Elizabeth Siddal (1829-1862). Mais il rompt avec Millais et se détache peu à peu de Rossetti. Il écrit néanmoins un important essai sur William Holman Hunt. Sa gloire, il la doit d'abord aux *Sept lampes de l'architecture* (1849) et surtout aux *Pierres de Venise* (1853).

Une suite d'événements survenus en 1899 conduit Proust à se passionner pour Ruskin. En 1898, son ami Robert de Billy lui parle de Ruskin et des cathédrales gothiques et lui fait lire *L'art religieux au XIIIe siècle en France* de l'historien d'art Émile Mâle (1862-1954). Marie Nordinger lui traduit quelques passages de Ruskin après avoir visité la cathédrale d'Amiens avec son ouvrage (*Amiens's Bible*) à la main. Un autre ami lui prête l'étude de Robert de la Sizeranne qui a paru deux ans plus tôt. À la fin de septembre, il se promène dans les collines qui surplombent Thonon et retrouve la même émotion éprouvée par le critique et dessinateur dans *Praeteria* quand il contemplait les Alpes. Proust éprouve alors le désir de traduire l'œuvre de Ruskin. Mais il ne connaît pas l'anglais. Sa mère et Marie d'Ordinger l'aident activement dans cette tâche car il ne se limite pas à la traduction de la *Bible d'Amiens*, il traduit aussi *Sésame et les Lys*. Quand Ruskin s'éteint en 1900, il écrit plusieurs articles à son sujet. Dans les pages du *Mercure de France*, dans la *Chronique des arts et de la curiosité*, le supplément hebdomadaire de *La Gazette des Beaux-Arts* (1er avril 1890), et aussi dans *Le Figaro*. Par la suite, l'auteur va remanier ces articles et les fondre dans un essai qui constituera la préface de sa traduction de la *Bible d'Amiens*, qui paraît au Mercure de France en 1904. Il y propose en premier lieu au lecteur un pèlerinage ruskinien à Amiens, plutôt qu'une visite de sa tombe à caractère fétichiste, comme tout un chacun peut la faire pour les figures historiques ou héroïques – et il y déclare : « mais les lieux qu'il admirait entre tous, dont c'est la beauté même que nous aimons, ne les habitait-il pas davantage ? »

Ruskin a eu la faculté de captiver son lecteur et de le faire aller à Amiens « dans une pensée esthétique ». Proust suit pas à pas le parcours qu'il propose et rappelle qu'il « n'achève jamais sa journée sans avoir fait le tour de l'immense cathédrale ». Il montre quelle a été l'évolution de sa pensée depuis *The Two Paths* (1858) : *Bible of Amiens* (1885) n'est que l'approfondissement de sa méditation. Il y considère que si les cathédrales sont les musées de l'art religieux, « ce sont des musées vivants ». Il ajoute : « Elles n'ont pas été construites pour recevoir des œuvres d'art, mais ce sont elles-mêmes [...] qui ont été faites pour elles et ne sauraient sans sacrilège (je parle ici de sacrilège esthétique) être placées ailleurs. » Il exprime longuement sa fascination pour la « Vierge dorée » dans une conférence donnée en 1839 à Kensington : il déclare qu'elle recèle plusieurs sens et que son véritable but est de répandre de la beauté. Il la compare à *La Joconde*, qui

> nous retient [...] par un lien plus fort que celui de l'œuvre d'art elle-même, un de ces liens comme en ont, pour nous garder, les personnes et les pays. Elle est quelque chose comme une admirable « Sans Patrie » : nulle part où des regards chargés de pensées se lèveront sur elle, elle ne saurait être une « déracinée ». On ne peut en dire autant de sa sœur souriante et sculptée, la « Vierge Dorée ».

Cette dernière serait plus qu'une œuvre d'art parce qu'elle est fraternelle et amicale – l'amitié reste pour Proust une des clés de sa vision esthétique.

Proust explique aussi que le mot « Bible » est pris par Ruskin au sens propre : il affirme que c'est une véritable « Bible en pierre ». Et d'en décliner tous les aspects perçus par Ruskin, dans toute leur complexité et leur symbolisme religieux ; mais le jeune écrivain place par-dessus tout la haute poésie de cette architecture et de son portail :

> Sans doute, avant de le savoir, quand vous voyez pour la première fois la façade occidentale d'Amiens, bleue dans le brouillard, éblouissante au matin, ayant absorbé le soleil et grassement dorée l'après-midi, rose et déjà fraîchement nocturne au couchant, à n'importe laquelle de ces heures que ses cloches sonnent dans le ciel que Claude Monet a fixées dans des toiles sublimes où se découvre la vie de cette chose que des hommes ont faite.

Pour lui, une cathédrale n'est pas uniquement « une beauté à sentir » : c'est un livre qu'il faut lire et déchiffrer. C'est un enseignement que « la cathédrale continue à dispenser dans un langage essentiel où chaque caractère est une œuvre d'art, et que personne ne comprend plus ». Voilà ce que Ruskin lui a fait éprouver et savoir : « La portée de l'art religieux. »

Évoquant sa visite au musée Ruskin à Sheffield, il observe : « Son catalogue est un abrégé de tous les arts et de toutes les sciences. » Et cette observation vient à point nommé pour mettre en évidence les contradictions apparentes de cet homme qui fut un artiste, un savant, un théoricien des arts et une sorte d'archéologue à sa façon. Il explique qu'il a pu être à la fois réaliste, naturaliste et intellectualiste. Il a été tout cela à la fois et il a cru que les meilleurs tableaux ont été ceux « qui renferment les pensées les plus hautes ». Proust choisit un tableau de William Turner comme exemple, *Didon construisant Carthage* : ce dernier démontre que s'il a pu passer pour un homme capable de supprimer l'imagination, la science ayant une trop grande part dans son jugement, il a aussi été considéré comme quelqu'un qui a laissé trop de place à l'imagination. Proust rappelle à cet effet une anecdote de la jeunesse de Turner où un officier de marine s'étant s'étonné de l'absence de certains détails techniques dans la structure du navire, Turner lui répondit qu'il lui suffisait de le savoir, mais qu'il n'était pas utile de les montrer. Il est vrai qu'on a bien souvent reproché à Ruskin de vouer un culte excessif aux sciences au détriment de l'imaginaire et Proust cite ses considérations sur le Tintoret, qui font apparaître son point de vue : « Un Tintoret n'a qu'à laisser aller sa main pour révéler sur les parties musclées une multitude de vérités qui déjoueraient tous les anatomistes de la terre. » – Ce faisant, il décrète la supériorité de l'artiste sur le savant ! Mais malgré ce souci de précision par rapport à la Création, la beauté reste « l'essentiel perpétuel » de sa vie. Dans ses commentaires, Proust souligne que l'art a été sa vraie religion. Il aime, comme nous tous, la beauté comme « quelque chose de réel existant en dehors de nous ». Ruskin a même voulu établir de manière indiscutable la « toute-puissance de la réalité ». Le don spirituel, selon Ruskin, c'est « le sentiment de la beauté dans la nature comme dans l'art ». À ses yeux, le poète est avant tout un scribe qui écrit sous la dictée de la nature. Il doit par conséquent écrire comme écrirait Dieu. Mais l'art existe dans toutes ses variétés, chacune portant sa vérité propre.

Proust indique en guise de post-scriptum que le plaisir esthétique « est précisément ce qui accompagne la découverte d'une vérité ». D'une certaine manière, c'est un mystère entier. Pour lui, une étoffe est belle seulement si elle est peinte par Gustave Moreau ou décrite par Honoré de Balzac. Il considère qu'au fond cette « idolâtrie » exagérée de la beauté n'est qu'une « *felix culpa* ». Mais il dit avoir compris qu'il faut se méfier d'un culte trop extrême se traduisant « par un retour sur soi-même » stérile : « ... je sais que la beauté d'un tableau ne dépend pas des choses qui y sont représentées. » Ce que recherche Ruskin dans le beau n'est pas séparable du réel car il n'est pas immatériel. Il est immanent. Toutefois, cette matérialité doit être éclairée et regardée comme une partie d'une totalité qui la contient.

Parvenu à ce point, Marcel Proust veut partir pour Venise avant de mourir pour « approcher, toucher, voir incarnées en des palais défaillants mais encore debout et rosés, les idées de Ruskin sur l'architecture domestique du Moyen Âge ». Et de conclure : « C'est le pouvoir du génie de nous faire aimer une beauté que nous sentons plus réelle que nous. »

Ainsi, grâce à Ruskin, il trouve les fondements de son esthétique, qui n'est ni complètement idéaliste, ni complètement réaliste, où l'imaginaire et le monde concret ont partie liée et dépendent d'une religion qui est celle du livre ; d'un livre sacré pour le porche d'Amiens, mais de toute façon c'est à ses yeux un livre qui délivre la beauté dans toutes ses acceptions et tensions et dans ses contradictions innombrables, entre ce qui est transcendant et ce qui est immanent et qui ne forme, en fin de compte, qu'une seule et même chose à condition de ressentir cet amour absolu du monde et de ses apparences. Et la chose la plus importante que lui a enseignée Ruskin reste cet impératif : « Sentez par vous-mêmes. » La mémoire et le savoir peuvent alors s'épouser. Il a d'ailleurs cité Ruskin à propos de Turner qui a dit sur son lit de mort : « C'est par ces yeux, fermés à jamais au fond du tombeau, que des générations qui ne sont pas encore nées verront la nature. »

Ce qui est certain, c'est qu'il existe tout de même un relatif hiatus entre son « esthétique » et celle de Ruskin. Cela est évident en dépit des nombreuses citations et du caractère élogieux de sa présentation. C'est encore plus flagrant dans la préface qu'il écrit pour la traduction de *Sésame et les Lys. Des Trésors des Rois, des Jardins, des reines* (Mercure de France, 1906), parue dans *La Renaissance latine* le 15 juin 1905 et intitulée « Sur la lecture ». C'est un long examen de l'art de la lecture, avec le pour et le contre – le contre étant le mode de lecture des lettrés : « Lui, lit pour lire, pour retenir ce qu'il a lu. » Mais ce n'est pas un désaveu de ce que Ruskin développe dans une de ses conférences, donnée en décembre 1864 à Manchester. C'est d'abord un plaidoyer pour ce qu'il a commencé à édifier et qui est son chef-d'œuvre. La lecture – et il donne en exemple les lectures de son enfance – fait partie d'un ensemble d'enchevêtrements avec le monde, le jour et l'heure, les lieux et ce qui les rend merveilleux. C'est-à-dire qu'il applique à la lecture ce qu'il ressent pour la peinture – il songe aux reproductions de tableaux de sa chambre pendant ses jeunes années. Selon lui, la lecture n'est pas une conversation comme le pense René Descartes et même comme le veut Ruskin. Il souhaiterait qu'elle ait un rôle semblable à celui des peintures de Millet ou de Monet : « Nous voudrions aller voir ce champ que Millet (les peintres sont aussi des poètes) nous montre dans son *Printemps*, nous voudrions que M. Claude Monet nous conduisît à Giverny au bord de la Seine, à ce coude de la rivière qu'il laisse à peine distinguer à travers la brume du matin. » L'art n'est pour lui que la transcription de ce qui constitue l'expérience humaine, dans la réalité et dans l'imaginaire. Déjà, il ébauche les grands traits de ce qui fait la singularité absolue d'*À la recherche du temps perdu*.

Mais il ne renonce pas à écrire quelques articles sur l'art. Cette fois, il s'attache à des peintres qui lui tiennent particulièrement à cœur. On sait qu'ils ont été écrits bien après 1895. « Rembrandt » a été rédigé peu après la mort de Ruskin en 1900. Pour « Watteau », c'est un mystère. En quoi Antoine Watteau peut-il l'intéresser ? Parce que, dans son œuvre, « l'amour est mélancolie, et aussi le plaisir » ? En réalité, il focalise toute son attention sur la relation du peintre et de la maladie. Si son examen d'Antoine Watteau est empreint de pitié, il finit par défendre ses extravagances – « Mais les goûts des artistes ne sont pas toujours raisonnables » –, en faisant allusion aux critiques adressées à son encontre par Caylus. Il est convaincu que les « bizarreries de leurs penchants » sont bien ce qui provoque l'admiration du public. Marcel Proust fait ici un évident parallélisme biographique avec son propre état – son état malade et son état d'écrivain qui cherche ses sujets dans ce qui l'entoure, comme Watteau en se promenant dans le jardin du Luxembourg, en collectionnant les costumes de théâtre et en faisant poser les amis qui venaient lui rendre visite…

12 *Qu'apporte de nouveau Félix Fénéon dans ce domaine déjà bien circonscrit ?*

Comment circonscrire la personnalité de Félix Fénéon (1861-1944) ? Ce n'est pas une chose aisée. A-t-il été un journaliste, un écrivain, un théoricien du mouvement libertaire, un conseiller de galeries d'art (il a joué ce rôle chez Bernheim-Jeune de 1906 à 1925), un éditeur (il a été le directeur littéraire des Éditions de la Sirène pendant les années 1920), un collectionneur, un critique littéraire, un critique d'art, et que sais-je encore ? Il a été tout cela à la fois, mais pas toute sa vie durant, et à des degrés divers. Par exemple, il n'a écrit que les *Nouvelles en trois lignes* – c'est là toute son œuvre littéraire. Il cesse d'écrire sur l'art vers le milieu des années 1920. Il avait déjà abandonné le journalisme, ayant quitté *Le Matin*, où il écrivait des « Faits divers », à la fin de 1906, après avoir collaboré à un grand nombre de périodiques, de *L'Aurore* à *La Renaissance* ou *La Revue anarchiste*, en passant par *Le Figaro*, *Le Père peinard*, *Le Chat Noir*, *La Cravache* et *La Plume*.

Fénéon écrit son premier texte critique en octobre 1883 dans *La Libre Revue* ; celui-ci porte le doux titre de « La Peinture académique "fin de siècle" ». Et il s'y montre assez féroce. Pour lui, l'Exposition nationale « est tout simplement l'intervention de l'État dans l'art » et ses jugements sur les peintres sont succincts et laconiques : « La réputation de Meissonier [...] n'a fait que croître [...] grâce à la lâcheté des critiques d'art. » Quant à la sculpture, il écrit qu'il n'a vu qu'« énorme quantité de quelconqueries piteuses ». En revanche, il va, pour le même périodique, visiter le Salon des Incohérents. On aurait pu croire que cet événement iconoclaste inventé par Jules Lévy à la galerie Vivienne aurait pu le distraire et même apporter de l'eau à son moulin. C'est tout le contraire. Il n'est pas convaincu par cette forme d'humour : « Malheureusement, à côté d'élucubrations épileptiques et exhilarantes, il en est d'autres dont la drôlerie fait long feu. » Il parvient tout de même à fournir un papier très amusant par la simple énumération des œuvres, de leurs titres et de leurs auteurs. Dans « Le Salon », qu'il donne à *La Revue indépendante* en juin 1889, il ne prend en considération que Whistler et Raffaëlli, d'ailleurs en maltraitant ce dernier, lui reprochant d'être passé des « déclassés [...] aux élégances bourgeoises, aux candides tissus, aux pompeux appartements... » Quand s'ouvre le Salon « Portraits et pastels », qui a lieu en 1888, il adresse une volée de bois vert à Jacques-Émile Blanche, héritier de « mille influences », et se contente de préciser des points techniques sur sa peinture. Il fait alterner les articles sur des sujets du passé récent ou plus ancien (par exemple la rétrospective Manet), sur des œuvres antiques, sur la salle des portraits au Louvre ou l'art du XVIIIe siècle. Il se verra comme le cicérone attitré de quelques autres salons, mais pas de manière régulière. Et puis il a une autre idée en tête.

En 1886, il écrit son unique ouvrage de critique d'art, qui paraît sous la forme d'une petite plaquette publiée par la revue *La Vogue*, au tirage assez limité. Il lui a donné pour titre *Les Impressionnistes en 1886*, car il y est question de la 8e exposition des Artistes indépendants. Il fait d'Édouard Manet le grand précurseur ouvrant la voie à ceux qui « furent les chefs de la révolution dont il fut le héraut ». Il les cite consciencieusement : Camille Pissarro, Edgar Degas, Auguste Renoir et « surtout Claude Monet ». Et il faut reconnaître que, dans ces pages, Fénéon s'affirme comme un styliste hors pair. Dans la première partie, il fait l'éloge de Degas et décrit ce qui est selon lui le plus frappant, au premier abord, dans ses toiles : « Des femmes emplissent de leur accroupissement cucurbitant la coque des tubs ; l'une, le menton à la poitrine, se râpe la nuque ; l'autre, en une torsion qui la fait virante, le bras collé au dos, d'une éponge qui mousse se travaille les régions coccygiennes. » À ses yeux, dans les ouvrages de Degas, « les peaux humaines vivent d'une vie expressive. Les lignes de ce cruel et sagace observateur élucident, à travers les difficultés de raccourcis follement elliptiques, la mécanique de tous les mouvements… » Il sait parfaitement, par le pur jeu de l'écriture, rendre l'esprit, mais aussi les ingrédients formels des artistes exposés. C'est ainsi qu'il parvient à expliquer avec concision mais aussi une rare clarté les principes d'*Un dimanche après-midi à l'île de la Grande Jatte* de Seurat. Il en vient même à fournir des explications scientifiques en partant des travaux de Rood sur les couleurs ! Cet opuscule va jouer un rôle déterminant dans l'histoire du postimpressionnisme. À part cela, il a fait de très brefs portraits, dont celui de Cézanne, presque tous inédits, et a parlé de Monet et de quelques-uns de ses compagnons. Son dernier essai connu sur l'art, publié en 1927, est consacré à Émile Compard (1900-1977), dont il rédige le texte de présentation du catalogue. Pendant cette période, le jeune peintre, alors figuratif, a le soutien de Matisse et de Jean Paulhan. C'est donc en prenant fait et cause pour un jeune homme qu'il clôt sa carrière à peine ébauchée. Et pourtant, il a laissé une trace profonde dans la mémoire de ses contemporains. Mallarmé parlait d'un « critique aigu et subtil » et Henri de Régnier écrivit qu'il maniait « la plus précieuse, la plus ingénieuse prose de tous les temps ». Octave Mirbeau était déjà admiratif de son style dans les rapports qu'il rédigeait quand il travaillait au ministère ! Et Guillaume Apollinaire fait remarquer qu'il « n'a jamais été prodigue de sa prose ». C'est la vérité. Mais avec ce peu de mots, il a contribué à métamorphoser la critique en art, traduisant dans les faits ce qu'Oscar Wilde avait seulement rêvé de faire.

II
Quand les artistes français jouent les critiques d'art

13 *Quelle a été la particularité d'Eugène Delacroix dans le champ de la critique d'art ?*

Les peintres et les sculpteurs ont d'abord écrit des traités concernant leur pratique artistique, comme celui de Piero della Francesca, sur la perspective, de Cennino Cennini, ou Cennino de Colle (1370-1440) qui traite des techniques de la peinture auparavant tenues secrètes par les corporations (*Il Libro dell'arte*,1437), de Léonard de Vinci, qui avait préparé les éléments pour un *Traité de la peinture* – qui n'a été compilé qu'après sa mort par son disciple, Francesco Melzi –, ou de Rosalba Carriera (1676-1757) pour la couleur. D'aucuns, assez rares, comme Michel-Ange, ont évoqué leurs travaux dans des poèmes. Ensuite, un certain nombre d'entre eux ont rédigé leurs mémoires, comme Benvenuto Cellini (1500-1571) ou Élisabeth Vigée-Lebrun, pour ne citer qu'eux. Enfin quelques-uns ont consigné par écrit leur conception de l'art, comme a pu le faire Ingres. Mais très peu ont porté des jugements sur les artistes de leur temps. Ou sinon, ils l'ont fait dans des situations exceptionnelles comme les conférences qui se sont tenues à l'Académie royale de peinture et de sculpture. Ce n'est vraiment qu'au XIXe siècle qu'ils ont commencé non seulement à écrire sur leurs illustres prédécesseurs, mais à analyser leurs contemporains. Il est vrai que l'apparition de la critique d'art, qui a coïncidé avec la création du Salon à Paris, n'a pas comblé les espérances des intéressés du fait de la multiplication de jugements mitigés, sinon négatifs, auxquels ils n'étaient pas préparés et dont ils se sont toujours indignés.

Eugène Delacroix, en plus de son œuvre de peintre, a beaucoup écrit. Son *Journal* (posthume) demeure sans doute le livre qui a le plus marqué pour ses qualités littéraires et l'intérêt profond de sa réflexion, mais il a aussi été l'auteur d'un *Voyage au Maroc* (posthume), *d'Études esthétiques*, qui comprennent deux parties, « Doctrine » et « Impressions et méditations », d'un *Dictionnaire des beaux-arts* (ouvrage lui aussi resté longtemps inédit).

Dans ses *Études*, il a rassemblé de longs articles, écrits avec le plus grand soin, sur des artistes célèbres comme Raphaël, Michel-Ange et Poussin, mais aussi sur le sculpteur, peintre et architecte Pierre Puget (1620-1694) qu'il appréciait particulièrement. Quoi qu'il en soit, le premier des articles qu'il a publié, « Des critiques en matière d'art », paraît dans la *Revue de Paris* en mai 1829 contre ceux qui s'arrogent le droit de juger les productions des artistes. Il fait commencer sa diatribe, qui n'a rien de violent, car elle évite les attaques trop virulentes, sans pour autant tenir un discours consensuel : « Les critiques qui s'expriment de temps immémoriaux sur les beaux-arts ont toujours présenté des inconvénients presque inévitables : d'abord elles font bâiller les gens du monde, pour qui ces sortes d'ouvrages sont toujours obscurs, embrouillés dans des termes dont on connaît mal le sens, fatigants en un mot, parce qu'ils ne laissent que du vague dans l'esprit. » Les gens de métier doivent leur contester le droit de s'introduire sur un territoire qui leur appartient. Et il s'interroge : « Ne suffit-il pas, pour être bon juge, de ce sens naturel qui est donné à tous les hommes organisés à l'ordinaire, et qui les avertit intérieurement de la présence de l'admirable ou du détestable ? » Il en appelle au pur et simple bon sens pour en finir avec les comparaisons plus ou moins judicieuses, et souvent au désavantage des créateurs : « Il faut voir alors s'ouvrir l'arsenal des autorités et se déployer la série imposante des grands modèles qui mettent à rien votre éloquence et tous vos efforts. » Et de poursuivre :

> À chaque tentative audacieuse de ceux qui veulent donner aux choses leur figure véritable et non pas seulement une tournure de bonne compagnie ou d'opéra-comique, les critiques se prévalent d'un certain type enfant de leur cerveau, courent à la défense des principes avoués

par les gens de goût, et, tenant fort à l'étroit les téméraires et les novateurs, démontrent de même comment la nature tombe aussi dans de grandes divagations.

Ici, il entend souligner que, par nature, la critique en place ne peut que rejeter toute nouveauté dans la peinture et la sculpture puisque la pensée à laquelle elle se rattache est tournée vers un passé glorieux. Et il ajoute : « Que devient l'infortuné critique alors que tout est remis en question ? Sa tâche est la plus rude et la plus ingrate du monde. Ce nouveau soleil qui se lève offusque à l'excès des yeux habitués à une autre lumière. » Et d'insister non sans une certaine ironie sur cette question précise : « Ces dragons vigilants sont là pour vous avertir, vous, public, comment vous devez jouir, vous, musiciens, peintres et poètes, pour vous diriger vers la scène, au moyen des fils dont ils tiennent le bout, et pour encourager vos efforts, s'il y a lieu. » Delacroix fait plus qu'une critique de la critique : il condamne sa propension à manipuler les esprits et les détourner de l'expérience esthétique contemporaine, qui ose imaginer d'autres horizons à l'art. Il les compare à des eunuques qui gardent le harem de l'art et surveillent les artistes : « Placés entre vous et vos juges, ils sont là postés, comme ces noirs qui veillent, le sabre nu, à la porte du sérail. » Pour comprendre cette attaque virulente, il faut se rappeler que les critiques ou les professeurs des Beaux-Arts ou encore les membres de l'Académie fournissaient le plus grand nombre des membres du jury pour le Salon ou pour les prix. Il ne s'agit donc pas exclusivement de s'en prendre aux nouvellistes de la presse écrite. Il sous-entend que la production artistique devrait être examinée par des confrères. L'expérience démontrera, tout au long du XIXe siècle, que lorsque cela est advenu, rien n'a sérieusement changé. Il n'en reste pas moins qu'il est l'un des rares à s'insurger aussi ouvertement contre un pouvoir qui ne cesse de se renforcer.

Si Delacroix a incarné pour beaucoup, d'une manière lapidaire, le romantisme ennemi du classicisme, il écrit en 1846 un très long essai sur Pierre-Paul Prud'hon (1758-1823), ami d'Antonio Canova et l'un des représentants du néoclassicisme en France. Il raconte l'existence de ce peintre qu'il admire et qui a été chéri par le pouvoir impérial. Il vante les mérites insignes d'un de ses toiles les plus célèbres, *La Justice et la Vengeance divine poursuivant le crime* (1808) : « Dans cette composition, le mélange des caractères vigoureux et des beautés touchantes se présente avec tous les avantages possibles : la franchise de l'effet, la décision des lignes, tout y est frappant et attachant. » Et il entend défendre ses ouvrages jusqu'au terme de son existence, comme le *Zéphyr* du Salon de 1814. Cependant, en rédigeant cette belle nécrologie, Delacroix avait le désir de lancer quelques flèches perfides sur Jacques-Louis David, qui semble avoir été sa bête noire. Et il réitère d'ailleurs cette manœuvre quand il publie en septembre 1848, dans la *Revue des Deux Mondes*, un article du même genre, cette fois sur Antoine-Jean Gros (1771-1835) qui est justement sorti de l'atelier de David et a été un artiste de facture néoclassique lui aussi. Il veut convaincre le lecteur de sa profonde admiration pour cet homme qui avait su tirer les leçons de Rubens et de Van Dyck pour parvenir à une justesse de ton dans le rendu de ses œuvres, que ce soient des portraits (comme le célèbre *Bonaparte à Arcole*) ou des scènes de batailles (*Bataille de Nazareth, Bataille d'Aboukir, Bataille d'Eylau*, etc.). Il tient à souligner que « Gros a élevé les sujets modernes jusqu'à l'idéal ; a su peindre le costume, les mœurs, les passions de son temps, sans tomber dans la mesquinerie ou la trivialité… » Il analyse longuement *Les Pestiférés de Jaffa* présenté au Salon de 1804, commente avec force détails la manière dont Gros a traité les grandes batailles de l'Empire. Il insiste aussi sur la sensibilité extrême du personnage, sur sa sensibilité de peintre, même dans ces « machines » très officielles. Et il évoque sa fin tragique, car après l'échec cuisant de son *Hercule écrasant Diomède* au Salon de 1835, il a décidé de se suicider, laissant un message dans son chapeau où il annonçait que « las de la vie, et trahi par les dernières facultés qui [la lui rendaient] supportable, [il avait] résolu de [s']en défaire ».

Plus tard, en 1862, il rend hommage à Nicolas-Toussaint Charlet (1792-1845), peintre et graveur assez peu connu, sorti de l'atelier de Gros, qui a surtout fait des tableaux d'histoire (mais surtout celle de son époque) et exécuté un nombre impressionnant de lithographies, souvent des thèmes liés à l'histoire récente de la France. Delacroix veut qu'il soit mieux estimé. Il vante ses dons d'écrivain, alors tout à fait méconnus, qui entrent en résonance avec ses dons d'artiste. Delacroix le regarde d'abord comme un merveilleux illustrateur. Il met en avant sa faculté à évoluer au milieu d'une vaste comédie humaine des images qui s'adresse au cœur et à l'esprit ! Il est stupéfait de la variété de ses types d'humanité. Il affirme avec vigueur :

« Son talent n'avait point eu d'aurore... » Il le regarde donc comme un grand artiste. Enfin, il aime beaucoup sa verve : « Charlet est de la lignée de ces immortels railleurs qui s'attaquent au ridicule ou au vice plus sûrement que les prédicateurs de vertu. » Et de conclure : « Rabelais eût écrit ainsi, s'il eût vécu en notre temps. »

C'est le dernier écrit que Delacroix ait signé sur des peintres qui l'ont précédé : il devait mourir un an plus tard. En voulant combattre la critique d'art, il est devenu lui-même critique – et certainement l'un des plus brillants et sagaces de son époque, sans jamais prêcher pour sa paroisse, puisque aucun de ces peintres n'avait eu affaire avec son aventure tumultueuse de peintre, de la Restauration au Second Empire.

14 *Comment le peintre Odilon Redon est-il devenu salonnier ?*

Odilon Redon est le premier peintre à se lancer dans la rédaction d'un *Salon*. Il a écrit son premier texte critique à vingt-huit ans pour évoquer la figure fantasque de Rodolphe Bresdin (1822-1885), texte qu'il réécrit et augmente quelque quarante années plus tard. Il commente le Salon de 1868 pour le journal *La Gironde*, qui le publie en feuilleton de mai à juillet. Il adopte la forme classique du *Salon* des écrivains de son temps. Toutefois, il y apporte tout de même une relative innovation : il commence par les paysagistes, qu'il aime plus que tout, alors que tous s'intéressent en premier lieu au grand genre, c'est-à-dire à l'histoire, à la mythologie et, bien entendu, à la religion chrétienne. Il a l'audace de postuler la fin du primat de ce fameux « grand genre » : « Si l'on voulait donner, en quelques lignes, une impression du Salon de 1868, on dirait que le grand art n'est plus. » Il fait alors l'éloge de Chintreuil, de Corot et de Daubigny. Dans le second chapitre, il aborde l'examen des représentants du réalisme. Il prend la défense de Courbet et le décrit comme un grand coloriste, chez qui il distingue « ampleur, puissance et finesse ». Quant à Manet, il le voit « si extravagant, si excentrique ». Il reste plutôt partagé devant le *Portrait de M. Émile Zola*, trouvant que le modèle manque « de vie morale, de cette vie intérieure intime ». Il s'intéresse à Pissarro et à Jongkind et remarque l'audace de Monet.

Dans la troisième et dernière livraison, il dit considérer Eugène Fromentin comme un prince et admire sa volonté de traiter un thème nouveau, la mythologie, avec *Centaures et centauresses*. Il étudie ensuite les toiles de Ribot et de Robert avant de faire un ardent plaidoyer en faveur de Bresdin. Il conclut en déplorant qu'on ait remis la Médaille d'or au médiocre Brion pour sa *Lecture de la Bible*.

15 *Et comment le peintre Eugène Fromentin est-il lui aussi devenu salonnier ?*

Eugène Fromentin (1820-1876) a été un peintre de talent, qui s'est fait connaître pour ses paysages et ses scènes de chasse en Afrique du Nord. Il a été aussi un écrivain, poète à ses heures, qui a connu le succès avec son roman *Dominique* (1863), ses mémoires de voyages (*Un été dans le Sahara* (1857) et *Une année dans le Sahel* (1868) et son *Voyage en Égypte* (1869), mais également ses écrits sur l'art. *Les Maîtres d'autrefois* (1876), où il étudie l'art flamand et hollandais, est vite devenu un ouvrage de référence.

Quand il a vingt-cinq ans, la toute nouvelle *Revue organique du département de l'Ouest* publie, dans deux livraisons (avril et mai 1845), le seul compte rendu qu'il ait jamais écrit d'un Salon. Il commence son article en disant ce que le Salon ne permet pas : la découverte de nouveaux talents. Il constate que le visiteur, au lieu d'être confronté à quelque nouveauté, se retrouve en présence des deux écoles ennemies, avec Ingres et Delacroix comme chefs de file, alors que les hostilités avaient cessé depuis longtemps. Il note à ce sujet : « La question d'art, pendante depuis des siècles entre les écoles et posée de nouveau par MM. Delacroix et Ingres, loin d'avancer vers une solution, semble s'obscurcir, s'embrouiller, je dirai presque rétrograder… » Il ne ressent que de la déception, par exemple devant les tableaux de Delaroche ou de Vernet. Il constate l'absence d'Henri Lehmann (1814-1882), d'Amaury-Duval, de Jules Ziegler (1804-1856) et de bien d'autres. Alors il avoue sa déception : « Résignons-nous à prendre ce qu'on nous offre… » Et son ton est toujours assez aigre et parfois cruel quand il parle de ses aînés, comme Dubufe ou Schnetz. Il ne voit d'attrait que dans les dessins de

Decamps. L'étrangeté de ce *Salon* est qu'il évoque d'abord tous les Salons précédents. Il se plaît à se remémorer les auteurs et les ouvrages saisissants qu'ils avaient pu présenter dans « ce pêle-mêle confus et discordant », à louer leur qualité d'exécution et, d'un autre côté, à fustiger « l'indigence, je dirais presque la nullité, du sentiment et du goût ». Il développe une longue période sur les perfectionnements de la peinture qui n'aboutissent pas à l'amélioration de cet art. Par ailleurs, il voit chez Meissonier une restauration de Teniers, chez le modeste Bron une remise au goût du jour de Watteau. Quand il en vient aux faits, après tous ces préalables, il examine les œuvres de Decamps, qui « n'a fait que s'essayer et comme épancher par les bords le trop-plein de son génie ». Mais il le voit se fortifier. Il fait une description assez fine des neuf dessins proposés par cet artiste désormais célèbre. Il conteste à Delacroix sa maîtrise du dessin, et souligne qu'il parvient à compenser ses défauts par le sentiment. Mais il est admiratif devant sa capacité à rendre les mouvements du corps : « Il les a décomposés, nuancés, variés jusque dans leurs transitions les plus ténues, les plus indécises, comme ils sont dans la réalité. » Quant au tableau de l'année, *L'Empereur du Maroc et sa suite* (*sic*), il a tenté d'en embrasser tous les éléments et les vertus en une phrase :

> L'ordonnance grandiose et magistrale de la scène, la majesté barbare de la figure équestre et des officiers qui l'entourent, l'ampleur et la lourdeur des draperies, la simplicité des costumes, la variété de toutes ces attitudes, toutes indiquant le repos, enfin la sobre distribution du jour sur le groupe du premier plan, qu'assombrit, sans l'étouffer, le bleu puissant du ciel, tout fait de ce tableau, reprochable seulement dans quelques parties, une œuvre d'une vérité profonde et du plus grand style.

À propos de l'impressionnante *Prise de la Smalah* d'Horace Vernet, il reconnaît les mérites de l'auteur, mais il tient aussi à faire comprendre qu'il « n'a point le sentiment profond de M. Decamps, ni l'élévation de M. Delacroix ». Pour ce qui est de la peinture religieuse, il distingue Charles Gleyre (1806-1874) pour son *Départ des apôtres*, et discute des dispositions de ce peintre. Dans la seconde partie, il se penche plus sur la question des écoles et des influences du passé que sur les ouvrages exposés, passant rapidement sur les paysages – ce qui le conduit néanmoins à une dissertation sérieuse sur l'art du paysage ! – et sur les natures mortes. Il ne retient en fait que la contribution d'Hippolyte Flandrin (1809-1864), un portrait – « Quelle chaste réserve ! Quelle simplicité d'accessoires, quelle attitude de femme » s'exclame-t-il. « C'est ici le point suprême où l'art, à force de spiritualisation, s'efface pour laisser vivre et penser la nature de l'art », ajoute-t-il en conclusion. Ce qui frappe dans ce compte rendu un peu touffu et parfois peu compréhensible, c'est que l'écrivain en puissance qu'il est devenu a pris le pas sur le critique, tout comme d'ailleurs se devine l'historien de l'art en devenir. Il possède un talent indéniable en même temps qu'une incapacité à faire ressortir les points marquants de l'Exposition, à part quelques grands noms. Il se perd en digressions souvent passionnantes mais qui font oublier le fil de la visite. Après cette expérience, Fromentin n'écrira plus jamais sur les artistes qu'il va côtoyer au Salon.

En revanche, il rédige une diatribe assez caustique à l'encontre de la critique d'art – il semblerait que ce soit l'ébauche d'un projet plus vaste écrit l'année où il rédige *Dominique* – qu'il a baptisé « Un programme de critique » et qui se présente sous la forme d'un discours rassurant quand il fait un examen des « points de vue de la critique contemporaine ». La première question qu'il pose est : « Et d'abord avons-nous des opinions ? » Il recommande la sagesse et veut démontrer que les artistes sont à la merci de la presse. Il soutient que tout un chacun peut se faire une idée sans tous ces intermédiaires « très zélés » de la presse. « On se plaint, on récrimine, on regrette », note-t-il. « On voudrait mieux, on demanderait plus. » Ainsi résume-t-il la situation engendrée par la critique et par « le parti des raffinés ». Il en appelle à s'insurger contre « cette tutelle des arts plastiques » et réclame le droit de s'expliquer directement avec le public. Et d'énumérer les idées que les critiques font courir et qui se révèlent souvent absurdes, comme cet engouement pour les grands formats, qui sembleraient exiger des palais pour les abriter. Il met aussi l'accent sur la surveillance poussée, exagérée, du gouvernement sur le monde de l'art. Et il s'interroge sur son rôle futur. S'il reconnaît qu'il ne « fait » pas les peintres et qu'il se contente de les adopter, en le lisant, on est en droit de se poser des questions sur ses intentions. En dernier lieu, il revendique le droit de l'artiste à l'indépendance, c'est-à-dire le droit absolu de « se renouveler, de changer de lieux, de changer d'époque, l'amour de l'histoire, du costume, du romanesque... » Il fait état d'une conversation avec Delacroix au cours de laquelle celui-ci lui avait avoué combien il était embarrassé par le succès de sa *Barque de Dante* car il était encore sous l'influence de Géricault et qu'il devait s'en soustraire. Donc l'artiste doit gagner cette « souveraine indépendance du génie ».

Il est évident que Fromentin s'est inspiré de l'article de Delacroix pour rédiger sa plaidoirie, qui n'est somme toute qu'un appel vibrant à la liberté de la création, hors des institutions et sans être guidée par la critique. Il s'y révèle d'une grande et forte éloquence et a su trouver un ton résolu, incisif, pénétrant, sans aigreur ni ressentiment.

16 *Comment les artistes italiens ont-ils perçu l'art moderne en Italie et surtout à Paris ?*

L'aventure de l'exposition des Artistes indépendants qui a marqué avec netteté la distance (provisoire) existant avec le monde triomphant de l'art académique fait comprendre tout le mépris que les artistes éprouvaient pour le Salon officiel. Cette initiative volontaire n'a sans doute pas été sans effet sur le désir des artistes de s'émanciper du pouvoir exorbitant de la critique et de s'en emparer. Mais les réunions organisées par Manet au café Guerbois puis à La Nouvelle Athènes après la Commune, ou celles proposées par Degas dans le café voisin, Le Rat-Mort, place Pigalle, n'ont pas été le lieu d'une révolte concertée, d'autant plus que des écrivains et des collectionneurs, tous critiques, y ont pris part. Mais l'émancipation de l'artiste a été sans nul doute au cœur de leurs discussions et la liberté de la critique a fait partie de ces échanges.

Mais aucun des artistes impliqués dans cette épopée presque secrète, conduite par la main gantée de l'élégant Édouard Manet, n'a osé ou n'a cru bon de prendre sa plume pour exposer ses vues sur l'art qui faisait sa révolution. Ce sont des hommes de lettres qui l'ont expliquée et commentée. Aussi singulier que cela puisse paraître, ce sont des artistes italiens qui vont prendre l'initiative de faire comprendre à leurs compatriotes ce qui était en train de se jouer alors en France tandis qu'eux-mêmes modifiaient en profondeur les pauvres orientations de l'art dans la péninsule.

Francesco Netti (1832-1894) est un peintre italien qui a beaucoup écrit sur l'art de son temps. Mais il n'est pas allé à Paris et n'a rendu compte que des grandes expositions de Naples et de Venise. Il n'a *a priori* guère eu de goût pour les tendances modernes, le sien se limitant à la peinture de Domenico Morelli (1826-1901), un naturaliste très doué, et à Gérôme pour la France. Mais, peu à peu, il se révèle très admiratif des paysagistes français, à l'exception de Rosa Bonheur qu'il déteste – « elle ne possède pas la pratique de la peinture ». Il est particulièrement attiré par Théodore Rousseau et par Camille Corot, ainsi que par Charles-François Daubigny. Auguste Renoir le surprend avec ses *Baigneuses* : « C'est une peinture acharnée, écrit-il, qui se bat corps à corps avec le modèle. Qu'aurait-il pu faire de plus violent et de plus musclé pour peindre un Hercule ? Je ne sais pas. Le torse est jaune ; les jambes sont rouges ; les demi-teintes sont des flétrissures de brosses. »

Ses nombreux articles, publiés dans *L'Illustrazione Universale*, *L'Illustrazione Italiana*, *Il Giornale artistico*, ou encore, sous le pseudonyme de Gelb, dans *Paris Joli*, un journal français, sur le Salon de 1870, témoignent de la vitalité d'une critique d'art conduite par un homme du métier, qui ne se met pas en avant. Il reconnaît la difficulté de la critique d'art dès ses débuts, et voit aussi les écueils qu'elle comporte : « Difficile de faire la critique des œuvres d'art ; mais la chose la plus difficile encore est de la comprendre. » Il défend les artistes devant la critique : « Parler mal est difficile, mais peintre mal est aussi difficile. » Il continue à aimer Alma Tadema. Et l'un des tableaux qu'il a le plus étudié est *Il voto* de Francesco Paolo Michetti (1851-1929), qui est à contre-courant de tout ce qu'il connaît. Il voit dans cette œuvre un changement profond, transformant le travail de ce peintre en une rébellion, une opposition franche à ce qui se joue dans l'art de ce dernier tiers du XIXe siècle. Netti aime beaucoup disserter sur la Renaissance et ce qu'elle a pu produire. Il accuse Raphaël d'avoir corrompu la peinture et d'avoir provoqué sa décadence. Et il est persuadé que cette décadence s'est prolongée quand les grands commanditaires, les princes, l'aristocratie, l'Église, se sont détournés de leur fonction de mécènes. Mais il n'en croit pas moins que le plus beau moment de la peinture moderne est celui des années 1830.

Un autre peintre rend compte des événements artistiques. Il est toscan et s'appelle Diego Martelli (1838-1896). Il choisit de traiter la question de l'art de manière humoristique, en racontant dans son prologue comment un amateur peut apprécier la peinture dans le noir, simplement en passant la main sur la surface de la toile : si elle est rugueuse, elle est mauvaise et si, au contraire, elle est lisse, alors c'est un chef-d'œuvre. Il est le premier à ne voir dans le Salon qu'une énorme vente publique : « Non ! – Dans ces sortes d'affaires, l'amour de l'art n'y est pour rien. » Après une description très ironique de l'ouverture du Palais de l'Industrie, il poursuit sa description dans cette veine : « Il y a, comme d'habitude, un fort contingent de femmes si peu vêtues, que si elles n'avaient des boucles d'oreilles, quelques fleurs dans les cheveux, ou une jarretière au-dessus d'un genou, elles seraient complètement nues. » L'essentiel de sa chronique consiste à cataloguer et à décrire ces nus aguichants, marquant une pause devant la *Baigneuse* de Renoir. En définitive, il ne parle sérieusement que d'un seul artiste, Gustave Courbet. Et là, il ne tarit pas d'éloges sur la *Falaise d'Étretat* et la *Mer orageuse* qui lui « rappelle les beaux vers de Byron ». Il doit d'ailleurs se résoudre à l'encenser malgré son penchant pour la publicité tapageuse : « On a tellement parlé de M. Courbet, M. Courbet a tellement fait parler de lui, on l'a si souvent vu en bras de chemise dans l'étalage des marchands, des portraits photographiques, qu'on est presque fâché de l'admirer. – Mais que voulez-vous ? Puisque la peinture est bonne ! »

Diego Martelli, après avoir fait des études artistiques à Pise, participe à la guerre d'indépendance du *Risorgimento*. Il se lie d'amitié en 1867 avec Telemaco Signorini et ils s'accordent pour fonder à Florence le *Gazzettino delle arti del disegno*. Pendant cette période, il rend régulièrement compte des expositions des Accademie di Belle Arti. Il se montre hostile à ce genre de manifestation et déclare : « Désire la suppression des Académies en Italie. Retour à l'atelier (l'enseignement pour tous n'est pas comme l'enseignement individuel). » Et il condamne dans la foulée la critique dont la phraséologie s'appuie sur la multiplicité des styles. Au fil des ans, il observe avec attention ce qui est en train de se jouer dans la peinture et la sculpture à Florence, mais aussi au-delà, car il fait partie du cercle d'artistes qui se retrouve au Caffè Michelangiolo, qui a été le centre de la peinture romantique et qui est désormais celui des *Macchiaioli*, dont il écrit l'histoire. Il parle souvent de Giovanni Fattori (1825-1908) et de Silvestro Lega (1826-1895), Il s'est rendu plusieurs fois à Paris, en 1862, en 1868 et en 1878 pour l'Exposition universelle. Il est l'ami de Pissarro, de Manet et surtout d'Edgar Degas. Au début, pour le *Gazzettino*, il écrit sur l'Académie des Beaux-arts et sur les événements locaux. Il fait même des conférences. Plus tard, il fait partager à ses concitoyens les découvertes qu'il a faites en France, entonnant l'éloge de Daumier en 1878, qu'il entend défendre comme peintre et non comme caricaturiste. Martelli parle dans plusieurs articles de la grande exposition de cette année-là, qui se tient au Champ-de-Mars. Il n'hésite pas à y affirmer que le « mouvement moderne » est presque exclusivement français. Et il le fait avec beaucoup de sérieux. Cela ne l'empêche pas d'écrire son texte avec beaucoup d'ironie, racontant qu'il ne voit que des disciples de Meissonier, et notant également une tendance à la « mode lascive ». Après ce préambule cinglant, il loue Corot et les paysagistes, déclarant que « l'œuvre de Corot appartient à l'histoire de son époque, et, comme telle, elle vivra dans l'art !... » Il décrit en détail *Le Bon Bock* de Manet, il s'intéresse à Jules Dupré (1811-1889), à Troyon et à Millet, qu'il dit être « doté d'une âme très délicate ». Il regarde les toiles de Gérôme, de Joseph Stevens, de Gervex. Contre toute attente, il fait l'éloge de l'Autrichien Hans Markart (1840-1884). Il s'arrête devant d'autres étrangers, en particulier devant les Belges et, bien sûr, les Italiens, dont il souligne le niveau honorable. Il voit chez Giuseppe Boldini, de Ferrare, une « sarabande de fantasia ». En 1879, il fait une conférence sur les impressionnistes au « Circolo Filologico » de Livourne, qui sera maintes fois rééditée. Il y a résume l'aventure de la peinture depuis Courbet et Manet, avant d'en venir aux tendances les plus actuelles : « L'impressionnisme n'est pas seulement une révolution dans le champ de la pensée, mais aussi une révolution physiologique dans l'œil humain », affirme-t-il. Il examine en détail ce qui différentie Berthe Morisot de Caillebotte, de Renoir ou de Monet. Il écrit aussi un long compte rendu de l'exposition des Indépendants en 1879, demeuré inédit de son vivant. Même chose pour un bel éloge funèbre de Manet écrit en 1884 – il lui avait déjà sacré un article un an plus tôt. Cette même année, il publie une petite monographie de Giuseppe De Nittis (1846-1884) éditée par Fieramosca, cet artiste venant de mourir prématurément. Il avait découvert ce dernier à Paris et il a pu apprécier les qualités insignes de ce peintre originaire des Pouilles : il l'apprécie, certes, mais il lui reproche de s'être, « en se faisant parisien », « abandonné au genre recherché du public ». Il le considère toutefois comme un frère dans le combat pour l'art moderne. Il conclut qu'avec l'impressionnisme et tout ce qui l'entoure, « le dessin n'appartient plus à la seule sensation de la vue, mais passe à l'inverse à la sensation du tact, ceci se traduisant comme l'expression graphique et mathématique de la mesure ». Il consacre Claude Monet comme étant un « des plus grands paysagistes de France ». Par la suite, il n'écrira plus que sur des monuments et sur des artistes de sa région – il rédigera un long papier sur la peinture du *Quattrocento* à Florence – et sur ses aînés, qui viennent de disparaître. Enfin, dans sa propre pratique picturale, et il le reconnaît, l'influence de Manet se fait sentir.

Quant à Giuseppe De Nittis, il n'a pas écrit de textes critiques à proprement parler. Mais il a laissé des carnets, qui sont ses mémoires d'artiste. Il a suivi les cours de l'Académie à Naples, où s'étaient installés ses parents. À dix-sept ans, il expose à la « Società Promotrice » avec une *Plaine dans les environs de Barletta*. En 1872, il peint le cratère du Vésuve en pleine éruption. Il rencontre les *Macchiaioli* à Florence. Le peintre Adriano Cecioni (1836-1886) lui conseille de se rendre à Paris. Ce qu'il fait aussitôt. Il s'installe à Jonchère, près de Bougival où il fait un premier séjour en 1867 et expose au Salon dès 1869 puis en 1872, avec un certain succès. En 1873, il décroche un contrat avec la puissante galerie Goupil. Il participe à la première exposition des Artistes indépendants en 1874, grâce à Degas. Au Salon, il présente *Che freddo !* (*Quel froid !*). Il se lie d'amitié avec les Goncourt. Puis il séjourne à Londres entre 1875 et 1876. À son retour, il apprend que son nom est dans le catalogue du Salon : « Par erreur, mon nom figurait dans le catalogue du Salon à côté du titre d'un tableau qui n'existait pas. Castagnary, en toute bonne foi, conseilla à de jeunes artistes d'aller l'étudier. Pierre Véron s'employa de toutes ses forces à le démolir. Je lui fis écrire que je n'avais pas exposé, mais aucune rectification ne fut faite. » Il retourne à Londres en 1877. En 1878, de nouveau en France, il rencontre Caillebotte et expose douze œuvres à l'occasion de l'Exposition universelle (*La Route de Brindisi, Place des Pyramides, The National Gallery, Picadilly*, etc.) Si elles ont reçu un bon accueil, il n'a obtenu qu'une médaille d'honneur. Mais il a reçu peu après la Légion d'honneur. Les mémoires de Giuseppe De Nittis permettent de se faire une idée de l'existence d'un peintre italien venu à Paris et qui a adopté les valeurs de l'impressionnisme, comme on peut le voir dans les portraits de peintres tels que Degas ou Meissonier, donnant une idée du milieu de l'art parisien. En 1883, Antonin Proust, l'ami de Manet, devenu ministre, demande un de ses tableaux (*Les Ruines des Tuileries)* pour le musée du Luxembourg. Un an, plus tard, le 21 août, il disparaît, laissant derrière lui ces précieux écrits.

17 *Comment Félix Vallotton aborde-t-il la question de la critique d'art ?*

De Félix Vallotton (1865-1925), on garde le souvenir de ses peintures aux contours si découpés, aux postures étranges des figures les unes par rapport aux autres, aux tonalités aigres et pourtant enchanteresses, à l'érotisme glacé, et on se souvient aussi de ses merveilleuses gravures sur bois en noir et blanc, d'un effet si percutant. Mais on connaît peu, ou pas, ses écrits. Et pourtant, il a produit une œuvre romanesque – *les Soupirs de Cyprien Morus, Corbehaut, la Vie meurtrière* – et également une œuvre critique. L'artiste a commencé à écrire dans la *Gazette de Lausanne* à partir de 1890 et cela pendant sept années. Il rédige des papiers passionnants sur l'art ancien, en particulier Holbein, ou sur le musée de Bâle, où il démontre sa profonde et subtile connaissance des arts de la Renaissance. Mais l'essentiel de ses articles concerne l'art contemporain. Le premier, paru en avril 1890, intéresse le Salon des Indépendants, qui est le plus progressiste de tous à l'époque. Vallotton fait cependant remarquer non sans ironie : « Rien ne manque dans ces huit ou neuf cents toiles toutes bien intentionnées, si ce n'est hélas l'Indépendance ; à cela près, le reste fonctionne : la conscience, l'humour, la morale, la foi, beaucoup d'observations souvent justes et rares, quelques audaces, de l'incongru, de l'absurde et je crois même des états pathologiques voisins de l'alcoolisme et de la folie. » Il rebaptise la dernière salle « le Tabernacle du rite nouveau », où il note la présence de Maillol, de Willette avec *La Machine infernale*, de Théo van Rysselberghe avec le *Portrait d'Alice Séthe* – « c'est parfait, absolument charmant » –, « M. Van de Velde qui a pointillé quatre sujets divers, paysages et autres », *La Rue Saint-Vincent* exécutée par Pissarro, et un Van Gogh, *Les Cyprès*, qu'il qualifie « d'étranges maçonnages de peinture ». Dans le numéro suivant, il relate ce qu'il a pu observer d'intéressant dans l'« exposition internationale » qui a eu lieu dans la galerie Georges Petit. Il salue « l'implacable dessinateur et le plus cruel moraliste » qu'est Jean-Louis Forain et il se moque de Jacques-Émile Blanche : « M. blanche est un homme à la mode, très à la mode, un peintre dont tous les confrères goûtent les très rares qualités, et que les dames du monde défendent par genre, et parce qu'elles n'y comprennent rien. » Vallotton peut avoir la dent dure, mais on sent qu'il se retient pour ne pas choquer ses lecteurs vaudois. Et puis il doit sans doute ménager le rédacteur en chef. Quand il rend compte de la rétrospective qui a suivi le décès d'Ernest Meissonier en janvier 1891, il se contente de résumer sa carrière en des termes assez neutres, et jamais malveillants. Pour ce qui est de l'exposition des « Femmes artistes » (dix après la création de l'Union), il se montre féroce, fustigeant la « brutalité, les lourdeurs et le manque de goût ». De nouveau les Indépendants avec 1 254 numéros (seuls 858 sont exposés). Il signale les travaux de Maxime Maufra (1861-1918) et de Georges Seurat dans la première salle (le jour et la nuit !). Et il s'arrête devant le tigre de *Surpris !* de la main du Douanier Rousseau : « M. Rousseau devient plus stupéfiant d'année en année mais il s'impose et en tout cas se taille une jolie réclame. » Il trouve que « M. Lautrec est toujours admirable de caractère » et admire le métier de Van Gogh – « et quelle peinture savoureuse ! » s'écrie-t-il. Il remarque aussi deux Espagnols, Santiago Russiñol (1861-1931) et Ramon Casas (1866-1932), deux grands représentants de la peinture « fin-de-siècle » à Barcelone. En avril 1892, il s'emploie à glorifier l'affichiste Jules Chéret et son art, et salue Willette qui « fait de l'esprit au crayon noir, de l'esprit un peu railleur et légèrement funambulesque ».

Mais il se doit de parler des deux nouveaux grands salons qui ont fait leur apparition après la fin du Salon officiel en 1881 et qui, visiblement, l'ennuient. Il ne met pas d'eau dans son vin même s'il trouve que l'exposition des Champs-Élysées est la pire des deux manifestations. En mai 1891, il constate : « À présent, comme il y a vingt ans, M. Bouguereau trône, M. Henner lui fait vis-à-vis, et M. Bonnat portraitise ce qui a pu échapper de célébrités depuis cette époque. » Il n'est pas tendre pour ces piliers inamovibles de la peinture académique, sauf pour Henner : « Il fut cependant un bien merveilleux artiste […] ; il existe de lui, dans les musées, des choses qui resteront tant que vibrera l'intelligence humaine… » À propos du Salon du Champ-de-Mars, créé par la Société Nationale des Beaux-Arts en 1890, il remarque qu'il est plus ouvert aux étrangers, mais se limite à parler de cinq artistes dont Puvis de Chavannes, qu'il voit à une place très supérieure aux autres, Whistler, dont il dit que c'est « un génie maladif et rare », et Alfred Roll (1846-1919), qu'il aime bien malgré ses défauts. Il a d'ailleurs la même faiblesse pour Eugène Carrière (1849-1906).

En 1895, on sent la lassitude que lui causent ces Salons officiels : « Quel ennui que ces longues salles, quelle pesanteur d'imagination, quelle pauvreté de moyens », s'exclame-t-il d'entrée de jeu. Il a parfois des coups de cœur : par exemple pour Edward Burne-Jones, lors du Salon du Champ-de-Mars de 1893, qui « fait sa rentrée avec des toiles d'un sérieux intérêt ». Il décrit le portrait qu'il présente avec admiration, mais souligne l'influence exagérée de Léonard de Vinci sur le peintre anglais. Il fait néanmoins des réserves à son propos. Les petits salons ne l'amusent guère plus et les envois de Rome encore moins. En fait, il préfère les rétrospectives, même celle de Meissonier (qui venait de disparaître), qui a lieu chez Georges Petit en 1892. Il se montre respectueux, mais ne peut s'empêcher de rappeler le « manque d'émotions » de ses productions. Il donne à *La Revue Blanche* en octobre 1897 un long article sur l'exposition Böcklin à Bâle, dont il dit que c'est « une belle intelligence, mais un esprit inquiet » qui a été « tour à tour hanté de tous les rêves, et de toutes les ambitions de forme, de couleur et d'expression ».

Le Salon d'Automne de 1907 paraît réveiller son intérêt pour ce genre de manifestation. Il s'interroge sur le « cas » Cézanne : « J'y ai vu avec un plaisir augmenté d'admirables morceaux, tel par exemple ce *Portrait de M. Geoffroy* qui à lui tout seul est une complète leçon d'Art ». Il s'attendrit devant les toiles de Berthe Morisot et d'Eva Gonzalès – elle « fut une artiste avisée », tient-il à souligner. Il tient à porter notre attention sur le débat qui entoure la présentation du *Luxe* d'Henri Matisse, qui est sujet à de nombreuses discussions. Et il trouve l'envoi de Vlaminck « particulièrement heureux ». En somme, pour ce dernier compte rendu d'un salon, il fait valoir son intérêt pour le fauvisme, même si sa propre peinture en est loin, dans l'esprit et la forme.

En 1917, il ne parle plus des expositions, mais analyse des phénomènes plus larges. Il commence par donner à la *Bibliothèque universelle et revue suisse*, une passionnante réflexion sur le milieu de l'art, intitulée « Artistes, critiques, amateurs et marchands ».

Il signe ensuite un essai sur le thème « Art et guerre » dans *Les Écrits nouveaux*. Il s'y fait l'apôtre du pacifisme. Après quoi, il ne donne plus que de rares entretiens. En 1921, répondant à un questionnaire sur la crise de la peinture, il déclare avec morgue que seule la « malfaçon » le gêne. Une manière de ne pas s'exprimer sur les développements les plus récents de l'art, toujours plus loin de ses conceptions.

18 *Et comment Paul Signac aborde-t-il lui aussi la question de la critique d'art ?*

Paul Signac (1863-1915) n'a pas fait œuvre de critique au sens propre du terme. Il s'est voulu théoricien du mouvement dont il a été l'un des chefs de file. Son livre, *D'Eugène Delacroix au néo-impressionnisme* (1899), est un traité où il s'est efforcé de condenser les grandes orientations de la peinture appelée « divisionniste » ou « pointilliste ». C'est un ouvrage sobre, sans fioritures ni commentaires superflus, strictement axé sur les principaux thèmes de la peinture telle qu'il la conçoit, et sans doute, d'après Françoise Cachin, une réaction à la lecture des *Journaux* de Delacroix, publiés quelques années auparavant. Cependant, Signac a signé quelques articles, toujours sur la question de l'impressionnisme et de ses suites. En 1884, il a fait un compte rendu de l'exposition des Indépendants dans la cour des Tuileries (parution posthume en 1934). Signac l'a rédigé sur un ton sec et parfois très caustique, se moquant volontiers des critiques et du succès inattendu rencontré par des ouvrages d'art qu'il juge dépourvus d'intérêt. Après avoir brocardé le Salon des artistes français en deux lignes, il va droit au but : « En dehors de ce Salon, des inconnus, des fous, qui s'intitulaient *impressionnistes* – des *communards bons à fusiller*, écrivait l'eunuque Adolphe Wolff, critique d'art du *Figaro* – exhibaient de temps en temps, dans des locaux à louer, de singuliers ouvrages. » Il rappelle l'histoire du Salon des Indépendants et met l'accent sur la présence de ses compagnons, comme Henri-Edmond Cross (1856-1910) et surtout Georges Seurat. Il cite d'ailleurs à cet effet Félix Fénéon quand il parle du Salon de 1886. Il rappelle le scandale provoqué par la présentation d'*Un dimanche après-midi à la Grande Jatte* et résume l'histoire du groupe qui s'est formé autour de l'idée de néo-impressionnisme. Enfin, il fait un très court résumé des techniques élaborées par ses soins et ses amis. En définitive, son activité critique s'est bornée à un registre propagandiste dans l'espoir de diffuser les idéaux qu'il partageait avec quelques artistes comme Maximilien Luce (1858-1941) ou Albert Dubois-Pillet (1846-1910) et bien sûr Georges Seurat (disparu très jeune, en 1891), le maître incontestable de cette conception révolutionnaire de la peinture, qui va aussi faire de nombreux émules dans toute l'Europe, et surtout en Italie.

19 *Que représente l'œuvre critique et de mémorialiste du prolixe Jacques-Émile Blanche ?*

Peintre à succès, élève d'Henri Gervex, portraitiste du Tout-Paris, d'André Gide, de Marcel Proust, de Pierre Louÿs et de Jean Cocteau (pour ne citer qu'eux), Jacques-Émile Blanche (1861-1942) a également beaucoup écrit : des romans, des nouvelles, des livres de souvenirs (*Mes Modèles*, 1928), un ouvrage sur Ernest Renan et des études sur des villes (*Dieppe*) ou des quartiers de Paris (*Passy*), une autobiographie (*La Pêche aux souvenirs*, posthume). Mais il a surtout écrit sur l'art et surtout sur ce qu'il a pu connaître au cours de sa longue existence. Il a publié en particulier une monographie sur Manet (1894) et une autre sur son grand ami le peintre anglais Walter Sickert (posthume), une histoire de l'art moderne, *les Arts plastiques de 1870 à nos jours* (1931), et surtout des articles réunis en volumes comme les *Cahiers d'un artiste* (six ouvrages de 1916 à 1919) et *Propos de peintres* (deux ouvrages : le premier paru en 1919 et préfacé par Marcel Proust, le second en 1921), sans compter *les Trésors de la peinture française, des Primitifs au* XVIe *siècle*, qu'il a écrit avec Élie Faure, Maurice Raynal et E. Tériade (1934).

En définitive, Blanche a publié un nombre impressionnant d'articles dans un nombre tout aussi impressionnant de revues. Il a entraîné son lecteur dans les salles d'un nombre infini de salons et lui a fait visiter un grand nombre d'expositions, a brossé à son intention mille portraits d'artistes, de Paul-César Helleu (1859-1927) (qui a été son maître à ses débuts) à Matisse et Picasso, en passant par Manet (sa grande admiration), Monet, Van Gogh, Gauguin, Cézanne, et aussi aux artistes du groupe de Bloomsbury à Londres. Il parle même du dadaïsme dans *La Revue de Paris* en mai 1920 et il y dépeint une soirée organisée par Cocteau au Bœuf sur le toit. Sans être un moderniste à tous crins, il a eu un moment la curiosité d'explorer ce que ses pairs ont pu faire, parfois bien au-delà de sa propre vision de l'art. Sa longévité lui a même permis de connaître Dada et le surréalisme, dont il a parlé.

Son histoire de l'art récent est un peu plus décevante. Il adopte d'ailleurs une curieuse démarche : d'un côté, il ménage les monstres sacrés de l'académisme, de l'autre, il explique l'évolution des idées nouvelles, avec parfois des images amusantes, comme celle-ci : « Corot est l'Adam des impressionnistes paysagistes. » Et encore celle-là : « Berthe Morisot était la bonne fée de l'impressionnisme. » Cette aventure, il la relate en pensant plus à un public d'amateurs qu'à ceux qui connaissent parfaitement la peinture. S'il peut avoir la dent dure à propos du Salon après l'Empire – « On ne s'intéresse plus qu'aux médailles » –, il a souvent tendance à ménager trop la chèvre et le chou : après avoir salué Guillaumin et Renoir, il chante les louanges d'Antoine Vollon (1833-1900), de Jean-Paul Laurens (1838-1921) et de Georges Clarin (1843-1897), parmi tant d'autres peintres. En revanche, il mêle dans une même partie Toulouse-Lautrec et Gustave Moreau, Edgar Degas et Odilon Redon. Quoi qu'il en soit, pour un homme désormais âgé et riche, il a encore le mérite de se demander quel peut bien être l'esprit des temps nouveaux et il considère Cézanne, Gauguin, Matisse et Picasso comme les quatre maîtres de cette révolution naissante des arts.

Jacques-Émile Blanche n'a sans doute pas été le plus grand des peintres critiques d'art, mais il a eu le mérite d'éclairer le public sur ce qui était demeuré du passé et ce que les décennies de la fin du XIXe siècle et du début du XXe apportaient d'inédit et donc de dérangeant, et même de scandaleux. Malgré son goût trop prononcé pour les compromis et les mondanités, c'est un guide agréable qui ne condamne pas le présent au nom d'un passé glorieux et désormais lointain. Et d'abord, il a pu parfois avoir la dent dure pour les marchands. Ainsi, quand il fait savoir : « Le marchand est écrivain d'art, il édite une revue d'art, [...], se mêle intimement à la vie des artistes, non seulement il prétend être leur égal, mais il vise à les dépasser. » Ensuite, il a dit sans ménagement ce qu'il pensait de la critique d'art des années 1880, l'accusant vertement de ne pas avoir compris ce qui se passait de fondamental et d'avoir fait preuve d'ignorance. Et il note en 1936 : « Nous vivons sur des théories, sur un *a priori* sentimental et rationnel, ou bien encore sous le régime de la fantaisie. » Il a remarqué que les coteries artistiques avaient fini par ressembler aux partis politiques. Blanche n'a pas non plus été un critique « d'une certaine influence », mais plutôt un artiste très cultivé et curieux de tout, qui savait le plus souvent apprécier même ce qui lui était étranger. Et il demeure l'un des plus importants chroniqueurs du monde de l'art à cheval sur deux siècles.

20 *Quelle a été l'originalité des écrits d'Émile Bernard ?*

Beaucoup moins conventionnel que Blanche, Émile Bernard (1868-1941) a comme lui un pied dans chaque siècle. Renvoyé de l'atelier Cormon en 1886, il décide de voyager à pied en Normandie et en Bretagne, où il rencontre Paul Gauguin. Puis, de retour à Paris, il fait la connaissance de Vincent Van Gogh. C'est alors qu'il se lance dans une expérience « divisionniste » : il se rend à Pont-Aven – Paul Gauguin est, lui, parti à La Martinique – où il renonce au néo-impressionnisme. Il a choisi de peindre selon les codes du cloisonnisme qu'il a élaboré avec Louis Anquetin (1861-1932). Il finit par rencontrer les peintres du groupe de Pont-Aven à Paris en 1889 à l'occasion de l'exposition au café Volpini (café des Arts) lors de l'Exposition universelle. Deux ans s'écoulent et il se fâche gravement avec Gauguin. Il part en 1893 pour l'Égypte, où il vit dix ans et se marie. De retour à Paris, il veut en revenir à la « grande peinture ». Également homme de lettres, il écrit des poèmes sous le pseudonyme de Jean Dorsal, qui sont appréciés par Apollinaire.

Esprit curieux et peintre très engagé, il a écrit de nombreux articles. Il a commencé sa « carrière » de critique pendant l'été 1889 dans *Le Moderniste illustré*, pour parler de la section sur Camille Corot au palais des Beaux-arts. Il y est aussi question d'Ingres, de Manet, de Daumier, de Monet, et enfin de Cézanne, dans un ordre déconcertant car en rien chronologique. Il y a fait preuve de clarté sur ses choix et ses inclinations. La même année, il compose, pour *Les Hommes d'aujourd'hui*, un portrait bien senti de Cézanne. Ce dernier sera désormais son grand homme. Il en parle de nouveau en 1894, en 1904 et en 1907, année où paraissent au Mercure de France ses *Souvenirs sur Cézanne*. En 1921, il confiera le soin au même éditeur de faire paraître ses précieuses *Conversations avec Cézanne*. Dans le copieux papier destiné à la revue *Le Cœur* en 1894, il déclare d'entrée de jeu : « Aucun [*sic*] œuvre entre tous ceux que l'on a eu la témérité d'analyser n'est comparable à celui de Paul Cézanne : épars, étrange, inattendu, génial ; perdu dans le fond d'obscures boutiques, disséminé au hasard du besoin, selon l'homme de goût où selon l'ami ; déchiré dans les brutales colères du découragement, brûlé au poêle aux heures de dégoût. » Et il ajoute dans ce généreux plaidoyer : « Charme, grâce, style beauté de la ligne et de la couleur, grandeur de la composition, il a toutes les qualités de ces maîtres… » – Bernard a cité auparavant Rembrandt, Goya, Vélasquez, Rubens et Hals. En outre, ses entretiens sont une véritable merveille, car ce sont deux peintres qui parlent de peinture avec beaucoup de vivacité et de profondeur. Il sait poser la question qui pousse son interlocuteur à réagir ou à réfléchir. En somme, il a conçu la critique comme un moyen d'action pour faire passer des idées fortes, qui n'ont pas l'heur encore de déplaire à tout le monde. L'autre artiste qui a sa prédilection est Van Gogh. Il ne cessera pas de tresser des couronnes de laurier à ce malheureux peintre quasiment ignoré de tous. Son premier texte sur sa peinture date de 1890 et a été fait pour *Les Hommes d'aujourd'hui*. Il y relate sa rencontre avec Van Gogh à l'atelier Cormon. Et il décrit aussitôt les premières œuvres qu'il avait pu voir : « un repas de pauvres en une hutte sinistre, sous une lampe à terne clarté ». *Les mangeurs de pommes de terre* lui paraissent d'une « insigne laideur et d'une vie inquiétante ». Peu après, il montre que l'auteur de ce tableau désormais célèbre dans le monde entier était loin d'être un être ignare et purement instinctif, comme on l'a souvent décrit, mais était un homme cultivé, ayant énormément lu – avec une préférence pour Huysmans et Zola – et qui aimait autant Delacroix et Millet qu'Adolphe Monticelli (1824-1886). Il n'hésite pas à le rapprocher de Rembrandt. Il parle à nouveau de lui dans *La Plume* en 1891, et dans le *Mercure de France* en 1892. En dehors de ces deux êtres d'exception, il s'est arrêté devant les travaux d'Odilon Redon, de Maurice Denis, de Paul Gauguin, de Puvis de Chavannes, de Manet… Sa tâche de critique se poursuit jusqu'à la fin des années 1920, toujours en compagnie de Cézanne, mais cette fois en expliquant ses choix pour ce « retour à l'ordre » dont il a été l'un des premiers champions. Sa plume n'a rien perdu de sa ferveur et de son originalité. Mais il embrasse maintenant une vision de l'art beaucoup plus vaste et solidement arrimée à son passé.

21 *Chef de file du groupe des Nabis, Maurice Denis a-t-il été plus théoricien que critique ?*

Je ne saurais mettre un point final à cette partie de l'étude sur le XIXe siècle français sans parler de Maurice Denis (1870-1943) qui a été l'initiateur du groupe des Nabis et sa tête pensante – il s'agit au début d'un petit cercle d'élèves du lycée Condorcet à Paris, qui comprend Paul Ranson, Pierre Bonnard, Édouard Vuillard, Henri-Gabriel Ibels. Bien qu'il ait connu et fréquenté Vuillard, Paul Sérusier et Ker-Xavier Roussel dès le lycée, qu'il ait admiré Puvis de Chavannes et qu'il ait profondément aimé l'œuvre de Gauguin au point d'en acquérir une, il n'a cependant pas adhéré aux recherches de ses amis sur la construction du tableau ou la disposition des couleurs, appuyées sur les récentes découvertes scientifiques. Il ne s'est pourtant pas brouillé tout à fait avec eux. Au fond, sa grande révélation fut les tableaux de Fra Angelico. Son ardent catholicisme, son mysticisme l'ont éloigné de problématiques strictement formelles qui ne correspondaient plus à son idéal. Le néotraditionnisme, dont il se fait l'apôtre dans *Art et Critique* en 1890, a parfois été interprété comme une anticipation de l'art abstrait. C'est lui qui a proposé la définition suivante : « Se rappeler qu'un tableau […] est essentiellement une surface plane recouverte de couleurs en un certain ordre assemblées. » Bien sûr, il y a rappelé le caractère spécifique du langage plastique. Mais ses convictions intimes le portent vers d'autres horizons, sans renier son passé nabi. Il entend atteindre la « vérité de la nature » – allant jusqu'à déclarer que l'art est « sanctification de la nature » – et rejette sans appel l'interprétation excessive des sensations chez ses contemporains : « C'est un mode d'hallucination, où l'esthétique n'a rien à voir... » C'est pourquoi il écarte le modèle fourni par Raphaël et préfère rechercher l'exemple des Primitifs. Et il est contre les « affectations littéraires » qui se sont affirmées chez beaucoup de symbolistes ; toutefois, pour leur audace, il prend fait et cause, en faveur des plus jeunes, qui ont préféré « l'expression par le décor, par l'harmonie des formes et des couleurs, par la matière employée à l'expression par le sujet » (1895). Il admire particulièrement Puvis de Chavannes et loue les peintures murales de l'amphithéâtre de la Sorbonne.

Quand il fait le compte rendu de l'exposition des Indépendants en 1896, il place au pinacle l'attitude de Bonnard, qui peint « des meubles du style neuf, et des textures de dessin imprévu ; un intérieur clair, simple, et plaisant, ni un musée, ni un bazar », soulignant son emploi des blancs. Il note aussi l'influence d'Émile Bernard dans « la nature directement observée, l'ornement de riches teintes aux variétés infinies ».

Il est aussi le défenseur acharné de la peinture religieuse. À ses yeux, la Renaissance, c'était « l'agonie d'une époque d'art religieux, la plus belle... » Cependant il pense que l'iconographie n'est pas le plus important, mais « l'œuvre elle-même qui veut nous émouvoir ». Il fait un aparté pour louer l'optique des néo-grecs au début du siècle – en songeant à Overbeck et à Ingres.

Dans les essais rédigés entre 1898 et 1912, il résume sa pensée sur la peinture moderne en commençant par les impressionnistes, auxquels il reproche d'avoir encore eu recours à certains poncifs du travail patient et appliqué d'après nature, au prix d'une longue analyse, dont Paul Cézanne, écrit-il, s'est dégagé de manière salutaire, avec sa perception vraiment concrète des objets, la forme n'étant pas séparée des couleurs. Il explique ensuite comment Paul Sérusier, de retour de Pont-Aven, a parlé de Gauguin, d'où est sorti l'art des Nabis : « Il voulait avant tout rendre le caractère, exprimer la “pensée intérieure”, même dans la laideur. » Et d'ajouter : « Il nous libérait de toutes les entraves que l'idée de copier apportait à nos instincts de peintre. » Il le considère comme le Poussin d'une ère corrompue, mais sans la moindre culture classique, « qui, au lieu d'aller à Rome étudier avec sérénité les antiques, s'enfiévrait à découvrir une tradition sous l'archaïsme grossier des calvaires bretons et des idoles maories... » Il a des faiblesses surtout pour les gouaches de Camille Pissarro, à cause de leurs « tons frais, chantants, parfois acides, où dominaient les verts, les bleus... », pour l'art fantastique d'Odilon Redon, pour Aristide Maillol – « Son art est essentiellement un art de synthèse » –, mais n'a de cesse de brocarder Henri Matisse.

Il a laissé des ouvrages importants comme *Théories, 1890-1910, du symbolisme et de Gauguin vers un nouvel ordre classique* (1912), *Nouvelles théories sur l'art moderne, sur l'art sacré. 1914-1921* (1922), *Carnets de voyage en Italie, 1921-1922* (1925), *Henry Lerolle et ses amis*, suivi de *Quelques lettres d'amis* (1932), *Charmes et Leçons de l'Italie* (1933), *Histoire de l'art religieux* (1939), *Une étude sur la vie et l'œuvre de Paul Sérusier* (1942) et son *Journal* en trois tomes (1884-1904, 1905-1920 et 1921-1943) ne sortira de presse qu'en 1957.

22 *Pourquoi les artistes se consacrent-ils toujours plus à la critique ?*

Enfin, il faut prendre la mesure d'une tendance plus générale : les artistes prennent volontiers la plume pour raconter leur existence et leur expérience, comme Paul Gauguin avec ses *Racontars de rapin* ou *Noa Noa*. Leur correspondance, sans cesse plus nourrie et riche d'explications sur leurs choix, est également collationnée et imprimée ; sans compter que la pratique des entretiens se multiplie et nous permet de connaître les opinions d'Auguste Renoir ou d'Edgar Degas, de Félix Vallotton (également romancier, nous l'avons vu) ou de Paul Cézanne. Les artistes prennent la parole de plus en plus volontiers, dans l'espoir de ne plus être livré aux lubies des critiques professionnels.

Cette tendance qui s'affirme depuis Delacroix ne cesse de croître pour plusieurs raisons. La première est sans conteste la nécessité de se défendre quand leurs pratiques sortent des sentiers battus, et peut-être encore plus difficilement après le triomphe de l'impressionnisme, qui a été considéré par les amateurs comme une frontière impossible à dépasser.

Avec la prolifération des périodiques, comme ceux publiés par les cafés et cabarets, la fin du XIXe siècle voit le triomphe absolu, en France mais aussi dans une bonne partie de l'Europe, de la presse écrite. Ce moment a été aussi celui de la multiplication des événements artistiques et des galeries. Le nombre de grands collectionneurs a considérablement augmenté, surtout avec l'arrivée de nouveaux amateurs venus d'outre-Atlantique. En somme, l'art sous toutes ses formes passionne ce monde qui connaît la paix et une relative stabilité depuis plusieurs décennies, malgré des tentations de rétablissement de la monarchie en France, et malgré la montée en puissance de l'anarchisme et du socialisme révolutionnaire.

La disparition (provisoire) du Salon a fait naître aussitôt trois salons importants, et de nombreux autres se sont développés (gravure, aquarelle, salon des femmes, etc.). La peinture, la sculpture, les arts appliqués sont des sujets qui passionnent et le grand nombre des revues traitant de ces sujets augmente également.

Paris demeure la capitale incontestée de cet engouement, malgré les efforts des autres grandes cités européennes. C'est l'époque où chaque pays recherche l'épanouissement d'un art national, pour des raisons patriotiques autant que culturelles. Les diverses sécessions, à Vienne, Budapest, Berlin, Munich et Prague, l'Art nouveau qui prend une forme assez différente à Barcelone ou Palerme, à Bruxelles, à Nancy ou à New York, tout cela contribue à mettre en place les conditions nécessaires et suffisantes de bouleversements radicaux. La Belle Époque est grosse à la fois du cubisme, du fauvisme, de l'expressionnisme, et d'une guerre à la dimension de la planète entière. Sans omettre une révolution, qui a elle aussi des conséquences internationales majeures.

Parmi tous ces bouleversements, la critique d'art poursuit son évolution. Elle n'est plus le seul privilège des hommes et femmes de lettres et de journalistes spécialisés : les collectionneurs et les marchands de tableaux sont toujours plus désireux d'avoir leur mot à dire, tandis que les artistes se jettent dans des polémiques parfois furieuses.

Les historiens pensent que 1914 est une date frontière, le changement profond des sociétés occidentales en étant la manifestation la plus évidente. Pour les artistes, tout se joue dans un laps de temps infime, entre 1905 et 1914. Quand l'Autriche-Hongrie déclare la guerre à la Serbie, tout est à peu près accompli. L'art moderne est né. Et il pèsera de tout son poids pendant presque sept décennies.

La critique se diversifie sans nul doute, mais elle reste encore et toujours un instrument puissant, jusqu'au jour où d'autres critères prévaudront dans la création artistique et par conséquent dans son interprétation.

III
La critique face à l'art moderne

23 *Le début du XXe siècle est considéré comme le point d'émergence de l'art moderne. Mais les choses ont-elles été aussi simples ?*

Tout est nécessairement plus complexe qu'il n'y paraît. C'est d'abord une question de générations assez voisines : si une nouvelle génération fait son apparition et cherche, comme elle devrait le faire en toute logique, à s'éloigner de ce qu'ont pu réaliser les précédentes, cela ne signifie pas que celles-ci disparaissent et n'ont plus voix au chapitre. Cela peut sembler un truisme, mais c'est une dimension qui n'est presque jamais prise en compte par les historiens d'art de cette période. Les vieux académiciens avaient encore du pouvoir à l'École des beaux-arts et dans les salles du Salon des artistes français, sous l'égide de la Société des artistes français instituée par Jules Ferry. Léon Bonnat en est le président en 1891, Jean-Paul Laurens en 1900, William Bouguereau en 1901. C'est cette Société qui est à l'origine de la construction du Grand Palais. Alexandre Cabanel était déjà mort, Bouguereau meurt en 1905 ; leur univers était vraiment à son déclin, mais toujours là. Leurs émules dirigent la Société jusqu'en 1947 – tous oubliés ! L'esprit de l'académisme ne rend jamais les armes… et le Salon des artistes français se tient encore chaque année. Cependant, cette cohabitation des Anciens et des Modernes est relativement anecdotique. Le plus curieux est sans aucun doute l'apparition du courant symboliste, qui était tout sauf un mouvement organisé et monolithique. Tout au contraire, c'est une galaxie où se mêlent nostalgie d'un passé magnifié, aspirations spirituelles et parfois mystiques, orientations souvent divergentes dans la relation à la peinture, pieux retour aux sources ou, à l'inverse, revendication de tout ou partie des formes les plus modernes. En sorte que le symbolisme, comme toutes les expressions de l'Art Nouveau et des diverses sécessions, a été pour une bonne part, en dépit de ses autres tendances, d'une grande modernité. Il a touché tous les domaines et la poésie symboliste a pesé dans la balance de la littérature au tournant du siècle. Elle a également eu ses défenseurs.

24 *Comment le courant symboliste a-t-il été défini ?*

Le *Manifeste du symbolisme* rédigé par Jean Moréas (1856-1910), paru dans *Le Figaro* le 16 septembre 1886, était une déclaration à caractère strictement littéraire et voulait marquer une rupture avec la poésie des décennies passées. Moréas l'explique avec clarté :

> Une nouvelle manifestation d'art était donc attendue, nécessaire, inévitable. Cette manifestation, couvée depuis longtemps, vient d'éclore. Et toutes les anodines facéties des joyeux de la presse, toutes les inquiétudes des critiques graves, toute la mauvaise humeur du public surpris dans ses nonchalances moutonnières ne font qu'affirmer chaque jour davantage la vitalité de l'évolution actuelle dans les lettres françaises, cette évolution que des juges pressés qualifièrent, par une incroyable antinomie, de décadence. Remarquez pourtant que les littératures décadentes se révèlent essentiellement coriaces, filandreuses, timorées et serviles : toutes les tragédies de Voltaire, par exemple, sont marquées de ces tavelures de décadence. Et que peut-on reprocher, que reproche-t-on à la nouvelle école ? L'abus de la pompe, l'étrangeté de la métaphore, un vocabulaire neuf ou les harmonies se combinent avec les couleurs et les lignes : caractéristiques de toute renaissance.
> Nous avons déjà proposé la dénomination de symbolisme comme la seule capable de désigner raisonnablement la tendance actuelle de l'esprit créateur en art. Cette dénomination peut être maintenue.

De nombreux facteurs très différents et la plupart du temps incompatibles en apparence, nous l'avons déjà esquissé, déterminent l'épanouissement du symbolisme dans la peinture, la sculpture, mais aussi dans l'architecture et les arts appliqués. Il prend des noms différents selon les pays et les cultures : c'est l'Art Nouveau en France, le *Jugenstil* en Allemagne, en Autriche, en Hongrie et en Bohême, le *Liberty* en Italie et aux États-Unis. Cette contagion touche aussi bien l'Italie et la Grande-Bretagne que la Russie. Jusqu'à la Première Guerre mondiale, on voit s'épanouir des expériences de toutes sortes, où le retour à des valeurs anciennes – le goût des matériaux authentiques, le refus de la production mécanique, la réévaluation de l'art de la fin du Moyen Âge et du début de la Renaissance – se conjuguent avec l'emploi de techniques modernes comme celle de l'acier et la production en série. C'était un savant et subtil mélange de notions archaïques et modernistes. La Wiener Werkstätte en est sans nul doute l'une des expressions les plus audacieuses, avec les Arts and Crafts de Glasgow et, entre autres, Charles Rennie Mackintosh.

Pour ce qui est de la peinture, on a vu se côtoyer des artistes comme Puvis de Chavannes, Gustave Moreau, Arnold Böcklin, Gustav Klimt, James Ensor, William Degouve de Nuncques, Ferdinand Hodler, Frantisek Kupka, Odilon Redon, Max Klinger, Félicien Rops, Léon Spilliaert, Franz von Stuck, Giovanni Segantini, Gaetano Previati, pour se limiter à ces noms-là. D'aucuns, les plus rares, sont tournés exclusivement vers le passé, comme Edgard Maxence ou Jean Delville, tandis que d'autres demeurent délibérément entre passé et présent ; mais la plupart ont contribué à la grande révolution esthétique qui était sur le point d'émerger entre 1900 et 1914. Et il faut aussi prendre en considération un autre phénomène, loin d'être indifférent : le succès toujours croissant de la peinture expressionniste auprès des collectionneurs. Les derniers représentants vivants de ce cercle d'artistes, comme Auguste Renoir, Edgar Degas et Claude Monet, connaissent la gloire et la reconnaissance officielle – il n'est que de songer à la commande faire par Georges Clemenceau à Monet en 1918 pour réaliser un grand ensemble de tableaux, les *Nymphéas*, qui est installé en 1927 (un an après la mort de l'artiste) dans une salle spécialement aménagée de l'Orangerie des Tuileries. Cet engouement général des collectionneurs européens et américains touche aussi le monde de la critique. Plusieurs grands écrivains sont étroitement liés à ce phénomène exceptionnel. Mais, là encore, la définition est vague, car on peut déclarer symbolistes aussi bien Jean Moréas et Stéphane Mallarmé que Georges Rodenbach. Et tous ces poètes ont souvent défendu des peintres qui se rapprochaient de leur manière de concevoir la création littéraire. À l'exception de Maurice Denis, peu de peintres s'engagent dans une bataille de mots. Quant à Gustave Moreau, il a préféré collectionner ses rêves.

25 *Quelle part George Moore a-t-il prise au triomphe de l'impressionnisme hors de l'Hexagone ?*

Né près de Carra (County Mayo, Irlande), George Augustus Moore (1852-1933) était destiné à une carrière militaire. Mais le jeune garçon ne s'intéressait qu'à l'art. Il finit par entrer à la School of Art dans le South Kensington Museum (aujourd'hui le Victoria & Albert Museum), où il ne se montre pas un élève brillant. Devenu majeur en 1873, il décide de se rendre à Paris. C'est alors qu'il publie à compte d'auteur son premier recueil de poésie, *The Flowers of Passion*. Il étudie à l'Académie Jullian. Pendant son séjour, il fait la connaissance d'Émile Zola qui aura une grande influence sur lui, de Mallarmé, de Tourgueniev et de nombreux peintres dont Manet, Degas, Renoir et Monet. Il demande à Manet de faire son portrait, qui se termine par une catastrophe (Manet lui dit que ce n'est pas de sa faute s'il a une tête d'œuf !). Il doit rentrer en Irlande pour régler des affaires de famille. Puis il s'installe à Londres où il écrit son premier roman, *A Modern Lover* (1883). Il s'est beaucoup servi de ses connaissances pour créer ses personnages – dont certains ont réellement existé comme le marchand Paul Durand-Ruel –, et ses situations empruntent souvent aux scènes artistiques des deux capitales. En 1886, il fait paraître un livre de souvenirs qu'il présente comme un roman, *Confession of a Young Man*, paru d'abord en français sous le titre de *Confessions d'un jeune Anglais*, puis en anglais deux ans plus tard, et qui lui vaut un succès notable. Il y raconte, entre autres, ses relations avec le monde intellectuel et artistique de Paris, évoquant le café de la Nouvelle Athènes, place Pigalle, qui était le lieu de rencontre de Manet et de ses amis. C'est sans nul doute l'un des plus intéressants témoignages de l'époque où l'impressionnisme a pris son essor. De nouveau à Londres, il publie d'autres romans et puis s'occupe de critique d'art entre 1891 et 1895 dans le magazine *The Hawk* et aussi dans *The Speaker*. Dans son essai *Impressions and Opinions*, il évoque ce qu'avait été le Salon des refusés de 1863 et s'élève contre l'éducation artistique dispensée dans les académies. *Modern Painting* paraît en 1893. Il y fait l'éloge de Manet, de Degas et de Whistler. Enfin, en 1906, il achève *Reminiscences of the Impressionnist Painters* qui est publié par Maunsel à Dublin.

Modern Painters est un livre important car c'est le premier, dans le monde anglo-saxon, à vanter les mérites des impressionnistes et de quelques artistes qui peuvent s'apparenter à cette révolution dans le champ de la peinture. Il commence, assez étrangement, par évoquer la figure du peintre américain, James Abbott McNeil Whistler, un esprit bien trempé qui n'a pas eu peur de faire un procès au critique le plus célèbre d'Angleterre, John Ruskin. Il souligne que « son caractère me fut longtemps incompréhensible » et fait état de ses « nombreuses contradictions ». Moore n'a pas été le seul à ressentir cette gêne, la majorité des critiques se sont même montrés assez hostiles à son travail. Mais il ajoute aussitôt que « ses perceptions artistiques sont plus exquises que les Vélasquez ». Il voit d'ailleurs dans sa peinture une influence espagnole. Il le compare à Rossetti, car il remarque une certaine analogie entre sa *Femme en blanc* et les tableaux du peintre préraphaélite. Et il insiste sur le fait que « c'est avec la nuit que M. Whistler a apposé son sceau et le signe dans l'art ». Il regroupe ensuite dans un même chapitre Puvis de Chavannes, Millet et Manet. Pour le premier, il distingue la mise en place d'une « monochromie » et décrit sa tendance à utiliser de nombreux gris différents, certains rehauts de couleurs, avec du « vermillon, d'autres avec de l'ambre, et beaucoup d'autres qui sont des mélanges de noir et de grandes quantités de blanc, souhaitant déranger la couleur de la pierre à l'entour... » Il songe alors à sa grande composition appelée *Été*, « où le gris est toujours le fondement de sa palette, [...] les bleus sont placés au faîte et en bas, et il trouvait entre eux des successions de gris. » Il en vient ensuite à traiter de Millet et de la « synthèse poétique » qu'il attribue à la terre. Enfin, il en arrive à traiter de l'œuvre de Manet, qu'il considère être l'expression de la « bonne peinture ». Il fait l'éloge du *Bon bock* et admire les illustrations qu'il a faites pour les poésies de Mallarmé. Il est persuadé qu'il n'a jamais peint que par et pour la vue. Et il est admiratif devant ses portraits, par exemple celui de Berthe Morisot.

Il consacre une partie de son ouvrage à une réflexion plus générale sur l'art, associant bizarrement Ingres et Corot, disant que le premier cherchait la « pure perfection en rivalité avec l'antique ». Dans un autre essai, il déclare : « Il y a autant de mystère dans une ligne d'Ingres que dans l'ombre et la lumière de Rembrandt. » Et il déclare à propos du second : « La couleur est la mélodie, les valeurs sont l'orchestration servant à enrichir la mélodie, les valeurs se contentant d'enrichir la couleur. » Il poursuit en parlant de Monet, qu'il regarde comme un chef de file, suivi par Pissarro « dans sa quête de la couleur ». Il fait des réserves sur les *divisers* (les « divisionnistes »), comme Signac et Anquetin, qui ne peuvent le convaincre mais auxquels il attribue quelque talent. Il revient d'ailleurs sur Claude Monet après avoir découvert ses *Cathédrales de Rouen*.

Quant aux peintres de la Royal Academy, dont il considère la position presque aussi imprenable que le rocher de Gibraltar, il vante les mérites d'Albert Moore, de Leslie, de Waterhouse, de G. F. Watts, mais n'en affirme pas moins que l'« Academy est une entreprise commerciale privée, et elle conduit son affaire par les voies qui lui sont avantageuses »... Il évoque d'autres sujets d'actualité (la religion, le mauvais goût de la royauté en art, le commerce de l'art, la photographie, etc.). Mais le plus intéressant est sans conteste son chapitre sur le New English Art Club, dont il analyse le neuvième Salon : il observe les créations de John Singer Sargent, de Walter Sickert, de Philip Wilson Steer, et de quelques autres, et conclut que ce club est « très typique de cette fin de siècle ; il est jeune, il est intéressant, il est intelligent, il est émotif, il est cosmopolite ». En effet, beaucoup de ses membres se recommandent de l'art français, de Manet surtout, mais aussi des impressionnistes. En somme, George Moore peut être regardé comme l'homme qui a consolidé l'influence de l'art français dans les îles britanniques. Et il réitère en 1906 avec *Reminiscences of the Impressionnist Painters*, qu'il dédie à P. W. Steer, l'un des peintres du New English Art Club. Il commence par faire l'apologie de cet ami de Sickert en montrant qu'il tient bien haute la bannière de l'art anglais avec ses camarades Henry Tonks, D. S. McColl, William Rothenstein et Harrison (« Votre vie, si je puis dire, me semble aussi admirable que vos tableaux. ») Il compare ses toiles de Camden Town avec celles de Le Nain. Pour lui, nul besoin d'académies : un café ferait mieux l'affaire, comme le café de la Nouvelle Athènes, dont il rappelle les figures illustres, comme Duranty et tous les peintres : « Nous nous levions pour les saluer à leur entrée – Manet, Degas, Renoir, Pissarro, Monet et Sisley. Il indique que Manet et Degas avaient chacun leur table dans le coin droit pour leur cercle d'admirateurs. Il a reconnu dans le premier « la force nouvelle dans la peinture ». Il entreprend alors de vanter ses qualités humaines et esthétiques. Il fait de Whistler, de Degas et de Monet ses héritiers. Il rappelle quels furent les débuts de Degas avec *Sémiramis construisant Babylone* et que c'est lui qui a introduit l'acrobate dans l'art, tout comme la repasseuse. Il le rapproche, pour le dessin, de Léonard de Vinci et étudie pour le lecteur la *Leçon de danse*, qu'il considère comme une peinture « intellectuelle ». Quant à Alfred Sisley, il lui trouve plus de poésie que Monet et y discerne une délicatesse qu'il ne voit pas chez les autres peintres. Il a surtout été frappé par ses paysages d'hiver. Il avoue préférer Cézanne à Millet, qu'il juge un peu conventionnel. Mais il admet que Renoir a été le plus grand du groupe, même s'il a eu un doute à son sujet : « Au fond de mon cœur, j'ai toujours soupçonné l'art de Renoir d'être un peu vulgaire. » Il aime les travaux de la New-yorkaise Mary Cassatt et évoque la belle-sœur de Manet, Berthe Morisot, qui est aussi son élève. Quoi qu'il en soit, et quels que soient les mérites de ces artistes, il distingue en Manet celui qui a le plus « libéré l'esprit des conventions et des préjugés. Il a créé un esprit de révolte contre l'ancien ; il a inoculé un désir d'aventure ».

Dans cet opuscule, Moore a voulu introduire les noms de grands maîtres de la peintre d'autrefois, comme Rembrandt, Boucher, Léonard de Vinci, Michel-Ange, Vélasquez, mais aussi Turner et Constable, comme pour montrer d'une part comment l'art nouveau des impressionnistes s'en détache, mais aussi à quel point il est parvenu à une même excellence. Il a aussi tenu à établir un pont entre l'art français et l'art anglais de l'époque, en finissant son opuscule par les membres du New English Art Club car, à son point de vue, « la France est la source de tout art moderne ».

Avec ses écrits sur la peinture, George Moore a assurément contribué à faire comprendre et à faire aimer l'art français dans les pays anglo-saxons. Et, ce faisant, à enraciner encore plus le mythe de l'impressionnisme.

26 *Quelle a été l'esthétique du poète Gabriele D'Annunzio ?*

Né à Pescara (Abruzzes) en 1863, Gabriele D'Annunzio est le fils d'un riche propriétaire terrien, Francesco Rapagnetta, qui avait fait ajouter le nom de D'Annunzio au sien. Il fait ses études secondaires à Prato et, en 1881, il est admis à l'université La Sapienza à Rome. Il fréquente déjà des cercles littéraires et il écrit dans *Cronaca Bizantina*, dans le *Fanfulla della domenica*, et d'autres revues et journaux. Il écrit son premier roman en 1889, *Il Piacere* (*Le Plaisir*), à Francavilla al Mare, chez son ami le peintre Francesco Paolo Michetti (1851-1929). Ce dernier est déjà célèbre. Il compose peu après un de ses chefs-d'œuvre, *La figlia di Iorio* (1903) et, un an plus tard, il reçoit le premier prix de la Biennale de Venise. Il est fait sénateur par le roi Victor Emmanuel en 1909. Sa grande demeure (un ancien couvent) est aussi un extraordinaire salon où se retrouvent des personnalités éminentes de la littérature, de la presse et de l'art. Il écrit bon nombre de romans et de pièces de théâtre. Ses écrits connaissent un grand succès, mais il s'est endetté car il vit largement au-dessus de ses moyens, ce qui l'oblige à s'exiler à Arcachon pour fuir ses créanciers. C'est là qu'il a écrit le *Martyre de saint Sébastien* pour Claude Debussy. Il ne rentre en Italie qu'au début de la guerre, pour inciter son pays à renverser ses alliances et s'opposer aux Empires centraux. Quand la guerre est déclarée, il s'engage dans l'aviation et s'illustre, entre autres, par le bombardement fictif de Vienne avec des tracts. Avec une armée hétéroclite d'anciens combattants (*arditi*), de syndicalistes révolutionnaires, d'anarchistes, de fascistes, de futuristes, il s'empare de Fiume le 12 septembre 1919 et crée l'État libre de Fiume qu'il dote d'une constitution. La flotte italienne le force à partir en décembre 1920. Il décide de se retirer dans sa villa de Gardone, au bord du lac de Garde, qu'il baptise *Il Vittoriale*, et ne joue plus aucun rôle dans la politique italienne – tout au moins, on a tout fait pour qu'il ne se lance pas dans la moindre initiative. Cette villa est décorée par ses soins, en associant œuvres d'art et souvenirs précieux, constituant une sorte de musée étrange et idiosyncrasique où il a vécu et reçu grand nombre d'amis, ce qui fait de lui le premier exilé de l'intérieur, mais dans un luxe inouï.

Il a commencé à écrire sur les artistes à partir de 1883. Il faut se souvenir qu'à l'époque l'Italie vient de découvrir les préraphaélites anglais et que l'art italien se divise entre naturalisme et symbolisme, ces deux tendances pouvant d'ailleurs entretenir des relations étroites. Il s'attache à un peintre déjà confirmé, Eduardo Dalbono (1841-1915), qui vit alors à Paris (il y est resté dix ans). C'est un ami de Giuseppe De Nittis (1846-1884), qui a commencé par faire surtout des paysages, de très belles *vedute* de villes, comme *La Terrasse* (1865-1867), pour ensuite être tenté par le portrait et des scènes intimes et enfin par des peintures mythologiques ou légendaires. D'Annunzio loue sans réserve celui qui est le maître de Michetti :

> Au milieu de ces paysages gris d'automne et des brumes marines, les toiles d'Eduardo Dalbono rayonnent avec une luminosité mêlant les eaux et les ciels, vibrent comme un éclat de chants et de rêves, respirant comme une vive fraîcheur de jeunesse. Ce sont les idylles de la mer, les idylles des nuages, une poésie, la grande poésie resplendissante du Golfe aimé, ressenti et rêvé par un Poète.

Et il le rapproche de grands Français, de Corot, de Daubigny, de Troyon. Puis il a l'occasion de voir une exposition du peintre britannique Alma-Tadema, dont il compare les tableaux à des gemmes ou de l'argenterie antique, « un albâtre méticuleusement taillée »... Dans *La Tribuna*, il écrit en juin 1883 un article titré le « Goût du japonisme » dans lequel il déclare : « J'aimerais donc avec beaucoup d'allégresse voir la prochaine renaissance de cet art ornemental qui a été dans la peinture une source incontournable d'inspirations et d'innovations. » Il est subjugué par cet art capable de saisir des « mouvements vivaces, des attitudes difficiles, des impressions fugitives »... En 1889, il signe un papier consacré à Félicien Rops et tente de montrer la beauté d'une toile comme *Les bains d'Ostende*, vantant son inclination à la lubricité : « Mais dans la corruption, mais dans la volupté, mais dans l'immensité de la volupté, personne ne dépasse Félicien Rops. »

27 *Quels peintres italiens D'Annunzio a-t-il défendus ?*

Sa grande amitié pour Francesco Paolo Michetti s'est doublée d'une grande admiration depuis qu'il a fait sa connaissance en 1880. Le premier article qu'il lui consacre paraît en 1882 pour parler de son *Canto novo* et, en 1883, il le considère comme un grand peintre, dont il regarde l'œuvre *Il voto* (1882), comme une étape importante de sa carrière. Il ne peut non plus oublier de présenter au public, dans un long article enthousiaste, *La figlia di Iorio*, en 1886. Il insiste en particulier sur son désir constant de présenter l'être humain dans la nature.

Il a aussi une relation privilégiée avec un autre artiste, Adolfo de Carolis/Karolis (1874-1928), tout à la fois xylographe, peintre, décorateur et homme de lettres. Il a adhéré au groupe *In Arte Libertas* et au *Convivio*. Influencé par les écrits de Ruskin, aussi par ceux de Thomas de Carlyle, sa principale référence picturale est Michel-Ange. C'est un partisan convaincu du retour aux « sources de la tradition ». Lors d'un séjour en France en 1901, le jeune Carolis rencontre D'Annunzio, avec qui il se lie d'amitié. Très vite, il s'emploie à illustrer les œuvres du *Vate*, à commencer par *Francesca da Rimini* en 1901, puis il met en images *La figlia di Iorio* en 1904. Il travaille en 1909 à l'illustration de *Fedra*, et enfin *Notturno* (*Nocturne*). Il écrit un article pour saluer la beauté de son *Portrait de Luisa Baccara* : « Non, jamais chez un artiste accompli la structure du corps eut une correspondance aussi vivace avec la qualité de son art. Devant le clavier, la petite Vénitienne de la paroisse de San Stefano fait songer aux esprits et aux feux d'un Concert de Giorgione. » Ce long texte qui le compare à Holbein est en même temps une collection de souvenirs sur cet artiste et sur tout ce qui a pu l'inspirer depuis qu'il le connaît. Il a écrit aussi un texte très poétique sur ses relations avec Carolis, demeuré inédit, où il dit :

> Mon amitié avec Adolfo de Karolis enlumineur de mes livres de poésie les plus beaux. Son caractère d'artiste écrivain, de dessinateur ami de la plume, de graveur passionné de la syntaxe qui est un art dédié à la distribution précieux des clairs et des obscurs, au contraste de la lumière, à l'équilibre des espaces, à la solide unité des groupes grâce à des intervalles indéfinissables comme la pause dans la musique et dans l'éloquence.

Il a aussi rédigé des essais sur l'art ancien, sur Praxitèle et sur Giorgione, et un article sur les relations profondes liant Giovanni Segantini, le reclus de l'Engadine, et Dante. Il fera l'éloge funèbre du peintre, l'un des plus célèbres de la fin du XIXe siècle, sous la forme d'un poème :

> Éteints sont les yeux humbles où se love l'infinie
> beauté, l'âme s'en est allée où l'ombre la lumière la vie
> et la mort durent comme une seule
> prière, et la mélodie du ruisseau et le mugissement du troupeau
> et le tonnerre
> de la tempête et le cri de l'aigle et le gémissement de l'homme
> furent comme une seule parole,
> [...]

D'Annunzio a écrit aussi une brève note sur Böcklin. Mais jamais il n'a eu en tête de se consacrer à la critique d'art. L'épisode journalistique de ses débuts n'a eu que peu de développements : il a préféré parfaire son énorme collection du Vittoriale qui était comme la mise en scène de son existence et de son œuvre littéraire.

28 *Quels ont été les choix esthétiques de Paul Valéry ?*

Si l'on veut comprendre le rapport fort et intense de Paul Valéry avec l'art, il faut se plonger dans son enfance et tout ce qui s'est ensuivi : il a aimé dessiner très tôt, il a appris à graver, il a composé des aquarelles, il a peint. On est même surpris par la quantité de ses œuvres. Il ne s'est jamais fait passer pour un artiste mais n'a jamais cessé de s'employer avec ferveur à ce qui devait passer aux yeux d'autrui pour un passe-temps. Il n'a aucune formation et l'on sait seulement qu'il a visité le musée Fabre à Montpellier quand, jeune Sétois, il était au lycée dans cette ville (il écrira d'ailleurs à ce sujet bien plus tard : « Glose sur quelques peintres » 1891).

Jeune homme, il a fait deux rencontres décisives : la première a été celle de Stéphane Mallarmé – après celle de Pierre Louÿs, qui a eu aussi un certain poids dans son orientation future ; et, pour l'art, celle d'Eugène Rouart, que lui avait présenté André Gide, ce qui lui a permis de rencontrer son frère Henri, peintre et collectionneur. C'est le collectionneur qui l'intéresse.

Il s'est aussi consacré aux arts appliqués – son premier texte est d'ailleurs consacré aux arts du feu ; puis il s'est penché sur la question de la broderie et enfin sur la gravure, qu'il tient en haute estime. Il a signé quelques pages sur Paul Véronèse en 1928 et a évoqué l'art italien pour le catalogue d'une grande exposition présentée à Paris en 1935. Il n'en est pas moins vrai que son premier livre, original et passionnant, est l'*Introduction à la méthode de Léonard de Vinci* (1895).

Tout bien pesé, il n'a jamais écrit que trois articles sur des peintres, qui tous sont liés à l'école de Barbizon ou à l'impressionnisme. Il compose un long panégyrique de Camille Corot en 1932, dans la préface aux *XX Estampes de Corot*. Il disserte d'abord sur la notion de nature, qui n'est pas un absolu infrangible :

> Dans le drame des Arts, la Nature est un personnage qui paraît sous le masque. Elle est tout et n'importe quoi. Toute simplicité, toute complexité ; se dérobant à la vue d'ensemble comme elle nous défie pour le détail ; ressource et obstacle, maîtresse, savante, idole, ennemie et complice soit qu'on la copie, soit qu'on l'interprète, soit qu'on la violente, qu'on la compose et la réordonne, qu'on la prenne pour matière ou pour idéal. Elle est à chaque instant, auprès, autour de l'artiste, avec lui, contre lui – et dans son propre sein opposée à soi-même.

Il note que Corot s'en sert de « modèle » alors que Delacroix l'a utilisée comme dictionnaire. Le rapport de l'artiste à la nature doit se conclure par une conquête : « Le naturel d'un nouvel homme. » C'est également la découverte d'une « Poésie », avec un art de « certains effets de langage ». Il admire Corot parce que dans ses œuvres, les « choses de la nature » révèlent un méditatif plongé dans sa pensée. C'est une raison de se sentir des affinités avec ce peintre qui a une conception proche de sa poésie. La même année, il écrit « Le Triomphe de Manet » qu'il admire sans réserve. Ce dernier a été un homme sans école, bien qu'entouré de nombreux confrères dont beaucoup ont marqué l'art. Il considère que Manet est unique par « la sensibilité de sa rétine [...] et comme maître du spectre... », qualité que la majorité de ses contemporains ont été loin de lui reconnaître. Il note enfin l'usage intensif du noir, par exemple dans son *Portrait de Berthe Morisot.*

Et justement le premier de ces textes est consacré à la femme peintre, dont il a dû découvrir les toiles chez Rouart. Il loue sa boîte de couleurs et sa « palette chargée » et se déclare ravi de « l'état délicieux de ses laques de terre, des oxydes et des alumines [qui] chantent déjà de tous ses tons les préludes du possible »... La musique est souvent utilisée pour faire des analogies pouvant expliquer la dimension d'une peinture.

29 *Quels rapports Paul Valéry a-t-il eus avec Edgar Degas ?*

Si ses *Pièces sur l'art*, réunies en volume en 1931, n'ont eu qu'un impact modeste, son livre sur Léonard de Vinci en a eu un immense, et plus encore son *Degas Danse Dessin*, composé de belles et fines observations sur Degas, qu'on lit toujours de nos jours avec passion. Ce fut une curieuse entreprise, manifestement rédigée par à-coups, publiée par bribes entre 1933 et 1935, finalement réunies en un volume en 1938. Il est d'ailleurs composé d'une manière peu organisée, passant des souvenirs à des considérations sur une question précise – comme la photographie, dont Degas était expert, ou le thème du cheval. Il intitule certains chapitres « Propos » ou « Digression », ce qui prouve bien qu'il n'avait pas à l'esprit de constituer une étude articulée avec rigueur. En fait, Valéry en vient à aborder toutes sortes de sujets autres que les discussions avec Degas, ou la connaissance de ses œuvres.

C'est d'abord l'histoire d'une grande amitié, doublée d'une certaine fascination, et pour l'homme et pour l'artiste. Il avait fait sa connaissance chez Rouart et avait vite compris que c'était un beau parleur qui n'avait pas sa langue dans la poche et pouvait se révéler tranchant, même blessant, et cela sans détour. Il pouvait passer de la plaisanterie et même de la farce à un discours inflexible sur les questions artistiques. Il souligne à ce propos : « Je m'étais fait de Degas l'idée d'un personnage réduit à la rigueur d'un dur dessin, un spartiate, un stoïcien, un janséniste artiste. » Mais celui-ci s'est montré aimable à son égard, et l'écrivain est allé souvent lui rendre visite chez lui. Il a vite analysé le cas, nous avertissant que c'était « le plus mauvais caractère du monde, avec des jours charmants qu'on ne savait prévoir ». Alors Valéry observe, analyse en son for intérieur, tente de se faire une idée très affûtée du caractère intime de l'artiste. Il le devine assez vite comme quelqu'un qui ne cherche pas son salut dans le progrès (en dehors de l'appareil photographique), car ses thèmes, même s'ils étaient bien contemporains, comme les courses de chevaux, les ballets et leurs coulisses, les danseuses, les repasseuses, faisaient bien partie du monde de son temps. Si Degas a des conceptions bien arrêtées, il est tout sauf doctrinaire. Aux yeux de Valéry, il fait reposer sa cause avant tout sur le dessin : « Mais le dessin d'après un objet confère à l'œil un certain commandement que notre volonté alimente. Il faut donc ici *vouloir* pour *voir* et cette *vue voulue* a le dessin pour *fin* et pour *moyen* à la fois. » L'auteur de *Monsieur Teste* fait alors une analyse très approfondie de ce que recherche Degas, qui ne peut absolument pas être de l'ordre du rêve, mais n'est pas non plus la réalité telle quelle. Il le définit comme un « fou de dessin », qui lui disait : « Le dessin n'est pas la forme, il est la manière de voir la forme. » Là réside selon lui son paradoxe, mais aussi son immense talent. Restituer ce qui est vraiment, tout en le changeant. Il construit sa conclusion sur ce thème en faisant appel à Pascal, qui considérait que la peinture était pure vanité, en poursuivant « laborieusement la ressemblance des choses dont la vue d'elles-mêmes est sans grand intérêt. Ce qui prouve qu'il ne savait pas regarder, c'est-à-dire oublier le nom des choses que l'on voit ». Il ne croit pas qu'il aurait compris les raffinements et la casuistique de ces « jansénistes de la peinture et de la poésie ». Il pense à Degas, et à Mallarmé bien sûr, « qui placèrent dans ces futiles objets de leurs désirs et de leurs peines une manière d'infini ».

Jamais Valéry n'a souhaité faire œuvre de critique d'art. Il le soulignait déjà avec insistance dans son article sur Berthe Morisot. Dans ces pages, il inclut quelques réflexions rapides mais d'une incroyable lucidité sur le rôle de la littérature dans les arts : « La valeur ou l'estime accordée à une œuvre de peinture dépend (pendant un certain temps), du talent de l'écrivain qui l'exalte ou l'abîme. » Et il ajoute : « La littérature est devenue maîtresse toute-puissante, créatrice ou destructrice des réputations. » Il loue aussi les sonnets d'Edgar Degas, qui, bien que peu nombreux, ont l'heur de lui plaire.

30 *Quels liens Rainer Maria Rilke a-t-il entretenus avec les artistes ?*

Poète et dramaturge, Rainer Maria Rilke (1875-1926) est né à Prague et y a fait des études d'histoire de l'art et de littérature ; puis il s'est consacré au journalisme. Il est parti à Munich en 1895 pour y étudier la philosophie et y fait la rencontre de Lou Andreas-Salomé, l'égérie de Nietzsche, dont il tombe amoureux. Il a fait avec elle des voyages en Italie et en Russie en 1899, ce qui lui a donné l'opportunité de connaître Tolstoï. C'est en 1900 qu'il a croisé le chemin du sculpteur allemand Clara Westhoff, qui a été l'élève de Rodin. Il l'a épousée l'année suivante et le couple s'est installé à Worpswede. Mais le jeune écrivain a continué à mener une vie errante, et cela presque jusqu'à la fin de sa vie, en multipliant les conquêtes féminines. À Paris en 1902, il commence la rédaction des *Carnets de Malte Laurids Brigge*. Il rencontre Auguste Rodin en 1902 et écrit un ouvrage sur son œuvre, qui paraît en allemand. Mais ce n'est qu'en 1905 que le sculpteur peut le lire dans sa traduction française. Rilke est devenu son secrétaire la même année, mais Rodin s'est fâché avec lui en 1906 pour avoir usé d'un ton trop familier dans la correspondance adressée à certains de ses amis. Ils se réconcilient un an plus tard.

En 1898, Rilke publie son premier essai sur l'esthétique, « L'Art », dans la revue de la Sécession viennoise *Ver Sacrum*. C'était pour lui l'amorce d'un livre qu'il n'écrira jamais. Il a pris le prétexte de la publication du livre de Tolstoï sur la question pour développer ses propres idées. Il pense que l'art ne peut se juger sur ses effets mais en relation à son essence, et que l'œuvre doit pouvoir traverser le temps, soulignant que pour les artistes, « la patrie est encore à venir ». Il a néanmoins rédigé quelques notes pour ce projet, où il a affiné sa pensée : « L'art est le désir obscur de toutes choses », il rendrait perceptible des « confessions silencieuses »... Et les images que crée l'artiste « s'enfuient hors de la convention ».

La même année, il a composé un court article pour le *Wiener Rundschau* sur « L'Art nouveau à Berlin ». Il y a parlé de la matérialité des choses et de leurs couleurs tout en décrivant de manière sommaire chaque salle, s'arrêtant sur les pièces qui l'ont le plus frappé, comme la sculpture de Max Klinger. Puis a suivi un article titré « Impressionnistes », compte rendu de l'exposition de la galerie Keller und Reiner de Berlin, pour lequel il s'est appuyé sur les théories de Paul Signac. En novembre de cette année-là, il a aussi donné un article sur « Le Salon des Trois » qui se tenait à Berlin. Il a mis l'accent sur Félicien Rops, dont le nom « ne fut pas souvent prononcé de son vivant ».

Il a ensuite écrit un petit essai sur le paysage, jamais publié, où il exprimait ses sentiments par rapport à l'histoire du genre, mais aussi sur la démarche des artistes et sur la relation à la nature : « Car on ne commença à comprendre la nature que lorsqu'on ne la comprit plus ; lorsqu'on sentit qu'elle était l'Autre, l'élément indifférent qui ne possédait pas de sens pour nous accueillir ; c'est alors seulement qu'on fut sorti d'elle, sorti en solitaire d'un monde solitaire. » En 1902, il a vanté les qualités du peintre Heinrich Vogeler dans la revue *Deutsche Kunst und Dekoration* et lui a consacré un essai. Il a aussi rédigé l'introduction d'un petit livre publié en 1903, qui était consacré aux peintres de Worpswede, groupe qu'il a connu lorsqu'il a séjourné dans cette localité. Par la suite, il a écrit une monographie sur l'un d'eux, Fritz Mackensen, un essai sur Otto Modersohn et un autre sur Fritz Overbeck. Au début de la guerre, il a étudié le cas de Hans am Ende, toujours un des peintres de Worpswede. C'est dire à quel point la question de l'art a occupé l'esprit de Rilke, aspect méconnu de son œuvre car beaucoup de ces textes sont restés inédits.

31 *Quels ont été les choix de Rilke dans ses livres sur l'art ?*

Le premier livre que Rilke a publié à propos d'un artiste est celui sur Auguste Rodin, sorti à Berlin en 1903, dédié à sa femme Clara. Il y a résumé ses pensées sur l'art, déjà formulées à ses débuts. Et il les a appliquées à Rodin. Il a insisté sur le fait que l'artiste faisait fi des « notions traditionnelles de la plastique ». Il a narré son long cheminement d'apprentissage et son premier geste créateur, qui a été une rupture. Il a ensuite expliqué cette tendance, surtout dans ses nus, par « ce repliement vers l'intérieur, cet effort pour épier sa propre profondeur », et aussi par la nécessité de multiplier les contacts entre les corps, dans « la plénitude et la surabondance de la vie ». Il a expliqué l'évolution de sa manière de travailler, insistant sur les portraits, examinant longuement son Balzac : « C'était la création elle-même, qui se servait de la forme de Balzac pour se manifester... » La seconde partie de l'ouvrage a été rédigée en 1907 en vue d'une conférence : elle comporte un long prologue sur le besoin impératif de ne pas rester à la surface des choses et se termine par le rappel des grandes lignes de l'existence de Rodin et la description de ses ateliers. Il a traité l'esprit de son art de façon concise, car il devait avoir dans l'esprit que ce texte servirait à compléter le premier.

Quand Rilke a éprouvé le désir d'écrire sur Rodin, celui-ci était déjà une célébrité mondiale. Mais quand il a écrit ses lettres sur Paul Cézanne, celui-ci était révéré par les artistes les plus audacieux d'alors, mais il était encore contesté. Il parle d'abord à sa femme Clara de sa visite au Salon d'Automne, qu'il a visité deux fois, puis de l'envie qui l'a pris de retourner dans les salles du Louvre. Et il est revenu inlassablement voir les Cézanne. Il s'est mis en devoir d'expliquer comment ce peintre avait pris cette direction et d'illustrer sa méthode de travail. Il a souligné son « caractère inexorable », le comparant, pour cette raison, à Baudelaire et à Flaubert. Puis il a indiqué quelles ont été les options dans sa peinture, le choix des couleurs (avec l'introduction du blanc). Il envoie sa dernière lettre de Prague, où il fait une conférence, en profitant pour voir des œuvres de Cézanne, qu'il lui décrit :

> Une nature morte à la couverture bleue ; entre ce bleu de coton bourgeois et le mur recouvert d'une légère et nuageuse ombre de bleu, un délicieux gros pot de gingembre, verni de gris, qui se déploie vers la droite et la gauche. Une bouteille d'un verre terreux pleine de curaçao jaune et plus loin un vase d'argile, verni de vert aux deux tiers du haut vers le bas. De l'autre côté de la couverture bleue, des pommes qui ont à demi roulé d'une coupe de porcelaine, appelée là par le bleu.

Lorsqu'il meurt en Suisse en 1926, Rilke n'a jamais tout à fait assouvi sa soif d'art et ne figure pas comme l'un des grands critiques du tout début du siècle. Ce n'est que bien plus tard que cette vertu lui sera reconnue. Et pourtant, dans sa logique très personnelle, il a su franchir avec pénétration la frontière esthétique du nouveau siècle.

32 *Comment évolue la critique d'art en France au début du XXe siècle et quels écrivains s'intéressent aux premiers frémissements de l'art moderne ?*

L'invraisemblable effloraison de la presse, de la plus populaire à la plus confidentielle, de la plus politique à la plus littéraire a laissé assez d'espace pour les arts plastiques, pour défendre les vieilles barbes ou pour mettre sur un piédestal les nouveaux sacrilèges. La littérature sur l'art prend encore un essor à la Belle Époque. Avec le meilleur et le pire. Et en gagnant un public bien plus large. À côté de la prose des écrivains et des grands amateurs a pu croître celle des journalistes spécialisés, souvent médiocres, qui ont eu néanmoins un rôle assez notable puisque, sauf exception, ils ont continué à jouer la carte des institutions et des courants les plus rétrogrades. Cette situation va se prolonger jusqu'à la déclaration de guerre d'août 1914. Le XIXe siècle se prolonge donc sous bien des aspects jusqu'à ce conflit qui prend une dimension inconnue jusqu'alors.

Si les arts n'ont plus cessé de se métamorphoser, allant jusqu'à l'abstraction, le monde de la critique ne connaît pas, du moins au début, de grandes variations. Les écrivains demeurent en première ligne dans la plupart des grandes revues littéraires, et les journalistes de plus en plus spécialisés dans les questions artistiques s'emparent des quotidiens ou de feuilles à la périodicité variée.

33 *Quelle a été l'influence du poète Charles Morice ?*

Charles Morice (1860-1919) est un exemple typique de la relation d'un poète avec les créateurs de son temps. Poète avant tout (*Quincaille*, 1919, *Rideau de pourpre*, 1921), essayiste (*La Littérature de tout à l'heure*, 1889, *Du sens religieux de la poésie*, 1906), traducteur de Dostoïevski et de Nekrassov, ami de Paul Verlaine, il a tourné le dos au rigorisme catholique de son père, officier de carrière. Il quitte Lyon en 1882 et s'installe à Paris pour écrire dans une revue anticléricale, *La Nouvelle Rive gauche*, qui devient le véhicule du symbolisme entre 1883 et 1886 sous le titre de *Lutèce*. Il écrit de nombreux articles littéraires puis, après un séjour à Bruxelles, devient secrétaire d'Auguste Rodin, collaborant à la rédaction de son ouvrage, *Les Cathédrales de France* ; et il tient la chronique de l'art moderne dans le *Mercure de France*, qui a vu le jour en 1889 et a commencé ses publications en 1890. Charles Morice y a tenu cette chronique de 1901 à 1909, succédant à Camille Mauclair. Pendant ces années, il a dû sacrifier au rite du compte rendu des salons. En 1894, il avait déjà écrit un article sur ce sujet, en notant qu'« en réalité les expositions annuelles ont *sorti* très peu d'artistes ». Il se plaint de l'encombrement des salles et pense que les jeunes artistes ont peu de chances de se faire un chemin dans ce grand chaos. Et de prendre pour modèle les impressionnistes qui s'en sont vite écartés. Il plaide pour l'individualité et conclut : « Que chacun ait son marchand, son expert, sa galerie – si c'est possible ! » Il ne sacrifie qu'une seule fois au vieux rite du Salon en parlant du Salon de la Société nationale et du Salon des artistes français en juin 1905. Il y réitère son hostilité à l'encontre de ce genre d'événement et se dispense de penser le pour et le contre. Ce faisant, il veut mettre un terme à ce grand jeu de la critique pour ne plus se consacrer qu'aux seuls artistes et à ce qu'ils proposent. Quoi qu'il en soit, il va au Salon des indépendants en 1903 et là encore il s'acharne contre la coutume de réunir toutes ces œuvres en un nombre effrayant. Deux ans plus tard, sa colère ne s'est pas apaisée mais force lui est de reconnaître que se trouvent là, avec des inégalités de talent, « ceux qui remontent bravement, à leurs dépens, avec joie, par-delà les traditions déformées, jusqu'aux sources pures ». Il parle aussi du Salon d'Automne de 1903 puis de celui de 1906, non pour en proposer une visite mais pour, dans le second article, distinguer des catégories d'artistes, s'arrêtant surtout sur ceux qu'il appelle les « hésitants », qu'il décrit avec un bel humour et une ironie très fine. Et tout le monde est jugé en fonction de cette perception. C'est ainsi que Bonnard « est moins un hésitant qu'un inégal » et que Matisse est du type de « ces chercheurs toujours insatisfaits ». En sorte qu'il renouvelle du tout au tout le genre, en en faisant un champ d'exploration des tendances qui se dégagent de l'art de ce début de siècle qu'il regarde comme le début d'une ère nouvelle. En somme, il a l'intention de modifier les règles de la critique d'art.

Il veut d'abord parler des artistes qu'il aime. En premier lieu de Paul Gauguin en 1897. Chose curieuse, il met en parallèle la représentation d'*Un Ennemi du peuple* d'Henrik Ibsen et l'exposition de Gauguin à son retour de Tahiti. Il aime le comportement de Gauguin : « Obéir fidèlement à ses nécessités intérieures, ne rien céder aux nécessités extérieures... » S'il est désormais encensé, il sait que ce n'a pas été son but. Il le considère comme un artiste qui a eu une révélation. Mais il y a plus. Comme il a aidé Verlaine à publier ses *Poètes maudits*, il prête main-forte à Gauguin pour publier *Noa Noa*, qui résume son expérience dans les îles du Pacifique. Le poète révise le texte à la demande de Gauguin, et le fait paraître dans *La Revue Blanche*. Et, quand l'artiste meurt en 1903, il lui rend un hommage ému dans le *Mercure de France*.

Morice est un observateur très pointu de cet art novateur qui s'impose non sans mal. Il est l'un des premiers à écrire sur Picasso en 1902. Il dit dans sa chronique : « Elle est extraordinaire la tristesse stérile qui pèse sur l'œuvre entière ce jeune peintre. Cette œuvre est déjà innombrable. Picasso, Picasso qui peignit avant d'apprendre à lire, semble avoir reçu la mission d'exprimer avec son pinceau tout ce qui est. On dirait d'un jeune dieu qui voudrait refaire le monde. » Et, en 1905, il renouvelle cette admiration pour ses « constructions, qui sont plus solides ». En 1908, il a mis en parallèle les toiles de Georges Braque et celles de Van Dongen, car il a compris ce qui devait séparer ceux qui allaient poursuivre l'héritage « fauve » et ceux qui allaient poursuivre la pensée de Cézanne. Il n'hésite pas à dévoiler ses hésitations devant le travail de Matisse. Il voit en lui un théoricien en « perpétuelle tension » qui serait le fruit d'une « exacerbation nerveuse ». Et, en 1910, il déteste *La Danse*. Cet homme à l'esprit si affûté s'est trompé, non en n'aimant pas Matisse, mais en ne comprenant pas son dessein. Il n'en reste pas moins qu'il a contribué avec une radicalité visionnaire à faire voir que la peinture changeait et qu'elle devait être appréciée avec d'autres notions et selon d'autres modalités.

34 *Quelle forme a pris l'engagement pour l'art de Gustave Kahn ?*

Gustave Kahn (1859-1936) est d'abord un poète d'inspiration symboliste – *Les Palais nomades* (1887), *Le Livre d'images* (1897), *Les Petites Âmes pressées* (1898), entre autres. Ami de Paul Verlaine, de Stéphane Mallarmé et de Jules Laforgue, il a aussi écrit des contes et un essai important, *Symbolistes et décadents*, en 1902. Par la suite, il s'est aussi consacré aux questions juives. Il a été dreyfusard et a composé des *Contes juifs* en 1926, *Images bibliques* en 1929 et *Terre d'Israël* en 1933. Enfin, il a été un critique, se partageant entre la politique et l'art, qui a collaboré à plusieurs périodiques dont *La Revue Blanche*, *La Vogue*, *La Revue indépendante*. Dans les années 1920, il est devenu rédacteur en chef de *Menorah*, périodique sioniste. Il tient la chronique de l'art au *Mercure de France*, de 1911 à 1914. Il y a défendu Paul Signac et Georges Seurat et a écrit d'*Un dimanche après-midi à l'île de la Grande Jatte* : « Les Panathéniens de Phidias forment une procession. Je veux que les gens modernes, dans leurs traits essentiels, se déplacent comme ils le font sur les frises, et les placer sur des toiles organisées par des harmonies de couleurs. » Par la suite, il a adopté une posture favorable aux expériences les plus modernistes. Il déclare en 1913 : « L'art actuel est plein d'intérêt ; les chercheurs y sont nombreux. » Et il l'a démontré en prenant position en faveur des futuristes italiens qui ont été exposés dans la galerie Bernheim-Jeune l'année précédente. Il y a examiné avec bienveillance les tableaux de chacun d'eux et a laissé ces lignes sur *La Ville qui monte* d'Umberto Boccioni : « Avec le mouvement furieux et nerveux des chevaux et des ouvriers du premier plan, l'aventure de lumière pressée et de force laborieuse qu'il ouvre en perspective, avec son apaisement dans les verticales des échafaudages qui couvrent le fond et le haut de la toile, [ce tableau] est une belle œuvre. » Avant sa conversion au judaïsme, Gustave Kahn a été certainement l'un des critiques d'art les plus réceptifs aux œuvres de l'avant-garde révolutionnaire.

35 *Quels écrivains ont-ils pris la plume pour parler des artistes de leur temps ?*

Quelques francs-tireurs viennent s'ajouter à ces auteurs qui se sont passionnés pour les arts. Henri de Régnier (1864-1936), poète, auteur de contes, de nouvelles, de romans et de récits de voyage, a écrit un curieux essai sur Stéphane Mallarmé dans un compte rendu destiné au *Mercure de France*. Il y déclare : « Mallarmé aimait beaucoup la peinture, mais j'ai le sentiment que la peinture datait pour lui de Manet. Je crois ne l'avoir jamais entendu en ses conversations nommer aucun des grands noms de l'art pictural, pas plus celui de Rembrandt ou de Michel-Ange que celui de Vélasquez ou de Watteau. » Il fait remarquer que c'est à l'occasion de l'un de ses mardis qu'il a pu rencontrer Berthe Morisot. Et il souligne que l'auteur d'*Igitur* parlait en bien de Degas alors que les deux hommes étaient brouillés. Il admirait aussi Odilon Redon et Whistler, qui avait fait son portrait devant sa cheminée. Ainsi, Henri de Régnier n'a jamais parlé des artistes que par ce biais étrange, celui de ses souvenirs sur ce grand poète qui a eu sur lui une influence considérable.

Paul Bourget (1852-1935), essentiellement romancier, mais qui a commencé par écrire de la poésie (*la Vie inquiète* et *Edel*), s'est plus intéressé à la psychologie qu'à l'esthétique. Ce partisan de la restauration morale, soucieux de faire de ses romans des applications de ses théories sur la psyché humaine, a néanmoins écrit, en 1881, un article dans *Le Parlement* qui s'intitule « Paradoxe sur la couleur ». Il y parle de l'Exposition des Indépendants qui se tient cette année-là boulevard des Capucines. Il imagine une discussion avec un visiteur inconnu et lui explique pourquoi il s'intéresse à ces peintres :

> Je suis convaincu que les uns et les autres nous avons des sensations analogues, mais seulement analogues, jamais identiques. Un violet, tenez, celui de ces violettes [...] m'affecte d'une façon et vous, d'une autre [...] Une sorte d'impalpable poussière d'atomes colorés flotte dans ce que nous prenons pour de l'ombre et teinte cette ombre. Eux s'efforcent de tremper leurs pinceaux dans cette poussière-là. C'est ainsi qu'ils obtiennent ces colorations singulières qui font hausser les épaules du visiteur inattentif.

Paul Bourget pense nécessaire une histoire des sens à travers les âges. Il est convaincu que la peinture évolue en fonction de « la modification artificielle et héréditaire de la rétine humaine ».

André Gide (1869-1951) est l'un de ces critiques d'art d'occasion. En 1905, il rédige une « Promenade au Salon d'Automne » qui restera sans suite. Son intention est d'écrire non un guide mais bel et bien une libre promenade, au hasard des rencontres et des émotions. Dans ce Salon placé sous le patronage d'Ingres et de Manet, il n'aime pas les « suiveurs » de ce dernier. En revanche, il admire Rodin – il imagine le vieux maître devant un bloc de marbre et le devine placé face à une idée plastique comme Beethoven s'est retrouvé face à une idée musicale. Et il découvre avec ravissement une sculpture de Maillol représentant une femme nue : « Elle est belle, mais ne signifie rien ; c'est une œuvre silencieuse. Je sais qu'il faudrait remonter très loin dans le temps pour trouver un désintérêt aussi absolu. » C'est pour lui la représentation de la « beauté absolue ». Puis il attire notre attention sur un panneau de Vuillard (« À une mélancolie qui n'est pas du tout romantique, n'est pas hautaine... ») Il admire cette figure vêtue comme tous les jours, « faite d'une affectuosité caressante et dirai-je presque timide »... Il se met en devoir d'expliquer pourquoi Bonnard l'intéresse tant : « Plus d'esprit, presque de la malice, que du raisonnement, font de la composition de chacune [de ses toiles] un *quid* bizarrement nouveau et excitant. » Il se montre plutôt réservé à l'encontre d'Henri Matisse, dont il trouve que les tableaux présentés « ont l'aspect de figures de théorèmes ». Gide écrira plus tard sur la musique alors qu'il ne dira plus un mot sur la peinture.

Enfin, on ne saurait oublier la figure pittoresque d'André Warnod (1885-1960). À la fois dessinateur, surtout de vignettes et de caricatures dont il a aimé illustrer ses livres de souvenirs, romancier et historien du vieux Paris, il a été un témoin d'exception de la bohème de Montmartre puis de Montparnasse. En 1925, il a lancé les artistes de l'École de Paris dans la revue *Comœdia*, dans un article qu'il a repris en introduction de son livre, *Les Berceaux de la jeune peinture*, publié la même année. Il a publié plusieurs ouvrages sur les peintres qu'il a connus ou aimés, en particulier Gavarni (1926), Van Gogh et Vlaminck (1928), il a écrit *Les Peintres de Montmartre*, paru en 1928, puis a consacré une monographie au peintre d'origine tchèque Georges Kars (1930) et a rassemblé ses souvenirs dans *Ceux de la Butte*, en 1947. Enfin, il a rédigé un essai sur son ami Pascin en 1954.

IV
Un détour dans la Belgique Art Nouveau

36 *Qu'en est-il de la critique d'art en Belgique à la Belle Époque ?*

Bruxelles avant 1914 est une des grandes capitales de l'Art Nouveau. C'est une ville très vivante pour l'architecture, avec Victor Horta et Henry Van de Velde, mais aussi pour la littérature et les arts plastiques, sans parler de l'apport des émigrés qui sont ponctuellement forcés d'y séjourner, de Charles Baudelaire à Victor Hugo !

En 1883 naît le Groupe des XX à l'initiative d'Octave Maus. Le Salon des XX, qui a lieu au palais des Beaux-arts, faisant suite à *L'Essor* (association d'artistes fondée en 1876) après le départ d'une partie des membres de cette société, est un événement important pour la jeune peinture, de 1884 jusqu'en 1893. Parmi les membres de ce cénacle on trouve James Ensor (1860-1949), Fernand Khnopff (1858-1921), Théo van Rysselberghe (1862-1926) et Guillaume van Strydonck (1861-1937). Des Français les rejoignent plus tard, comme Paul Signac et Auguste Rodin. Sous la férule de son secrétaire, Octave Maus, les expositions sont accompagnées de conférences sur la littérature et l'art de l'époque ou de concerts. Les « vingtistes » ont le droit d'inviter chacun un artiste de leur choix – c'est ainsi qu'ils peuvent présenter Paul Gauguin et Vincent Van Gogh, entre autres figures emblématiques. Pas d'écoles et pas d'exclusives. Par ailleurs, avec Edmond Picard, Maus avait fondé la revue *L'Art moderne*, en 1881. En somme, Bruxelles n'est plus une vague province de Paris. Elle possède tout ce qui est indispensable pour être l'une des grandes capitales culturelles de l'Europe.

De plus, elle a jeté des ponts vers la France et accueille avec enthousiasme les créations parisiennes provenant du Salon des Rose-Croix, et donc les formes les plus ferventes du symbolisme, jusqu'aux jeux formels de Paul Signal et de Georges Seurat. Bruxelles se veut alors un pivot international entre l'Europe du Nord et l'Europe du Sud, bien qu'une partie de ses écrivains et de ses artistes aient choisi d'aller à Paris pour y chercher fortune, comme les frères Stevens, qui se font remarquer aux salons académiques, et Georges Rodenbach, qui s'impose, pendant sa vie trop tôt interrompue, comme l'un des meilleurs poètes du symbolisme de langue française, au côté de son ami et maître Stéphane Mallarmé.

37 *Quels ont été les choix d'Émile Verhaeren et de Maurice Maeterlinck ?*

Émile Verhaeren (1855-1916) est un des plus grands poètes de l'ère symboliste. Mais, étant très engagé dans les luttes sociales, son œuvre en a conservé souvent un fond naturaliste. C'est lui qu'on voit de dos, portant une veste rouge, en train de lire autour d'une table avec ses amis poètes dans le tableau de Théo van Rysselberghe (1903). Il a publié son premier recueil de poésie en 1883, *Les Flamandes*, qui a été bien reçu. Il a ensuite publié de nombreux livres, dont *Les Campagnes hallucinées* (1983), *Les Villes tentaculaires* (1895), qui aura une grande influence sur Marinetti et donc sur les débuts du futurisme, *Les Heures d'après-midi* (1905), *Toute la Flandre* (104-1911), *À la vie qui s'éloigne* (1923), etc.

En 1891, il a épousé Marthe Massin, une aquarelliste réputée. Cela n'a pu qu'amplifier son amour de la peinture et de la sculpture. Par la suite, il va connaître de nombreux artistes et correspondre avec eux, en particulier avec Edgar Degas, Georges Seurat, Paul Signac et Auguste Rodin. Il écrit de nombreux essais sur l'art. D'abord sur l'art ancien, sur la peinture flamande, bien évidemment, sur les gothiques allemands, sur Hans Memling, sur Grünewald, Brueghel, Rubens… Il publie un livre sur Rembrandt en 1904. Il s'intéresse aussi de près à Delacroix (« le dernier des peintres héroïques ») et à Ford Madox Brown. Il est aussi très sensible au travail de l'école de Barbizon (il écrit un délicieux papier intitulé « La Forêt de Fontainebleau »). L'impressionnisme lui permet de faire paraître de jolies pages sur le groupe (*Journal de Bruxelles*, 1885) et sur ses principaux protagonistes : Jean-François Millet, dont il vante « la lumière, sa soudaineté » en 1889, Claude Monet en 1902.

Comme tous ceux qui ont eu à connaître des grandeurs et misères de la presse, il a sacrifié aux *Salons*, mais il s'est vivement intéressé à celui des XX, où il relève les noms de tous ceux qui lui ont sérieusement plu : Ensor, Seurat, Signac, Van Rysselberghe, Khnopff, Gauguin et le déconcertant Jan Toorop (1858-1928). Il est allé à Londres et a visité la New Gallery pour y découvrir Burne-Jones et G. F. Watts, puis a vu l'exposition du New English Art Club, où il a pu connaître les œuvres de Whistler, de Philip Wilson Steer et aussi *L'Œillet* de Jacques-Émile Blanche. Il a même arpenté les couloirs des grands salons parisiens. Et là, il a sacrifié à un genre désormais bien établi, la description des lieux et ce qu'ils suggèrent : « Pauvre escalier râpé ! pauvres marches qui conduisez vers les Golgothas mités, où chaque année, on crucifie, selon les règles anatomiques, les plus indociles de l'art libre et vivant ! » Enfin, il préfère confesser au *Mercure de France* son amour pour Monet dont il dit : « Le poète devient l'univers qu'il traduit. »

Mais Verhaeren est sensible à l'art de son temps. Il n'a pas peur de proclamer son goût pour Félicien Rops et ses œuvres sulfureuses (1897) et de s'approcher avec délices des ouvrages de Seurat (1891). Il a aussi apprécié Henri-Edmond Cross (1891), ce qui ne l'a pas empêché de succomber aux charmes de Fernand Khnopff, dont il a pu dire : « Ces deux dessins : *le Vice suprême* et *de l'Animalité*, sont exécutés originalement [avec des] crayons de couleur vague, ci et là de l'or plaqué ou frotté ; parfois un ton cru : une cuisine intéressante, mais brouillée ; une alchimie délicate et précieuse » (monographie publiée en 1887). Quoi qu'il en soit, sa grande passion est la peinture de James Ensor. Il en a écrit une biographie, parue en 1908. Il est conquis par « ce pays imaginaire, d'où la farce classique semble bannie, [où] évoluent le masque Wouse et saint Antoine, les diables Dzitss et Hihahox, les pouilleux Désir et Rissolé, les soudards Kès et Pruta et l'on y rencontre la ville de Bise et le territoire de Phnosie ». Sans doute fallait-il du temps à ses contemporains pour avoir assez de recul. Il est vrai qu'en la matière, le poète a fait figure de découvreur.

Maurice Maeterlinck (1862-1949), poète et dramaturge, a reçu le prix Nobel de littérature en 1911. Son premier recueil, intitulé *La Jeune Belgique*, a paru en 1885. Après quoi il s'est rendu à Paris où il s'est lié d'amitié avec Mallarmé et Villiers de l'Isle-Adam. Il achève *Serres chaudes* en 1889, dans lequel il expérimente les idées sur la sonorité du vers édictées par Mallarmé. En 1890, il fait paraître *La Princesse Maleine* : un article de Mirbeau dans *Le Figaro* le rend célèbre du jour au lendemain. Il s'est aussi consacré au théâtre : *Pelléas et Mélisande* est considéré comme un chef-d'œuvre de l'art symboliste. Debussy en a composé un opéra à partir de 1893 (il l'a achevé en 1902). Il a aussi inspiré des compositeurs comme Gabriel Fauré, Arnold Schönberg et Jan Sibelius. Son *Oiseau bleu* (1908) a été créé à Moscou au Théâtre d'art dans une mise en scène de Stanislavski. Par ailleurs, il a écrit des essais sur la vie des insectes, sur les fleurs, sur l'espace, et sur des sujets d'ordre spirituel.

L'art n'a jamais été mis à l'écart au cours de sa vie, bien qu'il ait écrit assez peu articles à ce sujet. Il était pourtant en relation épistolaire avec Rodin, avec le peintre William Degouve de Nuncques et Émile Claus (1849-1924), pour ne citer qu'eux.

Ses premiers écrits sur l'art sont au nombre de seize et sont regroupés sous le titre *Aquarelles et Pastels*. La relation qu'il entend établir avec les arts plastiques est plus qu'évidente et reflète l'influence parnassienne. Par la suite, il transpose littéralement *Le Massacre des Innocents* de Brueghel l'Ancien dans un conte qu'il publie d'abord dans *La Libre Belgique*, en 1881, puis, cinq ans plus tard, dans la revue *La Pléiade*. En 1889, il écrit une préface, « Ruysbroeck l'Admirable », qui montre sa passion pour la peinture flamande ancienne. Il a aussi caressé le projet d'écrire sur Jérôme Bosch (*La Tentation de saint Antoine*) et a laissé des notes sur Hans Memling (1889). En somme, par ce biais, le poète a voulu affirmer ses origines flamandes, et plus généralement nordiques, bien qu'il écrive en français. Il s'agit pour lui d'aller vers « la source originelle, essentielle et primitive, en s'éloignant de la source artificielle latine ». Il admire les préraphaélites anglais – il eut le projet d'écrire sur eux en 1889, mais abandonna l'idée – et déteste le goût classique français, « une hypocrisie et une apostasie de la vérité ».

Il s'est découvert des affinités avec le sculpteur symboliste George Minne (1886-1941), originaire de Gand, qui a étudié à l'Académie royale des Beaux-arts de Bruxelles, puis a professé à l'Académie de

Gand, qu'il connaît bien et qui a illustré plusieurs de ses ouvrages comme *Serres chaudes* et *Trois petits drames pour marionnettes* (1894). Il lui a consacré un essai en 1923, qui est publié dans *La Nervie*. Il a aussi écrit deux articles sur Franz Melchers (1868-1944), peintre anversois d'origine allemande, parus dans *L'Art moderne* en 1896 et un texte sur James Ensor dans le numéro spécial de *La Plume* que cette revue lui a consacré.

Mais s'il admire beaucoup Fernand Khnopff, c'est d'abord le théâtre et la musique qui ont attiré Maeterlinck.

38 *Quels ont été les engouements artistiques de Georges Rodenbach ?*

Georges Rodenbach (1855-1898), originaire de Gand, lui aussi poète et dramaturge, n'a pas eu une œuvre critique considérable, mais elle a tout de même eu son importance. Il a commencé très tôt à écrire des poèmes (1877) et aussi à collaborer à des périodiques comme *La Libre Belgique* ou *La Flandre libérale*. Après de nombreux séjours à Paris, il a décidé de s'y installer définitivement en 1888. Ami intime de Mallarmé, très lié au Cercle des Hydropathes à Paris ainsi qu'à des écrivains comme Huysmans ou les frères Goncourt, il a fréquenté bon nombre de peintres et de sculpteurs, dont Jan Toorop, Odilon Redon, Georges de Feure (1868-1943), Paul Cézanne, Puvis de Chavannes, entre autres. Mais son dévolu se porte sur Fernand Khnopff à qui il confie l'illustration de son roman, *Bruges-la-Morte*, paru en feuilleton dans *Le Figaro* dont il était un collaborateur, puis en volume chez Flammarion, en 1892. Il a certes peu écrit sur ses contemporains artistes, et jamais sur les peintres symbolistes pourtant *a priori* plus proches de lui. Mais il a parlé d'Eugène Carrière (1849-1906), de Jules Chéret (1836-1932), de Whistler, d'Albert Besnard (1849-1934) – peintre, graveur et décorateur prisé à l'époque –, et de Jean-François Raffaëlli (1850-1924), et son œuvre poétique est empreinte de cette notion de « peinture d'idées ».

39 *Comment Camille Lemonnier a-t-il traduit ses choix réalistes dans la sphère de l'art ?*

Camille Lemonnier (1844-1913), champion du roman naturaliste, auteur d'*Un mâle* (1881), des *Charniers* (1881), de *L'Hystérique* (1885), de *Happe-Chair* (1888) et du *Possédé* (1890), souvent appelé le « Zola belge », a été un vrai passionné des arts. C'est d'ailleurs sa première grande émotion de jeune homme. En 1863, il publie à compte d'auteur le *Salon de Bruxelles*, où il s'en prend à l'art académique et défend l'esprit libérateur du réalisme. En 1870, il se rend en France et publie aussitôt *Le Salon de Paris*. Sa connaissance sérieuse de la peinture et de l'histoire de l'art s'explique en partie parce qu'il est le cousin de Félicien Rops, avec lequel il entretient des relations étroites. Il se révèle un critique prolifique, écrivant dans *L'Art universel* – dont il est le directeur –, *La Jeune Belgique*, *L'Artiste* (à Bruxelles), *La Basoche*, *La Revue Moderne*, *La Gazette des Beaux-arts*, *La Chronique des arts et des curiosités*, *La Revue indépendante*, etc. Il se montre assez peu disposé à apprécier l'impressionnisme, et est un moment tenté par le symbolisme qui triomphe dans son pays. Mais il demeure un partisan d'un art moderne d'abord réaliste. Il a déclaré à ce propos : « Le siècle parle, prêche, professe, anathémise, combat, aime et prie par la vaste bouche de l'art, ouverte à tous les cris, à tous les enthousiasmes, à tous les enseignements. » Pour lui, l'œuvre d'art « est une chaire, un amphithéâtre, une salle de clinique, un champ de bataille, un cirque et une école » (*L'Art libre*, 1er août 1872). L'art a donc une fonction sociale et éducative. S'il maintient cette position avec fermeté et assurance, il est tout de même capable d'apprécier la finesse de l'art d'Eva Gonzalès et de faire sienne les subtilités de Charles Baudelaire en matière d'esthétique. Il a écrit de nombreuses monographies, la première portant sur Gustave Courbet (1878). Il publie en 1904 un essai sur Constantin Meunier (1831-1905), le sculpteur, et un autre l'année suivante sur Henri de Braekeleer (1840-1888). Il achève en 1906 un livre sur son compatriote Alfred Stevens (1823-1906), qui connaît le succès à Paris. En 1908, il rend encore hommage à Félicien Rops et à Émile Claus ; mais deux ans auparavant il a tenu à rendre publique son *École belge de peinture*, une sorte de testament esthétique.

40 *En quoi consiste la prose critique de Félicien Rops ?*

Du côté des artistes, on note que les plus grands d'entre eux ont volontiers pris la plume. Félicien Rops (1833-1898) a montré la voie, non seulement dans sa correspondance, mais avec d'importants articles sur la gravure, l'art érotique, la situation de l'art de son temps et enfin en publiant plusieurs *Salons*.

Né à Ostende (1860-1949), il n'a quitté sa ville natale que durant une décennie pour aller étudier aux Beaux-arts de Bruxelles, puis il y est rentré pour s'occuper du magasin familial. Il participe au Groupe des XX dès sa fondation en 1883. Mais l'évolution rapide des courants artistiques en fait un solitaire, ce qui ne l'empêche pas d'être reconnu comme étant un artiste de premier plan. S'il vit assez retiré, il accepte volontiers de s'exprimer en public. Ses allocutions et conférences sont publiées, ainsi qu'un nombre non négligeable d'écrits sur l'art. C'est d'abord un ennemi juré, inconditionnel, de l'académisme. En 1896, il s'en prend assez violemment à ses compatriotes établis à Paris, les frères Stevens. De ce dernier il note non sans un humour virulent et haut en couleur (sa marque de fabrique) :

> Ses peintures sont banales, son coloris confituresque ; elles n'inspirent aucun sentiment élevé, aucun grand parti-pris. Elles relèvent d'une médiocrité licencieuse... [...] Les matoiseries très roublardes de M. Stevens, sa couleur groseillière et pistachue, ses minauderies raffinées, ses peintures luisantes comme tables de mastroquet mouillées de paillettes de liqueurs frelatées, les chairs vitreuses de ses fades Parisiennes ne sont pas d'un Flamand.

Ce genre d'attaque au vitriol se multiplie : il s'en prend aux prix de Rome qu'il avait brocardé dès 1883, à l'époque de ses études, dans une petite pièce bouffe, *Trois semaines à l'Académie* (1884). Si la controverse avec les académiciens ne lui a plus parue utile, il n'en a pas moins continué à distiller son venin burlesque contre ses contemporains dont il n'approuve pas la démarche. Le voici rédigeant en 1911 des réflexions sur quelques peintres et lanceurs d'éphémères, où l'on peut lire : « Raphaëls aux pieds légers, petits Poussins attendant poulet ministériel, Ingristes grisonnant à longues oreilles, sortes de Tiepolos tout festonnés d'architectures croulantes, grands faunes, stylistes revêches détestant fines puérilités, avaleurs de cubes pierreux et autres secs-secs ou lignites fermés à la grande couleur. » Amoureux des impressionnistes, il s'en prend sans ménagement au pointillisme et ses « procédés secs et répugnants ». Ses discours sont des chefs-d'œuvre de drôlerie et d'esprit, avec un mélange d'inventions langagières et de coups d'épingles en tous sens et presque pour tous. Quand il s'exprime sur la crise de la peinture en 1932, il commence par une plainte, celle concernant une calamité, « l'amaigrissement excessif de la femme ». Et il part dans une envolée lyrico-bouffonne dont voici un bref extrait : « Ô belles poulardes de luxe que j'aime picturalement. En ce temps de crise et plus que jamais, nos dames en détresse arborent sur échalas des joliesses plutôt saugrenues. Peau sur peau est leur devise, peau de vache, peau de veau, peau de zèbre, de chat-matou, de chamelles sur cuisses de sauterelles. [...] Pleurons sur la beauté de nos déesses tondues et défessées. » Et il continue de la sorte en parlant de la peinture du XIXe siècle et des « peintresses » d'alors.

Il lui arrive de parler avec sensibilité de ses propres œuvres. Mais, en public, il prépare de longues péroraisons rabelaisiennes, breughéliennes et surtout ensoriennes, où il maltraite aussi bien Théo van Rysselberghe – « Les mouchetures de bousiers cantharidés... » – que le sculpteur Camille Monnier, ses illustres contemporains. Et, évidemment, il n'a pu s'empêcher de ridiculiser les « criticules ». La prose de Félicien Rops est sans nul doute la plus imaginative et la plus irrésistible qui soit. Il fait partie de ces grands auteurs qui ont su en découdre avec le monde de l'art sans compromis, mais avec des effets comiques imparables.

V
Les écrivains, protagonistes du monde de l'art dans le Paris fauve et cubiste

41 *Quels romanciers ont embrassé la cause de l'art moderne, entre Montmartre et Montparnasse ?*

Avec le développement rapide d'un art novateur, à Montmartre d'abord, puis à Montparnasse, un certain nombre d'écrivains se sont consacrés à la critique d'art, fréquentant les artistes, commentant leur carrière, relevant leurs propos et parfois ayant une action directe sur le développement de la situation. Ils se sont fait les chantres d'une nouvelle bohème dont ils ont fait partie. Ce qui est le plus frappant chez ces hommes de lettres, c'est qu'ils ont pris immédiatement conscience de l'importance de ce qui se jouait à Paris dans le petit monde des arts. La plupart d'entre eux ont fréquenté les cafés et les cabarets, qui sont alors pléthore, où se rencontraient les peintres et les sculpteurs. Pendant les premières années de ce siècle, des poètes et des romanciers ont fait cause commune avec les artistes les plus novateurs ou les plus singuliers, bien loin des salons dont le pouvoir était encore puissant. Le pittoresque, la gouaille parisienne, même l'argot des faubourgs, la création d'une mythologie de la bohème, des poètes et des artistes de la Butte, les mauvais garçons et les filles de joie, tout cela est présent dans cette littérature qui a échappé à l'emprise du naturalisme, mais qui se veut malgré tout réaliste. Les auteurs qui ont écrit sur l'art ont donc changé assez profondément son langage et ses centres d'intérêt, l'anecdote révélatrice et la personnalité des créateurs étant mises en avant, parfois au détriment de leurs œuvres. Francis Carco, Pierre Mac Orlan, Roland Dorgelès, pour ne citer que les plus connus, ont plus été chroniqueurs que critiques à proprement parler. Mais leurs témoignages sont, avec le recul, absolument indispensables pour comprendre les conditions d'un nouvel esprit artistique.

42 *Comment Francis Carco a-t-il fait naître le mythe d'une nouvelle bohème ?*

Francis Carco (1886-1958) a été l'un des plus actifs propagandistes de cette nouvelle bohème qui est d'abord née sur la Butte Montmartre. De son vrai nom François Carcopino-Tusoli, natif de Nouméa, il a voulu embrasser la carrière semée d'embûches de poète et de prosateur. Il y a connu une reconnaissance rapide. Amant de Katherine Mansfield quand elle vivait à Paris, il se lie d'amitié avec des auteurs comme l'excentrique Paul-Jean Toulet, sur lequel il a écrit un bel ouvrage. Il a voulu décrire l'univers interlope de Paris, que le beau monde feignait de ne pas connaître, avec ses mauvais lieux, ses mauvais garçons et ses mauvaises filles. Ses romans, comme *Jésus-la-Caille* (1914), *Les Mystères de la morgue* (1919) ou *Perversité* (1925), pour ne citer que ces titres dans une œuvre assez vaste, traitent surtout du petit peuple, des marginaux et du « milieu » dont il a inventé l'expression. Quand il a voulu parler de grands auteurs, il a choisi François Villon (1926), qui n'était pas un sujet paisible, puis Paul Verlaine (1939), qui n'était pas un exemple de vertu. Et quand il a voulu rendre hommage à un peintre montmartrois, c'est Maurice Utrillo qu'il a choisi, en 1928. Mais ce sont surtout ses nombreux livres de mémoires qui restent des témoignages inestimables sur ce qui a pu se passer pendant cette période où rares étaient ceux qui s'intéressaient à ces rapins sans le sou ayant élu la Butte comme repaire, à l'exemple de ces « apaches » qui faisaient peur aux bourgeois de la Belle Époque, lesquels venaient quand même s'encanailler dans les nouveaux lieux de la nuit de la Commune libre. *Promenades pittoresques à Montmartre* (1922), *Mémoires d'une autre vie* (1934), *Montmartre à vingt ans* (1938), *Nostalgie de Paris* (1941), *L'Ami des peintres* (1944), *La Belle Époque au temps de Bruant* (1954), entre autres, sont non seulement de beaux livres, mais contiennent des informations inestimables sur cette rupture d'une certaine intelligentsia avec les institutions. C'est un phénomène sans précédent, qui avait déjà été amorcé avec la « vraie » bohème d'Henri Murger, et surtout avec les impressionnistes et ceux qui ont marché dans leurs pas. Bien sûr, une partie de ces artistes a connu le succès et a attiré sur ce territoire des amateurs éclairés et des marchands de tableaux, puis des curieux. Mais cette histoire a duré assez longtemps pour donner le jour à la légende que Carco a su si bien consigner dans les pages de ses souvenirs.

43 *Quelle attitude a adoptée André Salmon dans son œuvre critique ?*

André Salmon (1881-1969), né à Paris, a passé une partie de son adolescence à Saint-Pétersbourg avec un grand-père et un père qui étaient sculpteurs et graveurs. Il est retourné au début du nouveau siècle dans son vieux Paris, avec l'amour de l'art chevillé au cœur et n'a pas été long à fréquenter les cercles les plus avancés, par exemple les soirées de la revue *La Plume*. Il est devenu l'ami de Pablo Picasso, de Max Jacob et de Guillaume Apollinaire et a décidé de s'installer à Montmartre, devenant en 1908 l'un des locataires désargentés du Bateau-Lavoir. Il n'a pas tardé à prendre fait et cause pour le cubisme. Peintre et dessinateur lui-même, il n'a éprouvé aucune difficulté à comprendre le langage sans précédent de cette colonie d'insurgés. Comme Carco, il a beaucoup fréquenté le Lapin Agile, où se réunissaient artistes et écrivains dont les noms seront ensuite chantés comme les pionniers d'une ère moderne. Sentant le vent tourner et voyant que le centre universel de l'art se transférait à Montparnasse, il a abandonné Montmartre lorsque son déclin s'est amorcé.

Salmon a écrit un nombre considérable de recueils de poèmes, dont *Féeries* (1907), *Le Livre et la Bouteille* (1920), *Ventes d'amour* (1922), *Vénus dans la balance* (1926), *Saints de glace* (1930) ; et des romans, parmi lesquels *Tendres canailles* (1913), *Le Manuscrit trouvé dans un chapeau* (1924), *La Négresse du Sacré-Cœur* (1920), les *Archives du Club des Onze* (1924) et bien d'autres encore.

Et il a aussi été l'auteur de pièces de théâtre. Enfin il a fait paraître un nombre tout aussi vertigineux d'essais sur la littérature et surtout sur l'art : *La Jeune peinture française* (1912), *La Jeune sculpture française* (1919), *L'Art vivant* (1920), *La Révélation de Seurat* (1921), *Cézanne* (1923), *André Derain* (1924), *Kisling* et *Henri Rousseau* (1927), Chagall (1928) jusqu'à son *Fauvisme* de 1956. Mais c'est son *Modigliani*, publié en 1926, qui le rendit célèbre et fit dans le même temps de l'artiste italien un mythe. Sans doute n'est-ce pas le livre le plus sérieux sur lequel puisse s'appuyer un chercheur pour connaître la vie et l'œuvre de Modigliani dont il a pourtant été très proche et dont il connaissait les œuvres sur le bout des doigts. Mais, comme Carco, il a sacrifié la vérité et l'explication de la démarche du Juif toscan, à des anecdotes parfois déformées et amplifiées et il a fait de son malheureux sujet l'archétype du bohème d'avant la Grande Guerre. Ce livre a, hélas, laissé une empreinte profonde jusqu'à nos jours en construisant la légende de Montmartre du temps jadis et de Montparnasse des années de l'entre-deux-guerres.

Mais André Salmon s'est aussi révélé un mémorialiste exceptionnel avec *Montparnasse* (1950), les trois volumes de ses *Souvenirs sans fin* (parus entre 1955 et 1961), qui parle de Paris entre 1903 et 1940, en évoquant surtout ses rencontres avec les écrivains de son temps, avec les artistes qu'il a aimés, et qui concerne tous les aspects de la vie parisienne, des cafés, surtout à Montparnasse, jusqu'aux ateliers, en passant par les petits hôtels plus ou moins borgnes, les salons des grands collectionneurs, les galeries, modestes ou fleurissantes, et les alcôves. Dans ces forts volumes, Salmon s'est affirmé comme un mémorialiste de premier plan ; surtout ces « mémoires » sont incontournables pour connaître les faits et gestes des protagonistes de la culture parisienne (hautement cosmopolite) de cette période.

44 *Roland Dorgelès a-t-il cru en l'art moderne ou s'en est-il moqué ?*

L'autre figure haute en couleur et incontournable de cette fusion de l'art et de la littérature est celle de Roland Dorgelès, qui s'appelait en réalité Lecavelé (1885-1973). Journaliste – au *Canard enchaîné* et à *Gringoire* –, romancier – son premier roman, *Les Croix de bois*, a reçu le prix Femina en 1919, mais il est également l'auteur du *Château des brouillards* (1932), de *Si c'était vrai ?* (1934), etc. –, auteur de nombreux récits de voyages, il a surtout écrit sur la guerre et sur les écrivains qu'il fréquentait – *Cadastre littéraire, ou une heure chez M. Barrès.*

Sa vie à Montmartre a été marquée par l'un des plus beaux canulars de l'époque du cubisme : il avait décidé d'attacher un pinceau à la queue d'un âne (celui du père Frédé, Frédérique Gérard, le propriétaire du Lapin Agile) et de le tremper dans différentes couleurs. Le tableau, intitulé *Coucher de soleil sur l'Adriatique*, fut attribué à un artiste futuriste de son invention, Joachim-Raphaël Boronali (anagramme du nom de l'âne, Aliboron) et cette œuvre, exposée en bonne place au Salon des Indépendants en 1910, a même été achetée à un très bon prix sitôt qu'elle a été exposée. Ce gentil scandale a eu des échos, car il est fort probable qu'il explique que Michel Larionov et Natalia Gontcharova aient appelé leur exposition de 1912 à Moscou « La Queue de l'âne ». Il relate cette anecdote cocasse dans *Bouquet de Bohème* (1947) et mille autres joyaux qui permettent de découvrir les Montmartrois des deux premières décennies du siècle passé.

Mais sa relation aux arts de cette période héroïque ne s'est pas limitée à des fumisteries imaginées au Lapin Agile ! Comme Carco, comme Salmon, il a écrit plusieurs livres de souvenirs qui sont merveilleux, à commencer par *Les Veillées du Lapin Agile* (1920), *Au beau temps de la Butte* (1949), *Promenades montmartroises* (1960).

45 *Comment Pierre Mac Orlan a-t-il abordé le continent de l'art novateur ?*

Pierre Mac Orlan (1882-1970), de son vrai nom Dumarchey, est né à Péronne, dans la Somme, et a eu une enfance dont on ignore presque tout. Son père est militaire de carrière, ce qui implique qu'il a dû changer souvent de domicile. Avec son frère, il est placé chez un oncle professeur d'histoire qui semble avoir été sévère, mais qui lui a fait découvrir la littérature. Il commence tôt à écrire des poèmes et contacte en 1898 Aristide Bruant, qu'il admire. Ce dernier répond à sa missive par une carte postale qu'il a conservée toute sa vie comme un précieux viatique. Après des études peu brillantes, il se retrouve à l'École normale de Rouen. Comme il a détruit tous les documents concernant sa jeunesse, tout est à mettre au conditionnel. Quoi qu'il en soit, il arrive à Paris à l'âge de dix-sept ans et il travaille comme apprenti restaurateur de meubles chez un autre oncle habitant à Montmartre. Il devient vite un assidu du Lapin Agile et du Zut, repaire d'anarchistes qui sera décoré par Picasso quelques années plus tard, et s'y fait des relations. Il continue à écrire des poèmes, mais est surtout attiré par Toulouse-Lautrec, qui le fascine. Il se tourne alors vers la peinture, dans l'esprit du symbolisme encore très présent. Plus tard, en 1929, il a écrit à propos de cette tentative avortée de devenir peintre :

> J'aimais la peinture et les arts en général, écrivait-il dans *Rouen*, non pas tant pour la somme d'émotion qu'ils pouvaient me procurer que pour la situation sociale indépendante qu'ils offraient à ceux qui les pratiquaient. [...] La peinture me plaisait parce que cet art précisait, dans mes heures de méditation à jeun, un atelier avec toutes les idées de la liberté sociale que ce mot éveillait en moi. La plus belle image de confort que je pouvais inventer me représentait dans un atelier de l'île Lacroix dont la baie vitrée dominait la Seine, les yoles de mer et les « quatre » au garage. Je me voyais fumant ma pipe auprès d'un poêle Godin, les pieds très chauds, attendant la visite d'une figurante des Folies-Bergère dont la compagnie m'eût honoré dans les endroits où je fréquentais.

Comme il adorait le rugby, il aurait peint des sujets sportifs, mais pas un seul n'a subsisté. Il est devenu employé dans une imprimerie et n'a ensuite plus eu de vrai emploi, vivant d'expédients dans une misère certaine. Il fréquente alors les anarchistes regroupés autour du journal *Le Libertaire*.

Après un service militaire très écourté, on sait qu'il a rencontré une femme de lettres à Londres avec qui il a voyagé deux ans et dont il s'est séparé en 1907. Il retourne à Montmartre et doit écrire plusieurs livres érotiques (au moins six) pour subvenir à ses besoins. Il collabore au *Rire* puis tente sa chance dans la bande dessinée et compose des nouvelles humoristiques. En 1912, il se jette à l'eau et fait paraître son premier roman, *La Maison du retour écœurant*. L'année suivante, il a achevé *Le Rire jaune*.

La guerre est déclarée : il se retrouve sous les drapeaux, il est blessé au front et décoré. S'il dessine toujours dans des revues, il fait paraître *Le Chant de l'équipage* en 1918, qui obtient un réel succès. Après l'armistice, il devient grand reporter et continue à écrire de la fiction, avant d'être éditeur entre 1921 et 1925. Par la suite il est reconnu par Carco, Crevel, Malraux, Artaud (qui a adoré *Le Nègre Léonard et maître Mulin*), Céline, Queneau, et même par André Breton et Louis Aragon.

Il a écrit quelques petits textes sur les artistes de son temps, sans autre prétention que de mettre en valeur quelques-unes des figures qu'il admirait : ils seront réunis en deux volumes en 1937, avec ses écrits sur Grosz et Pascin, puis, en 1965, avec « Lautrec peintre de la lumière froide », publié à l'origine en 1924, auquel s'ajoutera « Tombeau de Pascin » (1944), et « Utrillo » (1952). Dans une édition ultérieure en trois volumes, il ajoutera « Du Moulin-Rouge à Buffalo Bill » (1962), « Grosz ou la beauté du malheur » (1966), ainsi que des textes sur Félicien Rops (1928), Picasso (1929) et Courbet (1951).

Mais il a surtout écrit un essai sur Toulouse-Lautrec, sa passion, qui a paru en 1941. L'artiste avait son atelier à Montmartre, il y a fréquenté les cabarets en vogue, Mac Orlan l'a donc croisé mais jamais fréquenté. Il le perçoit comme le chroniqueur d'une période finalement mal connue et aussi « comme un grand créateur et un gentleman adapté au goût français ». Son *Montmartre, souvenirs*, publié en 1946 avec des illustrations de Robert Sterkers, en est la démonstration. Il a profondément marqué son époque tout en la rendant légendaire par la suite.

46 *Quels artistes Léon-Paul Fargue a-t-il croisés en se promenant dans les rues de Paris ?*

Léon-Paul Fargue (1876-1947), grand poète et prosateur sans égal, l'auteur du célèbre *Piéton de Paris* (1939), de nombreux livres de poésie et de chroniques merveilleuses de la vie parisienne, n'a pas laissé un grand nombre d'essais sur la peinture, loin s'en faut. Mais il connaissait très bien le milieu artistique de Montmartre, de Montparnasse et de Saint-Germain-des-Prés. Il a bien écrit quelques brefs articles dans sa jeunesse, mais strictement de circonstances. Cependant, il a laissé un recueil, paru après sa disparition en 1955 : *Pour la peinture*. Il y consacre une partie importante à une visite qu'il avait faite à André Dunoyer de Segonzac à Saint-Tropez. Il l'a intitulé « Côte d'Azur et Segonzac » et ce titre dit bien quelles ont été ses intentions : d'une part décrire la vie singulière, pour un indéracinable citadin comme lui, que l'on mène sur les bords de la Méditerranée, et d'autre part comprendre comment ce paysage merveilleux était restitué par le peintre. Très considéré avant-guerre, Dunoyer de Segonzac a connu une vertigineuse descente aux Enfers à cause de son voyage en Allemagne avec entre autres André Derain et Maurice de Vlaminck, et de ses opinions collaborationnistes. C'est sans doute l'un des plus beaux écrits en prose de Fargue, non seulement parce qu'il nous montre le microcosme des vacanciers et les beautés du littoral avec une rare originalité et une poésie subtile, mais parce qu'il sait parfaitement y introduire le travail du peintre. Beaucoup d'humour, une rapidité d'écriture à la Morand, mais surtout un *ars poesis* à la Apollinaire, avec une pointe de modernité et d'humour en plus. Ses descriptions sont savoureuses, toujours surprenantes, mais justes et bien calibrées. Au fil de ces pages « touristiques », il tient un discours sur l'artiste qui se révèle aussi judicieux que concis :

> Segonzac, et vous le voyez aussi bien que moi, a saisi, a compris ce pittoresque mêlé de charme ou de vinaigre, ces poissons et ces hommes. Quand il use – mal inspiré, pénétrant sur la piste – de la déformation, quand il fait appel à la synthèse, ce n'est jamais pour payer quelque tribut au procédé, mais pour attirer son attention sur quelque détail stupéfiant de vérité. C'est pour avoir encore plus de bon sens.

Ainsi connaissons-nous sous sa plume à la fois les lieux où travaille l'artiste et qui lui servent de modèles, et ce qu'il crée face à ces paysages où à ces figures.

Quant à l'art ancien, Fargue, pour ce que l'on en sait, n'a jamais rendu hommage qu'à Vélasquez. En revanche, parmi les peintres de son temps, il salue brièvement mais avec le plus grand respect Monet, puis, plus longuement, Bonnard – dont il commence par déclarer : « La nature avait créé Pierre Bonnard à son image et réciproquement... Le cas Bonnard présente, si je ne recule pas devant ce jargon, un phénomène multiple de télégonie… » Mêlant les réminiscences de leurs rencontres, de ses visites à l'atelier, de son observation de la manière de peindre de l'artiste, il donne de Bonnard une idée qui dévoile toute sa passion pour ses créations. Mais Fargue ne joue jamais au critique d'art. Il décrit ses émotions et les pensées qui lui trottent dans la tête quand il regarde ses tableaux. Même chose pour Vuillard :

> Vuillard et ses toiles, ses souvenirs colorés, c'est presque avec des preuves en main ou des papiers en poche, la toute-puissance de la famille, l'intelligence, les arts et les lettres, la chasteté, l'éloquence, l'industrie familière, les vertus domestiques, la guerre, la beauté, la fécondité, la colère, l'amour, le foyer, la pluie, le feu souterrain ou les énigmes de la femme de toujours et de tous les jours. Elles vivaient sur sa palette.

Pour Ker-Xavier Roussel, il procède autrement, décrivant l'esprit de sa peinture. Enfin il a composé deux textes sur des thèmes précis, le cirque d'abord, objet de fascination pour les peintres à la Belle Époque, le music-hall ensuite et enfin Montmartre, qu'il revisite avec le graveur et illustrateur Luc-Albert Moreau. Ces petits chefs-d'œuvre de prose poétique sont sans doute parmi les plus beaux écrits sur la peinture de la première moitié du XXe siècle, hors du champ de l'analyse du connaisseur ou de l'expert.

47 *Comment le journaliste Michel Georges-Michel a-t-il contribué au mythe de Montparnasse ?*

Michel Georges-Michel, pseudonyme de Michel Georges Dreyfus (1883-1985), écrivain, critique, traducteur et journaliste, est sans doute le Petit Poucet des auteurs flairant la bonne occasion qui se sont lancés dans la chronique de la vie des artistes à la grande époque de Montparnasse, mais peut-être le plus efficace propagateur de la légende montparnassienne. Également peintre, il est l'élève d'Othon Friesz et de Raoul Dufy et il fait ses études à l'École des Beaux-arts de Paris et à l'École du Louvre. Il collabore aux Ballets russes de Diaghilev de 1913 à 1929. C'est sans doute par ce biais qu'il a organisé la première exposition de Picasso à Rome en 1917. Il joue un rôle dans les expositions de Matisse et de Soutine à la Biennale de Venise et fonde le prix de Rome pour les écrivains. Enfin, il a été le fondateur des premiers festivals du cinéma.

Sa célébrité, il ne la doit pas à sa peinture, qui n'a d'intérêt qu'anecdotique, mais à son livre volontiers tapageur sur le milieu artistique, *Les Montparnos*, paru en 1924 avec une couverture de Picasso. Comme l'a fait Salmon, il place Modigliani au centre de ce petit peuple d'artistes, mais il en fait un personnage de fiction nommé Modrulleau et sa compagne, Jeanne Hébuterne, devient Haricot-Rouge. (Cet ouvrage a inspiré Jacques Becker en 1958 pour son film *Les Amants de Montparnasse*, avec Gérard Philippe, Anouk Aimée et Lino Ventura). Il a exploité ce filon par la suite, avec *Autres Montparnos* (1935) et il a consigné ses souvenirs dans *Peintres et sculpteurs que j'ai connus, 1900-1942* (1942) puis dans *De Renoir à Picasso, les peintres que j'ai connus* (1954). Il a également écrit *Les Ballets russes de Serge Diaghilev*, paru en 1930.

48 *Quels grands chroniqueurs ont-ils soutenu les artistes novateurs ?*

Commençons par le cas de Florent Fels (1891-1977), qui a été avant tout un écrivain d'art et s'est consacré presque exclusivement aux artistes de son époque. Il écrit d'abord pour les *Nouvelles littéraires*, puis fonde avec le poète Maurice Sauvage la revue *L'Art vivant* en 1922 –, y ont été publiés, entre tant d'autres, Tristan Tzara, Max Jacob, Jean Cocteau, Blaise Cendrars, Georges Ribemont-Dessaignes et André Malraux. Elle a duré jusqu'en 1939. Sur ces entrefaites, il est entré à *Voilà*. Il a écrit plusieurs livres, dont *Propos d'artistes* (1925) où il fait apparaître les figures de Monet, Utrillo, Ensor, Derain, Picasso, Chagall, Matisse et Moïse Kisling (1891-1953), mais aussi celle de George Grosz qu'il a été un des premiers à apprécier en France. Il y joint une étude sur Monet, publiée par la *NRF* en 1925, une autre sur Van Gogh (1928), et une autre encore sur l'artiste d'origine tchèque Georges Kars (1930). Il a aussi écrit sur Matisse et sur James Ensor. Son livre le plus intéressant est sans doute *L'Art vivant de 1900 à nos jours*, publié en 1956, où l'on trouve un compendium assez complet des différents artistes et courants de la première moitié du XXe siècle.

Parmi les personnages plus curieux mais toutefois intéressants, il faut citer en exemple Gustave Coquiot (1865-1926), qui a été le secrétaire d'Auguste Rodin et un collectionneur exclusif de Maurice Utrillo. Il a surtout écrit des pièces de théâtre. Mais l'essentiel de ses publications est consacré à l'art, dont des monographies sur Rodin (*Le Vrai Rodin*, 1913), Cézanne, Georges Seurat, Toulouse-Lautrec, Van Gogh (1923) et Renoir (1925). Il a aussi produit trois ouvrages sur le conflit aigu entre les anciens et les modernes. Dans le premier, publié en 1914 (et réédité en 1920), *Cubistes, futuristes et passéistes, essai sur la jeune peinture*, il aborde les nouvelles tendances. Il a pour qualité d'avoir été publié avant la guerre et de témoigner d'une vive conscience des enjeux esthétiques. Le second, *Des Peintres maudits*, publié en 1924, contribue à la légende du siècle naissant. Il y fait surtout l'éloge de Maurice Utrillo qu'il aime plus que tout, de Modigliani, de Seurat enfin, sur lequel il a aussi écrit un livre. Enfin, dans le troisième, *Des Gloires déboulonnées*, paru lui aussi en 1924, il s'en prend à Félix Ziem, à Meissonier, à Jean-Jacques Henner, en somme à tous ceux qu'il considère, à tort ou à raison, comme des académiques. Après-guerre, en 1921, il a publié un livre de souvenirs, *Vagabondages*, où il évoque sans trop de détails les figures de Van Gogh, Lautrec, Rouault, Cézanne, Bonnard et du Douanier Rousseau. Si tous ces textes ont une certaine valeur documentaire, ils ne disent pas grand-chose de l'art pictural, et les propos rapportés sont souvent inventés. Pablo Picasso a fait son portrait en 1911. Dans *Les Gloires déboulonnées*, il revient sur les monstres sacrés des salons comme Carolus-Duran, « qui piaffait, il avait du style, du panache » ou Léon Bonnat, « l'Ingres du bourgeois de son temps », qui, « sur des fonds abominablement saturés de jus de chique et bourbeux, plaça des faces et des profils, toutes les faces et tous les profils de l'élite du classement social ». Il est plus clément pour Eugène Carrière mais pas très amène pour Gustave Moreau qu'il considère comme un « joaillier », fondateur du « plus étonnant musée Tussauds ». Il le traite même de « peintre malfaisant » et ajoute cette phrase malheureuse : « Il fut, pour tout résumer, le fournisseur patenté des Juives millionnaires et de la haute banque. » Il n'a d'intérêt que pour Edgar Degas, lui attribuant quelque mérite, mais surtout beaucoup de défauts, notamment celui de ne pas être à la hauteur de Toulouse-Lautrec et de produire « du travail fait à l'atelier ». Si Coquiot fustige rétrospectivement les artistes puissants des Salons du Second Empire et de la première partie de la IIIe République, comme Meissonier qui « fut peut-être le choix le plus représentatif de la bêtise illimitée des bourgeois et des enrichis », il ne parvient pas à rendre la vérité de l'art pictural de ceux qu'il qualifie de « peintres maudits » dans son livre homonyme de 1924, Cézanne, Daumier, Gauguin et Toulouse-Lautrec.

En somme, il distille des anecdotes, porte des jugements à l'emporte-pièce et n'explique rien. C'est l'un des pionniers de la critique sans style, sans esprit, parfois lapidaire, et par-dessus tout d'humeur, qui fera florès dans l'entre-deux-guerres. Mais il faut lui reconnaître le mérite d'avoir su percevoir les talents qui émergeaient alors, en particulier celui de Paul Cézanne, qu'il a bien connu et qu'il a sans cesse encensé.

49 *Quels ont été les principaux ennemis de l'art moderne ?*

Nombreux furent les opposants à ces expressions nouvelles qui semblaient sonner le glas de l'art ancien, mais également de presque tout l'art du siècle à peine écoulé. S'il faut n'en citer qu'un, ce devrait être Louis Vauxcelles (1870-1943), de son vrai nom Louis Mayer, réactionnaire s'il en est, à la plume vivace et acérée, qui a commencé sa carrière de critique dans le périodique *L'Art et la Vie*, puis dans les colonnes de *Gil Blas*. Le Salon des Indépendants lui permet de fustiger Henri Matisse, qu'il regarde comme le chef de file d'une école naissante : « Non ! Je ne vois pas les ombres heureuses du ballet d'*Orphée* déambuler dans ce paysage d'une luminosité chaotique, où tout danse, sans que nuages, figures, sol ou collines soient à leur place et à leur plan. » Le Salon d'Automne lui fournit l'occasion rêvée de s'en prendre à ce groupe de peintres rassemblés dans la salle VII, « salle archi-claire, des oseurs et des outranciers, de qui il faut déchiffrer les intentions, en laissant aux malins et aux sots le droit de rire, critique aisée ». Et il passe en revue Henri Matisse, Albert Marquet, Henri Manguin, Charles Camoin, André Derain et quelques autres, et conclut en parlant d'une « orgie des couleurs pure : Donatello dans la cage aux fauves ». Son mot d'esprit fit mouche : ces peintres furent qualifiés de fauves, nom dont ils ne pourront plus se défaire.

Vauxcelles n'a pas fini de baptiser les nouvelles tendances. Trois ans plus tard, il voit les tableaux de Picasso et de Braque. À propos de ce dernier, il informe ses lecteurs : « M. Braque [...] réduit tout, sites, figures, maisons, à des schémas géométriques, à des cubes. » Le bon mot était lancé et eut une fortune internationale : sous sa plume, le cubisme était né. Mais il est allé jusqu'à traiter Picasso d'Ubu-Kub (Picasso répliqua avec humour avec son *Bouillon Cube* en 1912) et d'en faire un agent de la propagande allemande contre la peinture française.

S'il fut un démolisseur des avant-gardes, Vauxcelles a quand même défendu des artistes. Le plus fameux d'entre eux étant Antonio de La Gandara. Le destin a voulu qu'il soit irrémédiablement attaché à celui des artistes les plus audacieux et ensuite les plus célèbres des années 1910. Sinon, on ne parlerait de lui que comme l'auteur d'un petit ouvrage sur Achille Ouvré !

50 *La critique a-t-elle changé avec la naissance de l'art moderne ?*

La transformation de la critique d'art ne s'est pas accomplie par l'action d'un seul homme, ni de manière précipitée. Il s'est produit une évolution, qui a été le fait de quelques individus sur une période assez longue. D'aucuns croient pouvoir affirmer que c'est Félix Fénéon qui a été le premier à écrire ses essais (souvent très brefs et lapidaires) dans un esprit nouveau, correspondant aux métamorphoses de la peinture à laquelle il s'intéressait. D'autres sont persuadés qu'il s'agit plutôt d'Octave Mirbeau, au ton très corrosif, alors qu'Émile Zola demeurait très convenu dans ses propos. Enfin, les derniers croient que c'est Guillaume Apollinaire qui aurait été le précurseur de la critique de l'art moderne.

En réalité, ils ont tous en partie raison. Fénéon a bien transformé la manière d'écrire sur l'art de façon assez radicale. Mais peu d'auteurs l'ont suivi dans cette voie. Mirbeau n'a pas dérogé aux principes généraux de la critique des Salons, les grands comme les petits, et ses articles s'inscrivent encore dans la tradition du XIXe siècle. Il est vrai que sa liberté d'expression a pu jouer un rôle dans cette affaire, mais de façon somme toute relative. Quant à Guillaume Apollinaire, il s'est érigé en preux chevalier de la modernité, en héraut du cubisme, du fauvisme et – même, après bien des réticences, – du futurisme. Il a pris et fait cause pour tous ceux qui avaient la ferme volonté de maltraiter la vieille tradition artistique, voire de jeter aux orties tout ce que l'impressionnisme avait pu réaliser comme expériences picturales très osées. Il a écrit dans une optique de rupture. Mais son livre *Les Peintres cubistes*, quels que soient sa poésie et son immense intérêt, n'est pas, dans son style ni même dans son esprit, l'égal d'un tableau de Matisse ou de Picasso. Apollinaire est vraiment moderne quand il compose ses *Calligrammes*, mais pas quand il observe le trajet artistique des peintres. Fréquemment écrits pour une presse grand public, ses articles n'ont de singulier que de savoir raconter des choses pertinentes en peu de phrases.

Finalement, ce sont peut-être les artistes qui vont accomplir cette grande transformation de la critique, avec James Ensor ou Malevitch plus tard. Mais c'est encore une question qui reste à débattre, car Carlo Carrà et Giorgio De Chirico – pour ne citer que ces deux grandes figures italiennes, qui ont écrit d'abondance sur l'art ancien et moderne – se sont avérés bien en retrait de ce point de vue-là, par rapport à leurs œuvres respectives. Au fond, il n'y a pas eu une véritable révolution dans la manière de regarder l'art et de le traduire par l'écriture, alors que les propositions plastiques étaient plutôt radicales, sinon déroutantes voire scandaleuses. Est-ce à dire que la critique n'a pas évolué ? On ne peut pas l'affirmer, mais elle a suivi l'évolution de la manière d'écrire à la fin du XIXe siècle et au début du XXe. Ce sont les idées et les convictions qui vont bouger d'une façon très marquée. Est-ce un paradoxe ? Oui et non. La critique ne s'adresse pas seulement à un public d'initiés. En sorte que la stratégie pédagogique de Denis Diderot, quand il composait ses différents *Salons*, subsiste malgré tous les changements intervenus dans la culture occidentale depuis l'époque des Lumières. Et cela sera prouvé aussi bien par les écrits de Piet Mondrian, chef de file austère et « calviniste » du suprématisme hollandais, que par ceux de Gertrude Stein : son *Picasso* se lit aussi aisément que ses œuvres autobiographiques, mais est très loin de ses livres expérimentaux.

En conclusion, on écrit de plus en plus sur l'art, de toutes les manières concevables, mais sans s'aventurer dans une recherche qui rendrait ce genre lui-même avant-gardiste.

Bibliographie sélective

ABOUT (Edmond), *Voyage à travers l'Exposition des beaux-arts (peinture et sculpture)*, Paris, Hachette, 1855.
–, *Nos artistes au Salon de 1857*, Paris, Hachette, 1858.
–, *Salon de 1864*, Paris, Hachette, 1864.
–, *Salon de 1866*, Paris, Hachette, 1867.
–, *Le Salon de 1868*, Paris, 1868.
–, « Le salon de 1869 », *Revue des Deux Mondes*, t. 81, 1869, p. 725-758.
–, *Peintures décoratives exécutées pour le foyer public de l'Opéra par Paul Baudry*, Paris, 1874.
–, *Le Décaméron du Salon de peinture pour l'année 1881*, Paris, Librairie des Bibliophiles, 1881.
–, *Quinze journées au Salon de peinture et de sculpture (année 1883)*, Paris, Librairie des Bibliophiles, 1883.
ALPHANT (Marianne), *Monet, une vie dans le paysage*, Paris, Hazan, 1993.
BARBEY D'AUREVILLY (Jules), *L'amour de l'art*, éd. Jean-François Delaunay, Paris, Séguier, 1993.
BERGER (Pierre), *André Salmon*, Paris, Seghers, coll. « Poètes d'aujourd'hui », 1956.
CARCO (Francis), *L'Ami des peintres. Souvenirs*, Genève, Éditions du Milieu du Monde, 1944.
–, *Mémoire d'une autre vie*, Genève, Éditions du Milieu du Monde, 1942.
CLEMENCEAU (Georges), *Claude Monet. Les Nymphéas*, Paris, Plon, 1928.
DAGEN (Philippe), *La Promenade du critique influent*, Paris, Hazan, 1991.
D'ANNUNZIO (Gabriele), *Pagine sull'arte*, éd. P. Gibellini et S. Fugazza, Milan, Abscondita, 2012.
DORGELÈS (Roland), *Deux Amateurs de peinture*, Paris, Les Amis d'Édouard, 1932.
–, *Quand j'étais montmartrois*, Paris, Albin Michel, 1936.
–, *L'Esprit montmartrois avant la guerre*, Paris, Laboratoire Carlier, 1938.
–, *Bouquet de Bohème*, Paris, Albin Michel, 1947.
–, *Au beau temps de la Butte*, Paris, Nouvelle librairie de France, 1949.
–, *Portraits sans retouche*, Paris, Albin Michel, 1952.
–, *Dufy* [catalogue d'exposition], Paris, Louis Carré, 1953.
–, *Promenades montmartroises*, Paris, Trinckvel, 1960.
EMMONS (Robert), *The Life and Opinions of Walter Sickert*, Londres, Faber and Faber Limited, 1941.

ENSOR (James), *Dame peinture toujours jeune*, choix de textes, préface et notes de Colette Lambrichs, Paris, Éditions de la Différence, coll. « Minos », 2009.
–, *Vive l'art vivant !*, précédé de *Dans le grenier d'Ensor* de François Weyergans, Paris, Séguier, 1997.
–, *Mes écrits*, préface de Franz Hellens, Liège, Éditions nationales, 1974.
FARGUE (Léon-Paul), *Les Grandes heures du Louvre*, Paris, Les Deux Sirènes, 1948.
–, *Pour la peinture*, Paris, Gallimard, 1955.
FAUCHEREAU (Serge) [éd.], *Pour ou contre l'impressionnisme* [anthologie], Somogy Éditions d'Art, Paris, 1994.
GEOFFROY (Gustave), *Claude Monet, sa vie, son œuvre*, Paris, Éditions Crès, 1924 ; rééd. Paris, Macula, 1980, 2011.
GEORGES-MICHEL (Georges), *Les Montparnos*, Paris, Fasquelle, 1929.
–, *La Bohème de minuit*, Paris, A. Fayard & Cie, 1933.
–, *Autres Montparnos*, Paris, Albin Michel, 1935.
–, *Peintres et sculpteurs que j'ai connus, 1900-1942*, Brentano's, New York, 1942.
–, *Chefs-d'œuvre de peintres contemporains*, New York, Éditions de la Maison Française, 1945.
–, *De Renoir à Picasso. Les peintres que j'ai connus*, Paris, Librairie Arthème Fayard, 1954.
HALÉVY (Daniel), *Degas parle* (1900), Paris, Éditions de Fallois, 1996.
HUYSMANS (Joris-Karl), *L'art moderne*, Paris, G. Charpentier, 1883.
–, *À rebours* (1884), Paris, Gallimard, coll « folio », 1977.
–, *Trois primitifs*, Paris, Léon Vanier, 1905.
LAFORGUE (Jules), *Œuvres complètes*, 3 vol., Lausanne, L'Age d'Homme, 1986, 1995 et 2000.
–, *Textes de critique d'art*, éd. Mirelle Dottin, Lille, Presses Universitaire, 1988.
LEMONNIER (Camille), *Le Salon de Paris*, Paris, Vve Morel, 1870.
–, *G. Courbet et son œuvre*, Paris, A. Lemerre, 1878.
–, *Constantin Meunier, sculpteur et peintre*, 1904.
–, *Henri de Braekeleer. Peintre de la Lumière*, Bruxelles, G. Van Oest, 1905.
–, *Félicien Rops, l'homme et l'artiste*, Paris, H. Floury, 1908.
–, *Émile Claus*, Bruxelles, G. Van Oest, 1908.
–, *L'École belge de peinture, 1830-1905*, Bruxelles, G. Van Oest, 1906.
–, *L'Impressionnisme, 1874, une exposition*, Éditions de l'Amateur, 1996.
MAC ORLAN (Pierre), *Masques sur mesure II* et *Masques sur mesure III*, Genève, Le Cercle du bibliophile, 1970.
MALLARMÉ (Stéphane), *Œuvres complètes*, 2 vol, éd. Bertrand Marchal, Paris, Gallimard, coll. « Bibliothèque de la Pléiade », 1998 et 2003.
MAUPASSANT (Guy de), *Au Salon. Chronique sur la peinture*, Paris, Balland, 1993.
MIRBEAU (Octave), *Le salon de 1885*, Paris, L. Baschet, 1885.

–, *Des artistes*, 2 volumes, Paris, Flammarion, 1922 et 1924.
–, *Notes sur l'art*, 1884-1885 ; rééd. Caen, L'Échoppe, 1990.
–, *Sur la statue de Zola* (1904), Caen, L'Échoppe 1989.
–, *Combats esthétiques*, 2 vol., Paris, Séguier, 1993.
–, *Premières chroniques esthétiques*, Angers, Société Octave Mirbeau/ Presses de l'Université d'Angers, 1996.
MONNERET (Sophie), *L'Impressionnisme et son époque*, 2 vol., Paris, Robert Laffont, coll. « Bouquins », 1987.
NATANSON (Thadée), *Un Henri de Toulouse-Lautrec*, Paris, École nationale supérieure des Beaux-Arts (énsb-a), 1992.
PÉLADAN (Joséphin), *La décadence esthétique (Hiérophanie)* (1882-1898) : *I : L'art ochlocratique. Salons de 1882 et de 1883*, avec une lettre de Jules Barbey d'Aurevilly, Camille Dalou, 1888 ; *Le Salon de Joséphin Péladan* (cinquième année), Camille Dalou, 1888 ; *XIX : Le Salon de Joséphin Peladan (neuvième année), suivi de trois mandements de la Rose-Croix Catholique à l'artiste*, E. Dentu, 1890 ; *XX : Le Salon de Joséphin Péladan (10e année). Avec l'instauration de la Rose-Croix esthétique*, E. Dentu, 1891.
–, *Salons de la Rose-Croix* (1892-1897 : 6 saisons) : Salon de la Rose-Croix (1), mars 1892 : *Ordre de la Rose-Croix du Temple. Geste esthétique de 1892*, Galerie Durand-Ruel, 1892 ; *Geste esthétique. Catalogue du Salon de la Rose-Croix, 10 mars 1892-10 avril 1892*, A. Warmont, 1892 ; Salon de la Rose-Croix (2), mars 1893 : *Catalogue officiel illustré de 160 dessins du second Salon de la Rose-Croix, avec la Règle esthétique et les constitutions de l'Ordre, 28 mars au 30 avril 1893*, Palais du Champ-de-Mars, Nilsson, 1893 ; Salon de la Rose-Croix (3), avril 1894 : *Ordre de la Rose-Croix. IIIe Geste esthétique. Troisième Salon*. Catalogue, Paul Dupont, 1894 ; Salon de la Rose-Croix (5), mars 1896 : *Salon de la Rose-Croix, Galerie des Arts réunis… du 20 mars au 20 avril 1896*, Léopold Verger, 1896 ; Salon de la Rose-Croix (6), mars 1897 : *Ordre de la Rose-Croix du Temple et du Graal. VI° Geste esthétique. Sixième Salon…, 31 mars 1897*, Georges Petit, 1897.
REWALD (John), *Histoire de l'impressionnisme*, 2 vol., Paris, Albin Michel, 1955.
RIBOT (Denys), *Les Écrivains devant l'impressionnisme*, Paris, Macula, 1989.
RILKE (Rainer Maria), *Œuvres en prose. Récits et essais*, éd. Claude David, Paris, Gallimard, coll. « Bibliothèque de la Pléiade », 1993.
RODENBACH (Georges), *L'Art en exil*, Paris, Librairie Moderne, 1899.
ROPS (Félicien), *Mémoires pour nuire à l'histoire artistique de mon temps*, choix de textes d'Hélène Védrine, Bruxelles, Labor, 1998.
SALMON (André), *Souvenirs sans fin*, préface de Pierre Combescot, Paris, Gallimard, coll. « Blanche », 2004.
–, *Montparnasse*, Paris, André Bonne, 1950 ; rééd. Paris, Arcadia, 2003.
–, *Propos d'atelier*, Paris, Excelsior, 1938.

–, *Modigliani, sa vie, son œuvre*, Paris, Éditions des Quatre Chemins, 1926.
SARFATTI (Margherita), *Segni, colore e luci, note d'arte*, Bologne, Zanichelli, 1925.
VALÉRY (Paul), *Introduction à la méthode de Léonard de Vinci* (1895), Paris, Gallimard, coll. « folio », 1992.
–, Degas, Danse, Dessin, Paris, Gallimard, 1938 ; rééd. coll. « folio essais », 1998.
–, *Œuvres*, 2 vol., ed. Jean Hytier, Paris, Gallimard, coll. « Bibliothèque de la Pléiade », 1957 et 1960.
VENTURI (Lionello), *Storia della critiqua d'arte*, Turin, Einaudi, 1982.
VERHAEREN (Émile), *Écrits sur l'art*, 2 vol., éd. Paul Aron, Bruxelles, Éditions Labor, 1997.
VLAMINCK (Maurice de), *Paysages et personnages*, Paris, Flammarion, 1953.
–, *Le Ventre ouvert*, Paris, Éditions Corrêa [1937] ; *Portraits avant décès*, Paris, Flammarion, 1943 ; rééd. *Vlaminck, un instinct fauve*, Paris, Musée du Luxembourg/sVo Art, 2008.
WARNOD (André), *Pascin*, Monte-Carlo, André Saurel, 1954.
–, *Les Peintres de Montmartre*, Paris, La Renaissance du Livre, 1928.
ZOLA (Émile), *Écrits sur l'art*, éd. Jean-Pierre Leduc-Adine, Paris, Gallimard, coll. « Tel », 1991.

Troisième partie

Du début du XXᵉ siècle à la Seconde Guerre mondiale

I
La naissance des avant-gardes en France

1 *Guillaume Apollinaire est-il l'inventeur de la critique d'art moderne ?*

De la trop brève existence de Guillaume Apollinaire, né à Rome le 26 août 1880, d'une mère d'origine polonaise, Angelika Kostrowicka, et d'un père italien, Francesco Flugi d'Aspremont, qui ne l'a pas plus reconnu que son frère Eugène, et mort le 9 novembre 1918 de la grippe espagnole, on retient trois aspects principaux : une œuvre poétique (*Le Bestiaire ou Cortège d'Orphée*, *La Chanson du mal-aimé*, *Alcools*, *Calligrammes*), une œuvre de caractère romanesque (*L'Enchanteur pourrissant*, *L'Hérésiarque et Cie*, mais aussi *Les Onze mille verges*), et une œuvre critique, littéraire d'une part et artistique de l'autre, accompagnée d'une activité journalistique et éditoriale.

Après avoir fait ses études à Monaco au collège Stanislas et diverses pérégrinations en France, il s'installe avec sa mère et son frère à Paris en 1899. Il doit très vite trouver du travail et il apprend la sténo. En 1900, il sert de nègre à un avocat qui écrit un roman-feuilleton publié dans *Le Matin* et l'année suivante, il signe ses premiers articles dans *Tabarin* et publie ses premiers poèmes (sous le nom de Kostrowiztky) dans *La Grande France*. Il devient précepteur de la fille de Madame de Milhau et séjourne en Rhénanie. De retour à Paris, il multiplie les collaborations dans quelques-uns des innombrables périodiques parisiens (dont *L'Européen*, *La Revue Blanche*). En 1903, il fonde sa première revue avec André Salmon, le *Festin d'Ésope*, qui dure un an à peine, après neuf numéros.

Ses premiers papiers sur l'art paraissent en 1902 et sont tous liés à son séjour en Allemagne. L'année suivante, il publie un long article sur les faux dans *La Revue Blanche* où il fait montre d'une juvénile et brouillonne érudition glanée de-ci de-là dans les bibliothèques et les encyclopédies. Et c'est en 1905 qu'il rédige son premier billet sur un artiste vivant – et celui qu'il choisit n'est pas indifférent puisqu'il s'agit de Pablo Picasso.

Il avait déjà rencontré Maurice de Vlaminck et André Derain et, quelques mois plus tard, en janvier 1905, il connaît Picasso. Il lui consacre aussitôt deux articles, l'un dans *La Revue immoraliste*, l'autre dans *La Plume*. Le peintre qu'il va voir au Bateau-Lavoir de Montmartre est celui de la période bleue et de la période rose, c'est-à-dire très loin des recherches savantes des postimpressionnistes ou de Paul Cézanne. Il semble évident qu'il devine un lien secret et profond entre sa poésie (il a déjà esquissé *La Chanson du mal-aimé*) et cette peinture qu'il aime sans retenue : « Picasso a regardé des images humaines qui flottaient dans l'azur de nos mémoires et qui participent de la divinité pour donner des métaphysiciens. »

En 1907, il a élargi le cercle de ses connaissances – sa fréquentation de Max Jacob n'y est sans doute pas étrangère – et est déjà bien au fait de ce qui se passe de neuf et d'important dans la capitale française. Il publie son premier compte rendu du Salon d'Automne et diverses notes dans *Je dis tout* – il passe en revue tout ce qui peut passer alors pour novateur – Cézanne, disparu depuis peu, Matisse, Vlaminck, Othon Friesz, Vallotton, Braque ; il rend hommage à Ambroise Vollard, loue la peinture du Douanier Rousseau, etc. En l'espace d'un mois, il a fait un tour d'horizon des différent peintres qui marquent l'avènement d'un nouvel esprit artistique. À partir de cette date, il va contribuer au mouvement en multipliant les écrits, souvent brefs mais incisifs et intéressant le plus souvent les expressions artistiques les plus avant-gardistes. En 1908, il est sur le terrain du Salon des Indépendants, et cette fois il a assez d'espace pour développer son point de vue dans *La Revue des Lettres et des Arts* (1er juin). Il écrit sa première préface pour le catalogue de la troisième exposition du Cercle de l'Art Moderne, qui se tient dans une salle de l'hôtel de ville du Havre au mois de juin. Il voit l'Art Nouveau comme une purification de ce qui a été transmis par la tradition et non une rupture. Il ne le considère pas comme une mode, éphémère par définition, mais l'affirmation d'une vérité qui est « toujours nouvelle ». Et Daniel-Henri Kahnweiler lui demande d'écrire la préface de l'exposition de Georges Braque qu'il présente dans sa galerie. Bien d'autres suivent. Apollinaire fait désormais partie du paysage artistique, de Montmartre à Montparnasse. Il est le chroniqueur de plusieurs journaux à grand tirage, comme *L'Intransigeant* et *Paris Journal*, puis du *Gaulois*, et il multiplie les interventions dans les revues de tous les genres possibles. Il donne des conférences et son nom apparaît dans les premières pages des catalogues de galeries défendant les artistes les moins conformistes.

En novembre 1909, il a enfin la joie de voir paraître un recueil de nouvelles : il s'agit de *L'Enchanteur pourrissant*, accompagné de bois gravés d'André Derain. On comprend bien qu'il se cherche avec cet ouvrage qui mêle poésie et théâtre. Sans doute tente-t-il de marquer une première rupture avec les symbolistes et le Parnasse qui ont dominé la poésie française depuis des décennies. Et quelques mois plus tard, est publié *L'Hérésiarque et Cie*, un recueil de nouvelles – contenant « Le Passant de Prague » qu'il a écrit lors de son court voyage en Bohême en 1901 – qui se retrouve sur la liste du prix Goncourt.

Plus le temps passe, plus ses commentaires sont l'art sont émaillés d'anecdotes, de conversations et se révèlent de petites pièces d'écritures. Il ose affirmer ses goûts, ayant une plus grande expérience du microcosme des peintres et des sculpteurs. Il défend bec et ongles Marie Laurencin, – avec laquelle il a une longue aventure, qui se terminera dans les déchirements –, critique vertement Van Dongen, dont il devine déjà le penchant mondain, éprouve de l'aversion pour Georges Rouault, et ne sait pas encore trop quoi penser de Modigliani. Le plus frappant dans ces pages innombrables que le poète écrit sur l'art est qu'il rompt de façon nette avec les us et coutumes du genre. Il en renforce le caractère subjectif, voire péremptoire, ne s'appuie sur aucune base philosophique explicite et préfère avancer des considérations d'ordre poétique ou ayant trait à la primauté de l'art français. Il s'avère en tout cas un observateur privilégié de ce qui se joue Paris et qui en fait, dans l'imaginaire de l'époque, la capitale du monde – même si d'autres centres importants existent en Europe. Le mythe dépasse largement la réalité. Mais ce qui compte pour lui, c'est d'être non seulement celui qui est capable de le narrer, mais, peu à peu, d'en prendre la tête.

Se faire le champion du futur signifie aussi à ses yeux s'en prendre aux idées rebattues et dépassées. Il visite au mois d'avril 1910 le Salon de la Société Nationale et le Salon des Artistes Français, avatars du Salon disparu en 1881. Il loue Rodin et Bourdelle, saluant ceux qui donnent ses lettres de noblesse à la sculpture. Parmi les peintres, il ne sauve pas grand monde, fait preuve d'un humour féroce et s'en prend à l'anglomanie de Jacques-Émile Blanche (1861-1942) et au « maniérisme sensuel et crispé » de Giovanni Boldini. Dans différents articles dispersés dans plusieurs périodiques, il renoue avec ses aînés du Second Empire, comme Émile Zola, décrivant l'arrivée de président de la République, les engouements de la foule, saisissant sur le vif des scènes pittoresques. Il est impitoyable pour les artistes d'un autre temps, comme Léon Bonnat (1833-1922) – il donnerait tous ses portraits pour un seul dessin de Rembrandt qui figure dans sa riche collection – ou Paul Chabas (1869-1937). Seul un jeune peintre italien trouve un peu grâce à ses yeux : Anselmo Bucci (1887-1955). Il se hasarde aussi à discuter les ouvrages d'artistes anciens, comme c'est le cas avec la rétrospective de portraits d'enfants au palais de Bagatelle. Mais il s'empresse surtout de courir chez Bernheim-Jeune pour évoquer Édouard Manet – dont il ne prend pas toute la mesure – et surtout pour louer l'exposition de Paul Gauguin ou celle de Cézanne – qu'il voit comme le précurseur d'un nouveau classicisme – chez Ambroise Vollard, rue Laffitte. Sa relation du Salon d'automne de 1910 montre à quel point il se sent en droit d'attribuer les bons et les mauvais points et déplore l'absence de la plupart des cubistes. Il accumule enfin de courts billets qui lui permettent de parler de Picasso ou de Dufy. C'est d'ailleurs à ce dernier qu'il confie le soin d'illustrer de plusieurs bois gravés son *Bestiaire* paru en mars 1911.

2 *Quels ont été les artistes élus par Apollinaire ?*

L'année 1911 est marquée par son inculpation et son incarcération à la prison de la Santé pour un vol de statuettes ibériques au musée du Louvre. Il est vite disculpé et libéré au bout de cinq jours, le 12 septembre. Mais l'affaire a fait grand bruit, d'autant plus qu'une campagne xénophobe a été lancée à son encontre. Maintenant, le poète parle de tout ce qui se passe, même de l'exposition des aquarellistes français chez Petit ou de celle des pastellistes anglais du XVIIIe siècle rue Royale ! Sa chronique dans *L'Intransigeant* s'avère le reflet de la vie mondaine entourant l'activité artistique. Bien entendu, il poursuit ses comptes rendus des Salons, de celui de la Société des Beaux-Arts, qu'il n'épargne guère – il a de l'indulgence pour Adolphe-Léon Willette (1857-1926), qui est un grand caricaturiste de Montmartre, et s'en prend une fois de plus à Boldini : « On y voit les belles dames de Boldini, crispées et qui semblent peintes d'un seul coup de pinceau. Cela serait nerveux s'il n'était énervé » –, à celui des Indépendants, où il vante le triomphe du Douanier Rousseau. Il se fait alors le héraut des cubistes bon teint comme Albert Gleizes (1881-1953) ou Jean Metzinger (1883-1957), qui appliquent les principes issus de Derain, de Braque et de Picasso avec une raideur dogmatique. Apollinaire défend ce dernier avec enthousiasme. Et il parle des « vieux fauves », tels Van Dongen et Vlaminck sans beaucoup de ménagement. En revanche, il loue sans réserve Dufy, et parle même de son propre ouvrage (*Le Bestiaire*) agrémenté des xylographies de ce dernier ! Il dresse aussi des couronnes aux artistes russes et distingue en particulier Alexander Archipenko, se révélant cette fois fort clairvoyant. Il rend aussi hommage à Henri-Edmond Cross (de son vrai nom Delacroix, 1856-1910) avec beaucoup de perspicacité. Et il examine les œuvres d'Ingres chez Henry Lapauze ou des pièces d'art chinois ancien au parc Monceau en mettant à nu ses faiblesses en matière d'histoire de l'art. Il traite les Salons de manière de plus en plus insolente et drôle, il faut le reconnaître : l'exposition de portraits à Bagatelle, organisée par la Société nationale des Beaux-Arts, il la voit comme une collection de faux identifiés par le président Fallières, des faux Watteau et des faux Fragonard, des faux van Loo et des faux Nattier ! Il fait le 7 août dans les pages de *L'Intransigeant* une analyse pertinente du livre de Paul Signac, *D'Eugène Delacroix au néo-impressionnisme*, paru à l'enseigne de *La Revue Blanche*. Le Salon d'Automne est pour lui une excellente occasion de faire l'apologie du cubisme, qui se trouve dans la salle n° 8, où il souligne surtout la présence de Le Fauconnier, Roger de La Fresnaye (1885-1925) et Metzinger.

L'année 1912 est marquée par un événement d'importance : la première exposition des futuristes italiens à la galerie Bernheim-Jeune.

Apollinaire s'empresse d'en toucher deux mots dans *L'Intransigeant* du 7 février. Il se montre assez dubitatif à leur sujet et traite leurs prétentions théoriques de « jactance ». Il leur reproche de s'opposer à l'école française. Il est intéressé par Umberto Boccioni, qu'il considère le plus doué du groupe, reproche à Gino Severini d'être trop influencé par la technique néo-impressionniste – même s'il reconnaît que son tableau *Le Pan-Pan au « Monico »* « est jusqu'à maintenant l'œuvre la plus importante qu'ait peinte un pinceau futuriste » – et déteste Carlo Carrà, « sorte de Rouault plus vulgaire ». Deux jours passent, et un article plus circonstancié sur la question paraît dans *Le Petit bleu*. Il est évident qu'il s'est bien informé entre-temps sur ces créateurs italiens menés par Filippo Tommaso Marinetti : il résume leurs objectifs, cite un extrait leur manifeste, dépeint leurs premières manifestations publiques. Il croit même savoir que Bonzagni et Romani ont été remplacés par Severini et Balla, ce qui est tout à fait inexact. Il leur reproche par-dessus tout d'avoir des théories, mais de ne pas savoir les appliquer. Il note avec une pointe de férocité : « En réalité, les peintres futuristes ont eu jusqu'ici plus d'idées philosophiques et littéraires que d'idées plastiques. » Il leur reproche aussi de vouloir prendre la tête de l'art européen. Toutefois, il les montre en exemple pour leur audace (« Sans audace, les futuristes italiens n'auraient jamais osé exposer leurs essais encore si imparfaits. ») Et en dépit de toutes les critiques qu'il leur fait, il note : « En somme, l'art nouveau qui s'élabore en France semble ne s'en être guère tenu jusqu'ici qu'à la mélodie et les futuristes viennent nous apprendre – par leurs titres et non par leurs œuvres – qu'ils pourraient s'élever jusqu'à la symphonie. » Mais il n'en conclut pas moins que l'art futuriste « fait un peu sourire, à Paris »... Ce que révèle ce long article, c'est qu'au fur et à mesure qu'il l'a écrit, Apollinaire, a été traversé par plusieurs intuitions qui l'ont amené à modérer ses piques et à distribuer quelques satisfecit. Mais il n'en démord pas : en octobre 1912, il continue à prétendre que le futurisme est « une imitation de deux écoles de peinture françaises qui se sont succédé dans les dernières années ». Il oppose toujours cubisme et futurisme : « Les futuristes qui dispersent dans une toile les différents aspects d'un objet et les nombreux sentiments que provoquent les aspects arrivent aisément à la confusion » ; une confusion qui s'oppose à la clarté et à la pureté des cubistes. En juin 1913, il se rend à la galerie La Boétie pour visiter l'exposition d'Umberto Boccioni, qu'il examine avec soin en expliquant sa conception du mouvement en sculpture. S'il tient à souligner que Picasso l'a fait précédemment, il juge d'un œil bienveillant ce travail – même s'il y introduit une pointe d'ironie acérée : « Les "ensembles plastiques" de Boccioni sont variés. Ils célèbrent tous avec bonheur l'énergie : *muscles en vitesse*, *synthèse du dynamisme humain*, *expansion spiralique des muscles en mouvement*, un vrai cimetière d'athlètes… » Il termine son article avec humour : « Le bruit court que les *muscles en vitesse* de Boccioni ont pris le mors aux dents. On n'a pu encore les rattraper. » Mais, dans le n° 25 de sa revue, *Les Soirées de Paris*, il signe un important article intitulé « Simultanéisme et motlibrettisme », qui prouve à quel point il s'intéresse aux innovations poétiques de Marinetti et de ses amis. Il en est profondément influencé, comme en témoignent ses « idéogrammes lyriques » et *L'Antitradition futuriste. Manifeste-synthèse*, écrit le 29 juin 1913 et publié par le mouvement futuriste à Milan sous forme de tract. Sa rédaction a suivi de peu l'exposition de Boccioni. Si Apollinaire a sans aucun doute craint la concurrence de Marinetti et de ses protégés, il a aussi compris tout l'intérêt qu'il pouvait avoir à se rapprocher des futuristes. Pendant la guerre, il a repris contact avec Marinetti, lui aussi sur le front, en lui envoyant des cartes postales pour l'inviter à une rencontre une fois la guerre terminée.

Pour en revenir à l'année 1912, Apollinaire a plus que toute autre chose envie de visiter les expositions des « peintresses », pour reprendre sa propre expression. Il remonte le cours du temps, faisant savoir qu'Angelika Kauffmann (1741-1807) et Élisabeth Vigée-Lebrun (1755-1842) avaient été des artistes mineures, alors qu'au XIXe siècle sont apparues des femmes de grand talent, telles Rosa Bonheur (1822-1899), Louise Abbéma (1853-1927) et Berthe Morisot. Tout cela dans le but de faire connaître Marie Laurencin et d'en vanter les mérites : il parle de son exposition à la galerie Barbazanges et affirme : « L'art raffiné et élégant de Mlle Laurencin est l'un des plus évidemment originaux qui soient aujourd'hui. » Il se rend au Salon des artistes décorateurs et, après avoir évoqué la figure de Berthe Morisot, il s'applique à mettre en évidence la participation de cette dernière : « Cette délicatesse nouvelle, qui est chez la femme française comme un sentiment inné de l'hellénisme, on les trouvera à un degré supérieur dans les œuvres de Mlle Laurencin… » Aux Indépendants, il fait commencer l'un de ses nombreux articles par un éloge de sa maîtresse : « Salle 19.

Le meilleur tableau de cette salle et l'un des meilleurs du Salon est celui que Mlle Marie Laurencin a intitulé *Femmes et éventails.* » Il revient sur cette composition dans *Le Petit bleu* quelques jours plus tard pour déclarer : « Il y a là un instinct de composition unique, car il ne se rapporte à aucune école connue. »

Quand il a visité le Salon des Indépendants, il a fait une remarque qui prouve qu'il a été obligé de corriger sa vision du cubisme, même s'il ne semble pas y adhérer tout à fait : « Juan Gris expose un *Hommage à Picasso*, où il faut louer un grand effort et un grand désintéressement. L'envoi de Juan Gris pourrait s'appeler le *Cubisme intégral...* » Il remarque alors la présence du peintre tchèque Bohumil Kubista (1884-1918) qui « se promenait aux *Indépendants* afin de chercher les œuvres de ses presque homonymes français, les cubistes » et le voit admirer le tableau de Gris. Le cubisme reste le fer de lance de l'écrivain. Mais il observe des figures qui lui semblent pleines de promesses, comme Fernand Léger et Henri Matisse, et défend avec obstination son petit cercle d'artistes qui prolongent et, il faut bien l'admettre, « académisent » le cubisme. Dans sa réponse à une enquête publiée dans *L'Action* du 10 mars, il a réaffirmé son attachement à ce mouvement et n'hésite pas à utiliser des superlatifs : « Je suis encore d'avis que si, dans l'ensemble, on le compare à l'art des impressionnistes, qui l'ont précédé, on trouvera que dans l'expression de la beauté l'art des cubistes s'est davantage rapproché d'elle. » Le Salon d'Automne lui fournit l'occasion de plaider la cause de ses protégés, mais aussi de souligner la valeur d'un nouveau venu, Francis Picabia. À l'occasion du nouveau Salon de la Section d'or, créé pour exalter la modernité, il imagine un charmant dialogue pour introduire ces inconnus aux yeux de la grande majorité des lecteurs de *L'Intransigeant*. Il conseille peu après de lire l'essai de son ami André Salmon, *La Jeune peinture française*, puis, dans *Le Temps*, il s'applique à expliquer « les commencements du cubisme » en mettant l'accent sur le rôle d'André Derain. En décembre, il publie un essai, qu'il a baptisé « Réalité, peinture pure », en allemand, dans la revue *Der Sturm* – fondée en 1910 par Herwarth Walden (1878-1941), elle a été d'abord le véhicule de l'expressionnisme et du groupe *Der Blaue Reiter* de Kandinsky. Mais Walden a l'esprit ouvert et s'est intéressé autant au futurisme qu'au cubisme. Apollinaire y annonce la publication de « Méditations esthétiques » et y fait l'apologie de Robert Delaunay et du simultanéisme.

En réalité, l'ouvrage qui paraît en mars 1913 s'appelle *Les Peintres cubistes* et « Méditations esthétiques » n'en est plus que le sous-titre. Sans doute est-ce l'éditeur qui a voulu changer la disposition choisie par l'auteur. La première partie de l'ouvrage est constituée de propos généraux sur l'art. Il veut illustrer ce que la peinture et la sculpture modernes apportent de novateur, surtout une conception relative de la beauté : « Ce monstre de la beauté n'est pas éternel. » Et il met l'accent, comme il l'a toujours fait jusque-là, sur la pureté : « Considérer la pureté, c'est baptiser l'instinct, c'est humaniser l'art et diviniser l'humanité. » Il voit cet art comme une invention perpétuelle – invention des couleurs, par exemple. « La vérité sera toujours nouvelle », proclame-t-il. Et, à ses yeux, la pureté est liée à l'unité. Cela, même si les artistes n'imitent plus la nature et se passent de sujet. Il suggère que cet art propose une quatrième dimension, qui serait celle de l'univers infini. Les cubistes s'éloignent donc des idéaux anciens pour « exprimer la grandeur des formes métaphysiques ». L'histoire que brosse Apollinaire du cubisme est assez fantasque et il y intègre des artistes qui n'ont pas grand-chose à y faire. Il distingue deux formes de cubisme, l'un étant qualifié de *scientifique* – « l'art de peindre des ensembles nouveaux avec des éléments empruntés non à la réalité de vision, mais à la réalité de connaissance » –, l'autre de *physique* – « l'art de peindre des ensembles nouveaux empruntés pour la plupart à la réalité de vision ». Il ajoute à ces deux catégories le cubisme *instinctif*, qu'il assimile à l'orphisme. Et la parenté de ces cubismes, il l'attribue non seulement à Cézanne, mais aussi à Courbet !

Apollinaire a tenté de construire une théorie dans cette première partie. Il n'a fait que transformer l'esprit d'une poétique que l'on retrouve dans les monographies qui suivent, dans la seconde partie. Le chapitre qu'il consacre à Pablo Picasso est un récit, avec des anecdotes et des dialogues. Il tente de rendre tangible l'évolution de sa création grâce aux artifices de la narration et non plus par une sorte de théorie plus ou moins crédible. Il explique les grands principes guidant le peintre espagnol. Mais il fait surtout un parallèle entre le poète et l'artiste : « Il y a des poètes auxquels une muse dicte leurs œuvres. Il y a des artistes dont la main est dirigée par un être inconnu qui se sert d'eux comme d'un instrument. » Plus que les plans et les volumes simultanément agencés, il préfère s'appuyer sur le mythe d'une personne dont la raison est dépassée par des raisons plus fortes et inconnaissables. Il énumère ensuite les figures de son panthéon, Braque, Metzinger – qui a une place de choix car il a fait son portrait –, Gleizes, Marie Laurencin – dont il s'est séparé. Duchamp et Picabia ont trouvé leur place dans ce petit dictionnaire du cubisme. Raymond Duchamp-Villon est placé dans un appendice où Apollinaire a réuni tous ceux qu'il a oubliés, et qui sont légion, à commencer par Jacques Villon, tout juste cité.

La notoriété que Guillaume Apollinaire retire de ce livre ne freine pas sa production critique, tout au contraire. Il reprend en 1913 le cours de ses critiques, s'en prenant toujours à Van Dongen, s'arrêtant devant des tableaux orientalistes, ou examinant l'œuvre de François Rude (1784-1855). Il s'interroge longuement devant les tableaux de David et de ses élèves au Petit Palais. Il court les salons – celui des Indépendants comme celui des humoristes, celui des Artistes français comme celui des peintres militaires ! Il fait aussi grand cas du Salon d'Automne de Berlin, organisé par la revue *Der Sturm*, d'après son catalogue – et fait une fois de plus l'apologie de Picasso, dans un article plein de brio pour la revue *Montjoie*. Mais de nouveaux venus l'intriguent, comme Kandinsky, qu'il loue dans *Der Sturm*. Il revoit aussi ses positions en ce concerne Matisse ou Marquet.

Une nouvelle figure fait ici son apparition et il l'introduit avec brièveté, mêlant curiosité et méfiance, dans son Salon d'Automne : « M. de Chirico, peintre inhabile et très doué, expose de curieux paysages pleins d'intentions nouvelles d'une forte architecture et d'une grande sensibilité… » Il se montre plus explicite à l'égard de ce dernier quand il rend compte du Salon des Indépendants de 1914 : « G. de Chirico construit dans le calme et la méditation des compositions harmonieuses et mystérieuses. Conception plastique de la politique du temps. Ces études purement désintéressées et dont l'expression esthétique est très impressionnante méritent d'attirer l'attention. » Le 14 juillet, il cite l'extrait d'un article d'Ardengo Soffici (1879-1964) qui fait l'éloge de ce dernier dans la revue florentine *La Voce*. Et le 23 du même mois, il le place parmi les grands noms de la peinture moderne. Il faut dire que l'artiste italien a fait de lui un *Portrait prémonitoire*, qui est un ouvrage saisissant. Et il le cite à plusieurs reprises jusqu'à la déclaration de guerre et son engagement volontaire.

Les hostilités, sa blessure à la tête, sa trépanation, l'éloignent en partie de ses activités littéraires. Pendant sa longue convalescence, il peut se remettre au travail et, au cours de l'automne et de l'hiver suivant, il publie quelques articles, en particulier sur Derain et sur Matisse. Son dernier article dans *L'Europe nouvelle*, en date du 2 novembre 1918, est une notice nécrologique annonçant la disparition d'un jeune poète, Justin-Frantz Simon, frappé par la grippe espagnole dont lui-même va être victime une semaine plus tard.

Guillaume Apollinaire a joué un rôle de premier plan dans l'histoire de l'art moderne en France. Et s'il s'est montré parfois cavalier comme théoricien et comme historien, ses chroniques restent la plus précieuse documentation sur la période héroïque qui précède la Grande Guerre. Et aussi la plus belle, même si d'autres écrivains, comme son ami André Salmon, Roland Dorgelès et quelques autres ont été des témoins privilégiés de ces années qui ont transformé à jamais l'orientation des arts plastiques.

3 *En quoi Arthur Cravan incarne-t-il l'esprit du dadaïsme ?*

La guerre terminée, l'esprit Dada, qui a été inventé à Zurich en 1915, trouve un écho un peu tardif en France et moins politique qu'en Allemagne. Les ralliements à cette conception iconoclaste de la création sous tous ses aspects (Hans Richter, dans ses mémoires, l'a qualifiée « d'art et d'anti-art ») ne sont pas nombreux. Mais, à travers leurs déclarations et leurs actions spectaculaires, qui vont de la blague incongrue à l'acte irrémédiable et hérétique contre la tradition artistique, ces très jeunes hommes de talent sont parvenus à attirer l'attention sur eux et à se donner l'air de dangereux rebelles.

De son vrai nom Fabian Avenarius Lloyd, celui qui va choisir pour nom de plume Arthur Cravan, est né à Lausanne en mai 1887. Il est apparenté à Oscar Wilde (c'est son neveu), ce qui a eu une influence sur sa littérature. Il a une autre passion qui est la boxe, et il participe à des combats professionnels. Il décide de s'installer à Paris au début des années 1910 et y crée deux ans plus tard la revue *Maintenant*, qui n'a que cinq livraisons. Iconoclaste et blasphémateur dans l'âme, il écrit des essais très amusants et aussi d'une rare virulence. Le récit de sa visite chez André Gide est un summum d'humour au vitriol. C'est un provocateur à la dent dure, mais avec beaucoup d'esprit. Pour échapper à la guerre, il quitte la France en 1915, voyage dans une partie de l'Europe, se rend à Barcelone et enfin aux États-Unis. À New York en 1917, il fait la connaissance de la poétesse Mina Loy et en tombe amoureux. Un an plus tard, au Mexique, devant s'embarquer sur un navire pour l'Argentine, celui qui est considéré comme un avant-courrier du dadaïsme et du surréalisme disparaît corps et biens, d'une manière franchement mystérieuse.

Dans le n° 4 de sa revue (mars-avril 1914), il se lance dans la rédaction d'un très long compte rendu de l'exposition des Indépendants, dans le style des *Salons* d'autrefois, mais dans une optique beaucoup plus mordante – cela rappelle d'ailleurs les salons humoristiques. Il ne dissimule pas son désir de faire enrager ses confrères et de se faire un nom grâce à la haute dérision. Comme Zola, il commence par décrire l'atmosphère, les lieux, le public, mais d'une façon beaucoup plus caustique : « Moi, je suis une vache », lance-t-il quand il entame sa visite. Il veut renvoyer 999 toiles dans les autres salons et s'en prend à Cézanne autant qu'à Van Gogh. Il se moque sans pitié de Maurice Denis, mais n'est pas tendre non plus avec Marc Chagall « ou Chacal, qui vous montrera un homme versant du pétrole dans le trou du cul d'une vache, quand la véritable folie elle-même ne peut me plaire parce qu'elle met seulement en évidence un cerveau, alors que le génie n'est qu'une manifestation extravagante du corps ». Il passe en revue un nombre vertigineux d'artistes, qu'il égratigne à plaisir et s'interroge sur des travaux de Roger de la Fresnaye qu'il ne connaît pas : « J'ignore quel milieu il fréquente, mais je suis persuadé qu'il est mauvais. » Il trouve que Malevitch est du chiqué et que Luce « n'a aucun talent ». Mais il éprouve de la sympathie pour Van Dongen qui « fait des choses admirables ». Il est persuadé que Delaunay a mal tourné et n'aime pas la voir frayer avec le futurisme (« les Carrà ou Boccioni étant des nullités »). Et il s'en prend sans ménagement à Marie Laurencin avec qui il a rompu :

> *Marie Laurencin* (je n'ai pas vu son envoi). En voilà une qui aurait besoin qu'on lui relève les jupes et qu'on lui mette une grosse… quelque part pour lui apprendre que l'art n'est pas une petite pose devant le miroir.

> Oh ! chochotte ! (ta gueule !) La peinture, c'est marcher, courir, boire, manger, dormir et faire ses besoins. Vous aurez beau dire que je suis un dégueulasse, c'est tout ça.

Et de conclure avec elle, en lui expliquant ce qu'est l'Art avec un grand A. Somme toute, pour Cravan, parler de cette exposition a été l'occasion rêvée de se payer la tête de pas mal de peintres dans un gigantesque et grand-guignolesque jeu de massacre. Pour mieux enfoncer le clou, il ajoute un post-scriptum où il fait savoir : « Ne pouvant pas me défendre dans la presse contre les critiques qui ont hypocritement insinué que je m'apparentais soit à Apollinaire ou à Marinetti, je viens les avertir que, s'ils recommencent, je leur tordrai les parties sexuelles. » Ces lignes ravageuses prouvent à quel point il a incarné l'esprit de Dada en l'anticipant avec un goût très prononcé pour tourner en ridicule les partisans de l'art académique comme les plus chauds défenseurs du modernisme à tous crins.

4 *Francis Picabia a-t-il été un immense mystificateur ?*

D'origine hispanique et française – son grand-père était Cubain et avait émigré aux États-Unis, puis en France, sa mère étant française –, Francis Picabia (1879-1953) a vu le jour à Paris. Montrant très tôt des dispositions pour la peinture, son père l'a incité à participer au Salon des artistes français de 1894 avec une *Vue des Martigues*. Non seulement il y a été accepté, mais encore primé. Son père l'a donc envoyé étudier à l'École des Arts décoratifs. Il a préféré aller à l'École du Louvre et à l'Académie Humbert, où il fait la connaissance de Marie Laurencin et de Georges Braque. Au cours de l'année 1897, il a découvert les tableaux de Sisley et s'est dès lors passionné pour la peinture impressionniste. Il a fait ensuite la connaissance de Camille Pissarro, qu'il a continué à fréquenter. Il s'est aussi pris de passion pour l'école de Barbizon. En 1905, il a la possibilité de monter sa première exposition personnelle à la galerie Haussmann, ce qui lui vaut des appréciations favorables. Il travaille dans ce registre impressionniste jusqu'en 1909, année durant laquelle il peint une aquarelle, *Caoutchouc*, qui est considérée comme un premier pas décisif vers l'abstraction. Ce changement de direction le fait se rapprocher (en 1911) du groupe de Puteaux, qui se réunit dans l'atelier de Jacques Villon. Il a alors une prédilection pour l'orphisme. Il est le fondateur du Salon de la Section d'or en 1912. À New York en 1913, il est présent au sein de l'exposition de l'« Armory Show ». Ayant fait la connaissance Marcel Duchamp et de Man Ray, fréquentant la galerie d'Alfred Stieglitz – qui lui propose de lui offrir une exposition personnelle –, il fait plusieurs voyages consécutifs à New York. Dans un entretien pour le *New York Times*, à l'occasion de l'« Armory Show », il fait cette déclaration étonnante pour l'époque : « La France est quasiment finie en matière d'art. Je crois que c'est en Amérique que les théories de l'Art Nouveau s'enracineront avec plus de ténacité. »

C'est à Barcelone, en 1916, qu'il a créé la revue *391*, en hommage à la galerie et à la revue de Stieglitz baptisées *291*. Il a participé aux manifestations artistiques les plus audacieuses, a écrit de la poésie, qu'il a fait imprimer, et a fait serment d'allégeance à Dada – dont le siège se trouvait en pays neutre, à Zurich. À la fin de la guerre, il est retourné à Paris et y a installé les bureaux de sa revue. Des personnalités comme Tristan Tzara et Georges Ribemont-Dessaignes – qui y tient la chronique des Salons – y ont collaboré. Mais les problèmes ont surgi en 1920 quand le Salon de la Section d'or a refusé de présenter les œuvres dadaïstes. Il s'est insurgé contre cette fin de non-recevoir dans les colonnes de sa revue, dénonçant la « section mort dorée ». Il était « anti-tout » et même, a-t-il ajouté, « anti-Picabia ». Il a pris part avec André Breton aux interventions publiques de Dada en France. Mais il a soudain rompu et avec Breton et avec Dada en 1921. Son désir était alors de faire cavalier seul. Cela ne veut pas dire qu'il avait renoncé à l'essence de Dada, ni à produire des œuvres et des écrits qui ont reflété ce penchant. Il avait publié coup sur coup trois recueils de poésie en 1918 et, en 1921, il a consacré un numéro spécial de sa revue à Dada, baptisé *Phihaou-Tibaou*. Picabia a commencé à publier des dessins et des textes dans différentes revues à partir de 1913 (*Camera Work*, *291*, *Dada*, etc.). Il n'a pas cessé ensuite de multiplier les collaborations, même dans des périodiques n'ayant rien à voir avec les petits cercles de l'avant-garde. Ce fut en 1921 qu'il a fait paraître un premier article dans *Comœdia*, qui est une mise en cause de l'appropriation par Marinetti du terme « tactilisme ». Il y a annoncé sa rupture avec le dadaïsme français, ce qui a entraîné une polémique. Un an plus tard, il a parlé de sa participation au Salon d'Automne et, en 1921, a expliqué son tableau, *L'Œil cacodylate*, qui a fait beaucoup jaser. En 1923, il raconte par le menu une visite à Saint-Julien-le-Pauvre qu'il a faite avec les amis de Breton. À partir de janvier 1922, il a eu ses entrées au *Journal du peuple*, puis en 1922, aux *Potins de Paris*. Ce qui ne l'a pas empêché de poursuivre ses interventions dans les revues plus élitistes, comme *Littérature* ou *The Little Review*. Pour ce qui est de la presse culturelle s'adressant à un plus vaste public, le style de Picabia est très personnel, drôle et un peu extravagant, accessible à des lecteurs informés mais pas initiés aux théories les plus neuves. Il est devenu le chroniqueur attitré des faits et méfaits des artistes d'avant-garde. Et il a continué à brocarder les Salons, les événements et les débats des cercles de l'intelligentsia et du monde des arts. Voici ce qu'il écrivait dans *L'Esprit nouveau* en août 1922, dans un article intitulé « Jardin d'acclimatation » :

> Le dadaïsme a mis sept ans avant d'apparaître au public, il se peut que l'évolution actuelle mette encore plus de temps à fleurir, il se peut que ces fleurs soient des feuilles, tout peut arriver ; pourtant, si j'ai été très inquiet il y a quelque temps sur les possibilités futures, je n'ai plus maintenant de doute sur l'avenir de l'art en France. Je suis absolument certain que c'est encore une fois à Paris *qu'il se passera quelque chose.* En Allemagne, ils se débattent dans la recherche de l'objectivisme immédiat, la Belgique voudrait... L'Espagne est remplie de souvenirs tragiques et les cerveaux restent à l'ombre. L'Amérique se méfie et en Suisse l'armée des artistes égale la marine ! Les Italiens pourraient être sauvés par Marinetti, mais j'ignore s'il est encore vivant... Les Japonais découvrent de plus en plus le Salon des Artistes Français !...

Il a continué à brocarder les salons, à défendre bec et ongles Dada, à s'en prendre au « retour à l'ordre », à expliquer ce que pourrait être la « bonne peinture » et quand il a parlé pour la première fois d'un artiste, il a choisi André Derain (*Paris-Journal*, 1924). Il est entré dans une vive polémique avec les surréalistes, à peine leur *Manifeste* diffusé et offert à la connaissance du monde entier. Il a porté un regard caustique et parfois aimable sur bien des sujets, de la musique au cinéma. Il lui est même arrivé de s'en prendre à des critiques d'art, comme Camille Mauclair. Il l'a attaqué avec fougue dans *La Volonté* en 1931 : « Les sculptures nègre, qui lui déplaisent, sont aussi belles que les sculptures grecques, aussi belles que les arbres, la mer, que tout ce qui est naturel et nous exalte dans la nature ! – Pauvre valet au service imbécile de quelques peintres aigris, margarine de conserve qui ne remplacera jamais le beurre. [...] M. Mauclair fait de la mauvaise et de la basse besogne... » Et sa diatribe s'est déroulée sur plusieurs feuillets, sans le moindre ménagement. Il a alimenté les revues de ses œuvres poétiques et de quelques lignes pour défendre ses options plastiques. Il a aussi signé des préfaces. Puis ses contributions dans la presse ont peu à peu diminué.

Il n'a repris la plume dans les journaux qu'en 1941 pour louer le maréchal Pétain qui aurait été, selon lui, « un homme jeune, plus jeune que tous nos députés ou ministres, car ces pauvres êtres, pour la plupart, n'étaient que d'ignobles égoïstes malfaiteurs, exploitant avec facilité un pays comme la France... » (*L'Opinion de Cannes*, 1er mars 1941). On est bien loin de l'homme extraordinaire qui a écrit le synopsis du ballet *Relâche* pour les Ballets suédois. Cette gentille bouffonnerie est accompagnée par le court-métrage de René Clair avec une musique d'Erik Satie, *Entracte*, qui constituait justement un intermède. Le spectacle est présenté en 1924 au théâtre des Champs-Élysées. Mais sa descente aux Enfer avait commencé déjà en 1928 avec sa nouvelle orientation picturale, le « sur-impressionnisme ».

5 *Blaise Cendrars a-t-il élevé un monument à la gloire de ses amis peintres ?*

Apollinaire a ouvert la voie royale d'une critique d'art dont tout poète ou romancier peut et doit s'emparer à partir du moment où sa propre littérature est vécue sinon comme une révolution contagieuse, du moins comme une fin de non-recevoir aux formes du passé.

Le Suisse Blaise Cendrars (1887-1961) – pseudonyme de Frédéric Louis Sauser – est né dans le canton de Vaud (aujourd'hui Jura suisse), à La Chaux-de-Fonds. En 1904, il est parti voyager en Russie. Il écrit alors la *Légende de Novgorode*, qui aurait été imprimée à

14 exemplaires et traduite en russe. L'authenticité de ce fait est encore contestée. Il aurait également rédigé un roman à Saint-Pétersbourg. Puis il a traversé l'Atlantique pour un séjour à New York en 1911, où il a écrit son premier recueil de vers, *Les Pâques*, paru à Paris en 1912 – et qui sera réédité en 1918 sous le titre *Les Pâques à New York*). C'est à Paris qu'il a choisi de prendre pour nom de plume Blaise Cendrars (comme « braise » et « cendres »). *Séquences* ainsi que *La Prose du Transsibérien et de la petite Jehanne de France* sont publiés en 1913. Il s'engage dans la Légion étrangère en 1914 et est grièvement blessé en 1915 : il perd son bras droit. C'est alors qu'il commence la rédaction de son premier roman, *La Main coupée*. Il a alors travaillé dans l'édition puis, pour une courte période, dans le cinéma. Après un voyage au Brésil en 1924, il fait paraître un roman, *L'Or*, qui obtient un grand succès.

Dès son installation à Paris il se lie d'amitié avec Guillaume Apollinaire et fréquente de nombreux artistes dont Picasso, Chagall, Modigliani, Archipenko, Delaunay. C'est justement la femme de ce dernier, Sonia, qui a illustré *La Prose du Transsibérien*, constituant ainsi la première grande collaboration entre un artiste et un écrivain – il ne s'agit plus seulement d'illustrations ajoutées, comme celles faites par Derain pour *L'enchanteur pourrissant* d'Apollinaire) : les écrits de Cendrars sont mêlés aux dessins en couleurs de Sonia Delaunay, ce qui en fait un « livre simultané ». Après ce coup d'éclat, il n'a plus beaucoup de collaborations avec les artistes sauf pour *Paris, ma ville*, accompagné d'œuvres de Fernand Léger, publication posthume.

Son intérêt pour la peinture s'est manifesté dès 1911, quand il a écrit un long papier pour décrire les musées de Saint-Pétersbourg. Il est en admiration devant Rubens et Rembrandt et a le plaisir de découvrir le *Garçon accroupi* de Michel-Ange. Et il recommande à son lecteur de lire l'ouvrage de Rodin, *L'Art*. Il a ébauché un article sur Redon, où il a commencé par déclarer que « la critique est une œuvre de passion ». Puis il a écrit une série d'articles en 1917 pour la revue *La Rose Rouge*, et a examiné avec bienveillance les tableaux du Douanier Rousseau. De nouveau, il s'en prend au critique qui ne sait plus aimer. L'argument est venu dans sa façon de présenter les choses : « Radieuse et gauche, empruntée et raffinée, l'œuvre d'Henri Rousseau défie toute critique autoritaire ou systématique. Ce peintre est d'une complexion ambiguë, chaque tableau est un état d'âme unique. Il faut avoir des sens pour les comprendre. »

Il a ensuite commencé, toujours en 1911, un ambitieux essai sur la perspective où il dit que déjà la couleur change la perspective. Mais il ne l'a pas terminé. Un peu plus tard, il a composé un petit texte sur les cubistes, qui ne manque pas d'esprit : « Quand les cubistes eurent truqué et retruqué le monde, ils se reposèrent, comme Dieu, le septième jour. J'étais là. Je les ai vus. » Et il en tire une nouvelle minuscule pleine de charme et d'humour. Enfin, il s'est attaché à rédiger un « Dialogue sur la sculpture », qui est une pochade des plus drôles, où il donne en exemple Archipenko, qui fait mal aux yeux de l'un des interlocuteurs.

Il a néanmoins écrit sur l'art – ses essais ne sont pas inclus dans ses œuvres complètes ! –, des textes sérieux. Ainsi, la septième partie d'*Aujourd'hui* (1927-1929) est dédiée aux peintres. Elle commence par une méditation sur le Salon des Indépendants en 1919. « Quelle sera la nouvelle peinture ? » fait-il demander par les « nouveaux venus ». Il constate que « le bloc cubiste s'effrite. Mille tendances se font jour. Il y a donc beauté nouvelle. » Et il prédit : « J'annonce beaucoup de couleur et de la couleur toute neuve. Mais ce n'est pas tout. Cette couleur nouvelle exige de nouvelles formes... » Il est persuadé que l'homme sera le sujet de cette peinture-là. Et de conclure étrangement : « Nous aurons enfin un peintre et un autre peintre : Mallarmé et Rimbaud. » Il ajoute qu'il y aura « un nouveau classement des valeurs de la peinture ». Puis, il revient sur le déclin du cubisme, auquel il associe tout le monde, Picasso, Braque, Gris, mais aussi Metzinger, Léger, Severini, Hayden, Herbin, etc. Il pense que la génération revenue du front a d'autres préoccupations. Il tente de définir le cubisme : « Je formule : réaliser la profondeur par le rayonnement des volumes et la multiplication des mesures à l'aide d'une technique raisonnée. » Et d'en tirer la conclusion : « Cette technique ne fut jamais observée intégralement. » Il parvient à bien expliquer la réduction synthétique de l'objet (en termes analytiques), et aussi ses limites, qui sont celles du goût. Il croit que les « jeunes d'aujourd'hui ont le sens de la réalité ». Et il est persuadé que le cubisme sera, devant la peinture de demain, « comme le Trocadéro vis-à-vis la tour Eiffel : sans avenir »... Ce qui ne l'empêche pas de saluer les trois aspects successifs du cubisme : Picasso, Braque et Léger. Il fait un croquis de Picasso qui est une merveille :

« Picasso, je ne connais plus tourmenté, d'esprit plus inquiet, des doigts et des pinceaux plus rapides et plus subtils. Sa fougue, son orgueil, son adresse, la voltige, l'amour, la cruauté, l'élégance, le dessin, l'arabesque, la perversité, le rare, l'occulte, son goût suraigu, l'apparentent à Gilles de Rais... » Il le regarde comme « un tempérament particulièrement littéraire ». Quant à Braque, il le perçoit comme « un pur ». Et il le voit comme le maître d'œuvre : « C'est lui qui a revu toutes les théories cubistes et qui les a châtiées dans ce qu'elles avaient de trop excessif. » Il le perçoit comme un homme de Port-Royal ! Enfin, Fernand Léger n'a jamais été pour lui un cubiste à part entière. Il le voit façonné par la guerre. « Aujourd'hui, souligne-t-il, Léger est maître de son sujet et, qu'il peigne la rue ou l'usine, il n'oubliera jamais cette complexe Unité née de la guerre, la Puissance d'aujourd'hui l'Esprit et la Lettre de la Profondeur. » Il tient à ajouter à cette liste Robert Delaunay, issu de l'orphisme d'Apollinaire. Et de composer une explication de la simultanéité en peinture qui se présente comme une sorte d'ode à la simultanéité, qui est un petit éloge poétique. Puis vient le tour de Léopold Survage, suivi de Marc Chagall, qu'il interprète de manière un peu tragique :

> Tiens je crois que c'est ma propre tête qui pendule, désolée, dans l'espace.
> Un nuage bouge.
> Deux pattes d'ours se posent sur mes épaules et, là-haut, une langue charnelle lèche les yeux de Dieu. Je ne vois plus que ma face dans les nues et une langue de chien qui sort, chaude, d'un nuage...

En 1924, il a donné à Sao Paulo une conférence sur Robert Delaunay baptisée « La Tour Eiffel », où il se montre très admiratif de son travail, tout en faisant l'éloge de l'ouvrage de l'ingénieur Eiffel.

En 1926, il écrit un bref article, « Pour prendre congé des peintres ». Il y exprime son désenchantement et sa déception. Et il cite un long passage de Rudyard Kipling, extrait de ses *Lettres de voyage*, où ce dernier imagine une galerie de tableaux qui serait composée de paysages réels. La charge est cruelle.

À la fin de sa vie, dans ses mémoires, il a tout de même eu une pensée émue pour un de ses grands amis peintres : « Le Paysage dans l'œuvre de Fernand Léger » est un entretien très vif enregistré en 1955 et édité l'année suivante. Toute la discussion roule sur un ton badin, mêlant les souvenirs et des considérations sur les fleurs, la ville, et les impressions reçues par l'écrivain qui contrastent avec la pensée de l'artiste. L'humour est de règle, mais les deux hommes finissent quand même par développer une idée nouvelle du paysage. Il a également ajouté une autre conversation entre Léger et son marchand, Louis Carré : « J'ai vu mourir Fernand Léger. » C'est un magnifique éloge funèbre, qui de funèbre n'avait rien, où l'auteur mêle nombre de souvenirs de ses rencontres avec Léger, de réminiscences de ses tableaux et de rêveries cocasses :

> Que j'étais content ! Comme il y a quarante ans, j'accompagnais Léger dans la rue, et comme il y a quarante ans, la place Clichy était encore une fois en pleine transformation. Au coin, se dressait un immense échafaudage, des grues, des poutrelles d'acier, des tas de briques. C'était comme toujours le café Wepler. La cadence des riveteuses automatiques. On y édifiait un music-hall. Béton armé. Son décor abstrait dressé, Léger tournait le dos à la place Clichy et descendait en ville, à la découverte...

Rarement un homme de lettres a su faire un discours aussi émouvant sur un ami artiste disparu, sans rhétorique et sans larmoyer.

6 *En quoi Jean Cocteau apporte-t-il une touche personnelle à la critique d'art ?*

De Jean Cocteau (1889-1963), on a le souvenir d'un créateur polymorphe, à la fois poète, romancier, dramaturge, mémorialiste, mais aussi peintre et cinéaste. Son rapport avec les arts a été très important : d'abord la musique – il est le fédérateur du Groupe des Six – et ensuite les arts plastiques, mais surtout pour le théâtre et le ballet : il écrit le livret de *Parade* (1917), avec des costumes et décors de Pablo Picasso, sur une musique d'Erik Satie ; puis *Les Mariés de la tour Eiffel* (1921), avec une musique composée par cinq membres du Groupe des Six et des costumes de Jean Hugo ; et encore *Antigone* (1922), avec des décors de Picasso. Assez curieusement, il a relativement peu écrit sur la peinture. On relève un court poème de nature expérimentale (avec la page divisée en quatre volets), l'*Ode à Picasso* en 1917, et une courte monographie qui a paru en 1923. S'il lui est venu l'envie d'écrire sur l'artiste espagnol, c'est après la mort d'Apollinaire et le retour très provisoire de ce dernier au néoclassicisme. Il l'y décrit « pourvu des plus vieilles recettes françaises (Chardin, Poussin, Le Nain, Corot), en possession d'un charme ». Et après avoir illustré quelques moments de sa recherche picturale et de ses attitudes esthétiques, il proclame : « Ce qui me regarde, c'est Picasso décorateur de théâtre. Je l'ai entraîné là. » Souvent, il abuse de formules, pleines d'esprit peut-être, mais peu à même de faire entrer dans l'esprit de l'œuvre, comme celle-ci : « Le cubisme fait voir des cubes où il n'y en avait pas et, avouons-le, en a fait paraître. »

En 1928, il fait paraître *Le Mystère laïc*, consacré à Giorgio De Chirico, et illustré par ce dernier de cinq dessins. Il le fait à un moment précis de l'histoire du peintre italien : il vient de rompre abruptement avec André Breton, qui le dénonce à qui veut bien l'entendre. C'est un ouvrage composé de fragments, de digressions, de notes sur des questions plus ou moins afférentes (par exemple, Stravinsky, Isadora Duncan, Rimbaud, Hugo, Edgar Poe, Miró, Picasso, etc.). Il le fait d'ailleurs débuter par une biographie du peintre quelque peu imaginaire. Il n'a pas cherché à tenir un discours articulé dans ce texte assez long, ni à faire un discours organisé sur sa peinture. Il a eu des intuitions tout à fait pénétrantes : « C'est un dépaysagiste », ou encore : « Lorsque Chirico peint un temple grec et un morceau de paysage sur la table, on ne peut mesurer si le temple est petit ou la table grande. Le temple n'est pas un jouet… » Il fait aussi remarquer : « Un homme qui tombe par la fenêtre est un homme qui rétrécit et s'arrête brutalement de rapetisser, dans une pose de mannequin et, au lieu de s'écraser, s'évapore comme un nuage. Toutes les perspectives de Chirico sont des chutes. »

Il faut mettre à son crédit qu'il n'a jamais voulu faire œuvre de critique d'art. Il a tenté de traduire en termes poétiques, au milieu de trop de digressions, ce que ces tableaux peuvent avoir de bouleversant et de poétique.

7 *Quelle a été la posture critique de Tristan Tzara au cours de l'épisode Dada à Paris ?*

À l'invitation des rédacteurs de la revue *Littérature*, le poète juif roumain Tristan Tzara (1896-1963) arrive à Paris en 1919. Il a été le créateur du groupe Dada et l'un des créateurs du Cabaret Voltaire à Zurich en pleine guerre mondiale, avec quelques amis artistes, comme Hugo Ball, Richard Huelsenbeck, le Strasbourgeois Jean Arp et son épouse, Sophie Taeuber-Arp. Lieu de spectacle, le Cabaret Voltaire est situé dans la Spiegelgasse, et ses murs sont bientôt couverts par les œuvres de ce petit cercle d'avant-garde que Marcel Janco a représenté dans un de ses tableaux. Les amis de Tzara publient une annonce dans les journaux suisses pour annoncer le 2 février 1916 la création d'un « centre de divertissement artistique ». Comme les futuristes, les créateurs du Cabaret Voltaire représentent des saynètes, lisent des poèmes expérimentaux et des déclarations qui annoncent la naissance d'une nouvelle avant-garde. Elle s'est appelée « Dada », Tzara ayant tiré un petit papier parmi d'autres dans un chapeau portant ce mot enfantin. Tzara a décrit ces soirées dans ses mémoires : « ... chaque soir, on chante, on récite – le peuple – l'art nouveau le plus grand au peuple – [...] balalaïka – soirée russe, soirée française – des personnages en édition unique apparaissent, récitent ou se suicident, va et vient, la joie du peuple, cris ; le mélange cosmopolite de dieU et de boRdel, le cristal et la plus grosse femme : “Sous les ponts de Paris”. » Et Ball se souvient : « Nous sommes tellement pris de vitesse par les attentes du public que toutes nos forces créatives et intellectuelles sont mobilisées. [...] Aussi longtemps que toute la ville ne sera pas soulevée par le ravissement, Le Cabaret n'aura pas atteint son but. » En 1916, Tzara a déjà écrit *La Première aventure céleste de Monsieur Antipyrine* et, deux ans plus tard, *Vingt-cinq poèmes*. Il écrit les *Sept manifestes Dada* pendant cette période.

Peu après avoir connu les principaux membres de cette petite coterie, Tzara s'installe à Paris et crée avec eux le groupe Dada parisien. Louis Aragon a relaté magnifiquement cette rencontre dans un passage près de l'Opéra dans son œuvre de fiction *Le Paysan de Paris* (1926). L'histoire de Dada en France se résume surtout à une suite d'événements scandaleux, comme le procès de Maurice Barrès où Aragon joue le rôle de l'avocat de la défense. Mais c'est aussi le temps de la découverte de Rimbaud et de Lautréamont. Pendant cette courte saison, Aragon publie un recueil de poèmes *Feu de joie* (1920) et un roman, *Anicet ou Le panorama* (1921). En 1921, le petit cercle se dissout, ayant épuisé ses ressources. À l'époque, Aragon, Breton et Soupault s'intéressent plus qu'aux phases oniriques (c'est la « campagne des rêves »), à l'écriture automatique, au « hasard objectif », des « cadavres exquis » (création collective et aléatoire, soit écrite, soit dessinée), expériences intenses qui conduisent à la création du surréalisme, André Breton prenant l'initiative en 1924 de signer seul le *Manifeste du surréalisme*. Mais Tzara n'a presque jamais pris la plume pour écrire des textes critiques de diffusion des créations dadaïstes. Il ne le fera presque pas par la suite, écrivant par exemple sur Picasso. Il sera exclu du cercle surréaliste pour des raisons politiques – mais qui ne sont en réalité qu'un prétexte. Membre du Parti communiste, il s'est consacré principalement à son œuvre poétique. Mais la critique, qu'elle soit littéraire ou artistique, ne l'a jamais beaucoup intéressé.

8 *Pour quelles raisons André Breton a-t-il pris la tête de la révolte dadaïste ?*

Issu d'une famille de la petite bourgeoisie catholique, André Breton, une fois entré au lycée Chaptal, commence à lire Baudelaire, Huysmans et Mallarmé. Il écrit ses premiers poèmes en 1914, dans un esprit symboliste. Il entre même en relation avec Paul Valéry et publie des poésies dans la revue de son collège, que dirige Théodore Fraenkel. Il découvre ensuite l'œuvre de Rimbaud, qui le transporte d'enthousiasme, et reproche à Fraenkel de ne pas s'y intéresser. Il est incorporé en 1915 dans un régiment d'artillerie puis versé dans un service de Santé. C'est à cette époque qu'il prend contact par courrier avec Guillaume Apollinaire. L'année suivante, il fait la connaissance de Jacques Vaché qui lui fait connaître l'œuvre d'Alfred Jarry. Après avoir lu Sigmund Freud, il se fait muter dans un service neurologique. Puis il est envoyé au front où il sert comme brancardier. À Paris, en 1917, il se lie avec Pierre Reverdy et collabore à sa revue *Nord-Sud*. Avec Philippe Soupault – qui lui fait lire

Lautréamont –, il rencontre Apollinaire qui, au café, leur parle de « sur-réalisme ». Il devient aussi ami avec Louis Aragon. Avec ce dernier et Soupault, ils font le plan d'un ouvrage resté lettre morte sur l'art de leur époque (Derain, Gris, Picasso, De Chirico, Matisse, etc.) : il y aurait livré des réflexions sur l'art, Soupault faisant la biographie des artistes et Aragon l'analyse des œuvres. Il a vent de ce qui se passe à Zurich et voit dans le dadaïsme la traduction de son état d'esprit antimilitariste et antinationaliste. Il envoie un courrier à Tristan Tzara pour qu'il vienne à Paris.

Toujours avec Aragon et Soupault, il crée une revue, *Littérature*, qui sort le 23 janvier 1920. Le premier numéro contient les deux manifestes dada, qui seront repris dans *Les Pas perdus* en 1924. Deux artistes y collaborent : Francis Picabia et Man Ray. Elle dure quatre ans, avec une interruption entre 1921 et 1922. Avec Picabia et Tzara, il organise des manifestations publiques, comme le procès de Maurice Barrès. Les quelques actions spectaculaires du dadaïsme français sont loin d'avoir suscité de l'intérêt. C'est pendant cette période qu'il se lie avec Giorgio De Chirico, sur lequel il ne tarit pas d'éloges dans le n° 11 de *Littérature* (1920) – ce texte sera repris *in extenso* dans le catalogue de l'artiste à la galerie Paul Guillaume deux ans plus tard. En ce qui concerne Max Ernst, il écrit la présentation de son catalogue à la librairie Au Sans Pareil en 1921. Puis il fait la rencontre de Marcel Duchamp, sur lequel il écrit une courte note dans *Littérature* en 1922. Après avoir rompu avec Picabia – il avait écrit la préface de son exposition à la galerie Dalmau de Barcelone –, Breton a des doutes sur les visées nihilistes de Dada. Il se brouille en 1922 avec Tzara à propos d'un projet de congrès. La polémique entre les deux hommes a pris de l'ampleur, elle est devenue publique et ils s'interpellent dans différents périodiques. Il publie alors, dans *Comœdia*, « Après Dada », puis « Lâchez tout » et enfin « Clairement ». Quand il couche par écrit la conférence qu'il a donnée à Barcelone et qu'il a baptisée « Caractères de l'art moderne », il s'efforce de faire le bilan de cette expérience dadaïste, et sépare le bon grain de l'ivraie en résumant, entre autres, ses relations avec Tzara depuis son arrivée à Paris.

9 *Dans quel état d'esprit André Breton a-t-il fondé le surréalisme ?*

Breton a alors un autre projet en tête, qui aboutit à la rédaction en 1924 du premier *Manifeste du surréalisme*, publié par les Éditions du Sagittaire. C'est un tournant décisif car il hisse l'imagination au rang de valeur suprême. Le merveilleux est valorisé sous toutes ses formes, le rêve est mis en avant comme mode d'exploration princeps de l'esprit, le réalisme est condamné, tout comme la logique. L'automatisme psychique est pour lui une méthode permettant de révéler « le fonctionnement réel de la pensée ». Les artistes ne tiennent pas une grande place dans la fondation de cette poétique inédite. Un second manifeste voit le jour en 1930, qui est une défense et illustration de ce que lui et ses amis ont pu accomplir, mais aussi une suite de règlements de compte – il s'en prend à Robert Desnos, à Georges Bataille, à Michel Leiris, à Georges Limbour, à Ribemont-Dessaignes, à Roger Vitrac... C'est aussi une année cruciale car il change le titre de sa revue, *La révolution surréaliste* – dirigée par Pierre Naville et Benjamin Péret ; premier numéro en décembre 1924 – en *Le Surréalisme au service de la révolution*, suite à l'adhésion au Parti communiste d'un certain nombre de surréalistes.

En tant que conseiller artistique du grand couturier et collectionneur Jacques Doucet, Breton a des rapports très étroits avec le monde de l'art. C'est lui qui lui conseille d'acheter *Les Demoiselles d'Avignon* de Picasso. La première somme que Breton publie sur l'art est *Le Surréalisme et la peinture*, qui paraît en 1928 et qui sera cesse augmentée par la suite, jusqu'à l'édition posthume de 1965. La première chose que l'auteur veut faire comprendre, est que « l'œil existe à l'état sauvage ». C'est-à-dire que les frontières traditionnelles, ancestrales, des arts sont des leurres et qu'il convient de changer du tout au tout la manière de les observer. Il parle de « réalisations spirituelles » et il conclut que « l'œuvre plastique, pour répondre à la nécessité de révision absolue des valeurs réelles sur laquelle aujourd'hui tous les esprits s'accordent, se référera donc à un modèle purement intérieur, ou ne sera pas ». Il cite Mallarmé et Rimbaud, mais aussi Picasso, comme les grands précurseurs de cette libération du visible. Il considère que Picasso a été le créateur de « jouets tragiques », issus du « théâtre de l'esprit ».

Mais Georges Braque a aussi sa part dans ce renversement de la pensée picturale. Comme il n'y a pas d'échelle de valeurs de cette révision globale, la critique d'art s'est trouvée, selon lui, dans une situation de faillite complète. Il donne en exemple Giorgio De Chirico, qui est parvenu à l'« incomparable » entre 1910 et 1917. Il ajoute que, à ce moment-là, « des hommes comme Chirico prenaient alors figure de sentinelles sur la route à perte de vue des Qui-vive ». Il lui consacre malgré cela de longues digressions, pour admirer son passé récent et dénigrer son présent, mettant en relief « l'amoralité du personnage » et faisant valoir que « s'il avait eu quelque courage, il y a longtemps qu'il se serait lassé de ce jeu qui consiste à bafouer son génie perdu ». Cette aversion féroce de l'auteur de *Nadja* vient du fait qu'en son absence, Doucet avait demandé à De Chirico une *Place d'Italie*, c'est-à-dire un des tableaux qu'il faisait pendant les années 1910. Un peu vexé que le collectionneur ait choisi une de ses œuvres anciennes (nous sommes en 1925), le peintre avait décidé de réaliser son souhait. À son retour, Breton l'aurait surpris dans son atelier en train de réaliser une fausse *Piazza d'Italia* et de l'avoir antidatée. Ce qui n'aurait été qu'une anecdote est devenu un cas de lèse-majesté pour le créateur du mouvement surréaliste, et il a dénoncé publiquement ce grand artiste de manière calomnieuse.

Ce qui fait, hélas, apparaître un trait de son caractère, qui est doctrinaire et, assez curieusement, d'un moralisme étroit. Il ne peut pas s'empêcher de déclarer qu'il a rompu avec Picabia, même s'il continue à aimer son œuvre. Après quoi, il évoque ses souvenirs d'André Derain. Dans cette parenthèse nostalgique, il en vient à parler de Max Ernst, qui a été l'un des premiers artistes à entrer en connivence avec lui. Il le présente comme celui qui a élargi considérablement le champ du langage de l'art. Il veut montrer que ses collages ont constitué une métamorphose radicale du genre. Et Breton développe sa pensée sur l'art en se servant de l'artiste allemand : « Des images virtuelles, corroborées ou non par des objets visuels, s'effacent plus ou moins vite sous notre regard. Il ne saurait être question de peinture que comme de ces visions hypnagogiques... » Il aborde ensuite la question des tableaux devant lesquels il s'est interrogé à propos de la substance des objets : « Il naît sous son pinceau des femmes héliotropes, des animaux supérieurs qui tiennent au sol par des racines, d'immenses forêts vers lesquelles nous porte un désir sauvage... » Puis il en vient à Man Ray, dont il vante autant la photographie que la peinture. Suit André Masson dont il dit : « La couleur orageuse affectera ce que bon lui semble. Les boules de feu rêvées comme celle du billard, se livreront à leurs facéties coutumières à tel ou tel étage de la maison. » Quant à Joan Miró, il voit dans ses œuvres un abandon à « ce pur automatisme » dont il a su déceler la « raison profonde ». Les paysages étranges d'Yves Tanguy lui inspirent cette question :

> Que sont au juste de telles images ? À ces limites où l'esprit se refuse à tout emprunt extérieur, où l'homme ne veut plus tirer argument que de son existence propre, dans ce domaine des formes pures où toute méditation sur la peinture nous introduit là où la balle de plume pèse autant que la balle de plomb, où tout peut voler comme s'enfouir, où les choses les plus adverses se rencontrent, s'affrontent sans catastrophe [...] que va-t-on chercher et que trouve-t-on ?

Et l'auteur de conclure : « Tout ce que j'aime, tout ce que je pense et ressens, m'incline à une philosophie particulière de l'immanence d'après laquelle la surréalité serait contenue dans la réalité même, et ne lui serait ni supérieure ni extérieure. » À ce catalogue de l'art surréaliste, il ajoute encore le nom de Jean Arp et examine ses reliefs.

Quand il se retrouve en exil à New York en 1941, il achève un second tome, à l'occasion d'une exposition de Peggy Guggenheim, qu'il baptise « Genèse et perspective artistiques du surréalisme ». Il refait sa petite histoire de l'art moderne, avec ses précurseurs (Van Gogh, Cézanne) et ses premiers héros, les cubistes. Puis il salue la naissance d'un art non figuratif en Allemagne, avec Kandinsky. Il voit ensuite dans *Le Nu descendant un escalier n° 2* de Duchamp une étape importante dans le processus de décomposition du rêve. Il condamne le futurisme et salue le simultanéisme. Mais c'est Duchamp qui retient son attention avec *La Mariée mise à nue par ses célibataires, même (Le Grand Verre)* : « L'émancipation à l'égard de l'objet extérieur se poursuit. » *L'Art magique* paraît en 1957. Le terme « art magique » avait figuré dans le manifeste. Il l'a choisi pour titre parce qu'il recouvre tant de réalités distinctes qu'il permet de les englober dans une formule qui est tout sauf une définition. Ce qui ne l'empêche pas de se référer à Paracelse et à Swedenborg, donc à une revendication du rôle de la magie dans la constitution des arts. Dans cette démarche, il se réfère surtout à Novalis. Ce qui le satisfait dans ce terme, c'est qu'ainsi il peut le distinguer complètement des canons de la religion qu'il juge la plus conservatrice.

10 *Comment Louis Aragon est-il devenu dadaïste, surréaliste, puis partisan du réalisme socialiste ?*

Louis Aragon est né le 3 octobre 1897 à Neuilly-sur-Seine. C'est le fils naturel de Louis Andrieux, qui a été procureur, député, ambassadeur de France en Espagne et préfet de police, et de Marguerite Toucas. Sa mère l'a fait passer pour son fils adoptif et il n'a connu ses véritables origines qu'après avoir atteint sa majorité. Il a vécu une jeunesse modeste mais studieuse. Après avoir obtenu son baccalauréat, il fait des études de médecine à partir de 1916. Il est ensuite affecté au Val de Grâce. Il est nommé médecin auxiliaire et part sur le front en 1918. Il reçoit la croix de guerre le 6 août.

Il fait la connaissance d'André Breton – en sa compagnie, il rencontre Guillaume Apollinaire à la terrasse du Flore : le poète voit leur amitié sous d'excellents auspices – et publie son premier poème, « Soif de l'Ouest », dans la revue *Nord-Sud* de Pierre Reverdy.

Avec Breton et Philippe Soupault, il accueille Tristan Tzara à son arrivée à Paris. Pendant la guerre, celui-ci a quitté Bucarest pour rejoindre son ami Marcel Janco à Zurich. Il y a fait la connaissance de l'artiste allemand Hugo Ball et de son épouse Emmy Hennings, chanteuse et danseuse. La venue de Tzara donnait un sens à leur quête encore incertaine d'une révolution anarchiste contre toutes les formes de création artistique, même celles qui avaient semblé les plus nouvelles et révolutionnaires avant-guerre. Malgré l'enthousiasme des premières années, jamais l'amitié qui a lié tous ces hommes n'a abouti à la construction d'un mouvement solide et n'ayant pas le souffle court. Des dissensions se sont fait très tôt ressentir et Dada ne paraissait pas le mot magique pour les jeunes insurgés de la culture française.

La contribution d'Aragon au surréalisme est considérable : en plus du *Paysan de Paris*, *préface à une mythologie moderne*, l'un de ses chefs-d'œuvre, il ébauche un *Projet d'histoire littéraire contemporaine* en 1922, condamnant les formes littéraires passées, puis il publie *Les Aventures de Télémaque* (1922), *Une vague de rêves*

(1924), *Le Libertinage* (1924), *Le Mouvement perpétuel* (1926) ; il écrit encore deux chapitres de *La Défense de l'infini* la même année, puis publie le *Traité du style* (1928). Mais il connaît une crise profonde qui l'entraîne au bord du suicide. C'est alors qu'il fait la connaissance d'Elsa Triolet, belle-sœur de Maïakovski.

À partir de 1925, Aragon se montre très sensible aux questions politiques. L'expédition militaire au Maroc en est sans aucun doute l'un des points de départ tandis qu'il lit Hegel, Marx, Lénine, Zinoviev et d'autres grandes figures révolutionnaires soviétiques. C'est alors qu'avec André Breton il se rapproche du groupe rassemblé autour de *Clarté*, revue créée en 1919 par Henri Barbusse. Aragon adopte une attitude de plus en plus nihiliste et fait à Madrid une conférence où il dénonce la patrie et ceux qui voudraient « particulariser l'esprit », dans la pure veine du surréalisme. Il maudit le travail comme une forme de « prostitution morale ». En 1925, il publie dans *Clarté* un article, « Le Prolétariat de l'esprit », où il analyse la position de l'écrivain dans le monde bourgeois – selon lui, la pensée ne peut s'exprimer que par le biais de l'argent. Donc, les intellectuels ne sont pas des êtres libres : ils doivent lutter contre tout ce qui représente un frein à leur liberté. Mais il s'oppose à l'anarchisme et réaffirme la lutte des classes. À l'époque de *La Révolution surréaliste*, revue qu'il a fondée en 1924 avec Breton, Pierre Naville (qui en est le directeur) et Benjamin Péret, Aragon est convaincu que « la plus grande révolution possible des esprits révolutionnaires » est le marxisme. Naville et Breton vont s'affronter dans un débat venimeux qui entraînera une rupture – pour Breton, la recherche surréaliste est d'ordre spirituel et manifeste l'espérance anxieuse de la révolution socialiste. Cette rupture est suivie de pas mal d'autres (en particulier avec *Clarté)* et aussi de nombreuses exclusions du groupe surréaliste entre 1926 et 1927 – la politique n'est d'ailleurs pas la seule pierre d'achoppement. Le noyau restant – Breton, Aragon, Éluard, Unik et Péret – décide d'adhérer au Parti communiste français et conçoit le mouvement surréaliste comme une « avant-garde idéologique ». On propose à Aragon de travailler à *L'Humanité*, l'organe du Parti. Il refuse avec indignation (mais il y entrera en 1933 !), alors que, peu après, Breton donne sa démission du PCF. En 1928, Aragon vit une relation amoureuse avec la riche héritière et romancière Nancy Cunard, qui l'avait porté au bord du suicide en 1928 à Venise. Il compose à l'époque *La Grande Gaîté*, qui paraît en 1929, année où Breton rédige le *Second manifeste du surréalisme* et tente de relancer le mouvement sur des bases neuves, en rapport avec le mouvement social et politique. La revue *Le Surréalisme au service de la révolution*, qui sort en 1930, est l'expression de ce changement de cap déterminant.

Si sa relation avec le surréalisme se poursuit jusqu'en 1931 – année où il fait éditer *Persécutés, persécuteurs* aux éditions surréalistes –, sa relation avec Elsa Triolet et sa rencontre avec Maïakovski apportent une mutation dans sa manière de voir les choses, tout comme les divergences toujours épineuses avec Breton. Il est conscient du gouffre qui le sépare du monde et d'un public, et cela se traduira bientôt par des recueils de poèmes comme *Aux enfants rouges*, 1932, et *Hourrah l'Oural*, 1934. Il s'interroge sur le bien-fondé de la démarche littéraire et artistique des surréalistes. À Kharkov, en novembre 1930, lors du second congrès de l'Union Internationale des Écrivains Révolutionnaires, Aragon fait un discours où il affirme qu'il n'est pas incompatible d'être à la fois surréaliste et communiste. Mais il sait qu'il y a une contradiction profonde. Le poème baptisé « Vive le Guépéou », en 1931, provoque la rupture définitive avec Breton et les surréalistes. Pour Aragon, une autre vie littéraire et esthétique commence.

11 *Quel a été le parcours de Louis Aragon, du réalisme socialiste au culte d'Henri Matisse ?*

Pendant la période Dada et surréaliste, Aragon écrit relativement peu sur l'art. Il donne un petit texte sur Man Ray en 1921, un autre guère plus long sur Robert Delaunay en 1922, parle brièvement de Klee dans *Littérature* la même année, et il reparlera de lui en 1925. Il rend hommage à Picasso en 1924 dans *Le Journal littéraire*. Le seul long texte, il le consacre aux collages de Max Ernst en 1923. C'est un essai classique, très respectueux de la méthode de travail de l'artiste qu'il explique d'abord dans le moindre détail, avec soin ; puis, libéré de son devoir didactique, il ose des extrapolations poétiques. Et voici comment « le cygne de Lohengrin est aussi bien dans le même moment Jupiter amoureux ! Il y a là une sorte de collage intellectuel, duquel on pourrait dire presque tout ce que je disais du collage plastique ». Il parle d'une « atmosphère *ernstienne* » et montre comment il s'éloigne de la technique du collage sans renoncer à ses effets. En 1928, il préface une exposition d'œuvres « anciennes » de Giorgio De Chirico à la galerie Surréaliste. Son texte, « Le feuilleton change d'auteur. Préface-pamphlet », est assez paradoxal : il tend à faire valoir en quoi ses tableaux sont géniaux tout en disant qu'à partir de là, ses œuvres ne lui appartiennent plus – il fait sans doute référence à la violence dénonciation de Breton. Il déclare :

> Le mystère appartient à tout le monde. Il est la communauté véritable. Et sur ce morceau de toile peinte, de toile prétendait-on, barbouillée, c'était le mystère qui était en jeu, le sens du mystère. Peu importe le prétexte, un pauvre bougre après tout, de cette interrogation posée. Le Sphinx dévore celui qui lui a ouvert la cage. Et maintenant un premier voyageur ! « Voyageur, qu'est-ce dans le savon qui rappelle un biscuit ? » Il le mange. « Deuxième voyageur, qu'est-ce que les drapeaux pensent des lunettes noires ? » Il le mange...

En 1930, l'exposition de collages qui a lieu à la galerie Goemans à Paris lui fournit l'occasion de développer ses idées sur le « merveilleux contemporain ». Il prend pour point de départ la désacralisation, qui est un fait historique, mais qui est aussi la tâche des artistes – il s'agit de remplacer un merveilleux par un autre. Il fait ensuite une apologie du collage et en rappelle les principales étapes à partir de Picasso et de Braque. Cette étude mérite de faire date car elle est la première à examiner cette technique moderne dans le détail, tout en rendant justice à ceux qui l'ont employée. Il y explique que la peinture n'est pas de toute éternité, comme le terme littérature ne peut à ses yeux être utilisé que de manière péjorative. Il s'emploie à faire une histoire du collage, de Picasso et Braque jusqu'à Tanguy, en passant par Picabia et Duchamp, une étude très fine qui est sous-tendue par cette conviction que l'art pictural doit changer de forme. Il donne pour exemple Max Ernst et son exposition parisienne de 1920, mais aussi De Chirico, qui utilise une forme de collage avec les modes de la peinture ancienne. Et il insiste sur le fait que les artistes surréalistes y ont eu recours à un moment ou à un autre dans un esprit de découverte collective, un peu dans l'esprit de ce que Lautréamont préconisait quand il écrivait que « la poésie doit être faite par tous ».

Son essai sur John Heartfield, cinq ans plus tard, reprend ces mêmes thèmes, mais dans une optique tout à fait différente : il « ne jouait plus. Les bouts de photographie qu'il agençait naguère pour le plaisir de la stupeur, sous ses doigts s'étaient pris à *signifier*. Très vite, à l'*interdit* poétique, s'était substitué l'*interdit* social... » ; il recherchait une fusion des deux sous la pression des événements. L'éloignement d'avec le surréalisme a amené chez lui une transformation radicale de sa vision esthétique. En 1937, il fait une conférence où il plaide en faveur d'un « réalisme socialiste », mais d'inspiration française. Cette question le hante pendant de longues années, dans la littérature comme dans l'art.

Deux ouvrages sont l'expression de son débat intérieur sur les rapports entre l'art et le monde réel, débat d'une grande complexité et non exempt de contradictions. En 1952, il publie un essai, *L'Exemple de Courbet*. Il y discerne les préoccupations sociales et politiques de son époque (ce qui est une évidence), mais insiste surtout sur le fait qu'il a été le premier à proclamer « dans la peinture et par sa peinture la primauté de la matière »... Le regard qu'il porte sur le peintre d'Ornans souligne la relation constante entre ses contemporains (Baudelaire en premier lieu) et son aventure, entre le mouvement des idées sociales et son engagement comme peintre. Aragon a fait des recherches très poussées et a publié des documents encore inconnus à l'époque pour faire ce portrait où il affirme : « La bataille pour Courbet, la bataille pour le réalisme, fait éclater une vérité, qu'il n'y a pas deux choses distinctes, l'histoire et l'histoire de l'art, qu'il n'y a que l'histoire. » Mais, dans ces pages érudites, si l'idée-force est bien l'affirmation d'un précurseur au réalisme socialiste, les conclusions qu'il en tire au fur et à mesure sont bien plus subtiles et complexes. Il note que la démarche de l'artiste était à la fois démesurée et la volonté d'un dépassement : « Tout le destin de Courbet est dans ces deux arguments : l'admiration de Delacroix, la peur d'Ingres. » Et après avoir passé en revue les manquements de la critique face à ce créateur colossal, il en vient à parler du débat sur le réalisme de l'après-guerre. À l'époque, il met objectivement sur le même plan André Fougeron (1913-1998), l'auteur des *Parisiennes au marché*, et Pablo Picasso – en 1947, il a fait l'apologie de Fougeron, en 1950, celle de Picasso. Trois ans plus tard avec la parution du portrait de Staline par Picasso, Fougeron mène une cabale contre ce dernier. Aragon, qui avait commandé ce portrait pour la couverture de la revue culturelle qu'il dirige, *Les Lettres françaises*, prend fait et cause pour son auteur. La discussion sur le réalisme est close à ce stade précis qui avait maintenu un équilibre entre deux attitudes assez opposées – au bénéfice de Picasso.

Aragon a loué les toiles de Fougeron à l'occasion du Salon d'Automne de 1951 et produit une étude sur l'art soviétique contemporain en 1952, avec des réserves exprimées en creux : pour la sculpture, il ne parle que d'un Espagnol, Alberto, qui fait aussi de la peinture, et qu'il dit être proche de celle de Giacometti. En février 53, il salue dans son journal l'apparition d'un jeune artiste, dans un article intitulé « Le paysage a quatre siècles, et Bernard Buffet vingt-quatre ». En novembre de la même année, il s'adresse à Fougeron pour lui reprocher l'antiréalisme de sa *Civilisation atlantique* exposée au Salon d'Automne. Un an plus tard, il consacre un long texte à Picasso (*Œdipe roi*) comme préface à son exposition à la Maison de la pensée française. Et il réitère en écrivant un très long et superbe texte, qui est une sorte de discussion sur l'art, romancée et avec des dialogues, qui s'intitule *La Verve de Picasso*, publié sous forme de feuilleton dans *Les Lettres françaises*, du 18 novembre au 17 décembre 1954.

Mais le réalisme est encore au centre de ses préoccupations : cela se traduit, toujours pour le journal, par un essai brillant et riche sur Fernand Léger, le peintre des *Constructeurs*. Mais il s'agit ici d'un article nécrologique, le peintre ayant disparu le 17 août 1955. Aussi curieux que cela puisse sembler, Léger n'a jamais fait partie de son univers esthétique. Il semble le déplorer car il écrit à nouveau sur lui en 1959, avec une certaine emphase, parlant d'un vaste et fantastique Léger, d'un Léger *toujours recommencé*, comme disait l'autre de la mer, d'« un Léger immortel, que nous regardons avec une sorte de surprise et d'émerveillement familier, à la fois comme une sorte de magnification de notre temps, et de vaste préface à l'imprévisible, à l'avenir ».

En outre, il avait échafaudé depuis un certain temps un grand roman, qu'il appelle *La Semaine sainte* et qui sort de presse en 1958. Son sujet ? Théodore Géricault. Pour en venir à bout, il fait des recherches très approfondies sur le peintre et écrit devant une copie du *Radeau de la Méduse*. Il explique les choix que le jeune peintre a pu faire à la fin du Premier Empire, comment il est devenu mousquetaire du roi Louis XVIII, mais aussi ses liens avec les cercles les plus avancés de son temps, en particulier les saint-simoniens. Il met en scène un homme divisé, contradictoire, riche, plongé dans les problèmes de son temps – la peine de mort, l'esclavage, la misère –, mais aussi plongé dans des recherches artistiques très sophistiquées et originales. C'est une œuvre puissante, et beaucoup moins imaginaire qu'on ne le pense : des recherches récentes ont prouvé à quel point Aragon avait rassemblé des documents authentiques sur la vie de cet artiste talentueux.

Les années qui suivent, Aragon écrit encore beaucoup sur l'art mais délaisse les grands thèmes politiques. Il se passionne pour Marc Chagall, sur lequel il écrit des essais, mais aussi des poèmes, dont le magnifique *Celui qui dit des choses sans rien dire*, pour un portfolio publié par la galerie Maeght en 1976. Et, l'année suivante, il rédige un essai très détaillé sur Max Ernst, là aussi pour une édition de luxe à tirage limité. Puis il compose un livre qui paraît en 1979 à Berlin avec dix eaux-fortes de l'artiste.

Mais le grand ouvrage sur la création artistique qu'il a rédigé, non comme un essai sur l'art mais comme une création littéraire à mi-chemin entre la fiction et l'analyse de tableaux et de dessins, concerne un autre monstre sacré de l'art moderne : *Henri Matisse, roman* paraît en deux volumes chez Gallimard en 1971. D'une certaine manière, cet ouvrage hors-norme renoue avec les principes qui l'avaient guidé pendant les années 1920. Ainsi, entre l'essai et la création pure, ces pages représentent une longue méditation sur la démarche de l'auteur de *La Danse*. Aragon s'est saisi de Matisse pour poursuivre en d'autres termes, et de manière surprenante, son aventure littéraire.

12 *Quelle a été la contribution de Philippe Soupault au surréalisme ?*

Philippe Soupault est né à Chaville le 2 août 1897 dans un milieu bourgeois. Il fait la connaissance d'André Breton en 1916. Il est de ceux qui prennent part à l'aventure de Dada à Paris. Mais il est surtout attiré par les ressources qu'offre l'écriture automatique et, entre mai et juin 1919, il compose avec André Breton *Les Champs magnétiques*, publiés en mai 1920. Soupault est l'une des figures les plus importantes du groupe surréaliste. C'est lui qui se passionne pour l'œuvre de Lautréamont et qui, en 1920, donne une préface à l'édition de ses *Poésies* (Au sans pareil, 550 exemplaires) – il continuera toute sa vie à étudier les proses et la poésie de l'écrivain de Montevideo et fera paraître une monographie chez Seghers après la guerre. Mais il est exclu en 1926 parce qu'il refuse l'engagement politique du noyau central du groupe. De plus, il s'est trouvé en désaccord avec les positions de Breton et d'Aragon qui refusent de manière absolue les formes anciennes du roman. Or, Soupault écrit des romans : il a publié *Le Bon apôtre* en 1923, *En joue !* et *Le Voyage d'Horace Pirouelle* en 1925. Toutefois, il ne reste pas pour autant étranger aux thématiques propres au surréalisme, comme le « hasard objectif » et les errances aléatoires dans la ville qui permettent l'émergence du merveilleux : après *Le Paysan de Paris* d'Aragon et *Nadja* de Breton, il fait paraître en 1928 *Les Dernières nuits de Paris*.

En 1966, il rédige un essai intitulé « Du futurisme à Dada ». C'est une mise au point importante, où il rappelle le rôle fondamental joué par Marinetti et les futuristes à l'aube des avant-gardes historiques : « Le futurisme fut le détonateur de l'explosion qui allait transformer, davantage même, bouleverser ce qu'on continue, bien à tort, à appeler la Belle Époque. » Même s'il demeure critique à l'égard du futurisme, il a tenu à en souligner l'importance et le rôle prémonitoire. De même pour Dada, il a voulu rappeler l'apport fondamental de Tristan Tzara. Il explique comment celui-ci est parvenu à convaincre le comité de la revue *Littérature* de mener des actions scandaleuses pour introduire l'esprit de Dada à Paris. Il rappelle des événements comme le procès de Barrès, mais aussi la grande exposition organisée par Tzara au Studio des Champs-Élysées où il a réuni des tableaux – au sens le plus large et le plus vague possible. Sous l'étiquette Dada, Max Ernst, par fidélité pour Tzara, exposa des toiles qui doivent être considérées comme les plus authentiques chefs-d'œuvre de ce peintre – qui fut et demeure, mieux que Hans Arp, le plus représentatif des peintres influencés par l'esprit dada. Malgré les sabotages successifs de Picabia – qui suggéra à Duchamp de ne pas participer à cette exposition par un télégramme dont le texte : « Peau de balle » (*sic*) exprime l'aveu de sa définitive abdication –, le promoteur de Dada réussit à ouvrir ce Salon qui provoqua un tel scandale que M. Jacques Hébertot, directeur du Théâtre des Champs-Élysées et de la galerie Montaigne, décida du jour au lendemain de fermer la galerie.

À l'époque de Dada et du surréalisme, Soupault a écrit peu de textes sur les artistes de son temps. Il a bien écrit un poème à propos de Francis Picabia en 1919, un autre pour Giorgio De Chirico en 1920 et un autre encore à la gloire de Marie Laurencin. En 1922, dans un article sur le Douanier Rousseau, mort depuis douze ans, il fait un portrait charmant du personnage pittoresque quand il peignait *Le Rêve*, avec son tigre dans une jungle d'un exotisme absolu. Il évoque aussi *La Paix universelle*, qui appartenait à Picasso. Il écrira un autre essai sur cet artiste quarante ans plus tard !

La quasi-totalité des textes qu'il a rédigés à propos des artistes surréalistes l'ont été sur le tard, plutôt comme des témoignages et des souvenirs – Salvador Dalí, André Masson, Wifredo Lam, Joan Miró, René Magritte, Victor Brauner, Félix Labisse, etc. Le seul texte qu'il ait signé pendant cette phase fébrile est consacré à Marc Chagall, qui n'avait pas grand-chose à faire avec le surréalisme. Il fait un portrait de l'homme et commente les illustrations qu'il a faites pour *Les Âmes mortes* de Gogol. En 1952, il consacre une étude aux peintres mexicains du siècle dernier, et il s'intéresse plus particulièrement à David Alfaro Siqueiros et à José Luis Cuevas. Au crépuscule de sa vie, il prend plaisir à écrire sur des artistes mineurs qui lui plaisent comme Sergio Ceccotti et Ronald Searle.

En réalité, l'œuvre critique de Philippe Soupault se résume à deux livres importants. Le premier intéresse l'œuvre plastique du poète anglais William Blake. Il paraît aux Éditions Reider en 1928 avec quarante planches hors-texte en héliogravure. La première partie de l'ouvrage est une biographie détaillée et très judicieuse. La seconde est une étude de son œuvre. Soupault distingue cinq périodes principales, la première étant celle de l'apprentissage (1771-1780), mal connue, où il aurait appris le dessin et copié les tombeaux de l'abbaye de Westminster ; la seconde (1780-1788), celle où il s'inspire du travail de deux artistes, Thomas Stothard et John Flaxman et où il réalise surtout des illustrations : il commence à maîtriser suffisamment les techniques de la gravure pour en tirer une œuvre originale. C'est alors que l'esprit de son frère Robert lui aurait enseigné un nouveau procédé : il « lui conseille de ne plus graver comme on lui avait appris, mais de “graver les blancs et ne plus graver les noirs”. Telle est désormais la méthode de Blake ». La troisième période, Soupault l’a qualifiée d’« années de combats » (1788-1811) : Blake s’inspire de la Bible ou de l’histoire contemporaine de l’Angleterre ou de l’Europe. Il illustre *Les Nuits* d’Edward Young. Ce ne sont pas, selon lui, des illustrations, mais une manière de « compléter le texte » – « il veut en découvrir l’essence même », explique l’écrivain, soulignant qu’il « crée un monde ». C’est après cette expérience qu’il réalise son chef-d’œuvre, *Le Mariage du Ciel et de l’Enfer*. Il y distingue l’influence croisée de Michel-Ange et des sculpteurs gothiques. Soupault observe qu’« on est frappé par la puissance de la conception et non seulement par ce mouvement qu’on aimerait à qualifier de perpétuel, mais surtout par cette sorte d’ivresse qui est semblable à celle des flammes ». Il montre aussi comment il traduit le mouvement et les attitudes des figures, « car il peut les considérer comme des intentions ». Il souligne alors l’importance d’une autre de ses créations, *Naomi et Ruth*. Il souligne que, dans ses planches, son but principal est de transfigurer. Mais le *Catalogue descriptif* qu’il publie en 1809 et dans lequel il expose sa manière de voir son art sur un plan non pas esthétique mais spirituel est un échec terrible. La quatrième période se déroule entre 1811 et 1817 : ce sont les « années d’obscurité ». Blake s’isole mais n’en continue pas moins à travailler. Il grave les planches du tombeau de Blair. La cinquième et dernière période (1817-1827) est pour l’auteur celle des « années heureuses » : Blake s’attache alors à parfaire ses gravures, mais il conserve son « génie lyrique ». Il désire illustrer la *Divine Comédie* mais, insatisfait de la traduction, il apprend l’italien pour être sûr d’interpréter de manière correcte les vers de Dante. Soupault remarque que ces dessins sont « les plus admirés » et met l’accent sur l’abstraction, qui est « pour lui plus émouvante, plus “inspirante” que les allées et venues des personnages ». Enfin, il rappelle que « lorsque Blake se coucha pour mourir, il travaillait à une grande peinture dont le sujet était le Jugement dernier ». Soupault conclut son étude en reprenant à son compte une remarque d’Ernest Renan à propos du développement de l’esprit hébreu qui frappe par son « haut caractère de perfection absolue » – le même qui aurait aussi frappé Blake quand il a puisé dans la Bible « une force incomparable ». Ainsi a-t-il construit un monde tout à lui, « qu’il parcourra toute sa vie » avec cette « faculté d’imaginer si vigoureusement » qui lui a permis « de préférer le sublime, et de pouvoir, en quelque sorte, y participer », en liant de manière indissoluble sa poésie et son art.

Un an plus tard paraît chez le même éditeur une monographie sur Paolo Uccello. Soupault observe que ce n'est pas un artiste inconnu, mais un artiste « négligé ». Il veut faire pièce à la légende qui entoure ce peintre. Marcel Schwob, dans ses *Vies imaginaires*, disait que ce Paolo de Dino était un « fou de dessin », qui mourait de faim parce qu'il ne pensait qu'à ses peintures. La postérité n'a vu en lui qu'un peintre qui s'était trop passionné pour la mathématique. L'écrivain, qui admire les trois panneaux de sa *Bataille de San Romano*, en admire la composition et fait remarquer que « les chevaux massés dans les coins inférieurs forment un groupe compact de volumes sphériques d'où jaillissent les lances. Au fond, une colline couverte de prairies, dont les ondulations rappellent celles des groupes de cavaliers ». Il ne voit guère que Léonard de Vinci qui ait été capable de le dépasser dans « sa merveilleuse intelligence et l'étonnante ferveur ». Il montre au lecteur toute la subtilité et la poésie de la fresque en camaïeu vert du *Déluge* qui se trouve dans la chapelle verte à côté de Santa Maria Novella à Florence et la singularité du portrait équestre de *Sir John Hawkwood*, le *condottiere* anglais peint dans la cathédrale. Il s'efforce d'expliquer les principes qui le guident dans ses principales réalisations, comme *Le Miracle de l'hostie*, que lui avait commandé le duc d'Urbino. De cet être particulier en tout point, dont la biographie est assez mince – il aurait appris à travailler les métaux et l'orfèvrerie, aurait été *garzone di bottega* de Ghiberti, aurait fini par quitter Florence en compagnie de Donatello puis serait mort assez âgé et solitaire, sans doute en 1479 ; on sait qu'il repose dans l'enceinte de Santa Maria Novella. Si l'on excepte ses premiers portraits de saints, du merveilleux *Saint Georges et le dragon* et du *Miracle de l'hostie*, il n'a quasiment jamais fait de peintures religieuses. Ce que retient de son œuvre Philippe Soupault, c'est qu'elle a été une fulgurance dans son époque et, si elle n'a eu aucune postérité, qu'elle demeure parmi les plus accomplies de cette période où la peinture a pourtant atteint des sommets.

En définitive, Soupault a donné le meilleur de lui-même dans ces deux études qui ne prétendent pas à rivaliser avec celles des historiens d'art, mais qui dévoilent son désir ardent de communiquer au lecteur sa propre passion pour des créateurs qui passent pour des marginaux sinon pour des fous.

13 *Comment Paul Éluard a-t-il parlé de la peinture ?*

De tous les écrivains surréalistes de la première heure, Paul Éluard est le seul à n'avoir pas écrit un seul texte qui puisse être regardé comme un morceau critique sur l'art. Pourtant, il a eu des relations très étroites avec certains créateurs. Il a écrit différents poèmes qui concernent certains d'entre eux, par exemple sur Marc Chagall en 1947. Il avait écrit auparavant *Les Mains libres* en collaboration avec Man Ray en 1921. Il a aussi traduit l'« Ode à Salvador Dali » de Federico Garcia Lorca et plusieurs de ses écrits poétiques sont illustrés par des peintres, comme André Lhote (« Les Animaux et leurs hommes, les hommes et leurs animaux », 1920).

Mais il n'a consacré qu'un seul texte de prose à un artiste avec *Picasso, dessins* en 1952. Ce qu'il y met en avant, c'est l'enthousiasme de l'artiste et son sens aigu et acharné du travail : « La générosité de Picasso s'exprime par le travail, un travail à la mesure d'une vie qui s'acharne. » Il est émerveillé par sa virtuosité, mais plus encore par sa diversité et le nombre d'ouvrages qu'il a pu réaliser. Il passe rapidement en revue ses différentes périodes, mais s'interroge surtout sur sa manière de concevoir ses tableaux ou ses dessins :

> Que fait Picasso aujourd'hui ? Il copie la nuit comme il copierait une pomme, de mémoire, la nuit de son jardin de Vallauris, un jardin en pente, bien ordinaire. Sur l'un des côtés de la maison, il y a un bassin plein d'eau, éclairé par une lampe, beaucoup d'herbe. Je sais d'avance que ses nuits de Vallauris n'auront rien des grâces faciles de la Provence, mais je suis certain qu'après les avoir vues, je ne pourrai plus vivre une nuit de Provence sans la ressentir comme elle existe dans ses tableaux.

Et de louer sa passion de vivre, qui se traduit également par des réactions vives à l'encontre ce qui est douloureux. Éluard en profite pour lancer un coup d'épée contre « le réalisme que nous défendons ». À ce propos, il rappelle qu'il a représenté « la tragédie de tout un peuple » dans *Guernica*. Il termine en soulignant que ce « sont les perfections de son époque bleue, c'est le réalisme désespéré du cubisme, c'est son génie de la beauté qui donnent à Picasso toujours plus de conscience, qui élargissent le sentiment qu'il a de la présence humaine indispensable ».

Si Éluard n'a quasiment pas sacrifié au rite de la critique, il s'est lancé en 1951 dans la compilation d'une imposante *Anthologie des écrits sur l'art*, qui paraît entre 1952 et 1954 en trois volumes – mais dont il n'a pas vu l'intégralité, car il s'est éteint en novembre 1952. Son ouvrage ne prétend ni à l'exhaustivité, ni à une cohérence historique ou théorique. Il a classé les textes en fonction de grands thèmes et a utilisé des citations de peintres, de Léonard de Vinci à Claude Monet, et d'écrivains, de Samuel Butler à Marcel Proust, et aussi des fragments de Karl Marx et de Staline ! Dans la troisième de ses préfaces, « Erreur, faute et vérité », il apporte quelques commentaires succincts sur la critique d'art. Il remarque que la plupart d'entre eux sont « attentifs, mesurés et polis » et qu'une minorité de ces auteurs sont « excessifs, grossiers et violents ». Il conteste l'attitude de ces derniers, et il tient à souligner que les bons peintres et les bons critiques « s'efforcent de contredire la routine, ils luttent contre l'amertume des conformistes et des incapables ». Il plaide pour le progrès de l'humanité et de l'art. Les quelques pages qu'il a écrites pour présenter son florilège défendent le principe d'un certain réalisme, accessible à tous (« L'artiste veut entendre, comprendre et être entendu, compris. ») En défendant le principe des « grands introducteurs de réalité », il n'en fait pas moins l'apologie de Picasso : « Ce perpétuel enfant et nouveau Faust se promet de séduire, de méduser. » Pour parvenir à ses fins, il doit changer sans cesse. Il faut se souvenir que ces lignes ont été écrites dans un contexte bien particulier, celui du débat sur le réalisme socialiste qui aboutit à un affrontement direct et sans concession entre les partisans de la ligne officielle soviétique et une nouvelle esthétique que représente Picasso, se concluant par la victoire de ce dernier en 1953.

14 *Comment situer la position de Pierre Reverdy dans ce contexte ?*

Pierre Reverdy (1889-1960), quand il a dirigé l'éphémère revue *Nord-Sud* – dix-sept numéros entre mars 1917 et l'hiver 1918, l'une des plus fascinantes années marquant la fin de la guerre –, a eu affaire avec des artistes de l'avant-garde du début du XXe siècle : il est devenu l'ami de Picasso, de Braque, de Modigliani, qui a fait son portrait. Il s'est lié aux membres du groupe Dada, Louis Aragon, André Breton, et a été proche d'Apollinaire et de Max Jacob. Il a aussi été l'un des premiers à rejoindre le groupe surréaliste puis à s'en détacher. En somme, il a été au fait de tout ce que Paris a concocté de profondément novateur. Dans le n° 13 de sa revue, il élabore l'idée d'une « poésie plastique » largement influencée par les cubistes : « L'image est une création pure de l'esprit. Elle ne peut naître d'une comparaison mais du rapprochement de deux réalités plus ou moins éloignées. Plus les rapports de deux réalités seront lointains et justes, plus l'image sera forte – plus elle aura de puissance émotive et de réalité poétique. » Quoi qu'il en soit, Reverdy a relativement peu écrit sur cet art qu'il connaît pourtant bien. En 1933, il publie *Note éternelle du présent*, un long essai où il établit les relations entre la poésie et l'art. À cette date, il s'est éloigné depuis longtemps des avant-gardes, en particulier du surréalisme dont il a pourtant été l'un des fondateurs. Il y défend toujours la pureté de la création, et donc la liberté de sa production, même si des lois restent indispensables. Il y inclut un petit essai sur Georges Braque, qui lui permet de revendiquer la substance esthétique de l'homme et son rejet de l'imitation de la nature. Et de donner Braque en exemple encore en 1950 : « ... ces objets, ils ne sont, ils ne peuvent être nulle part au monde que sur la toile de Braque et inscrits là par Braque lui-même et par nul autre. Et c'est ici que la transmutation miraculeuse s'opère. Ils sont Braque. » Sa défense de Braque est d'abord une défense d'un nouvel art poétique. Vingt ans plus tôt, il a composé un texte pour faire l'éloge du sculpteur aragonais Pablo Gargallo. Il le regarde comme le plus authentique de son temps. Mais la plupart de ses essais sur la peinture ont été conçus après la dernière guerre : Matisse, Picasso, Henri Laurens sont tous écrits à partir de 1946. Il fait leur éloge très tardivement, comme s'il avait éprouvé la nécessité de se retourner sur un passé glorieux, celui de ces artistes désormais tous célèbres, et le sien.

15 *Quels ont été les choix de René Crevel au cours de sa brève existence ?*

René Crevel né à Paris en 1900, s'est suicidé en 1935. D'aucuns, comme Klaus Mann, ont affirmé qu'il avait peur de sombrer dans la démence, les autres qu'il se savait condamné, ayant contracté la tuberculose six ans plus tôt. Poète, romancier, acteur occasionnel – il a joué en 1925 dans *Le Cœur à gaz* de Tristan Tzara, costumes de Sonia Delaunay –, il a connu André Breton en 1921 et, à la fin de l'année suivante, il a commencé les expériences du sommeil forcé. Ses amis ont été fascinés par sa faconde et sa faculté à tenir des propos poétiques au cours de ces séances. Il a adhéré au surréalisme et puis au Parti communiste en 1927. En 1935, il a été chargé d'organiser le Congrès international des écrivains pour la défense de la culture. Il a laissé une importante œuvre critique, littéraire, cela va sans dire, mais aussi artistique à partir de 1923. Son premier article, consacré à Giorgio De Chirico, est paru dans le n° 3 du *Disque vert*. Déjà se révèlent les caractéristiques de sa façon de parler des artistes, qui n'a que peu de choses à voir avec les règles de la critique, qu'elle soit traditionnelle ou non. Il fait de multiples digressions, des paraphrases poétiques, introduit par associations d'idées des éléments étrangers qui ont leur sens. Ces traits singuliers ne font que se renforcer au fil du temps. Il a des peintres de prédilection. De Chirico est le premier de tous. Il est persuadé qu'il « choisit une minute de pensée saisissante et la fixe avec des couleurs », et explique qu'« il s'agit de la photographie la plus exacte, la plus précise, la plus objective d'un paysage intérieur ». Il ressent de l'admiration pour l'œuvre de Max Ernst, ce qu'il manifeste à plusieurs reprises dans différentes revues. Il est fasciné par ses collages de l'*Histoire naturelle*, où il voit des « métempsychoses et non plus métaphores. Les ersatz d'images, les calembours sentimentaux, les attitudes, les images où tous cherchaient leur vengeance contre d'inévitables dégoûts, le truquage se disloque ». Dans la présentation du catalogue de la galerie Bernheim en 1928, il note qu'il « présente les terribles merveilles d'un univers dont notre semelle ne peut essayer d'écraser les secrets, plus grands que nous ». Il ne parle que d'un seul tableau de Max Ernst, *La Révolution la nuit* (1923) qu'il regarde comme un « miracle de transsubstantiation ».

Paul Klee fait partie aussi de ses admirations, à tel point qu'il écrit une monographie sur son compte en 1930, parue dans une collection de la NRF, après avoir publié plusieurs articles et présentations de catalogue. Il juge que « l'œuvre de Klee est un musée complet du rêve, le seul musée sans poussière ». Plus tard, il a éprouvé une attraction irrésistible pour les toiles de Salvador Dalí sur lequel il écrit deux longs essais, dont le premier paraît sous forme de livre aux Éditions surréalistes chez José Corti en 1931. Dans le second, rédigé en 1933 mais resté inédit de son vivant, il écrit :

> À chacune de ses promenades, à chacune de ses lectures, de ses recherches, c'est-à-dire à chacune de ses découvertes, que son regard sonde un texte de Kant, la *Publicität*, *Paris-Soir*, ou un livre de voyage, qu'il considère les rochers du cap de Crens, les maisons modern style de Barcelone, la peinture de Böcklin, *L'Angélus* de Millet et même tel tableau de Meissonier derrière lequel il semblerait *a priori* impossible de rien soupçonner, Dali toujours, sait trouver la porte qui va éclairer le récit, le paysage.

Sur Picasso, il n'a produit qu'une seule fois un essai, en 1928, qu'il n'a pas publié. Il part de la maxime de Nicolas Boileau, « la critique est facile, l'art est difficile », en la renversant comme l'avait fait avant lui Oscar Wilde, et en vient à déclarer que « Picasso va bien d'aplomb sur ses jambes par la force des rêves ; dont nul Bædecker, nul guide Johannes ne saura désigner les merveilles aux touristes de piteuse bonne volonté ».

Imprévisible, anticonformiste, sans rendre présent l'œuvre aux yeux de ses lecteurs, René Crevel, malgré ses méandreuses divagations, a eu souvent le pouvoir d'en restituer les valeurs essentielles.

16 *Quelle est la spécificité du regard de Michel Leiris sur l'art ?*

Fils de l'homme d'affaires qui a géré les biens de Raymond Roussel, Michel Leiris (1901-1990) est devenu le beau-fils de Daniel-Henry Kahnweiler quand il s'est marié en 1926. Après avoir fini ses études secondaires, il a fait l'expérience de deux emplois qu'il a quittés rapidement. Il a voulu faire des études de chimie qu'il a dû repousser à plus tard à cause du service militaire. En 1923, il a obtenu son diplôme. C'est alors qu'il a pris la résolution de se consacrer exclusivement à la littérature. Il a connu André Masson en 1921 et a beaucoup fréquenté son atelier. Il écrit à ce sujet : « J'y ai pris mes aises, à tel point qu'un jour vint où l'atelier de Masson ne fut plus seulement l'endroit où j'allais regarder de belles choses qui s'y faisaient et deviser avec leur auteur, mais devint aussi pour moi un endroit de travail… » Il a rejoint les surréalistes tandis que, pour vivre, il est devenu en 1926 représentant en librairie. Il a fréquenté Giorgio De Chirico et Max Jacob, puis a quitté le groupe en 1929. Il a commencé à s'intéresser à la politique, penchant pour le marxisme, mais lecteur assidu de Souvarine cependant. Enfin, en juin 1929, il a trouvé un travail qui lui plaisait : il a été embauché comme secrétaire de la revue *Documents*, que venaient de créer Georges Bataille, Carl Einstein et Georges-Henri Rivière, à peine nommé sous-directeur du Musée d'ethnographie du Trocadéro. Cette même année, il a débuté une psychanalyse qui ne s'est terminée qu'en 1935. Ses premiers pas dans la littérature sont pour lui un échec. Pour y pallier, il décide de rédiger son autobiographie, qui a paru en 1939 et qu'il a poursuivie ultérieurement jusqu'en 1976.

Il écrit ses premiers textes sur l'art pour évoquer les œuvres de Masson, à partir de 1925. L'artiste a quasiment été le seul sujet de ses essais sur l'art jusqu'au milieu des années 1940. Ce fut d'ailleurs à lui qu'il a demandé les illustrations de son petit livre, *Miroir de la tauromachie* (1938). Il a néanmoins écrit sur Alberto Giacometti en 1929, déclarant : « Certaines de ses sculptures sont creuses comme des spatules ou comme des fruits vides. D'autres sont ajourées et l'air passe à travers, émouvants grillages interposés entre le dedans et le dehors, cribles qui rongent le vent, le vent caché qui nous enveloppe dans son immense tourbillon noir, à ces minutes inouïes qui nous font délirer. » Puis, en 1930, il a pris plaisir à parler des baigneuses que Pablo Picasso peignait dans un esprit surréalisant, évoquant « des membres humains, des têtes humaines, des paysages humains, des animaux humains, des objets humains, situés dans une ambiance humaine »… Et il a eu de l'intérêt pour les créations de Joan Miró à partir de 1926.

Mais, en 1931, il est pris par une nouvelle passion : l'Afrique noire. Marcel Griaule l'a choisi pour être la plume de sa mission Dakar-Djibouti. Cette expérience initiatique aura marqué toute son existence. À son retour, il a étudié l'ethnologie en suivant les cours de Marcel Mauss. En 1934, il a publié *L'Afrique fantôme*, ce qui l'a brouillé définitivement avec Griaule. Désirant se diplômer dans ce domaine, il a repris des études à l'École Pratique des Hautes Études et a rédigé un mémoire sur la langue secrète des Dogons, qui est repoussé par Louis Massignon. Il a fini par soutenir sa thèse en 1938. Il a aussi étudié la sociologie et l'histoire des religions à la Sorbonne. Licencié es lettres, il a travaillé au Musée de l'Homme et au CNRS.

Après la guerre, il a continué à publier son autobiographie (*Biffures*) et a continué également à produire des essais et des poèmes sur l'art. Les artistes qui l'ont passionné sont toujours les mêmes : Masson, au premier chef, Picasso, Miró, Giacometti. Multipliant au fil du temps articles et poésies, il a admis dans son jardin secret esthétique deux autres peintres : Wifredo Lam dès 1933 et, plus encore, Francis Bacon en 1966. Il a alors voulu expliquer au lecteur ce qui se passait dans ses toiles : « Dérèglement qu'a toujours subi la réalité – par éclatement, distorsion, brouillage ou tout autre mode direct ou insidieux de décollage –, quand sa figuration éveille la présence au lieu de rester cantonnée dans la zone équivoque du faux-semblant. » Ne cessant jamais de produire en abondance des textes très sensibles sur les artistes qui lui semblaient les plus admirables, il a attendu 1971 pour publier son premier ouvrage sur l'un d'entre eux, *André Masson. Massacres et dessins*. En 1974 a été publié son livre *Francis Bacon ou La vérité criante* et, quatre ans plus tard, *Alberto Giacometti*. Il est revenu sur le cas fascinant de Bacon en 1989 avec une nouvelle monographie, *Bacon, le hors-la-loi*.

Au milieu de ces travaux d'écriture sur ses contemporains, il a fait une parenthèse historique en 1981 avec un livre consacré à Édouard Manet, d'une facture insolite et d'une grande intelligence d'analyse, *Le Ruban au cou d'Olympia*, sans doute un de ses plus beaux livres. Quelques-uns de ses essais ont paru après sa mort, comme *Wifredo Lam*. Atypique s'il en fut, Michel Leiris a accompli une œuvre critique phénoménale, mais on a l'impression que c'était pour lui une sorte de hobby, à côté de ce qu'il avait voulu faire dans la sphère de la littérature et de l'ethnologie. Toute la complexité de sa personnalité s'est révélée dans cette attitude, à la fois conquérante et réservée dès qu'il s'agissait de parler des réalisations de ceux qu'il reconnaissait comme des maîtres de l'art moderne. Il a fait plus et souvent bien mieux que la plupart des critiques professionnels, car il a examiné les ouvrages de ces créateurs avec un soin infini et les a restitués avec beaucoup de précision. Il n'a pas cherché à divulguer une vision globale de l'art, mais plutôt la vision personnelle d'un univers singulier, ne pouvant être rapproché d'aucun autre. Nous pouvons le considérer comme l'un des grands auteurs de la littérature artistique du XXe siècle.

17 *Loin du surréalisme : Michel Seuphor a-t-il été le champion de l'art abstrait ?*

La France a connu bien d'autres manières de penser les formes les plus nouvelles d'art. L'art abstrait y a pris racine comme partout ailleurs mais est resté une pratique relativement marginale, malgré la valeur des artistes qui y ont adhéré, de Herbin à Kandinsky, en passant par Torrès-Garcia.

En fait, du point de vue critique, il n'y a guère que Michel Seuphor (de son vrai nom Ferdinand Louis Berckelaers (1901-1999) qui ait souhaité mener de front la peinture et la critique d'art. Il est l'un des fondateurs de la revue anversoise *Het Overzitch* (« Le Panorama »). L'année suivante, il est entré en contact avec les principaux représentants des avant-gardes européennes, de Rome à Berlin, et d'Amsterdam à Paris. Le cubisme, le dadaïsme, le surréalisme, le futurisme, le constructivisme n'avaient pas de secrets pour lui. Ce fut en 1925 qu'il résolut de demeurer à Paris. À peine acclimaté, associé à Enrico Prampolini et à Paul Dermée, il a fait paraître une revue, *Les Documents internationaux de l'Esprit Nouveau*. Peu de temps après, il crée avec le peintre uruguayen Joaquin Torrès-Garcia le groupe Cercle et Carré, qui se réclamait d'une abstraction sans compromis. En 1930, ils sont parvenus à fait paraître trois livraisons d'une revue homonyme et à organiser des expositions, avec la participation de Marinetti, Jean Arp et Sophie Tauber-Arp, de Gino Severini, Piet Mondrian, Kurt Schwitters, Vassili Kandinsky, Antoine Pevsner et Le Corbusier. Beaucoup de ces artistes vivaient alors en France. Quand Seuphor tombe sérieusement malade, c'est le néoplasticien hollandais Georges

Vantongerloo qui a repris le flambeau et a alors donné naissance au groupe Abstraction-Création. L'œuvre picturale de Seuphor est étroitement liée aux principes de Mondrian, forme artistique qui ne plaisait pas en France et a contribué à lui donner une position marginale.

Michel Seuphor a écrit un nombre non négligeable de romans et aussi des pièces de théâtre. Mais il a été connu surtout pour ses essais sur l'art. S'il a écrit un livre sur El Greco en 1931, il s'est voulu surtout le porte-parole en France du néoplasticisme de Mondrian. Sa biographie de Mondrian (1956) est la référence absolue pour l'œuvre de ce peintre chef de file de ce courant radical dont Seuphor était un adepte inconditionnel. Il a aussi écrit un *Dictionnaire de la peinture abstraite* (1957), *La Sculpture de ce siècle* (1959), *La Peinture abstraite, sa genèse, son expansion* (1962), *Le Commerce de l'art* (1966), pour ne citer que ces titres, et il a dirigé les quatre volumes de *L'Art abstrait* aux Éditions Maeght entre 1970 et 1974, les deux derniers en collaboration avec Michel Ragon.

II
La France aux prises avec une réaction contre l'art moderne

18 *Maurice de Vlaminck, fauve entre les fauves, a-t-il tourné casaque ?*

Les artistes des avant-gardes ou ceux de l'École de Paris ont souvent écrit des livres de mémoires (Chagall, Gromaire, Miró et tant d'autres) ou ont au moins laissé quelques notes sur leur conception de l'art, comme Georges Braque (*Cahier…, 1917-1947*, paru en 1948) ou Henri Matisse, dont les écrits sont le plus souvent des entretiens avec Tériade réécrits avec soin ; ses notes sont en premier lieu des réflexions sur la pratique picturale. Le seul qui ait mené une véritable bataille personnelle et épique est Maurice de Vlaminck (1876-1958). Ami intime d'André Derain qu'il a connu en 1900 et avec lequel il a partagé un atelier à Chatou, il a été l'un des premiers peintres du fauvisme, présent dans la « cage aux fauves » du Salon d'Automne de 1905. Il a alors entretenu des relations étroites avec deux marchands, Kahnweiler et Ambroise Vollard, lequel lui a organisé sa première exposition personnelle en 1908. Mais il n'a pas, comme Derain, poursuivi dans le sens des recherches plastiques du cubisme ou des autres tendances de l'immédiate avant-guerre. Il ne partage avec certains de ses confrères que l'amour profond de l'art nègre.

C'était aussi un écrivain très doué qui a composé de la poésie et des œuvres romanesques : il a publié *D'un lit dans l'autre*, réalisé à quatre mains avec Fernand Sernada, avec des illustrations de Derain en 1902, puis des nouvelles parues en 1927, *Histoires et poèmes de mon époque*, avec cinq bois gravés. Il a par la suite composé de nombreux ouvrages autobiographiques où il attaque avec aigreur, humour et sans demi-mots les artistes qu'il a pu côtoyer ou dont il a visité les expositions. C'est le cas dans *Tournant dangereux* (1929) où il a raconté sa jeunesse, ses premières expériences artistiques, sa fraternité avec Derain et sa découverte du milieu de l'art. Quand le cubisme est en vogue, il a cette réaction :

> Cette révolution d'esthètes, je le savais, est restée sans contrôle et permettait toutes les anomalies qu'on qualifierait d'audaces le cas échéant. Le Ripolin, le sable, le plâtre, les vieilles gravures, des fragments de miroirs ou de journaux, les lettres et les pochoirs de l'emballeur étaient employés pour une étrange alchimie. Tout cela n'était que littérature faite par des intellectuels sans imagination et ne gardait plus aucun contact avec la vie. [...] Quelle duperie n'était-ce pas que de vouloir pénétrer le sens divin du monde à l'aide de l'absurdité métaphysique d'une Kabale ou d'un Talmud.

Il s'en prenait souvent à Cézanne que beaucoup considéraient comme un maître à penser et à peindre : « La peinture de Cézanne est un art de repenti. Il a peint toute sa vie avec l'assiduité et les remords du pénitent qui espère trouver sa grâce dans la prière. Croyait-il se refaire une virginité à l'aide de la science ? Y est-il parvenu ? » Plus loin, il a enfoncé le clou : « À côté de Renoir, Cézanne, c'est le copain triste. » Tous les livres de souvenirs qui ont suivi sont bâtis sur le même modèle : dans un style très châtié et parfois gouailleur, il enchevêtrait ses souvenirs et ses jugements sans appel sur l'art de ses contemporains. Dans *Le Ventre ouvert* (1937), il mêlait méditations bucoliques, sentiments sur le monde mécanisé et inhumain de l'usine, le récit de quelques rencontres, des réminiscences de l'ère glorieuse de Montparnasse, avec Picasso comme tête de turc, et ce qu'il a tiré de l'expérience de la guerre. Quand il écrit *Portraits avant décès* (1943), il donne l'impression de rédiger toujours le même livre, mais en faisant apparaître chaque fois d'autres facettes. Il y a narré sa rencontre avec Monet chez Bernheim-Jeune, l'affaire du fauvisme avec beaucoup de détail, son désir inassouvi d'acheter une toile de Van Gogh qu'il admirait éperdument. Il y a dépeint des personnes qui ont compté dans sa vie plus longuement, comme Vollard, Derain à Chatou, Apollinaire, Eugène Dabit. Il est retourné par l'imagination encore une fois à La Rotonde où il a bavardé avec Trotski. Et, cela va sans dire, il s'en est encore pris à Picasso, qu'il a regardé comme l'individu qui a détruit plusieurs générations d'artistes. En 1939, il a pris la défense de Louis-Ferdinand Céline, dont le Sénat voulait interdire les pamphlets vénéneux (et bouffons, faudrait-il ajouter). Ce fut bientôt la guerre, la défaite et les Allemands en France. Vlaminck a reçu chez lui, à La Tourtillière le responsable de la Propagandastaffel, Werner Lange. Il a participé au voyage d'artistes français en Allemagne organisé par ce dernier en 1941. Dans la presse de la collaboration, il éructa contre Picasso, le traitant de « figure de moine à tête d'inquisiteur ». À la Libération, ses livres sont interdits et il n'expose plus beaucoup. Reclus et amer, Vlaminck n'en a pas moins continué à écrire. En 1953, il fait publier *Paysages et personnages*, où il revient sur l'afflux d'artistes étrangers à Paris dans l'entre-deux-guerres :

> Au début de ce siècle, des artistes étrangers [...] venaient nombreux travailler à Paris. Montparnasse brillait alors de tout son éclat. [...] Rapidement, leurs élucubrations s'imposèrent comme des attractions et attirèrent un public avide de nouveautés exotiques. En peu de temps, les nouveaux venus devinrent des vedettes. Les snobs et les critiques surenchérissaient sur l'intérêt qu'offraient les réalisations baroques de ces artistes. Sans se soucier des lois qu'impose la peinture, ces derniers mettaient en relief l'étrange et le morbide, sous le couvert d'un exotisme de bazar et de mauvais aloi, combinaient des plagiats sordides et des compositions délirantes.

Il aurait pu être un plus grand peintre et aussi un plus grand écrivain, car il avait beaucoup de talent, s'il n'avait pas cru bon de porter ces attaques fielleuses contre ses camarades peintres et les « métèques » qui avaient tenu le haut du pavé à Paris.

19 *Quelles avanies la critique a-t-elle connues entre les deux guerres ?*

Les diverses avant-gardes, du cubisme et du fauvisme au dadaïsme et au surréalisme, n'ont pas été du goût de tous les artistes français. Une partie de ces derniers a voulu défendre des valeurs plus traditionnelles, avec plus ou moins de nuances. Des critiques d'art se sont mis en devoir de se faire les porte-parole de ces tendances réactionnaires. Ils ont mené un combat toujours plus acharné contre cette déferlante de théories et de pratiques iconoclastes. La mode qui entoure l'effervescence internationale de l'École de Paris a beaucoup plu, mais a aussi suscité des réactions de plus en plus hostiles à mesure qu'augmentait le nombre d'artistes étrangers. D'aucuns n'ont pas eu peur de parler d'invasion. Même si beaucoup d'artistes avaient francisé leurs noms, comme l'a fait Pascin, il n'en reste pas moins vrai que les Français « de souche » constituent désormais une minorité dans les cercles artistiques les plus avancés.

Cela ne fait absolument aucun doute : l'afflux impressionnant d'artistes étrangers, un grand nombre d'entre eux venant de Russie et d'Europe orientale, a fait naître un sentiment toujours plus virulent contre ces intrus qui prenaient une place si importante au sein de la vie artistique du pays. Véhiculé par plusieurs mouvements d'extrême droite comme *L'Action française* de Charles Maurras, un sentiment antisémite de plus en plus acharné se propage. Les critiques ont dès lors mis en accusation l'« art métèque ». L'exemple allemand, avec la prise de pouvoir d'Adolf Hitler et ses premières mesures contre la communauté juive dès 1933, la réprobation de tout ce qui ne se réclamait pas d'un néoclassicisme digne du IIIe Reich et enfin la spectaculaire exposition de « L'Art dégénéré » qui s'est tenue à Munich en 1937, a été le point culminant d'un discours qui embrassait dans une même réprobation avant-gardes et judéité, alors même que les artistes représentés n'étaient pas juifs, dans leur grande majorité.

Il est vrai, comme le dit Dominique Jarrassé dans « L'éveil d'une critique d'art juive et le recours au "principe ethnique" dans une définition de l'"art juif" » (*Archives Juives*, vol. 39, n° 1, 2006, p. 63-75), que l'idée d'un art et d'une littérature spécifiquement juifs a fait son apparition au XIXe siècle, à partir des années 1840. Des comptes rendus de Salons ont été écrits dans cette perspective, mais on ne peut pas dire qu'il y ait eu une critique juive spécifique. Un journaliste et philosophe comme Isidore Cahen a collaboré au mensuel *Archives israélites de France* – succédant à son père, il en a repris la direction en 1862 – et a produit quelques morceaux sur les arts plastiques. Ben-Lévi y a laissé la trace de sa visite d'une exposition au Musée du Louvre où il avertit : « Nous avons remarqué les tableaux suivants dus aux pinceaux de nos coreligionnaires… » Isidore Cahen, qui y a tenu la chronique des arts, a rendu compte des « Artistes israélites » au Salon de 1850-1851. Il a exhorté les collectionneurs à créer une galerie destinée aux « œuvres israélites ». David Schornstein lui a succédé en 1863. Il écrivait aussi pour *Le Petit Journal*. Il a, entre autres, parlé de la collection Strauss présentée lors de l'Exposition universelle de Paris en 1878. Il a composé un papier titré « Le judaïsme dans les arts » en 1869, pour riposter au livre antisémite de Richard Wagner. Hippolyte Prague a parlé du « Salon israélite de 1883 » et s'est plaint : « Il n'y a jamais eu autant d'israélites artistes de nos jours ; il n'y a jamais eu aussi peu d'artistes israélites. » Après la Grande Guerre, c'est une revue plus conservatrice, *L'Univers israélite*, qui a pris le relais et a invité des critiques comme Louis Vauxcelles, juif lui aussi (il s'appelait Mayer), à s'exprimer. Toutefois, il faut attendre que Gustave Kahn (1869-1936) soit entré à la rédaction de la revue sioniste *Menorah*, pour lancer vraiment l'idée d'expositions réservées aux Juifs dans un article intitulé « Peintre juifs ». Il est parvenu à regrouper près de soixante artistes au Cercle des Saloniciens, exposition à laquelle a participé Michel Kikoïne. Ces manifestations ont duré jusqu'en 1939. Pour ne pas être en reste, *Menorah* a présenté 44 artistes à son siège en 1928, dont Pascin, et est parvenue à organiser une rétrospective de Pissarro et une autre de Modigliani. Gustave Kahn avait une conception bien à lui de l'art juif : pour décrire la peinture de Jozef Israëls, il a pu déclarer : « Quand il peint des scènes réalistes, c'est un peintre hollandais ; il est peintre juif quand il peint l'*Homme du vieux monde*. » Selon ses critères, l'artiste juif doit exprimer la souffrance de sa communauté et aussi sublimer l'idéal sioniste. Il est à noter qu'en 1927, le mathématicien d'origine polonaise Michel Kiveliovitch a lancé aux éditions Le Triangle une collection de monographies intitulée « Artistes juif », bilingue français et yiddish. Il y eut par exemple un livre sur Krémègne présenté par Waldemar-George qui y a dit son embarras :

> Je ne sais dans quelle mesure Krémègne incarne-t-il les tendances de la peinture juive, cette manifestation d'un génie national trop longtemps détourné de ses sources. Si l'on me demandait de découvrir dans l'œuvre de cet artiste les éléments d'une poésie ethnique, je répondrais sans

doute qu'elle apparaît dans une vision émue, sentimentale, du monde. L'art juif, ce phénomène moderne, essentiellement moderne, est une compensation.

Des études ont été consacrées à ce sujet en Allemagne : *Les Juifs dans l'art* de Karl Schwartz (1928) et *L'Art juif. Son histoire des origines à nos jours* d'Ernst Cohn-Wiener (1929).

En dehors de ces manifestations plus que discrètes, Marcel Sauvage a organisé en 1930 une exposition d'« artistes juifs » dans la galerie Fermé la nuit, à peine ouverte. Le Grec Efstratios Stratis, critique d'art et éditeur qui se faisait appeler Tériade, en a parlé dans *L'Intransigeant* : il a défini l'appellation École de Paris et a souligné qu'elle avait été forgée par André Warnod pour s'appliquer aux seuls « étrangers » et parmi eux les plus « étrangers », les Juifs... Il est vrai que, dans cette exposition, à côté des plus célèbres artistes juifs, Chagall, Modigliani, Soutine, Menkès, Kars et Léopold-Lévy, figurait Picasso. À ce compte-là, en effet, l'exposition pouvait prétendre illustrer l'École de Paris à travers des artistes juifs... Il a conclu en se demandant quelle définition on pouvait donner à un art juif.

20 *En quoi Waldemar-George a-t-il contribué au discrédit de l'art moderne ?*

Tout ce tohu-bohu autour de cette affaire de judéité de l'École de Paris n'a fait que renforcer le discrédit qu'on a pu jeter entre les deux guerres en France sur cette soi-disant « école ». Ce qui n'avait été que la volonté d'aider des artistes juifs, ou des velléités pour aider la conscience sioniste à s'épanouir, s'est transformé en une sorte d'épidémie contagieuse qui rongea le corps et l'âme de l'art français. La critique a joué un rôle de premier plan dans la diffusion, au sein de la société française, du venin de l'antisémitisme.

Le cas le plus curieux dans cette critique militante est celui de Waldemar-George (1893-1970), originaire de Lodz, en Pologne, mais de nationalité russe, qui s'appelait Jerzy Waldemar Jarocinski et était juif. Comme l'écrit Yves Chevrefils Desbiolles dans « Le critique d'art Waldemar-George. Les paradoxes d'un non-conformiste »

(*Archives Juives*, vol. 41, n° 2, 2008, p. 101-117), arrivé à Paris en 1911, il a été naturalisé français car, comme beaucoup d'intellectuels émigrés en France (à l'instar d'Apollinaire), il s'est engagé volontaire. Démobilisé, il s'est mis à fréquenter les milieux artistiques. Il a tenu la rubrique des arts dans *Paris-Journal* et a collaboré à *La Voix des femmes*. Il a fréquenté l'atelier d'André Lhote et participé aux réunions du petit cercle de la *NRF*, ainsi qu'aux réunions organisées par Joachim Gasquet (1873-1921) au café des Tourelles. Pendant la fin des années 1910 et le début des années 1920, il a professé des idées socialistes et pacifistes :

> Artistes de France, au lieu que de gémir sur le sort réservé à l'Art, suivez l'exemple de nos frères russes et allemands, tournez vos regards vers le socialisme, car l'avenir est à lui. Et si au sein du parti, dans les journaux qu'il publie, dans les réunions qu'il organise, dans les groupements qu'il fonde, les préoccupations artistiques vous paraissent être négligées, forcez les portes, infusez l'amour du Beau au peuple ouvrier, travaillez pour son bien-être. Et lorsque l'heure sonnera dans la Cité, vous aurez votre place, qui sera une place d'honneur.

En 1920, il est devenu secrétaire de rédaction d'une revue dirigée par Louis Vauxcelles, *L'Amour de l'art*. Puis il a tenu un rôle influent au syndicat de la presse artistique. Il a aussi noué des liens étroits avec Robert Delaunay et enfin, a eu la charge de conseiller auprès du collectionneur américain Albert C. Barnes. Il a continué à défendre les nouvelles valeurs de l'art pour épouser en 1924 celle d'un « retour à l'ordre » : il a décrété que les artistes étrangers devaient se plier à la discipline, au sens de l'ordre, aux lois d'harmonie de l'art français. Au début de 1927, il quitte *L'Amour de l'art*, qu'il juge trop progressiste.

Au début, il est adepte des théories énoncées par Oswald Spengler dans *Le Déclin de l'Occident*. Il était convaincu que la pensée juive serait capable de provoquer cette chute. Et, en 1928, il écrit, à l'occasion d'une exposition d'Issachar Ryback, que l'« impérialisme de la pensée juive » allait provoquer ce déclin. Dès lors, il n'a plus cessé de s'en prendre au judaïsme, comme dans le catalogue sur Soutine où il décrit les enfants des ghettos de manière caricaturale. Cependant, il a parfois des élans plus émus, comme dans son ouvrage sur Krémègne édité par Le Triangle :

> Les premiers peintres juifs qui mirent le nez dehors jetèrent sur le monde des regards attendris. Tout leur parut mystérieux, fantastique sur cette planète qu'ils avaient oubliée depuis la destruction du temple de Salomon. [...] Dans leurs paysages et dans leurs natures mortes, je note l'ambiance des intérieurs juifs. Le parfum spécifique de la cuisine Kachère, un repas servi un jour de fête, un lit dressé avec un luxe criard de couvertures, d'édredons, d'oreillers, les arts de la table et les arts funéraires [...] permettent de définir l'atmosphère et le climat moral de la vie juive dans l'Est européen. Je retrouve dans les tableaux de Krémègne cette sensation naïve de ravissement, cette tendance recueillie que les Juifs, mes frères, apportent dans les détails de leur vie quotidienne.

En réalité, sa posture est bien plus ambiguë qu'on aurait pu le croire. À la faveur d'une exposition de jeunes artistes à la galerie Ranson, il a professé un « néo-humanisme ».

En 1933, il a fait paraître *Profits et pertes de l'art contemporain*, où il s'en est pris à Matisse – son art « n'exprime qu'une vision rétinienne » –, au cubisme – qui serait la « manifestation d'une rage iconoclaste » – et par conséquent à Picasso – « génie satanique et vicié à sa base ». Quant à Fernand Léger il l'a regardé comme quelqu'un qui « identifie l'être humain au moteur » et, en ce qui concerne Chagall, c'est un doux rêveur dont les visions mystiques ne sont qu'une « heureuse diversion ». Et de conclure : « L'homme est fait à l'image de son art. Or cet art, poursuit-il, signifie la négation de l'homme. » Ce qu'il a formulé dans ce livre n'est pas très clair, sauf qu'il s'est opposé avec fermeté à toute innovation formelle. La même année, il est reçu par Mussolini au Palazzo Venezia de Rome. Il a voulu lui offrir la traduction italienne de son livre et lui a soumis un projet d'art idéal fasciste, bien entendu fondé sur l'Antiquité latine. Cette doctrine, il l'a élaborée dans un nouveau livre, *L'Humanisme et l'idée de patrie*, publié en 1936. Il contient un chapitre intitulé « Une confession et un *mea culpa* », proprement antisémite. Et il y a exigé un art national.

Avec l'*Anschluss*, en 1938, il a commencé à s'inquiéter et même à demander à l'éditeur Fasquelle de mettre son dernier ouvrage au pilon ! En 1940, peu après l'armistice, il a appris qu'il était évincé de l'organisation du Salon d'Automne à cause de ses origines. Il est attaqué dans la presse par des auteurs prenant des pseudonymes, comme ce Jean-Loup Forain qui a attaqué les « immondes Vauxcelles et Waldemar George (youpins lèches-bottes de galeries)... » Un certain

Fortunio a fait savoir à son tour que « les courtiers en publicité, les thuriféraires de Cézanne-Juif, les Waldemar et les Bernheim, n'ont pas désarmé, en effet. Faute d'écouler leurs stocks picturaux, de reprendre l'inflation de leurs non-valeurs artistiques, ils se rattrapent au marché noir, ce qui est gros bénéfice à ne pas dédaigner, n'est-ce pas ? »

Waldemar-George a fini par se réfugier dans la zone libre et a pu obtenir une fausse identité. Sa collection d'œuvres d'art et de livres remisée près du Mont-Saint-Michel a été pillée par les Allemands en 1944, tout comme son hôtel particulier à Boulogne-Billancourt. Il n'est jamais parvenu à obtenir des nouvelles de sa famille en Pologne.

21 *Comment Camille Mauclair en est-il venu à la détestation de la modernité artistique ?*

Le cas de Camille Mauclair, pseudonyme de Camille Faust (1872-1945) est tout à fait différent. Il s'est d'abord passionné pour la littérature avant de devenir un historien très pertinent du symbolisme. Très vite, il en est venu à collaborer à de nombreuses revues, telles que *La Conque*, *La Revue indépendante*, *La revue de Paris et de Saint-Pétersbourg*, *Le Mercure de France*, *La Revue Blanche*, *La Plume*, etc. Et les journaux se le sont arraché, du *Figaro* à *Gil Blas* et à *L'Aurore*. Sa collaboration au journal de Clemenceau, qui a publié le célèbre « J'accuse ! » d'Émile Zola, a pu expliquer ses opinions dreyfusardes. Il a aussi commencé à publier des recueils de poésie à partir de 1894 et des romans à partir de 1895 ; il ne manquait d'ailleurs pas de talent.

En toute logique, il s'est intéressé à la peinture symboliste, qu'il a défendue avec conviction. Puis il a tourné son regard vers des formes nouvelles. En 1901, il a fait paraître dans *La Revue socialiste* un article intitulé « L'Art social et la révolution », dans lequel il a assigné un rôle politique aux artistes. Il s'est déclaré ennemi juré des Salons :

> On ne peut rien voir aux Salons, dans la cohue multicolore, et on ne peut pas en faire de critique intelligente, parce que l'appréciation de trois mille toiles et statues est impossible par définition. Les Salons ne servent

> plus qu'à l'exhibition de vanité des peintres célèbres, au maintien de la cérémonie parisienne du vernissage, et à la vente pour beaucoup de peintres médiocres qui ne figurent pas dans les expositions particulières et s'offrent là à l'admiration des bourgeois. [...] Un État socialiste devrait supprimer les Salons et les remplacer par une série ininterrompue de petites expositions. [...] Quant à l'éducation du peuple par les Salons, c'est une idée à peu près aussi sérieuse que celle de l'amélioration de la race chevaline par les courses. Elle ne se soutient pas. Les Salons sont une institution illogique et désignée pour la suppression.

En dehors de ses vues sur le monde du travail, il a combattu pour une reconnaissance plus importante du rôle du critique, constatant le discrédit croissant de cette figure sur l'échiquier du microcosme des arts et lettres, plaidant en faveur d'une renaissance de l'essai, « forme supérieure de la critique » qui doit se doter d'un style nouveau. Il a mené campagne au cours des années 1910 en vue d'une réforme en profondeur des critères de l'activité critique. Il a lui-même très bonne presse, et Rémy de Gourmont fait son portrait – élogieux – dans *Le IIe Livre des Masques* en 1898. Et il avait remué ciel et terre pour faire connaître l'œuvre poétique de Jules Laforgue, qu'il a fait éditer entre 1902 et 1903. Mais il s'est peu à peu éloigné des idées progressistes qu'il a portées, et sa « vigilance critique » s'est alors changée en une opposition obstinée à toute nouveauté artistique.

Au début des années 1920, il a encore modifié ses opinions, faisant désormais de la création artistique une sorte de religion. Il a énoncé son nouveau dogme dans *Princes de l'esprit* (1920) :

> Je crois que l'art, ce silencieux apostolat, cette belle pénitence choisie par quelques êtres que leur corps fatigue et empêche plus que d'autres de rejoindre l'infini, est une obligation d'honneur qu'il faut remplir avec la plus sérieuse, la plus circonspecte probité, qu'il est de bons ou de mauvais artistes, mais que nous n'avons à juger que les menteurs et les sincères, que la vanité est l'ennemie mortelle, la seule réellement terrible, de l'homme qui se sent doué de pensée et d'expression.

Il exalte la beauté du passé en écrivant sur des maîtres d'autrefois : *Fragonard* (1904), *De Watteau à Whistler* (1905), *Antoine Watteau* (1920), *Léonard de Vinci* (1924), *Histoire de la miniature féminine française* (1925), *Le Greco* (1931), *Le Secret de Watteau* (1942). Il a aussi eu une prédilection pour l'impressionnisme, comme le prouvent ses ouvrages, *Les Maîtres de l'impressionnisme* (1923), *Claude Monet* (1924), *Degas* (1937) – avec une seule exception, *Puvis de Chavannes* (1928).

Mauclair a commencé à glisser sur la pente savonneuse de l'antisémitisme à partir de 1920. Quand l'écrivain déodatien Yvan Goll, de son vrai nom Isaac Lang (1891-1950), arrive à Paris après avoir passé une partie de la guerre en Suisse où il s'était lié d'amitié avec James Joyce, Stefan Zweig et Romain Rolland, il fait la connaissance de Florent Fels et collabore à *Action*. En 1920, il y publie des poèmes extraits des *Juifs Mendiants*, y présente des artistes expressionnistes et y défend l'œuvre du sculpteur Archipenko. Pour Mauclair, c'en était trop : ce nouveau venu – dont les poèmes ont été illustrés par Chagall en 1925 – est la goutte qui fait déborder le vase. Mauclair s'en prend violemment à Florent Fels et à sa revue *L'Art vivant*, où il faisait la promotion des artistes et des auteurs juifs.

Mauclair publie ensuite deux ouvrages qui peuvent être regardés comme son credo de l'époque : le premier s'intitule *La Farce de l'art vivant* et est sous-titré « Une campagne picturale, 1928-1929 » (1929), le second, *Les métèques contre l'art français* est sous-titré « La Farce de l'art vivant II » (1930). Le premier chapitre du premier volume, « Toujours plus à gauche » assurait que les artistes juifs immigrés étaient l'avant-garde de la IIIe Internationale de la peinture et recevaient leurs ordres du Komintern. Il répand donc le bruit que les peintres et les sculpteurs juifs font partie d'un complot international pour mettre la main sur la France. Chacun d'eux incarnait l'« *homedegoche* » tant honni. Quand il décrit le monde de l'art de Montparnasse dans son second volume, il dit : « La foule des Montparnos était unie par le culte de l'alcool, de la cocaïne et l'art vivant des Allemands, des Pollaks, des Petits Russes, des Yankees, des Japonais ; il y avait même des nègres et des Peaux Rouges et tout cela faisait l'École de Paris. Parmi les Blancs, la proportion de Sémites était d'environ 80 %, et celle des ratés était presque la même. »

La défaite inimaginable étant devenue un fait établi, il se fait le chaud partisan du gouvernement du maréchal Pétain. Il a écrit dès lors dans *Le Matin*, journal pro-Allemand et dans le « grand magazine illustré de la race », *Revivre*. Il a aussi prêté sa plume au *Pilori* et à *La Gerbe* d'Alphonse de Châteaubriant. Il a adhéré en 1942 à l'Association des journalistes antijuifs. En 1944, il a publié

La Crise de l'art moderne, ouvrage profondément antisémite. Il a échappé à la justice en mourant en avril 1945.

22 *Quel a été le rôle de la critique dans la diffusion de l'idée pernicieuse d'un « art métèque » ?*

Ce tableau rapide ne serait pas complet si l'on passait sous silence le cas de Paul Morand, qui a fort peu fait de critiques, mais qui a accepté de préfacer les catalogues des artistes qu'il a aimés. Le premier peintre sur l'œuvre duquel il s'est penché est Marie Laurencin, dans la revue *Les Feuillets d'art*, en 1918, où il fait comprendre qu'elle « n'a d'autre patrie que le rêve ». Puis il loue les toiles de Jacques-Émile Blanche sur l'Angleterre, « cette Chine à sept heures de Paris ». En 1931, Il signe un long essai sur la sculpture de Brancusi, dont il a visité l'atelier de Montparnasse : « Rien que des cubes de pierre à bâtir, des poutres, des troncs d'arbres, des cailloux et, çà et là, la tache métallique d'un obus, d'une torpille, d'un cylindre de cuivre poli. » Il en est fasciné : « Les œuvres les plus abstraites de Brancusi, ces formes ovoïdes, il faut les admirer de confiance, même si l'on ne comprend pas le sujet. » Mais son goût l'entraîne vers Jean Hugo et Foujita. Il a par ailleurs eu une grande estime pour Romain Brooks, visité l'atelier de Delacroix, proposé une « réflexion sur l'art du paysage » et a parlé de l'exposition de Jacques Callot et de celle de Vuillard. Mais il ressort de ses pages sur l'art qu'il n'a vraiment apprécié que deux artistes. Le premier est Dunoyer de Segonzac, sur lequel il a écrit à plusieurs reprises et dont il a pu dire : « La manière de Segonzac est forte, jamais brutale, elle est souvent stylisée, jamais idéologique, ses tons sont frappants sans être criards... » Il faut décrypter ces lignes : un peu de modernité, mais point trop, pas d'excès moderniste, un bon goût français.

Le second est Pascin, son préféré, son Juif à lui, car, en général, les antisémites les plus violents avaient leurs Juifs (Léon Daudet, Maurice Bardèche, Ramon Fernandez et Jacques Benoist-Méchin étaient confits d'admiration pour Marcel Proust !). Il a fréquenté son atelier du boulevard de Clichy et en a fait un portrait dans *Papiers d'identité* : « Le visage immobile qui somnole, l'œil d'un félin qui a mangé trop de viande, les bras et les mains au ralenti, le regard en apparence fuyant, mais prompt comme un automate, la parole hésitant encore que déjà il a tout dit, Pascin ouvre sa porte, puis ses cartons. » Ernest Hemingway a brossé un beau portrait de lui dans *Paris est une fête*, qu'il achève ainsi : « Pascin était un très bon peintre et il était ivre, constamment, délibérément ivre, et à bon escient. [...] Il ressemblait à un personnage de Broadway, vers la fin de siècle, bien plus qu'au peintre charmant qu'il était, et plus tard, quand il se fut pendu, j'aimais me le rappeler tel qu'il était ce soir-là, au Dôme. » C'est à cet homme pour le moins singulier qu'il a confié l'illustration de son livre *Fermé la nuit* en 1923. Morand lui a même consacré un ouvrage où il a retracé son existence. Il y a déclaré toute l'admiration pour ses dessins, ajoutant : « De l'Orient balkanique, il a gardé ce sens de la foule, de l'instant, ce goût du bruit et des bousculades, cette curiosité comique, ce bon sens fulgurant qui fait son charme. » Et il a encore rédigé une préface pour une exposition présentée en 1964. Toutefois, quand il a écrit sa notice nécrologique en 1930, il n'a pu s'empêcher de commencer en soulignant qu'il était le meilleur des peintres juifs...

III
L'Angleterre

23 *Quelle est la situation de la critique en Grande-Bretagne au début du* XX*e* *siècle et comment se renouvelle-t-elle ?*

John Ruskin, l'un des plus puissants piliers de la critique de la seconde moitié du XIXe siècle, a disparu depuis longtemps ; Oscar Wilde est mort en France en 1900, exilé et ruiné. Toute une période de la culture anglaise commence à décliner à peu près quand meurt la reine Victoria en 1901. Les arts plastiques ont aussi vécu la fin du préraphaélisme et de ses épigones, et la décadence de la grande peinture académique. La modernité en art ne s'est pas encore fait sentir de façon spectaculaire. L'ère edwardienne a été l'âge de cette mutation, à la fois profonde et difficile dans la littérature, la peinture, la sculpture, mais peut-être moins dans l'architecture et les arts appliqués qui ont su développer des conceptions novatrices à la faveur de l'éclosion de l'Art Nouveau, avec l'école de Glasgow et, plus généralement, avec le mouvement Arts & Crafts. Tout est touché par ce renouveau, de la construction de bâtiments publics d'un genre nouveau, comme les gares et les ports, jusqu'à l'urbanisation et à l'industrie, qui a continué de connaître un immense développement. Quoi qu'il en soit, Londres n'a pas connu le coup de fouet esthétique du fauvisme, du cubisme et des autres courants en rupture totale avec le passé récent. Bien sûr, on a vu des signes avant-coureurs, mais pas avec une telle force et surtout en ne touchant qu'une élite assez réduite.

Le plus curieux, dans ce vide provisoire du goût, c'est l'émergence de la figure d'un artiste et non d'un historien d'art, d'un écrivain ou d'un journaliste de renom : Walter Sickert (1860-1942) a été celui par lequel tout a vraiment commencé. Né à Munich d'un père allemand qui était peintre et d'une mère anglaise, il a fait ses études au King's College School à Wimbledon car sa famille s'était installée en Angleterre. Il avait songé un moment à devenir acteur, mais choisit d'étudier la peinture, entre en 1881 à la Slade School of Fine Art à Londres, puis en repart au bout d'un an pour devenir l'assistant de Whistler pour la gravure. Il se rend à Paris deux ans plus tard et devient l'ami d'Edgar Degas – qui écrira sur lui des pages de souvenirs. Influencé par Whistler, mais en suivant aussi les conseils de Degas, il peint dans son atelier et non d'après nature, tout en adoptant un style impressionniste assez personnel. De retour à Londres, il adhère au New English Art Club, qui réunissait depuis 1886 des personnalités telles que Whistler, Philip Winston Steer (1860-1942), Henry Tonks (1862-1937), Augustus John (1878-1961), John Singer Sargent et bien d'autres. Une nouvelle génération de peintres tente de s'imposer alors que résistent encore quelques aînés célèbres. Sickert décide d'installer son atelier à Cumberland Market, un quartier populaire, puis à Camden Town, en 1905. Deux ans plus tard, alors que commence l'affaire de Jack l'éventreur, son goût des bas-fonds et des prostituées conduit certains à l'accuser d'être le mystérieux assassin ! Son art est d'un réalisme encore inconnu, d'une grande crudité, un peu à la Degas, et plus encore à la Lautrec, malgré sa technique, dérivée en partie de ce qu'il a pu voir de plus radical dans la peinture en France. Il fonde en 1905 le Camden Town Group, dont les statuts ne sont formalisés qu'en 1911. Plusieurs jeunes artistes y ont adhéré comme Lucien Pissarro (1863-1944), le fils de Camille, Wyndham Lewis, Augustus John, Harold Gilman (1876-1919) et quelques autres.

Entre-temps, Frank Rutter (1876-1937), le critique attitré du *Sunday Times*, avait fondé en 1908 l'Allied Artists Association (AAA), un groupe de peintres qui voulait faire sécession de la toute-puissante Royal Academy. Dans l'esprit de Rutter, il s'agissait de sélectionner le meilleur de l'art britannique. Il avait aussi été très choqué par le refus du National Art Collections Fund d'acquérir des toiles impressionnistes au prétexte que des artistes vivants ne pouvaient pas entrer dans les collections, les responsables de ces institution publiques trouvant Manet, Sisley et Pissarro trop « avant-gardistes ». Il fit donc campagne pour qu'on ait la possibilité d'acheter des tableaux de Monet pour les musées, et après bien des discussions, un tableau de Boudin fut finalement acquis. C'est après avoir vu le Salon des Indépendants que Rutter a l'idée de mettre sur pied l'AAA, qui ne réunit pas moins de quatre-vingts membres. Sa première exposition a lieu au Royal Albert Hall en juillet 1908 avec 3 000 numéros. La seconde, l'année suivante, ne compte que mille œuvres, surtout d'artistes britanniques, mais avec néanmoins des bois gravés de Kandinsky. Elle a présenté pour la première fois en Angleterre Constantin Brancusi et Jacob Epstein. Rutter a dirigé entre 1909 et 1912 le journal hebdomadaire *Art News*. Par la suite, il a partagé sa vie entre la politique et l'activité artistique. Il a soutenu toutes les grandes initiatives, comme celle de Roger Fry, même s'il n'a pas toujours partagé ses conceptions, comme on a pu le remarquer quand la direction de la Doré Gallery lui a demandé de présenter en juin 1913 une exposition postimpressionniste et futuriste et qu'il a choisi comme point de départ Pissarro et non Cézanne comme Fry l'avait pensé au début. De plus, il soutient les futuristes, qui ont fait une entrée fracassante et couronnée de succès sur la scène artistique londonienne en 1913. Une année s'écoule durnat laquelle il envisage de fonder un autre journal avec l'écrivain Osbert Sitwell, *Arts & Letters*. Mais sa parution est retardée par le déclenchement de la guerre : elle n'a commencé qu'en 1917 et a cessé en 1918. T. S. Eliot est un de ses collaborateurs, tout comme Sickert. En 1920, il ouvre une galerie, l'Adelphi Gallery, où il montre de petites œuvres de David Bomberg (1890-1957) et d'Edward Wadsworth (1889-1949). Il a continué à collaborer à de prestigieuses revues et a été nommé en 1928 le responsable européen d'*International Studio* (New York). Il a écrit une vingtaine de livres, dont *Dante Gabriel Rossetti : Painter and Man of Letters* (1909), *Whistler* (1910), *The Wallace Collection* (1913), *Some Contemporary Artists* (1922), *Evolution of Modern Art* (1925), *Modern Masterpieces* (1936).

Si Walter Sickert a approuvé l'initiative de Rutter, il a aussi soutenu des peintres et des sculpteurs qui sont loin de sa vision de l'art, comme Wyndham Lewis et Jacob Epstein. Il a écrit son premier article en 1908 dans *The Fortnightly Review* : « La nouvelle vie de Whistler ». Il a multiplié les contributions dans la revue *The New Age* à partir de 1910, défendant l'héritage de l'impressionnisme, l'apport de Degas, de Manet, de Millet, le postimpressionnisme, ou discutant de l'art de John Everett Millais. Il a pu également collaborer à *The English Review* et est devenu un pilier de la nouvelle publication de Rutter, *The New Art*.

Plus tard, il a eu ses entrées au prestigieux *Burlington Magazine* et au populaire *Daily Telegraph*. Il y a traité de toutes sortes de questions, les scandales comme ceux provoqués par le nu moderne. Dès ses jeunes années, il avait accepté d'écrire des préfaces pour des catalogues, la première étant celle de « London Impressionists » à la Goupil Gallery en 1889, et l'une des dernières, celle de sa propre exposition en 1935. Il a fait la chronique des grandes expositions, pas celles de la Royal Academy mais plutôt celles de l'Allied Artists Association ou de la Whitechapel Gallery. Le champ de ses investigations étant très vaste, il s'est donc limité essentiellement à la période récente, ne se tournant vers le passé, surtout celui de la France, que pour soutenir les créations les moins conformistes. Il prend fait et cause pour Paul Cézanne, qui est adulé par tous ceux qui désirent voir apparaître un nouveau langage artistique. Son point de vue est souvent original et surprenant, comme le révèle cet article paru dans *The New Age* en 1914 :

> L'histoire doit décrire Cézanne comme un *grand raté* [en français], un géant incomplet [...] Mais rien ne peut empêcher ses chefs-d'œuvre de prendre leur place [...] Le paysage numéro 8 à la Grafton [Gallery] est une merveille de tons en madréperle. Les transitions délicates mais abruptes conduisent l'œil jusqu'au rivage, et au-delà tout autour de la baie magique sans *trompe l'œil* [en français]. C'est un peintre qui manie le *bâton* [en français]. C'est lui qui mène la danse et nous force à accepter le tempo et le rythme qu'il a choisi d'imposer...

Et de faire remarquer qu'il a été immensément méconnu et incompris.

L'œuvre critique de Sickert est assez copieuse et est l'un des meilleurs témoignages sur la vie artistique à Londres jusqu'au milieu des années 1930. Il n'a pas ménagé ses efforts afin de défendre avec ferveur des artistes téméraires dont sa propre pratique était assez éloignée. Il a une belle plume et n'a pas eu peur de s'en prendre sans ménagement aux autorités suprêmes de l'art avec une grande vivacité et du mordant. Il est réaliste (il a écrit de très belles pages sur sa manière de travailler), loin des audaces tapageuses de l'art futuriste – en 1916, il a plaidé pour un « authentique futurisme » –, mais sa pensée sur la peinture est d'une extrême subtilité. Il a été le grand homme qu'a dépeint Jacques-Émile Blanche. Et Virginia Woolf lui a rendu un hommage, publié en 1924 par la maison d'édition qu'elle dirigeait avec son époux Leonard, The Hogarth Press : *Walter Sickert : A Conversation*. On peut y lire ces quelques lignes sur la question de la critique d'art :

> Mais les critiques parlaient toujours avec leurs doigts. Ils sont toujours en train de se hérisser et de trembler comme des chiens dans les ruelles sombres quand quelque chose passe et qu'ils ne la voient pas. [...] Mais ne nous faites pas tomber dans le désespoir, dit l'autre. Il m'est arrivé de lire une lettre de Walter Sickert où il disait : « J'ai toujours été un peintre littéraire, Dieu merci, comme tous les peintres décents. »

Cette conversation imaginée par l'auteur d'*Orlando* est un hommage appuyé à l'artiste au crépuscule de sa vie.

24 *Quelle esthétique proposent les théoriciens du groupe de Bloomsbury et les artistes qui en font partie ?*

Dans l'univers du groupe de Bloomsbury (*The Bloomsbury Set*), qui a vu le jour au début des années 1910, sous l'impulsion des sœurs Stephen, Virginia (1882-1941) et de son aînée, Vanessa (1879-1961), l'histoire trouve son origine dans les réunions que les deux jeunes femmes organisent chez elles, à Gordon Square, dans le quartier de Bloomsbury. Leur frère Thoby (1880-1906) s'était lié d'amitié au Trinity College de Cambridge, avec d'autres étudiants, Saxon Sydney-Turner, Lytton Strachey et Duncan Grant (1885-1978) en 1899. Ces jeunes gens faisaient partie d'un petit cercle secret nommé appelé « The Apostles », disciple du philosophe G. E. Moore. Les premières réunions ont eu lieu à partir de 1904. Thoby a institué le Thursday Club l'année suivante, qui se réunissait chaque jeudi. On y discutait surtout de philosophie et de littérature, parfois de questions sociales.

D'autres anciens élèves de Cambridge, comme les trois amis des « Apôtres », se sont vite joints à eux, en particulier Lytton Strachey,

Desmond et Molly MacCarthy, rejoints ensuite par l'économiste John Maynard Keynes et le romancier E. M. Forster. Leonard Woolf (1880-1969), revenu en 1911 de Ceylan où il était fonctionnaire, a épousé Vanessa un an après. Roger Fry (1866-1934), déjà auteur d'importants essais sur l'art de la Renaissance, a fait son apparition en 1910, après avoir passé quatre ans à New York en qualité de conservateur du département de peinture au Metropolitan Museum of Arts (1906-1910).

Bloomsbury n'a jamais été un groupe, ni un mouvement. C'était un cercle d'amis qui se rencontraient pour échanger des idées et analyser le monde qui les entourait. Virginia Woolf s'est récriée par la suite : « Un groupe ! Un groupe ! Nous ne fûmes jamais un groupe ! » Et Clive Bell a tenu à faire savoir que ce n'avait été « ni une chapelle, ni une clique, mais simplement une collection d'individus, chacun ayant son point de vue et ses goûts ». Mais il est vrai aussi que ses membres ont eu des relations étroites, parfois intimes, les uns avec les autres, et qu'ils défendaient un mode de vie ayant des règles plutôt libérales pour l'Angleterre de cette période – ils étaient en grande partie influencés par la pensée de G. E. Moore. Même Jacques Doucet en a été déconcerté quand il leur a rendu visite ! Il faut encore parler de la solidarité existant entre eux, ce qu'a mis en évidence la création de la maison d'édition The Hogarth Press par le couple Woolf, qui a d'abord publié les œuvres de ce cénacle ou d'auteurs proches. Comme il n'était jamais question des arts avec les hommes réunis autour de Virginia, Vanessa a décidé de donner naissance au Friday Club dès 1905, exclusivement orienté vers les questions esthétiques, du théâtre à la danse, des arts plastiques à la littérature. En 1907, elle a épousé l'historien et critique d'art Clive Bell – dont elle se séparera avant le début de la Première guerre mondiale. Puis elle a eu l'idée d'organiser une exposition annuelle, qui a perduré jusqu'en 1919.

25 *Quel est le rôle de Roger Fry dans le groupe de Bloomsbury ?*

L'introduction de Roger Fry dans ce petit univers où ne régnaient que deux artistes, Vanessa Stephen et Duncan Grant, et un critique, Clive Bell, qui n'avait encore quasiment rien accompli, a tout changé. C'était un homme beaucoup plus âgé, ayant une certaine expérience, qui avait collaboré à la prestigieuse revue *Athenæum* à partir de 1901 et avait participé à la fondation du *Burlington Magazine* en 1903 avec Bernard Berenson : son poste de conservateur au Metropolitan Museum de New York leur en imposait. Il avait en effet écrit des essais importants sur Giotto (en 1900), sur Andrea Mantegna (entre 1902 et 1907) et aussi sur Giovanni Bellini (1899), ce qui en faisait déjà un spécialiste reconnu de l'art italien de la Renaissance. Mais il leur en a sans nul doute imposé d'autant plus qu'il avait renoncé sans ciller à une carrière plus que prometteuse – il avait eu plusieurs propositions alléchantes, dont une à la National Gallery de Londres – parce qu'il s'intéressait sans cesse plus à l'art français de la fin du XIXe siècle et, encore plus surprenant, qu'il avait pris la décision de se consacrer d'abord à la peinture. Roger Fry n'a pas tardé à imposer son point de vue à ses camarades, plus jeunes que lui et encore à la recherche d'une identité dans l'art pictural. À ses yeux, l'homme-clef de l'avènement de l'art moderne est Paul Cézanne. À l'en croire, tout a commencé par lui, et le nouvel art anglais doit suivre son enseignement. De ce côté-là du Bloomsbury s'est esquissée l'idée d'une école, jamais formulée comme telle, qui était en phase avec les idées de Walter Sickert et du Camden Town Art Club, et pas très éloignée de celles propagées par les artistes rassemblés autour de Frank Rutter. Rien de révolutionnaire, mais rien qui n'allait non plus à contre-courant. Virginia Woolf, enthousiasmée par sa vision du monde et de l'art, déclara : « Ce fut possible en France, pourquoi pas en Angleterre ? »

En 1912, Fry a écrit un essai intitulé *Art et socialisme*. Il condamne sans appel le rôle oppressif de l'État sur les créateurs et assimile ce contrôle bureaucratique à l'idée socialiste. Il rêvait d'une société qui permettrait l'épanouissement de l'art. Et il était convaincu que les arts appliqués auraient un rôle fondamental dans cette transformation majeure, reprenant à sa façon les théories de William Morris.

Clive Bell, moins de deux ans plus tard, dans son ouvrage intitulé *Art*, est parvenu à des conclusions assez similaires. Il y a proclamé : « Si la politique ne peut pas faire de bien à l'art, elle ne peut pas éviter de lui faire beaucoup de mal : son pouvoir pour faire le mal est considérable. » Pour éviter cette contrainte et cette coercition, l'artiste doit protéger son indépendance : « La meilleure chose que la société puisse faire pour l'artiste est de le laisser tranquille. » Il a insisté sur ce point précis car il est persuadé de la nécessité de la liberté inconditionnelle, absolue du créateur : « Plus l'artiste est libéré complètement de la pression du goût public et de l'opinion publique, de l'espoir de récompenses et de la menace de la morale, de la peur de la faim ou de la punition, comme de l'attente de la richesse ou de la considération populaire, mieux c'est pour lui et pour son art et par conséquent pour tout le monde. » Pour les deux théoriciens du groupe, l'art possède un caractère religieux, mais sans dogme et sans clergé. Il s'agit plutôt d'un acte spirituel, libre et sans limite. Le fils de Clive Bell, Quentin, a parlé à juste titre d'une « civilisation de l'esprit ». Virginia Woolf a revendiqué « la parole libre » ; tous aspiraient au libre exercice des arts.

Les deux hommes rejettent aussi bien le « ploutocratisme » que l'idéal communiste. Le premier, parce qu'il impose un pseudo-art lié au pragmatisme mercantile et à son goût faussé, et le second parce qu'il asservit l'art à l'arbitrage de l'État. Ils en appellent à la totale « libération » des « émotions esthétiques ». Et ils ne sont pas enclins à faire des discours iconoclastes comme l'ont fait les futuristes, promettant la destruction des bibliothèques et la mise à sac des musées. Ils sont au contraire convaincus que « la société peut faire quelque chose pour elle-même et pour l'art en débarrassant les musées et les galeries de la poussière de l'érudition ». Leur modernité n'a pas besoin d'une anamnèse, mais d'une ascèse – du moins dans l'esprit de Fry.

C'est dans cette perspective que Roger Fry a créé les Omega Workshops en 1913. Il s'agissait d'une société qui produisait des objets d'ameublement en série (mais plutôt limitée). Les objets ne sont pas signés par les artistes et portent en guise de logo la lettre grecque Ω (*omega*) – ce sera une des causes des tensions entre Fry et ces derniers, mais ils sont payés pour leur travail. Il a fait appel aux artistes du groupe de Bloomsbury, à Edward Wolfe, une nouvelle « recrue », mais aussi à Wyndham Lewis et au jeune sculpteur français Henri Gaudier-Brzeska. Il a ouvert un magasin à Fitzroy Square. Les Omega Workshops ont eu un succès d'estime et des clients prestigieux, comme H. G. Wells, George Bernard Shaw, W. B. Yeats et E. M. Forster. Leur salle d'exposition est devenue un grand lieu de rendez-vous mondain. Les résultats de cette entreprise ont été catastrophiques d'un point de vue commercial. Deux choses ont nui profondément aux Omega Workshops : le déclenchement de la guerre et la rupture violente de Wyndham Lewis, qui a créé son Rebel Art Centre, en rendant la controverse publique. Fry a dû se rendre à l'évidence et, non sans regrets, il a fermé son officine en 1919.

Roger Fry a déployé une activité incroyable. Il a eu aussi l'idée d'organiser des expositions pour que les amateurs puissent avoir une idée précise de sa conception très personnelle du postimpressionnisme. Il avait été très influencé par l'esthétique du peintre Charles Ricketts (1866-1931) et ensuite par l'œuvre de Walter Sickert. Mais l'événement le plus important pour la cristallisation d'une théorie de l'art moderne et sa formation d'artiste a été la visite de l'exposition Cézanne organisée par l'International Society à la New Gallery en 1906. Ce fut pour lui une révélation. C'est alors qu'il a écrit des articles sur l'art français du dernier tiers du XIXe siècle, comme « La dernière phase de l'impressionnisme » dans le *Burlington Magazine*. Il a examiné avec soin tout ce qui permet de comprendre la portée de l'impressionnisme et ses conséquences. Il a remarqué, par exemple, que la fabrication de la peinture a changé profondément : « Les modes d'expression, ligne, masse, couleur, sont devenus si liés, si fondus dans le flux de l'apparence, qu'ils cessent de délivrer une signification intelligible. » Deux ans plus tard, il a rédigé deux introductions aux écrits de Maurice Denis sur Cézanne. Puis il a rendu compte en 1917 du livre d'Ambroise Vollard. De son côté, Clive Bell a exposé en détail sa pensée esthétique sur l'art moderne et consacre un chapitre sur la peinture de Cézanne (« La Dette à l'égard de Cézanne »), le reconnaissant comme le grand initiateur de la modernité. Il tient à souligner à son propos : « Pour autant qu'un homme puisse être reconnu comme ayant inspiré toute une époque, Cézanne inspire le mouvement contemporain. »

Au cours de l'automne 1910, Fry écrit à l'un de ses amis : « Je prépare une grande campagne pour outrager le philistinisme britannique. » En effet, les Grafton Galleries de Londres lui ont proposé de préparer pour elles une grande exposition de l'art présent, et il a carte blanche pour définir l'événement et choisir les participants. Il lui a donné comme titre : « Manet and the Post-Impressionism. » Il a résolu de mettre Cézanne en bonne place et, à ses côtés, Gauguin et Van Gogh, puis des tableaux de Manet, Matisse, Rouault, Picasso. Sans doute les Londoniens ont déjà eu l'occasion de voir des toiles de Degas, de Van Gogh et de Cézanne à la New Gallery, en 1906 ; une exposition-phare pour Fry, mais aussi pour Vanessa Bell, qui a fait cette observation étonnée à son sujet : « Londres savait peu de Paris, incroyablement peu [...] et les peintres anglais étaient toujours dans leur majorité victoriens, peignant consciencieusement des effets de lumière, ou essayant d'être des poètes ou des néo-préraphaélites » – ce qui n'était qu'en partie vrai, si l'on songe aux œuvres des membres du Camden Art Club. Ce n'est pas Fry qui a rédigé la préface du catalogue, mais son secrétaire, Desmond MacCarthy, qui était journaliste. Les visiteurs se sont pressés pour voir les œuvres bizarres accrochées aux cimaises de la galerie. La fréquentation a été considérable. Mais les réactions ont été souvent négatives ou sinon mitigées, comme celle de Sickert dans *The Fortnightly Review* en 1911 : « M. Matisse se croit obligé de parader devant la vitrine de Grafton Street avec une corde de casseroles sortant de ses poches et de ses pantalons larges. John Bull et sa dame, qui aiment la plaisanterie, arrivent et apprennent quelques petites choses, dont certaines sont connues en Europe depuis une décade et d'autres depuis un quart de siècle. » Il a ajouté que ce dernier avait utilisé les « pires expédients de l'art » et que « Cézanne était obstiné puisque sa passion était immense à être immensément surestimé ». Sickert et bien d'autres comprennent que leur art est largement déclassé devant ces Français insolents. Spencer Frederick Gore (1878-1914), un peintre qui était le co-fondateur du Camden Art Club, avait fait part de son sentiment dans *Art News*, en décembre 1910, plutôt sans grand enthousiasme : « La tentative faite pour séparer l'aspect décoratif de la peinture de l'aspect naturaliste me semble une erreur. »

« La simplification de la nature nécessite une connaissance exacte de la complication des formes simplifiées. Cela peut être fait pour produire une plus grande vérité à l'égard de la nature et un effet décoratif. » Gore rejoindra le London Group en 1913. Les peintres considérés comme les plus avancés sont réticents et la critique, assassine. Seuls les membres du groupe de Bloomsbury, comme Vanessa Bell, ont été enthousiastes. Elle a consigné dans ses *Memoirs* (1924) ce qu'elle avait éprouvé en visitant l'exposition :

> Je crois qu'il est impossible que toute autre exposition puisse avoir un tel effet sur la génération montante [...] Il y eut soudain ici l'indication d'une voie nouvelle, une libération subite et un tel engouement à sentir par soi-même ce qui était absolument renversant. [...] La liberté fut donnée d'être soi-même et cela est, pour les jeunes gens, la chose la plus la plus excitante qui puisse arriver. Même les plus âgés furent gagnés par cet esprit.

Dans son autobiographie intitulée *Retrospect*, Fry a admis avoir échoué : « Rien de ce que je pouvais dire n'incitait les gens à regarder avec assez de calme ces tableaux pour voir à quel point ils suivaient étroitement la tradition, ou avec quelle grande familiarité ils cousinaient dans leurs œuvres avec les primitifs italiens... »

Cela ne l'a empêché, alors qu'on lui a proposé la direction de la Tate Gallery (ce qu'il a refusé encore une fois), une fois remis de sa déception, de vouloir préparer une nouvelle exposition pour l'automne 1912, plus ambitieuse encore. Il va la baptiser « Second Post-Impressionist Exhibition – British, French and Russian Artists ». Il a choisi cette fois de diviser l'espace de l'exposition en deux sections distinctes, la première et la plus importante étant, cela va sans dire, celle consacrée à la France, avec Cézanne, Picasso, Braque, Matisse, Bonnard, Derain, Vlaminck, entre autres. Quant à Leonard Woolf, il s'est vu confier la responsabilité du reste et a tenu le rôle de secrétaire. Il a fourni une description synthétique de la manifestation : « La première salle était remplie d'aquarelles de Cézanne. Les vedettes de la seconde salle étaient deux énormes tableaux avec des figures plus grandes que nature de Matisse et trois ou quatre Picasso. Il y avait aussi un Bonnard et une bonne toile de Marchand. » Il faut savoir que l'un des deux tableaux de Matisse était la première version de *La Danse* et que la seconde était *La Conversation*. Même si l'investissement était bien plus fort et le danger d'un tollé général plus grand, puisqu'il n'y avait plus d'artistes dans le sillage direct de l'impressionniste, la critique s'est montrée plus favorable. Pour Matisse, c'est un triomphe. P. G. Konody, chroniqueur à l'*Observer* a pu louer sans restriction « la continuité de sa ligne rythmique grâce à la logique de ses relations spatiales, et par-dessus tout, grâce à un usage entièrement nouveau de la couleur ». Il est évident que tous les critiques des périodiques ne sont pas aussi enthousiastes, et d'aucuns ont repris la boutade du Bouillon Kub du critique français Vauxcelles, tandis que d'autres pensent que le peintre est arrivé au « sommet de sa folie ». Cette admiration inconditionnelle pour la France a commencé à porter sur les nerfs de critiques chauvins.

La seconde section, préparée par Clive Bell, comprenant les Anglais – Wyndham Lewis, Frederick Etchells, Spencer Frederick Gore, G. J. Holmes, Vanessa Bell, Duncan Grant... –, ne donnait pas l'idée d'une tendance homogène, les exposants n'ayant en commun que leur volonté de transgresser les règles admises jusqu'alors.

Roger Fry n'a pas bataillé avec le grand critique Frank Rutter, car ce dernier l'avait somme toute soutenu, et que son avis comptait. Mais il n'avait pas trop aimé que celui-ci ait fait paraître un manifeste futuriste de Marinetti dans son journal dès 1911. Un an plus tard, il prépare une exposition « postimpressionniste » de son cru à la Doré Gallery, incluant les futuristes italiens. Roger Fry en fut furieux. Il avait exclu les futuristes de sa sélection parce qu'ils avaient « réussi à développer tout un système à partir d'une mauvaise compréhension des œuvres difficiles et austères de Picasso », en quoi il se trompait largement. Mais la campagne absolument couronnée de succès de F. T. Marinetti en Angleterre (il y eut même une mode futuriste) pouvait lui être néfaste (Apollinaire avait d'ailleurs eu au début une réaction similaire). L'invasion futuriste eut un écho certain dans le Royaume-Uni, même si très peu d'artistes s'y « convertirent », en dehors de Christopher Nevinson (1889-1946). Mais cela donna des idées à d'autres, qui voulaient faire reposer leur pratique sur un fondement nationaliste. Le vorticisme est un futurisme en version originale, même si le Français Gaudier-Brzeska (1891-1915) et le poète américain Ezra Pound (1885-1972) s'y sont retrouvés. Le groupe de Bloomsbury s'est alors trouvé très isolé et n'a plus cherché à faire la moindre action d'éclat. Au contraire, ses membres ont voulu influencer la haute société britannique par capillarité.

Cette stratégie a été payante sur plusieurs fronts, avec Maynard Keynes pour l'économie et Lytton Strachey pour l'histoire – ses études sur la société victorienne ont fait mouche. The Hogarth Press, la maison d'édition créée par les Woolf, a permis de faire connaître une nouvelle génération d'auteurs, au prix d'un travail harassant et peu lucratif. Mais ses auteurs, à commencer par Virginia Woolf elle-même, ont fini par être reconnus et ont eu plus de succès chez d'autres éditeurs.

Pour les arts, après l'échec des entreprises de Fry, il n'en est pas de même. Il n'y a plus que trois peintres, Vanessa Bell, son amant Duncan Grant et Roger Fry, qui travaillent dans une sorte de pénombre dont ils ne sont ressortis qu'à titre posthume, il n'y a pas si longtemps.

Alors il ne restait plus aux critiques qu'à produire des livres. Le premier grand ouvrage sur la modernité publié par Roger Fry est *Vision and Design*, qui a rassemblé ses principaux écrits sur l'art, aussi bien sur Giotto et la Renaissance, Dürer et Le Greco, que sur l'art ottoman, la sculpture nègre, Audrey Beardsley et Jean Marchand, mais qui comprenait deux de ses essais essentiels sur sa vision de l'art contemporain. En 1927, il a publié *Transformation*, une nouvelle anthologie de ses essais et articles, et, deux ans plus tard, il a achevé son *Cézanne,* entreprise dont il avait tant rêvé. Il est mort en 1934, après avoir accompli un travail considérable car, en plus de ses ouvrages sur l'art de son temps, il a toujours continué à écrire sur l'art ancien dans les plus grandes revues spécialisées. Mais il n'a jamais rassemblé en volumes tout ce qu'il avait écrit dans les périodiques auxquels il avait collaboré. Ce travail sera connu longtemps après sa disparition, et encore pas dans sa totalité. Il ne faut pas omettre que Fry était la proie d'une passion dévorante, exclusive, pour la peinture – et pour sa recherche picturale. Virginia Woolf a publié en 1940 un beau livre sur lui, mélange de biographie et de souvenirs, pour montrer toute la dimension de sa philosophie sur l'art. Vanessa Bell a également écrit sur Roger Fry pour le Memoir Club, que le groupe de Bloomsbury a institué immédiatement après la Grande Guerre afin d'immortaliser tout ce qui s'était fait en son sein et les personnages qui en avaient été les acteurs.

26 *Quel est le lien de Clive Bell avec Cézanne ?*

Clive Bell a eu un destin éditorial plus heureux, en premier lieu parce qu'il a eu plus de temps devant lui, étant plus jeune que Fry. De plus, étant fortuné de naissance, il n'avait pas à s'échiner à publier des articles comme a dû le faire son aîné. Son premier livre, *Art* (1914, revu en 1938) est très ambitieux, car il débute par une tentative de définition de l'œuvre d'art, dans une optique allant au-delà de la culture occidentale. Il conclut, dans son premier chapitre : « Les formes de l'art sont inépuisables ; mais toutes mènent par la même voie de l'émotion esthétique au même monde de l'extase esthétique. » Il poursuit son raisonnement en défendant les principes fondamentaux du postimpressionnisme, prenant des exemples dans l'art ancien car il considère cette tendance comme un « retour aux sources ». Il est convaincu que voir les objets comme de pures formes est une erreur. Que signifie ce que les philosophes appellent « objet en soi » ? Ce qui revient à se demander ce qu'est vraiment le réalisme et quelles sont ses finalités. Le but de l'artiste, à son avis, n'est pas de créer une « forme signifiante, ni de manifester un sentiment de réalité », mais une forme pure source d'émotions. Dans la seconde partie du livre, il passe en revue les relations de l'art avec la religion, l'histoire et la morale.

Bell explique que l'œuvre actuelle n'a plus à se soumettre à aucune de ces injonctions supérieures. Il entame ensuite une longue et érudite dissertation sur le christianisme et arrive à la conclusion que l'impressionnisme est à l'origine d'un âge nouveau qui n'a plus rien à voir avec cette problématique. La partie intitulée « Le mouvement » inclut le chapitre « La Dette envers Cézanne » où il déclare que « Cézanne est le type de l'artiste parfait ; il est la parfaite antithèse du fabriquant professionnel de tableaux [...]. Il créa des formes seulement parce que se faisant il accomplissait le dessein de son existence – l'expression de son sens de la signification de la forme. » C'était le chercheur pur de la forme pure, sans rien entre lui et la peinture. Dans sa conclusion, « Art et société », il a du mal à expliquer ce que l'art peut désormais apporter, sinon une enrichissante expérience personnelle.

Since Cézanne, publié en 1922, est la reprise de ses thèses précédentes, mais concentrées sur l'art moderne. Malgré tout ce qui a pu se passer dans la sphère artistique pendant cette décennie pour le moins fructueuse et mouvementée, la position de Bell demeure inchangée : Cézanne est le point de départ incontournable de toute création picturale. Face aux attitudes révolutionnaires qui veulent engendrer l'étonnement, la stupeur, l'effroi, ou provoquer le scandale et la destruction, il en vient à peaufiner une idée qu'il a partagé avec les membres du Bloomsbury Set : « La petite émotion esthétique, qui n'est pas un *ad minima*, mais au contraire la vérité de l'art qui est cette faculté rare de transporter l'être par ses seuls instruments, en dehors de toute autre considération. » Et c'est aussi une petite histoire de l'art avec des chapitres sur Matisse et Picasso, le Douanier Rousseau, Bonnard, jusqu'à Duncan Grant, ainsi que des considérations plus générales sur des problèmes déjà abordés dans *Art* et ajournés, en particulier les rapports de l'art et de la politique. Il a consacré tout un chapitre à la critique, dans lequel il est revenu sur le passé et où il analyse le discrédit de l'impressionnisme par la « critique littéraire ». Il donne une appréciation de ce qu'il entend par cette activité intellectuelle : « Bien que l'objet immédiat de la critique soit de mettre les lecteurs sur le chemin de la pleine appréciation d'une œuvre pour les mérites que le critique lui reconnaît, sa valeur finale réside plutôt dans des effets plus généraux. » La bonne critique « leur fait éprouver, leur fait se souvenir, les plaisirs, intenses et surprenants, propres à la vie de l'esprit ».

Avec *Civilization*, paru en 1928, Clive Bell a tenté de faire admettre à ses lecteurs les bases essentielles de sa philosophie de la culture en Occident. Il a aussi voulu faire la démonstration de sa grande connaissance de la pensée de ses prédécesseurs. Il l'explique par le menu, la discute avec sagacité, puis en arrive à l'Angleterre de son temps, sur laquelle il porte un jugement extrêmement négatif.

En 1931, il revient sur ce qu'il a pu traiter dans ses deux précédents ouvrages avec *An Account of French Painting*, beaucoup plus développé et argumenté, mais s'enfermant dans un préjugé qui ne souffre plus aucune discussion : l'art français domine le début du XXe siècle. En même, il réécrit l'histoire de l'art occidental depuis les Primitifs en passant par toutes les phases de l'art italien de la Renaissance (« *Italianate* ») et en revisitant la peinture classique française des XVIIe et XVIIIe siècles, concluant sur David, dont il condamne la sécheresse.

Au crépuscule de son existence, il a consigné ses souvenirs dans un ouvrage qu'il a nommé *Old Friends : Personal Recollections* (1956).

27 *Qu'apportent les avant-gardes artistiques en Angleterre à la critique d'art entre le début du XXe siècle et l'armistice ?*

La saison des avant-gardes n'a pas eu, avant le premier conflit mondial, la même importance qu'en France et que dans l'Europe continentale. Les différents groupes et associations sont demeurés dans le sillage de l'art français et ne dépassent jamais, dans la majorité des cas, la frontière du postimpressionnisme. Le groupe de Bloomsbury a institué Paul Cézanne comme père fondateur de ses croyances artistiques, et cela même si Vanessa Bell a été pendant un bref laps de temps tentée par l'abstraction. Elle est vite revenue à une peinture originale, sans nul doute, mais peu en phase avec le grand chamboulement qui a lieu en Europe. Le futurisme italien a suscité un grand intérêt et même une grande vogue en Angleterre, mais n'y a pas laissé de racines profondes, ou n'a eu qu'une influence par ricochet, sans doute à cause de la rupture entraînée par le déclenchement de la guerre mondiale.

Au bout du compte, il n'y a guère eu que le vorticisme, fondé en 1914 par Percy Wyndham Lewis (1882-1957). Comme tous les groupes de ce genre, le vorticisme est le fruit de polémiques envenimées, en particulier celle contre Roger Fry et les Omega Workshops, que Lewis a rendue publique par voie de presse et une grande publicité en créant aussitôt, en réaction, son Rebel Art Centre, qui n'a eu qu'une existence très éphémère. Avec l'arrivée tonitruante des futuristes à Londres, leur exposition en 1913 sous l'égide de F. Rutter – Marinetti avait fait déjà diverses apparitions remarquées depuis 1910 –, l'incontestable réussite de Marinetti auprès du public anglais et même de certains jeunes artistes, Percy Wyndham Lewis a décidé d'organiser une contre-offensive, mais pas franchement détachée, comme celle du groupe du Bloomsbury : il a imaginé de créer, avec un groupe d'amis écrivains, peintres et sculpteurs, son propre mouvement, autonome et plus radical : le vorticisme.

Percy Wyndham Lewis, de nationalité canadienne, a fait ses études à la Slade School of Arts et à l'University College de Londres. Ayant également de grandes ambitions littéraires, il a publié ses premiers récits dans la revue de Ford Madox Ford (1873-1939), *The English Review*. Il a été l'un des membres fondateurs du Camden Town Group en 1911. Mais il s'est rapidement tourné vers le cubisme et le futurisme, se forgeant un style qui a été une sorte de synthèse entre ces deux façons d'aborder la peinture. Il a exécuté des œuvres dans ce style dès 1912, en particulier les illustrations de *Timon d'Athènes* de William Shakespeare, qu'il a montrées avec trois grandes toiles à l'importante exposition du postimpressionnisme de Roger Fry. Ayant rallié un certain nombre de jeunes artistes à sa cause – parmi lesquels Richard Aldington, Lawrence Atkinson, Gaudier-Brzeska, Jessica Dismoor, William Roberts, Edward Wadsworth –, il a pu lancer avec eux le vorticisme, et, la même année, l'éphémère revue, *Blast*, qui n'a eu que deux livraisons en 1914 et en 1915, sa publication étant interrompue par le choc provoqué par la mort sur le front de Gaudier-Brzeska et par le fait que ses principaux protagonistes étaient sous les drapeaux en France. À l'imitation de Marinetti, il a produit un grand nombre de manifestes, comme « Blast & Curse » (« Louer et honnir »). Il a participé aux expositions du London Group pendant la guerre et a organisé la première exposition vorticiste en avril 1915 à la Doré Gallery. Il a pu déployer cette activité importante alors qu'il s'était engagé en 1916 et qu'il se trouvait sur le front comme artilleur. Il avait aussi recruté le poète américain Ezra Pound qui a écrit une monographie pour célébrer l'art d'Henri Gaudier-Brzeska tombé au champ d'honneur. Il a réussi à mettre sur pied une exposition vorticiste au Penguin Club de New York en 1916, et à créer une nouvelle revue baptisée *The Egoist*, où il a publié son premier roman, *Tarr*, sous forme de feuilleton – il sort en volume en 1918. À la fin de cette année, il est affecté au quartier général du corps expéditionnaire canadien pour exécuter des tableaux de guerre. Sa première exposition personnelle a eu lieu en février 1919 à la Goupil Gallery de Londres.

Esprit indépendant, ombrageux, provocateur, qui s'est complu dans la polémique et a fini par en souffrir au point de se retrouver ostracisé, il a publié son premier essai sur l'art en 1919, *The Calife Design* (The Egoist Press). Il reconnaît la valeur des impressionnistes et s'interroge sur le rôle de Cézanne, qu'il a tout de même reconnu comme celui qui « demeure le père et la source première de toute inspiration contemporaine dans le domaine pictural ». Pablo Picasso est, pour lui, la figure centrale de l'art moderne. Mais il est resté un peu réservé, soulignant : « Ce n'est pas sans anxiété que l'attention se fixe sur ce diable à ressort prêt à sortir de sa boîte. » Il est revenu ultérieurement sur son cas, toujours partagé entre une certaine reconnaissance de son talent et un dénigrement de ses positions esthétiques. Les articles qu'il a écrits sur ses contemporains sont souvent vénéneux. Il a eu la dent plutôt dure pour Kandinsky, et peu d'artistes ont eu grâce à ses yeux, hormis les futuristes italiens. En 1921, il a écrit un pamphlet très acide contre la prédominance de l'art français : « Paris contre le reste du monde », publié dans *The Dial*. Il va renouveler ce genre d'attaque en règle au cours des décennies suivantes. Quand il évoque les œuvres de Matisse en 1924 dans *The Criterion*, il n'est pas tendre, suggérant que « le monde d'aujourd'hui s'est lourdement trompé en accordant à Matisse la place éminente qui lui est dévolue ». Il n'a pas hésité à dire que ses tableaux étaient des caricatures ou des affiches « griffonnées ou badigeonnées ». Il l'a considéré comme un peintre décoratif, faisant « des "pochades" assez appétissantes ». Le portrait à charge est sévère. En revanche, il a eu des mots aimables pour Maurice Vlaminck la même année, dont il a admiré la *Rue à Nesles*. Aussi curieux que cela puisse paraître, il a écrit beaucoup plus d'articles sur la littérature et la philosophie que sur l'art. Il a abordé cette question principalement dans ses ouvrages autobiographiques, surtout dans le premier, *Blasting and Bombardiering*, publié en 1937.

28 *Quelle orientation prend la critique britannique pendant le premier tiers du XXe siècle ?*

La grande critique universitaire a fini par s'imposer et elle a revendiqué les concepts nouveaux et mal acceptés de l'art par l'entremise de deux personnages de premier plan : Herbert Read (1893-1968) et Nikolaus Pevsner (1902-1983).

À la fois poète, philosophe, critique littéraire et historien d'art, sir Herbert Read, fils de fermier du Yorkshire, a commencé ses études à l'université de Leeds. Il est parti combattre en France, a obtenu le grade de capitaine et est revenu de la guerre en héros (décoré du DSO). Il a publié son premier recueil de poésie en 1915 et a fondé le périodique *Arts and Letters* avec Frank Rutter. Son second recueil, *Naked Warriors* a paru en 1919. Il est devenu, une fois démobilisé, responsable du département des céramiques au Victoria and Albert Museum, entre 1922 et 1931 ; puis il a été nommé professeur à l'université d'Édimbourg, pour ensuite revenir à Londres où il devient le rédacteur en chef du prestigieux *Burlington Magazine*. Malgré une intense activité littéraire, Read s'est passionné pour les arts plastiques, mais en s'éloignant des sentiers battus par ses immédiats précurseurs, s'attachant plutôt à soutenir l'émergence d'artistes d'une nouvelle trempe, comme Barbara Hepworth, Ben Nicholson, Paul Nash ou Henry Moore. En 1933, il a publié un premier ouvrage sur l'art contemporain *Art Now : an Introduction to the Theory of Modern Painting and Sculpture*, suivi, un an plus tard, par *Art and Industry* et *Art and Society* en 1936. En 1943, il a achevé *Education through Art*, la question de l'enseignement étant un de ses grands thèmes de réflexion. Bien qu'il se soit lié d'amitié avec Wilhelm Worringer qu'il admirait, et dont il a traduit en 1927 *Formprobleme der Gothic* (1912), il n'a pas orienté comme lui ses recherches vers l'art des siècles révolus. De plus il a mis l'accent sur la dimension sociale de l'art. Il a dû abandonner ses fonctions au *Burlington Magazine* en 1939 à cause d'une passe d'armes sérieuse avec un des responsables du Courtauld Institute of Art. Pendant toutes ces années, il avait pu y défendre ses vues sur l'art moderne. Il a été pressenti pour préparer la création d'un musée d'art moderne à Londres, mais ce projet n'a pas eu de suite à cause de la guerre. Il a enseigné à l'Université de Londres pendant la première partie de cette période tragique. Il a achevé un essai, *Anarchy and Order*, en 1945.

Après la capitulation de l'Allemagne, il est entré dans une maison d'édition pour s'occuper d'une collection de livres d'art et a créé l'Institute of Contemporary Arts (ICA) de Londres avec Roland Penrose.

Nikolaus Pevsner est né à Leipzig en 1902 et a fait ses études supérieures à Francfort. Une fois son doctorat soutenu, il obtient un poste au musée de Dresde. Par la suite, il devient professeur à l'université de Göttingen. Il a écrit une étude intitulée *Leipziger Barok* (1925), puis il a publié un livre, *Die italienische Malerei vom Ende der Renaissance bis zum ausgehebenden Rokoko* (1928 et 1932). D'origine juive, il a été chassé de l'enseignement après l'arrivée des nazis au pouvoir et a dû fuir l'Allemagne en 1934. Réfugié en Angleterre, il a pu enseigner à l'université de Birmingham et s'est employé à étudier le rôle du design dans l'évolution de l'industrie. Il a fait paraître son premier livre en langue anglaise en 1936, *Pionieers of the Modern Movement*, puis, en 1937, est sorti de presse *An Inquiry into Industrial Art in England.*

Il est par la suite employé par le designer Gordon Russell. Il achève en 1940 un ouvrage d'un tout autre genre, *Academies of Art : Past and Present* (1940). Il parvient à faire paraître en 1943 *An Outline of European Architecture*. Il s'ingénie à convaincre ses lecteurs anglais de croire aux vertus esthétiques et sociales de l'architecture moderne selon les principes de Walter Gropius. Après la fin de la guerre, il continue ses recherches sur le Bauhaus et son héritage, sur la spécificité de l'architecture anglaise et sur la singularité de l'art anglais (*The Englishness of English Art*, 1956).

On ne saurait conclure ce bref panorama sans évoquer brièvement la figure d'Ernst Gombrich, né à Vienne en 1909 dans une famille juive plutôt cultivée. Il a fait ses études à l'université de sa ville natale à partir de 1928, étudiant l'histoire de l'art. Il est l'élève de Julius von Schlosser. Il écrit sa thèse sur Jules Romain. En 1936, il décide de s'installer à Londres et devient assistant de recherches au Warburg Institute. Il en devient le directeur en 1959. La majeure partie de son œuvre paraît après la guerre, en particulier sa *Story of art* (1950). Grand spécialiste de la Renaissance, il s'est montré également un excellent pédagogue et ses ouvrages font toujours autorité après sa disparition en 2001.

IV
L'Allemagne

29 *Quelle évolution a subi l'esthétique en Allemagne au XIXe siècle et quelles en ont été les conséquences ?*

La philosophie conduit toujours le bal en Allemagne au cours du XIXe siècle et cela va durer jusqu'au milieu du siècle suivant. La critique d'art demeure une question subalterne par rapport aux interrogations de l'esthétique. Johann Friedrich Herbart (1776-1841) a combattu l'idéalisme kantien et a avancé une théorie de la psychologie scientifique, qui a été plus tard très importante pour Sigmund Freud. Pour l'art, il a cru qu'il fallait combattre le formalisme abstrait d'Emmanuel Kant en faisant fi d'abord des sentiments et, ensuite, en réfutant les différentes catégories d'art établies. Il a eu un certain nombre de disciples, dont le principal a été le praguois Robert Zimmermann (1824-1898) qui a écrit une *Esthétique* en 1865. Dans ce débat, Adolf Hildebrand (1847-1921) est un partisan de la « visibilité pure » en matière d'esthétique. Elle repose sur l'expérience concrète de la nature et de la perception des œuvres d'art. Quant au Hongrois Victor Basch (1863-1944), il a associé l'esthétique à la fantaisie, faisant reposer l'esthétique sur une « sympathie symbolique », en s'appuyant sur les thèses de Johann Gottfried von Herder dans *Kritische Wäder oder betrachtungen die Wissenschaft und Kund der schönen betrefrend* (1769), où il considérait que la poésie est l'élément premier du langage de l'humanité. Il y avait insisté aussi sur la notion de *Zeitgeist*, « l'esprit du temps », qui s'oppose au *Volksgeist*, « l'esprit du peuple » – le génie individuel doit trouver quelque concordance avec les conditions de la société. Pour Basch, les œuvres d'art ne peuvent être étudiées qu'en soi, l'union avec le monde se réalisant à travers les symboles du sentiment objectif et l'*Einfühlung* (l'empathie) qui permet l'union avec l'intuition.

Ces spéculations qui ont été élaborées pendant la première moitié du XXe siècle montrent à quel point la pensée allemande était éloignée de toute considération critique sur l'œuvre d'art. De plus, elle n'a reposé que sur l'étude de l'art antique et de la Renaissance. Dans cette optique, Aloïs Riegl (1858-1905) a quelque peu élargi le champ d'investigation : sa *Problématique du style* (*Stilfragen*, 1893) s'étend jusqu'à l'ornementation égyptienne – déjà analysée dans *Die Ägyptischen Textilfunde im K. K. Österreich. Museum* (1889) – et les arts islamiques – s'intéressant surtout aux tapis orientaux anciens (*Altorientalische Teppiche*, 1891). À travers ces études *a priori* techniques, il est parvenu à dégager une notion nouvelle et même renversant tout ce qui l'a précédé, avec sa conception du *Kunstwollen* (volonté de l'art). Il a aussi avancé l'hypothèse que l'entière histoire de l'art occidental repose sur la compétition entre l'art et la nature, surtout en fonction des mutations historiques. Il étudie en particulier le rapport entre l'histoire de la culture et le développement des styles dans son *Historische Grammatik der bildenden Künste* (*Grammaire historique des arts plastiques*, posthume). Il a réfuté avec force le conflit entre le naturalisme et l'idéalisme car chaque œuvre d'art est pour lui la représentation et la stylisation de la réalité. En 1901, la rédaction de la *Spätrömische Kunstindustrie* lui permet de développer sa théorie : il y soutient que l'art n'est pas l'imitation de la réalité mais la manifestation d'une réalité désirée, avec sa contingence historique et ses relations générales avec une vision du monde.

Wilhelm Robert Worringer (1881-1965), pour sa part, a insisté sur le fait qu'il a pu tirer sa propre conception de l'abstraction (la « compulsion vers l'abstraction »), qu'il a exposée dans *Abstraktion und Einfühlung* en 1907 (ouvrage fondamental dans la naissance de l'art abstrait), des idées développées par Aloïs Riegl. Son influence sur les artistes de la première décennie du XXe siècle a été considérable et il peut être considéré comme l'une des principales sources théoriques de l'art abstrait, même si ses réflexions n'allaient pas dans ce sens. Heinrich Wölfflin (1864-1945) a été l'élève de Jakob Burckhardt et d'Adolf Hildebrand et a été influencé par Johannes Volkelt et Heinrich Brunn, surtout par sa dissertation sur l'architecture. En 1915, il publie son premier ouvrage important, *Die Klassiche Kunst*. Ayant succédé à Jakob Burckhardt, il a voulu cataloguer avec soin les grands principes permettant d'évaluer les différentes visions formelles qui se sont succédées dans l'histoire de l'art. Il formule sa pensée à ce sujet dans *Concept fondamentaux de l'histoire de l'art* (1915). En dépit du caractère systématique de sa manière d'envisager la question, il a eu une énorme influence.

Il faut aussi se souvenir de la place conséquente du philosophe Ernst Cassirer (1874-1945), qui est considéré comme le fondateur de l'école de Marbourg. Il a été l'un des derniers héritiers de Kant, et l'élève de Georg Simmel. Il s'est intéressé aux concepts de fonction et de substance, comme modalités de la relation entre les choses. Sa *Philosophie der symbolischen Formen (Philosophie des formes symboliques*, deux volumes, 1923 et 1925) a eu un poids notable dans l'histoire des idées esthétiques. Il était néo-kantien et a eu un débat sérieux, sinon houleux, avec Martin Heidegger. Son anthropologie philosophique prend acte de l'impossibilité de la métaphysique spéculative. De son côté, son frère, Bruno Cassirer (1872-1941) a joué lui aussi un rôle comme éditeur, et aussi un des créateurs de la Berliner Secession en 1898, puis il fonde une galerie d'art à Berlin, qu'il a créée la même année avec son cousin Paul Cassirer (1871-1926). Les deux hommes se sont séparés en 1901. Bruno s'est alors occupé seul de la maison d'édition et a créé la revue artistique *Pan*, tandis que Paul Cassirer dirigeait la galerie. Celui-ci a montré pour la première fois une composition de Vincent Van Gogh en Allemagne et l'a commentée. Cette galerie a joué un rôle éminent dans la genèse de l'art moderne, son influence a été notable en Allemagne et dans toute l'Europe. Erwin Panosfky (1892-1968) – qui n'a pu écrire en Allemagne qu'un seul ouvrage, *Idée : un concept dans la théorie de l'art* (1924) et *la Perspective comme forme symbolique* (1927), car étant Juif, il a dû quitter son pays natal en 1933 pour s'exiler aux États-Unis – a admis s'en être inspiré.

Ernst Cassirer a découvert la bibliothèque d'Aby Warburg (1886-1929), l'étonnant théoricien qui n'a rien publié de son vivant, à l'université de Hambourg – la *Kulturwissenschaftallichte Bibliothek Warburg*, qui a été transférée à Londres en 1933. Dans sa

Philosophie des formes symboliques (première partie, 1923, seconde partie, 1925), il a voulu rassembler toutes les formes de connaissance et l'art dans une seule et même vision philosophique.

En somme, les innombrables et passionnantes discussions sur l'esthétique ont permis en Allemagne de déboucher sur des modalités nouvelles de penser l'art et son histoire, en Europe et aux États-Unis, où grand nombre de ces penseurs ont dû émigrer. La richesse immense, insondable, de ces spéculations exerce encore leur influence à notre époque.

30 *Quel rôle ont pu jouer les grands critiques allemands Wilhelm Uhde et Carl Einstein ?*

Les très sophistiquées recherches esthétiques effectuées dans toute l'Allemagne ont sans le moindre doute donné une forte impulsion aux jeunes artistes germaniques. Mais la critique d'art est demeurée le parent pauvre de ce pays pourtant en pleine ébullition dans tous les domaines de la création. Deux hommes se sont alors distingués, auquel il faut ajouter Daniel-Henry Kahnweiler qui a, lui, choisi comme terrain de bataille Paris, plus que jamais considérée la capitale des arts.

Le premier est Wilhelm Uhde (1874-1947). Après avoir fait son droit à Dresde, il a étudié l'histoire de l'art à Munich et à Florence, où il a écrit ses premiers textes sur l'art. Il décide de s'installer à Paris en 1904 chez Erich Klossowski et, un an plus tard, il achète son premier tableau de Picasso de la période bleue, qu'il avait vu dans la vitrine du père Soulié. C'est lui qui a présenté ce jeune peintre espagnol à Kahnweiler. Il demande à ce dernier de faire son portrait en 1910 – il avait déjà eu son portrait fait par Robert Delaunay en 1907. En un rien de temps, sa collection s'est enrichie de nombreuses œuvres de Georges Braque, Fernand Léger, Juan Gris, Jean Puy, Raoul Dufy et bien d'autres. Mais il s'est intéressé de très près à une figure tout à fait cocasse et insolite, celle du Douanier Rousseau, que lui avait fait connaître Picasso et sur lequel il a écrit la première monographie en 1911, avant d'organiser une rétrospective chez Bernheim-Jeune en 1912. Uhde a ouvert une petite galerie rue Notre-Dame-des-Champs et vit de cette activité. Il y présente Picasso en 1910.

Sa seconde exposition personnelle est celle de Marie Laurencin en 1911 et, un an plus tard, c'est au tour d'Auguste Herbin d'être présenté au public, pour lequel il écrit un beau texte d'introduction à son œuvre. Il organise aussi des expositions d'impressionnistes à Bâle en 1908, puis à Berlin et à New York. En 1914, à cause de la guerre, sa collection est séquestrée (73 numéros) et elle est vendue aux enchères en 1921. Uhde ne se décourage pas et revient en France en 1924, choisissant de demeurer à Chantilly, après quatre années passées en Allemagne pour travailler pour la galerie de Wolfgang Gurlitt. Il publie avec son amant le peintre Helmut Kolle l'almanach *Die Freude : Blätter einer neue gesinnung* en 1920. En 1928, il organise la première exposition d'art naïf, intitulée « Les peintres du Cœur Sacré », et publie *Picasso et la tradition française*. Il fait découvrir l'œuvre de Séraphine Louis, à laquelle il s'intéresse depuis 1912. Il a aussi publié chez Phaidon en Autriche une monographie de Van Gogh en 1936, suivi d'une étude sur l'impressionnisme chez le même éditeur, qui est également publiée en français un an après. C'est en 1938 qu'il fait paraître, à Zurich, *Von Bismark bis Picasso : Erinnungen und Bekenntnisse*. Pour avoir défendu les peintres appelés « dégénérés » par les nazis, il est déchu de la nationalité allemande. En 1940, son appartement est pillé et il est caché par Jean Cassou durant quelques mois au cours de l'Occupation. En 1947, il achève son dernier livre, *Cinq maîtres primitifs*, avant de s'éteindre.

Wilhelm Uhde est l'archétype du critique moderne qui est tout à la fois marchand de tableaux (en chambre ou ayant pignon sur rue), critique (avec un talent certain) et commissaire d'exposition.

Carl Einstein (1885-1940) a sans doute été l'un des plus avisés critiques d'art du premier tiers du siècle dernier. Après avoir étudié la philosophie et l'histoire de l'art à Berlin et après avoir suivi les conférences de Wölfflin et de Georg Simmel, il a obtenu son doctorat. Il se rend à Paris en 1907 et rencontre des artistes tels que Braque, Gris et Picasso. Il commence à collaborer à la revue *Die Aktion* de Franz Pfemfert. En 1912, il y publie, sous forme de feuilleton, son premier livre, *Bebuquin oder die Dilettanten des Wunders* (*Bébuquin ou les dilettantes du miracle*, trad. Sabine Wolf). Trois ans plus tard, il fait paraître deux livres qui font date, car ils sont les premiers dans leur genre : *Negerplastik* en 1912, puis *Afrikanishe Plastik* en 1921.

Et quatre ans plus tard, il fait sortir de presse *Afrikanische Märchen und Legenden*. Le premier de ces ouvrages a eu un impact très fort sur des auteurs comme Hermann Hesse et Ernst Bloch, de nombreux historiens d'art, mais aussi sur les jeunes artistes de cette période qui s'intéressaient déjà à l'art de l'Afrique noire. C'est une étude très sérieuse et précise de la nature esthétique des formes propres à la sculpture et aux décorations rituelles des peuples africains, rejetant le simple point de vue ethnographique. C'est pour lui un art au sens plein du terme. Une fois démobilisé, il décide de s'installer à Berlin et collabore dès lors à différentes revues, comme *Der blutidge Ernst*, *Das Kunstblatt Der Querschnitt*, *Die Neue rundschau* et *Die Pleite* de Georg Grosz, avec lequel il écrit un livre. En 1922, un éditeur lui demande d'écrire *Die Kunst des 20. Jarhunderts* pour une collection de Propyläen Verlag (1926). Par ailleurs, il s'engage en politique et se reconnaît dans le programme du Parti communiste. Il retourne vivre à Paris en 1928. Il a déjà collaboré au périodique *Action* et il donne des articles pour la revue *Documents*. En 1930 paraît son *Handbuch der Kunst*. Il se porte volontaire pour combattre dans les brigades internationales en Espagne entre 1936 et 1937. Il a aussi écrit des monographies sur Giorgio De Chirico (1930) et sur Georges Braque (1934). En 1940, il est arrêté par la police française et interné au camp de Gurs. Poursuivi ensuite par la Gestapo, il se donne la mort dans les Pyrénées en 1940.

Outre la réputation que lui valent ses ouvrages sur l'art africain, son *Art du* XXe *siècle* est sans conteste le recueil le plus exhaustif et le plus passionnant sur les nouvelles tendances artistiques : il dresse un panorama assez complet du cubisme, du futurisme, des expressionnistes allemands de *Die Brücke* et des principaux membres de *Der Blaue Reiter* et analyse les œuvres d'André Masson, de Joan Miró, de Robert Delaunay et de Marc Chagall. Cet ouvrage reste aujourd'hui la meilleure source d'information sur cette période, non seulement pour l'information qu'il fournit, mais aussi pour la qualité documentaire et même littéraire de ses articles, qui sont de vraies merveilles d'écriture et qui se révèlent d'une grande pénétration.

31 *Quels artistes allemands ont-ils pris la plume et pourquoi ?*

Bon nombre d'artistes de langue allemande ont écrit leurs mémoires, comme Georg Grosz (1893-1959) avec *Un petit oui et un grand non*, ou se sont fait les historiens de leur aventure artistique comme Hans Richter (1888-1976), qui s'est surtout consacré au cinéma expérimental, avec *Dada, Art et Anti-Art*, qui a paru en anglais en 1965. Kurt Schwitters (1887-1948) a écrit quelques articles en dehors de ses réflexions sur sa propre activité (« l'art total Merz », le « théâtre Merz », etc.), de ses poèmes et des manifestes ou tracts dadaïstes de l'époque de Zurich. Il a écrit en 1926 un essai très intéressant sur « L'Art et le temps » et un autre, la même année sur « Le Rythme dans l'œuvre d'art ». Il n'a jamais écrit que de rares textes sur ses amis artistes, comme celui sur Theo van Doesburg en 1931.

Quoi qu'il en soit, très peu d'entre eux se sont jetés dans la mêlée de la critique. Le plus surprenant d'entre eux est Franz Marc (1880-1916), qui a été l'une des figures marquantes de *Der Blaue Reiter*. Il a écrit plusieurs articles avec un indéniable talent de polémiste mais aussi de pédagogue à propos de sujets de l'actualité artistique, par exemple, en 1911, sur la controverse lancée par des artistes allemands quand la Kunstverein de Brême a acheté des œuvres étrangères pour enrichir ses collections. Il a été outré par l'attitude « patriotique » de ses confrères et il a plaidé pour l'introduction de ces tableaux en Allemagne. En mars 1912, il écrit un autre article intitulé « La Nouvelle peinture » où il loue l'art de Vincent Van Gogh, de Georges Seurat et de Paul Cézanne. Il y expose également sa conception personnelle de l'art nouveau :

> ... la nature est partout, en nous et en dehors de nous, il y a une seule chose qui n'est pas entièrement nature mais plutôt victoire sur elle et interprétation ; sa force prend naissance en un point qui *nous est inconnu* : c'est l'art. L'art a toujours été et est dans son essence l'éloignement le plus téméraire de la nature et du « naturel » qui ait jamais existé ; il est le point vers le royaume de l'esprit, la nécromancie de l'humanité.

Il persiste et signe le même mois en faisant paraître « Les Idées constructives de la nouvelle peinture » et fait valoir, tout en se recommandant de Lorenzo Ghiberti, d'un « mouvement universel » vers un renouveau total. Plutôt que de faire référence à des artistes encore inconnus, il en appelle à l'esthétique de Worringer et à « l'ouvrage intelligent » de Kandinsky – il veut bien sûr parler du *Spirituel dans l'art*. En octobre, il s'intéresse aux futuristes dont les « idées repoussent l'espace… ». Par la suite, il étrille quelques salons et expositions, et en 1914, il écrit sa « Critique du passé » où il affirme que « les *formes matérielles* peuvent acquérir un sens *abstrait* pour les voyants ». Il faut aussi signaler à son sujet qu'il a tenu des journaux sur sa pratique picturale et fait de nombreuses observations (non publiées de son vivant) sur le livre de Léon Tolstoï, *Qu'est-ce que l'art ?*

Max Beckmann (1884-1950) a également souvent écrit, mais en général pour parler de son œuvre plastique ou retranscrire les nombreuses conférences qu'il a pu donner. Il a voulu batailler ferme pour ne pas être assimilé aux expressionnistes de son pays et, en revanche, s'est pleinement reconnu dans le mouvement de la *Neue Sachlichkeit* (« Nouvelle Objectivité »). Professeur à la Städelschule de Francfort-sur-le-Main, il s'est forgé une image académique qui contraste avec son art. Ses écrits sont le plus souvent une défense et illustration de ses recherches artistiques et évitent de parler de ses contemporains. Il finit néanmoins parmi les artistes de l'exposition sur l'« art dégénéré » organisée à Munich et s'exile à Amsterdam, dans l'espoir de rejoindre les États-Unis, ce qu'il n'a pu faire qu'une fois le conflit mondial terminé.

On ne peut refermer ce chapitre sans évoquer la figure de Vassili Kandinsky, qui est russe mais a été, à Munich avant la Première Guerre mondiale, le chef de file du *Cavalier bleu*. Sans doute n'a-t-il pas vraiment pris part aux débats fiévreux et parfois venimeux de la critique. Mais son livre *Über Das Geistige in der Kunst. Insbesondere in der Malerei* (*Du spirituel dans l'art et dans la peinture en particulier*), paru fin 1911 mais daté de 1912, a été l'une des pierres angulaires de l'art moderne, puisqu'il donne les fondements de l'art abstrait. Après avoir mis en cause l'art ancien, matérialiste et « castré », il plaide en faveur de son idée de l'art pour l'art, qui est avant tout harmonie pure de formes et de couleurs et doit parvenir à l'élévation – une élévation qu'il représente par un triangle, puis une pyramide, qui est la traduction physique du cheminement intérieur de l'artiste, qui ne concerne qu'une élite triée sur le volet. Et il tient particulièrement à comparer la peinture à la musique, qui auraient toutes deux une analogie dans leur processus de création. Il abolit en tout cas la représentation traditionnelle en général, édictant que « la forme, dans le sens strict, n'est autre que la frontière entre une surface et une autre ».

Kandinsky a écrit d'autres ouvrages sur la création picturale, dont *Rückblicke* (1901-1913) et *Punkt und Linie zu Fläche : Beitrag zur Analyse der malerischen Elemente* (1926), plusieurs « actions théâtrales », et ses souvenirs, dans *Regards sur le passé* (posthume), publié en français à Paris.

V
L'Italie

32 *Quel a été l'apport des artistes futuristes dans la création d'une nouvelle critique d'art en Italie ?*

Ce qui caractérise l'Italie au début du XXe siècle, c'est que ce sont des artistes, plus que des écrivains ou des journalistes spécialisés, qui introduisent l'art moderne dans leur pays. Et ce phénomène s'est poursuivi pendant les années 1920 et 1930, cette fois dans une optique moins ouverte aux apports étrangers, mais avec une grande diversité dans ses modes d'expression, aussi bien figuratifs qu'abstraits.

Le pionnier en la matière a été sans discussion le peintre, romancier et poète toscan Ardengo Soffici (1879-1964). Celui-ci est allé à Paris dès 1900, comme envoyé spécial du périodique *Marzocco* et y a séjourné sept années. Ses articles concernent pour l'essentiel la littérature française – d'Alfred de Musset aux frères Goncourt, de Paul Bourget à Anatole France en passant par F. T. Marinetti, alors poète symboliste débutant qui écrit en français – mais aussi la peinture, l'impressionnisme surtout et également le divisionnisme. Il y a rencontré Guillaume Apollinaire, Max Jacob, André Derain et Pablo Picasso. De retour en Italie, il s'installe à Florence et écrit pour plusieurs revues, dont *La Voce* et puis *Lacerba*, organe des futuristes de Florence. Il est déterminé à faire partager son expérience dans la capitale de l'art d'avant-garde. Il consacre de longs essais aux impressionnistes, et plus particulièrement à Renoir, mais c'est surtout sur Paul Cézanne que son attention se concentre car il l'a reconnu comme son maître et le grand précurseur de la révolution esthétique à laquelle il a pu assister. Il écrit deux articles élogieux sur son compte, le premier en 1908, le second en 1914, à l'occasion de la parution du livre d'Ambroise Vollard sur ce dernier en 1914. Il publie aussi un livre sur Arthur Rimbaud dans les « Quaderni della Voce » en 1910. La culture française devrait être selon son opinion le grand moteur de la métamorphose culturelle de son pays.

Un autre Toscan, Gino Severini (1883-1966), après avoir étudié à Rome et avoir organisé l'Exposition des Refusés avec son ami Umberto Boccioni (qui lui fait connaître Giacomo Balla), décide de s'installer à Paris à la fin de 1906. Très vite, il se lie avec son voisin Modigliani et fréquente Braque, Dufy, Suzanne Valadon, tous Montmartrois comme lui, et bon nombre des artistes qui ont compté dans le renouvellement de la peinture, comme Picasso, Gris ou Metzinger, mais aussi des poètes comme Max Jacob, Apollinaire, Paul Fort (dont il va épouser la fille). Il s'est jeté très vite dans la mêlée de l'art moderne et il n'est pas surprenant qu'il ait figuré parmi les premiers signataires du *Manifeste technique de la peinture futuriste* en 1910. Il a participé à l'exposition futuriste à la galerie Bernheim-Jeune en 1912, puis à toutes les grandes expositions du mouvement jusqu'en 1916, quand il décide de voler de ses propres ailes. Il se tourne, comme beaucoup d'autres, vers une forme de néo-classicisme tout en travaillant dans la perspective d'un « cubisme de cristal ». En 1920, il a rejoint le groupe de la Section d'or. À partir de cette date, il partage sa vie entre la France et Rome. Il a commencé à écrire sur l'art pendant sa période futuriste. En 1913, il a écrit un essai surprenant, *Art du fantastique dans le sacré*. En 1916, il s'est expliqué sur son changement d'orientation avec un texte intitulé « Symbolisme plastique et symbolisme littéraire », où il a esquissé les grandes lignes d'un « nouveau *réalisme* ». Un an plus tard, il fait son *mea culpa* avec « La Peinture d'avant-garde, le machinisme et l'art – reconstruction de l'univers ». En 1921, il a publié à Paris un livre intitulé *Du cubisme au classicisme : esthétique du compas et du nombre*, où il a développé ses théories sur la mathématique de la peinture. Il a aussi publié dans *L'esprit Nouveau* un article, « Cézanne et le cézannisme » et, en 1923, « Le vrai sens du classicisme ». Doué pour l'écriture et analyste avisé de l'art, il écrit des essais sur Manet, l'art naïf et la peinture murale pendant les années 1920. En 1936, il a publié à Milan *Raggionamenti sulle arti figurativi*, dont une partie est consacrée à l'art au service de l'Église, et une autre aux arts décoratifs. En 1944, il a fait éditer à Rome une petite monographie sur Matisse. Quasiment jusqu'à la fin de sa vie, il n'a pas cessé de produire des textes critiques sur l'art, mettant toujours plus l'accent sur l'art mural, qui est devenu une part importante de son travail. Il a aussi écrit une autobiographie qu'il a publiée en deux temps : la première partie a été baptisée *Tutta la vita d'un pittore* en 1946, la seconde étant intitulée *Tempo di "L'effort Moderne"* (elle a paru posthume).

De tous les artistes de la péninsule transalpine de la première moitié du XXe siècle, Carlo Carrà (1881-1966) est certainement de ceux qui ont pris le plus souvent la plume pour parler de l'art. Il est très tôt au fait de ce qui se passe en France car il passe de nombreux mois à décorer le pavillon italien de l'Exposition universelle de Paris en 1900. Après un séjour à Londres, il a décidé en 1906 de s'inscrire à l'Accademia di Belle Arti di Brera à Milan. En 1910, il a rendu visite à Marinetti et est devenu l'un des signataires du *Manifeste technique de la peinture futuriste*. En plus de ses tableaux, il écrit des textes théoriques et aussi des œuvres poétiques. En 1915, il a publié un petit ouvrage de nature futuriste, *Guerrapittura*, qui a paru aux Edizioni Futurista di « *Poesia* », l'année même où il a rompu avec le mouvement. Appelé sous les drapeaux en 1917, il est, au bout de quelques mois, envoyé dans une maison de cure à Ferrare – qui était en réalité un lieu où l'État a voulu abriter les intellectuels et les artistes pouvant lui être utiles après le conflit, de sérieux problèmes sociaux étant prévus. C'est là qu'il a connu le jeune Filippo De Pisis (qui était ferrarais), Giorgio De Chirico et Alberto Savinio (qui a été ensuite envoyé en Grèce comme traducteur). De ses relations avec Chirico est née le germe d'un groupe constitué autour de la notion de *metafisica*. Son œuvre est alors très proche de celle de Chirico. À peine démobilisé, il s'est brouillé avec ce dernier en 1919, quand il a publié un livre baptisé *Pittura metafisica* et présenté une exposition personnelle à Milan. Il a collaboré à la revue *Valori Plastici*, toujours sur le thème de la « métaphysique ». Il avait déjà commencé dès 1916 à travailler dans une optique très différente, baptisée « peinture anti gracieuse ». Et puis il a amorcé son propre « retour à l'ordre » en revenant à un art plus réaliste, mais pas très éloigné de ce qu'on appellera le « réalisme magique ». C'est sans doute le seul peintre qui ait pu mener de front trois types d'œuvres assez opposés ! Mais ce fut le dernier qui a prévalu jusqu'à la fin de ses jours.

Après avoir rédigé des manifestes futuristes enflammés et avoir composé des poèmes expérimentaux, Carrà a consacré beaucoup d'énergie à produire des essais approfondis et des articles de presse sur les grandes figures des précurseurs de l'art moderne, tel Cézanne, Rousseau et Matisse, au cours de l'année 1918. Entre 1919 et 1922, il s'est intéressé à Canova, à Gaetano Previati, Derain, Arturo Martini, Ardengo Soffici. Et il s'est aussi penché sur des maîtres de la Renaissance, comme Paolo Uccello en 1916 et Giotto en 1924. Il a rendu compte des expositions qu'il a pu visiter et son activité critique s'est poursuivie jusqu'à ses dernières années à un rythme étourdissant. Bien sûr, il a aussi tenu à faire des réflexions de synthèse sur l'art de son temps. Par exemple, il a rédigé en 1919 un livre intitulé *Poetica per una nuova pittura*. C'est un livre fait pour méditer sur les diverses contradictions qui animent alors les créateurs, tiraillés entre l'avant-gardisme – il fait allusion à « l'ivresse dans laquelle nous vivons » à tous crins et le « caractère ancien » qui tisse un « lien magique » avec le passé. Il constate qu'en Italie la transformation spirituelle est lente : « La montée est pénible ! », a-t-il tenu à souligner. Il veut « retourner à l'idée italienne de la solidité originaire des choses pour prendre la mesure du leurre bien travesti des astuces philosophiques mises en circulation avec toute cette réclame nécessaire pour faire triompher un produit industriel. » C'est aussi un manuel pour les néophytes, comportant des conceptions encore véhiculées par Monet, comme la valeur incontournable de la sensualité de la pupille. Enfin, il remarque que les jeunes Italiens ont été à l'origine d'un « renouveau artistique national », mal accepté et peu compris. Mais, en dépit des erreurs, c'est le signe d'un « travail de révision ». Carlo Carrà en est venu à mettre le doigt sur la confusion qui règne quand on a voulu « se fabriquer un style à tout prix » : « Mais si l'on regarde plus les théories que les choses on glisse fatalement dans les esthétismes inconséquents. » Il met en cause le modernisme qui ne possède pas en son sein un « lyrisme original » et redoute les dangers de la mode. Il voit ce renouveau comme une « Babel picturale » et se fait le héraut du « dynamisme plastique », qui pourrait concilier tradition (« le Paradis perdu ») et révolution. Son intention ? Constituer une histoire qui irait de Giotto et Uccello à Cézanne, en passant par Courbet. Contre toute idée de créer une école de morale, contre les systèmes, il est en quête d'une « cristallisation spirituelle » par les moyens propres à l'art de la peinture. Ce qu'il espère, c'est qu'on retrouve « le principe hédoniste de notre art ». Dans les pages suivantes, il examine les caractéristiques de la peinture métaphysique, la situation de l'art à Milan, et achève son livre en soulevant une ultime contradiction : celle du « plaisir artistique ». Ce faisant, il a repris et développé ce genre de réflexion dans la revue *Valori Plastici* où, en 1918, il publie un essai, « Mystique et ironie dans la peinture contemporaine ».

Avec ses écrits et ses questionnements d'une grande pertinence sur l'art en train de se faire, Carlo Carrà a sans doute le mieux exprimé ce qui se jouait en Italie entre les deux guerres, avec une floraison de courants et de tendances opposées les unes aux autres, mais mettant en scène l'essentiel de ce qui a pu se formuler dans toute l'Europe. En 1943 sont publiées ses mémoires (*La mia vita*), à la demande de l'éditeur Longanesi, juste avant que l'imprimerie ne fût bombardée par les Alliés.

33 *Quel fut l'apport des peintres de la* metafisica ?

Giorgio De Chirico (1888-1978), joua un rôle très actif dans la critique d'art. Il a d'ailleurs montré des dons extraordinaires d'écrivain avec *Hebdomeros*, un chef-d'œuvre, et *Une aventure de Monsieur Dudron*, écrit en français en 1945, sans parler de *Mémoires de ma vie*, achevé la même année. De surcroît, il a écrit un grand nombre d'essais sur l'art. Une partie de ces derniers ont été réattribués récemment à sa femme, Isabella Far, qui était critique d'art. Mais il est clair qu'elle les a écrits dans l'espoir qu'ils puissent être, pour la plupart, attribués à son mari. Bon nombre de ces textes n'ont d'ailleurs pas été publiés. Le premier de ces essais, sur Andrea Castagno (1913), écrit en français, est demeuré inédit de son vivant. Chirico a écrit d'autres pages sur l'art ancien, comme « Le sens architectural dans la peinture ancienne », paru dans *Valori Plastici* en 1920, et un an après, dans la même revue, « La manie du XIIe siècle ». La même année, il étudie Raphaël dans *Il Convegno*. Plus tard, il s'est intéressé à un portrait du Tintoret. Et il se fait aussi l'observateur très perspicace du XIXe siècle, s'arrêtant longuement sur Renoir, sur l'impressionnisme dans son ensemble, sur Courbet et enfin sur Gauguin. Parmi ses immédiats prédécesseurs, il se concentre surtout sur le cas de Max Klinger, qu'il a certainement découvert quand il faisait ses études à Munich entre 1906 et 1909. Il a également voulu rendre hommage à Previati, un grand artiste qui n'a pas eu la reconnaissance qu'il méritait. De plus, il a rédigé une longue description des collections de la Galleria d'Arte Moderna de Rome en 1919. De ses contemporains, il n'a jamais parlé que d'Armando Spadini à l'occasion de sa mort en 1925 et de Vincenzo Gemito en 1941. Bien sûr, il ne faut pas oublier les textes qui ont accompagné l'aventure de la *metafisica*, dont les premiers ont été écrits en français bien que rédigés à Ferrare en 1918, mais qui n'entrent pas à proprement parler dans le registre de la critique.

Son frère cadet Andrea, qui a pris le pseudonyme d'Alberto Savinio (1891-1952) a été connu très jeune à Paris comme pianiste virtuose et compositeur iconoclaste. Par la suite, il a fait des traductions (Brantôme et Maupassant) et il a commencé à écrire des livres de fiction, dont le premier, *Hermaphrodito* (1918) est sa première contribution à la *metafisica* imaginée par Giorgio De Chirico. Il se consacre lui aussi à la peinture, dans un esprit proche de ce dernier, mais avec un langage et une technique bien spécifiques, contrairement à ce qu'a pu déclarer Breton qui affirmait que leurs tableaux étaient indiscernables. Savinio est l'auteur d'un nombre considérable d'articles et d'essais, qui touchent à toutes sortes de domaines, de la philosophie au théâtre (il a écrit un nombre conséquent de pièces) et à la musique ou au cinéma (il a longtemps collaboré au *Corriere del cinema*), de la littérature à l'actualité politique ou sociale, et parfois même aux faits de la vie quotidienne. Ce que prouvent des ouvrages comme *Sorte dell'Europa* (1945) et surtout *Nuova enciclopedia* (*L'Encyclopédie nouvelle*) publiée après sa mort en 1977, mais préparée par ses soins, et *Torre di guardia* (1977), qui recueille tous les articles ayant figuré dans cette revue. De plus, Leonardo Sciascia et Franco De Maria ont rassemblé en un volume tous ses textes dispersés écrits entre 1943 et 1952 (1989).

Aussi curieux que cela puisse paraître, il a très peu écrit sur la peinture et, plus généralement, sur les arts plastiques. Pour ce qui est de sa propre peinture, il n'a jamais écrit, à ma connaissance, que « La mia pittura », paru en 1940 et réédité en 1949 dans *Galleria*. Pour le reste, à part une brève « Préface à dix lithographies de Fabrizio Clerici », publiée en 1942, il a donné un article sur une exposition de sculpture du XIVe siècle en 1946, il parle de « La dernière statue de Martini » dans le *Corriere della Sera* en 1947 et, en 1949, il écrit dans le même journal un article intitulé « La beauté est morte depuis au moins quatre-vingts ans », se souvenant d'une exposition d'art soviétique montée à Vienne avant la guerre et des œuvres présentées dans le pavillon allemand de la Biennale de Venise en 1941, soulignant leur similitude formelle. Et à quelqu'un qui lui demandait où était la beauté à propos d'une sculpture « tactile » vue dans *Réalités nouvelles*, il a répondu que la beauté était morte depuis longtemps, dans l'art, mais aussi « dans la vie en général et même dans la vie morale ». Quand son interlocuteur lui rétorque : « Alors tout est laid ? », il lui apporte cette réponse : « Non, parce qu'en même temps que la Beauté mourait, mourait aussi la laideur. » En 1979, l'éditeur Franco Maria Ricci a publié en italien un florilège d'essais de Savinio (repris en français en 1992), dont un seul concerne la peinture : « La peinture des cinquante dernières années », où il évoque la visite de deux Biennales à Venise, celle de 1907, avec Michetti, De Carolis, Sartorio, et celle de 1940, où il a pu passer en revue les artistes issus du groupe *Novecento*. Dans la dernière partie de cet essai, il revient sur la question du cubisme et des autres avant-gardes qu'il a pu connaître, de la métaphysique au surréalisme. Il termine son tour d'horizon par des considérations assez pessimistes sur l'état de la pratique picturale, et y discerne de l'amertume – amertume qu'accepte la bourgeoisie éclairée. Et il prédit avec une ironie drôle qui lui est propre : « ... le goût de l'amertume se propageant sans cesse, l'art moderne prend une extension qui ne s'arrête plus à Milan, mais gagne Gênes et Turin, descend à Florence et à Rome, arrivera bientôt à Naples et en Sicile, atteindra Tripoli, et au-delà. » Enfin, il rend hommage à Apollinaire pour son œuvre critique : « Théoricien et historien du cubisme, le poète Guillaume Apollinaire résolvait le problème de la critique d'art avec humour et désinvolture. » Et il élargit la question : « L'amitié et la collaboration entre poètes et peintres, de Baudelaire à Apollinaire et à Cocteau, a élevé la peinture à plus de délicatesse et de fantaisie, l'arrachant aussi à ce qu'il y a de petit et de triste dans le métier. Cette tradition sympathique se poursuit aussi en Italie, et De Libero, Montale, Ungaretti sont les "voix" amies des peintres. »

34 *En quoi Mario Sironi se distingue-t-il des autres artistes qui font de la critique d'art ?*

De tous les artistes qui se sont adonnés à la critique d'art, Mario Sironi (1885-1961) n'a pas été le moins prolixe ! Il a quitté sa Sardaigne natale pour Rome et y a étudié à l'université. Puis il s'est inscrit à la Scuola Libera del Nudo dell'Accademia. Il a alors fait la connaissance de Giacomo Balla, ce qui lui a donné l'occasion de rencontrer les autres artistes futuristes. Il se rallie à leurs idées après la création du groupe en 1910. Après la guerre, il a rejoint en 1919 les rangs très clairsemés de la *pittura metafisica* pendant trois ans. En 1922, il est parmi les premiers à prôner le « retour à l'ordre ». Il a aussi adhéré au fascisme très tôt et en est resté un irréductible partisan jusqu'à la chute de la République sociale en 1945. Il a d'ailleurs contribué à l'organe du PNF (parti national fasciste), *Il Popolo d'Italia*, fondé par Mussolini, et à la *Rivista d'Italia*, avec des caricatures politiques. Il est un des membres du groupe d'artistes réuni par la critique d'art Margheritta Sarfatti, alors maîtresse du Duce, le *Novocento*. Mario Sironi participe à l'exposition du Xe anniversaire de la révolution fasciste à Rome en 1932. Bien qu'étant un champion d'un art renouant avec la grande tradition, il n'en a pas moins été un peintre innovateur et d'un talent indéniable. De plus, l'artiste s'est beaucoup consacré aux arts décoratifs, réalisant un grand nombre de peintures murales.

Presque aucun domaine de l'art ne lui est indifférent. Il a fait de brillants articles sur les grands maîtres du passé, comme Titien et le Corrège, sur ses précurseurs, comme Angelo Morbelli (1853-1919) et sur ses contemporains (le grand sculpteur Adolfo Wildt, Viani, Carrà, Achille Funi (1890-1972), A. Bucci, Bernasconi, Arturo Martini, Boccioni, etc.). Le peintre a rendu compte de nombreuses expositions, de la Biennale de Venise aux expositions du syndicat fasciste, et aussi d'expositions de galeries privées. Il s'est intéressé aussi aux livres d'artistes, à la décoration murale et surtout à l'architecture. Et enfin Sironi a rédigé la préface de bon nombre de catalogues d'expositions. Ses premiers écrits ont concerné le futurisme et ensuite la *metafisica*. Il a commencé assez tôt à rédiger des essais de caractère idéologique, quand il a fait partie du cénacle du *Novecento*. Il publie avec plusieurs amis peintres – F. T. Marinetti, Carlo Carrà, Mario Carli, Achille Funi, Armando Mazza, etc. –, un « Hommage à Mussolini de la part des poètes, romanciers et peintres » dans *Il principe*, quand celui-ci devient président du Conseil, qui proclame : « Nous sommes sûrs d'avoir en Mussolini l'Homme qui saura évaluer avec justesse les forces de notre Art dominant sur le monde. » En 1928, il a signé un article sur l'exposition du concours national pour la décoration de la maison populaire, soutenant les efforts du régime pour améliorer le sort de la classe laborieuse. Quatre ans plus tard, en l'An X de l'ère fasciste, à l'occasion de la grande exposition de la révolution fasciste à Rome, il a exalté les principes généraux de l'action du régime pour une architecture moderne. Il a condamné les traditionalistes et a incité à un « certain modernisme ». L'année d'après, il est revenu sur ce point dans « Architecture et art ». Il a refusé l'idée reçue selon laquelle l'architecture nouvelle était issue du cubisme, a réfuté le machinisme futuriste et a souligné la nécessité d'un « esprit latin ». Il a ajouté qu'il ne veut pas d'une « architecture de clinique » (celle du rationalisme pur), mais qu'il souhaiterait des interventions nombreuses de peintres et de sculpteurs à l'extérieur et à l'intérieur des bâtiments. Il a exprimé le désir que la division des arts soit le plus possible abolie – ce que l'on voit de plus en plus sous le régime fasciste, avec les mosaïques, les peintures murales, l'ornementation des façades, les vitraux, etc. Sironi a lui-même participé à beaucoup de ces grands travaux comme, par exemple, le Palais de Justice de Milan. Mais il n'a somme toute pas de conception précise et dogmatique de l'architecture moderne. L'artiste a poursuivi sur ce sujet en 1934 avec « Monumentalité fasciste ».

Les convictions politiques de Mario Sironi, qu'il a affichées à toutes les occasions qui se présentaient, ne se sont pas beaucoup affirmées dans ses toiles ni même dans ses « fresques », qui se révèlent souvent très poétiques et mélancoliques –, ce qui est presque en contradiction avec l'idéologie révolutionnaire du fascisme ! Après la Libération, il a connu une mise à l'écart et a produit souvent de petites œuvres. Mais ce rejet ne l'a pas empêché de se lancer dans une polémique contre l'art informel.

D'autres artistes de la péninsule ont publié des livres de mémoires, comme Paolo Bucci, Lorenzo Viani, Primo Conti, Ottone Rosai (entre autres) où – cela va de soi – ils parlent de leurs contemporains et de leurs combats artistiques. Enfin, de nombreux futuristes ont trempé leur plume dans l'encrier pour défendre leurs positions esthétiques, comme l'a fait Umberto Boccioni (1882-1916) avec *Peinture, sculpture futuristes* (1914), ou encore Fortunato Depero (1892-1960), qui est l'auteur de nombreux textes sur la composition typographique et l'art publicitaire, dont il a été le plus prestigieux représentant.

35 *Quel a été le double jeu de Roberto Longhi entre l'art ancien et l'art de son temps ?*

L'histoire de l'art, sous l'impulsion de grands auteurs étrangers, comme Wölfflin, Riegl, Berenson, qui a longhtemps vécu à Florence, a connu une évolution notable en Italie. Le plus célèbre de tous a été Roberto Longhi (1890-1970). Originaire d'Alba, dans le Piémont, il a effectué un voyage dans toute l'Europe entre 1920 et 1922 pour en visiter les musées. Ce dernier a éprouvé un intérêt prononcé pour la littérature et a principalement écrit sur Baudelaire et Mallarmé. Il s'est passionné pour l'art ancien, mais a aussi étudié l'impressionnisme. En 1914, il avait fait une recherche en comparant *La Joconde* et *Lise* de Renoir, après avoir découvert l'œuvre de ce dernier à Venise deux ans plus tôt. Mais le fait le plus extraordinaire pour celui qui allait devenir un des plus grands historiens d'art ancien de son temps est l'intérêt qu'il a porté à Umberto Boccioni et aux futuristes en 1914 (il a d'ailleurs été le seul !). Il a écrit en 1913 pour la revue florentine *La Voce* un article intitulé « Les peintres futuristes », où il considère que les futuristes italiens ont dépassé les cubistes. Il y fait l'éloge d'Ardengo Soffici et trouve une conclusion assez drôle : « L'Art ! Si à ces philistins était concédé de croire que je ne veux pas le définir : le contrôle administratif de la vie ? » Un an plus tard, il achève une monographie sur Umberto Boccioni, qui est publiée par les éditions de la revue. Après avoir expliqué le passage du postimpressionnisme au futurisme, il examine avec une infinie patience et une grande sagacité quelques-unes de ses sculptures et met l'accent sur la manière de restituer le mouvement et le dynamisme physique par la spirale et l'ellipse. C'est une merveille d'analyse, qui démontre à quel point l'art contemporain l'a profondément touché.

En 1922, il est nommé lecteur à l'université de Rome. Il va dès lors se mettre à collaborer à des revues spécialisées comme *Vita artistica* en 1926 – il en prend la direction un an après. Il est nommé professeur à l'université de Bologne et fait paraître son premier grand livre, *L'officina ferrarese*. Il publiera ensuite un *Piero della Francesca*, qui l'a rendu très connu en dehors du monde académique. Au milieu des années 1930, il s'est rapproché de l'art contemporain, et signe une monographie sur Carlo Carrà en 1937. Il se lie alors d'amitié avec Giorgio Morandi. Entre 1938 et 1940, il codirige la revue *La Critica d'Arte*. C'est en 1939 qu'il a décidé de s'installer à Florence. Quatre après, il a quitté sa chaire de l'université pour ne pas prêter serment d'allégeance à la République sociale italienne. Entre 1947 et 1948, il a collaboré à *Arte veneta*. À partir de 1948, il a organisé plusieurs expositions, dont une consacrée à Giuseppe Maria Crespi à la Pinacothèque de Bologne et une autre au Caravage et aux caravagesques à Milan en 1951. Il a poursuivi son enseignement à Florence et a réalisé des documentaires sur différents artistes, dont Carrà. Il a préparé la publication des cinq tomes de ses œuvres complètes en 1960.

36 *Quel a été l'apport de Lionello Venturi en ce qui concerne l'histoire de la critique d'art ?*

Lionello Venturi (1885-1961) est lui aussi un historien de l'art de premier plan. En 1910, il est nommé inspecteur des musées de Venise et, l'année suivante, de la Galleria Borghese de Rome. Puis il est directeur du musée national d'Urbino. Il a écrit *Giorgione et le giorgionisme* en 1919 et un autre essai sur *La Critique et Léonard de Vinci* ; son *Goût des primitifs* a paru en 1926. Après avoir soutenu sa thèse sur Eugène Fromentin, il a obtenu la chaire d'histoire de l'art à l'université de Turin, où il a enseigné jusqu'en 1931.

Comme Longhi, tout en poursuivant ses recherches historiques, Lionello Venturi a beaucoup écrit sur des peintres modernes : *Modigliani* en 1930, *Cézanne et les impressionnistes français* en 1936, *Archives de l'impressionnisme*, deux volumes, en 1939, *Rouault* en 1940, *Chagall* en 1945, et des essais sur Severini et d'autres artistes italiens et étrangers. Refusant de prêter serment au régime fasciste, il s'exile à Paris puis émigre à New York en 1939, après y avoir fait plusieurs séjours. Il a publié *Pretesti di critica* en 1929, puis *Cézanne* (deux volumes, 1936) et *Archives de l'impressionnisme* (1939). Il a aussi fait paraître en 1936 son *Histoire de la critique d'art*, ouvrage majeur, incontournable et jamais surclassé depuis lors, et qu'il n'a pas eu le temps d'augmenter avant sa disparition. Il a paru en Belgique en 1938, puis à New York et enfin en Italie en 1946. Il a professé à la Johns-Hopkins University et à l'université de Mexico en 1943. De retour en Italie, il a retrouvé une chaire à l'université de Rome (1945-1955) et a été invité à la Columbia University. Il a continué à développer une pensée inspirée par le concept de goût comme élément subjectif de la culture figurative, *a contrario* du *Kunstwollen* d'Aloïs Riegl. Il a publié en 1948 dans son pays deux grands ouvrages : *Come si guarda un quadro : da Giotto a Chagall* (déjà édité en langue anglaise). En 1951, il termine *Premesse teoriche dell'arte moderna* et fait paraître, en 1958, *Pittori italiani d'oggi*. À noter qu'il a, tout comme Longhi, collaboré à la belle revue publiée par le peintre abstrait Adriano Parisot entre 1954 et 1964 à Turin, *I 4 Soli*.

37 *Quel a été l'esprit de la critique d'art italienne sous le fascisme ?*

Longhi et Venturi, ces deux figures majeures de l'histoire de l'art en Italie sont parvenues à concilier leurs recherches fondamentales sur la Renaissance, des études sur les métamorphoses esthétiques du XIXe siècle français et l'étude des artistes de leur temps. Pendant toute cette période, les critiques d'art, dans le sens plus étroit du terme, ont joué un rôle assez mineur.

Une femme toutefois se distingue et a laissé sa marque sur l'art italien : Margherita Sarfatti (1880-1961). Née à Venise, issue de la richissime famille juive, les Grassini, elle a épousé un membre influent du Parti socialiste italien, Cesare Sarfatti. Les jeunes mariés se sont fixés à Milan en 1922. Alors qu'il est devenu l'avocat du parti, elle s'est lancée dans le journalisme et a tenu un salon fréquenté par l'intelligentsia et les artistes, surtout les futuristes. Elle a tenu la chronique des arts dans l'*Avanti*, organe du PSI. Fascinée par la personnalité de Benito Mussolini, elle l'a aidé à fonder son propre journal en 1914, *Il popolo d'Italia*, et l'a financé. Elle a adhéré au fascisme après la guerre. Directrice de la revue *Gherarchia*, elle s'est fait le porte-parole d'une révolution culturelle véhiculée par cette idéologie et s'est ralliée aux principes du « retour à l'ordre ». Elle s'est activement employée à rassembler un groupe d'artistes qui partageaient ses idées, comme Sironi, le triestin Pietro Marussig (1879-1937) Achille Funi (1890-1972), Leonardo Dudreville (1885-1976), Anselmo Bucci (1887-1956), le Milanais Gian Emilio Malerba (1880-1926), et l'a baptisé *Novecento*. Elle a organisé une première exposition à Milan, inaugurée par Mussolini, désormais chef de l'État, dont elle était devenue la maîtresse. L'allocution qu'il a prononcée à la Galleria Pesaro en mars 1923 et reprise dans son quotidien, est d'une importance capitale car il a insisté sur le fait que le pouvoir politique n'a pas à gouverner les arts :

> Moi, je me sens de la même génération que ces artistes. J'ai pris un autre chemin ; mais je suis moi aussi un artiste qui travaille une certaine matière et a poursuivi certains idéaux déterminés. Il n'y a pas de doute que le *Novecento* marque un point décisif dans l'histoire de l'Italie moderne. [...] Loin de moi l'idée d'encourager quelque chose qui puisse être assimilé à un art d'État. L'art appartient à la sphère de l'individu.

L'année qui suit, Margherita Sarfatti, dans le catalogue de la Biennale de Venise, a d'abord voulu mettre en avant la liberté de pensée et de création de ses membres : « Chacun d'entre eux apporte à l'art une vision personnelle, mais, en dépit de la variété des tempéraments et des convictions individuelles, ils aspirent à s'accorder sur une unité essentielle. » Après avoir eu la responsabilité de la section italienne de l'exposition des Arts décoratifs de 1925 à Paris, elle a organisé une seconde exposition en 1926, ouverte à un plus grand nombre de peintres et de sculpteurs, dont Adolfo Wildt (1868-1931), Ubaldo Oppi (1889-1942), Arturo Tosi (1871-1956). Mussolini est venu faire un discours lors de l'inauguration à la Triennale de Milan de la première exposition portant le nom de *Novecento* et a précisé que sa conception de l'art est « loin de toute raison de mode, de succès et d'école... »

Entre-temps, elle publie, en 1925, *Dux*, une apologie sans réserve du dictateur, qui a connu un succès international, et aussi un ouvrage sur l'art, *Segni, colori e luci, note d'arte*. Elle prépare une nouvelle exposition de son mouvement en 1929 au Palazzo della Permanente à Milan. Elle est fière de voir que des invitations lui sont arrivées de plusieurs villes d'Europe et même au-delà, puisqu'elle est, par exemple, conviée à présenter l'exposition à Buenos Aires en 1930. Mais son déclin s'amorce en 1932 après sa rupture avec Mussolini, dont elle est demeurée la conseillère jusqu'en 1934. À cause des lois raciales de décembre 1938, elle doit s'exiler en Uruguay. De retour en Italie en 1947, elle s'est surtout attachée à écrire ses mémoires.

En dehors de cette femme au tempérament de feu, les critiques d'art ont tenu une place secondaire dans l'histoire de cette période, sans doute parce que les artistes les ont remplacés dans une large mesure, beaucoup se révélant des auteurs de premier plan. Comme Mussolini a tenu sa promesse et n'est jamais intervenu, dans l'espoir de convertir les artistes aux thèses fascistes, une grande liberté d'expression a pu se développer dans tous les arts – à partir du moment où il n'était pas question d'opinions politiques.

38 *De quelle manière les écrivains ont-ils regardé les arts de leur époque ?*

Si la critique d'art se résume pour l'essentiel au journalisme, en revanche, les écrivains se sont montrés très réceptifs aux créations artistiques qui voient le jour dans leur pays. De toute évidence, Filippo Tommaso Marinetti est le grand précurseur puisqu'il a « inventé » le futurisme en 1909 en première page du *Figaro*. Mais s'il a eu une activité poétique, romanesque, théâtrale, énorme, s'il a écrit plusieurs livres politiques, s'il a organisé une foule d'événements et d'expositions, s'il a prononcé des discours, rédigés des manifestes et des proclamations et fait des lectures sans nombre, diffusant le futurisme dans toute l'Europe jusqu'en Russie, son œuvre critique est assez mince. Il a néanmoins écrit de petits comptes rendus d'expositions d'artistes futuristes de la seconde génération, ou a parlé d'expositions futuristes en province, vantant les qualités de son épouse, Benedetta, elle-même peintre, dans sa poésie.

Emilio Cecchi (1888-1966), romancier de talent, essayiste, auteur de livres de voyage, est l'exemple de ces hommes de lettres passionnés par les arts. En 1901, il a lu la *Storia della pittura in Italia* de Cavalcaselle et Crowe. Sa rencontre avec Giovanni Papini deux ans plus tard est déterminante, et il a subi l'influence de G. A. Borgese, de Soffici et de Giuseppe Prezzolini. C'est alors qu'il a commencé à écrire dans la revue *Leonardo* dès 1903, sur la musique. Peu après, Cecchi a écrit des articles sur les expositions dans le quotidien florentin *Il Nuovo Giornale*, et il a discuté avec brio des tableaux d'Adolfo De Carolis et de Giovanni Costetti dans les pages du *Leonardo* (*Tre anime*). Si la littérature et la philosophie ont été au centre de ses intérêts, et si la musique a tenu une place privilégiée dans son histoire personnelle, l'art n'est jamais absent de ses préoccupations : il a écrit dès 1912 *Note d'arte a Valle Giulia*, a publié en 1926 un livre intitulé *Pittura dell'Ottocento*, qui a été loué par Eugenio Montale, et plusieurs livres sur l'art de la Renaissance et sur les *Macchiaioli*. Il a composé un petit ouvrage sur Oppo, l'un des protagonistes du mouvement Novecento, et a d'ailleurs eu un sentiment double à son égard, d'abord favorable, puis hostile. En 1949, il a réuni ses textes dans *Saggi e prosa d'arte*. Enfin, en 1960, il a fait paraître ses *Piaceri della pittura*. Il faut se rappeler qu'il a été l'ami de Bernard Berenson. Son cheminement de critique d'art a été semé d'embûches : en 1935, on lui a retiré le prix remis par la Quadriennale di Roma parce qu'il n'était pas inscrit au parti fasciste. Peu après, le voici radié du syndicat des journalistes, ce qui le force à l'exil.

Le grand poète Giuseppe Ungaretti (1888-1970) a été très jeune attiré par les mouvements d'avant-garde, à commencer par le dadaïsme – il a d'ailleurs écrit une *Histoire de dada* – et le futurisme et, ensuite, le surréalisme. Quand il a séjourné à Paris, il a connu Apollinaire et a eu des relations étroites avec Boccioni, Soffici et Modigliani. Et il a connu les années suivantes Tzara, le peintre futuriste Enrico Prampolini et Savinio. Si la peinture a joué un rôle essentiel dans sa vie, il a relativement peu écrit à son propos. Mais l'on trouve dans *Vie d'un homme* plusieurs articles, dont « Pittura, poesia e un po di strada » (1919), où il a évoqué une discussion chez Apollinaire sur un tableau et une visite au Salon d'Automne avant la guerre ; et une autre critique du Salon sort peu après. En 1925, il a fait paraître dans le périodique romain *Nuovo Paese* intitulé « Pittura cosmopolita », un article sous la forme d'une lettre adressée à Soffici, où il lui répond sur ce qu'il a pu dire du peintre Campigli : « Dis-moi, très cher ami, c'est donc vrai que tout ce qui depuis trois ou cinq lustres était considéré de l'art très moderne, c'est-à-dire cosmopolite [...] ne fut qu'une équivoque à oublier ? » Ungaretti y a cité les noms de Picasso, Chirico, Modigliani, Spadini, Carrà et Derain. Et il s'y est demandé si Campigli n'avait pas été influencé par les « obsessions charnelles de Picasso (elles existent déjà chez Renoir), par les perspectives hallucinantes d'un Chirico, par les éléments stylistiques retrouvés, au prix de longues veilles de passion, par un Carrà, etc. » Le poète alexandrin a fait le bilan du futurisme en 1927, a discuté le pour et le contre du mouvement, puis a écrit en 1933 « Poésie et peinture », reprenant l'idée de Léonard de Vinci sur la supériorité de l'art sur la littérature car la peinture n'a pas besoin du langage. Enfin, il a fait paraître « Caractères de l'art moderne » en 1935, où il a rejeté le lieu commun de la nécessité sensorielle de la peinture pour louer l'expression de l'esprit, qu'il a reconnue dans la peinture métaphysique de Chirico et de Carrà. Pour lui, les tableaux avec les mannequins énigmatiques ont pu faire croire à une « jeunesse spirituelle renouvelée ». Dans ses portraits d'écrivains, de Guillaume Apollinaire à Allen Ginsberg, il a curieusement introduit celui de l'artiste Jean Fautrier. Enfin, dans un discours prononcé à l'UNESCO en 1955, il a évoqué les « mutations de langage » dans l'art. Il reconnaît avoir été impressionné par « un Rouault, un Matisse, un Picasso, un Boccioni, un Braque, un Carrà, un Klee, un Kubin, un De Chirico, un Severini, un Kandinsky, un Scipione, un Modigliani, un Soutine, un Morandi et tant d'autres ». Et de mettre l'accent sur la « valeur poétique » de l'œuvre, qui ne tient pas au sujet mais se manifeste dans « la force de sentiment et de fantaisie ».

Le prix Nobel de littérature Eugenio Montale (1896-1961), en plus d'être un grand poète, a joué un rôle considérable dans l'édition grâce à ses écrits critiques et ses conseils – c'est lui qui a fait publier les romans d'Italo Svevo. De surcroît, il a été un passionné de musique. Ses articles ont été réunis après sa mort sous le titre *Prime della Scala* (1981). Mais Montale a eu un regard pénétrant sur la peinture, ce qui transparaît dans *Nel nostro tempo* (1972). Il s'agissait pour lui de comprendre la nature du lien que les artistes contemporains pouvaient entretenir avec un monde en pleine transformation. Six ans plus tôt, ses articles sur l'art et la littérature avaient été réunis aux éditions Il Sagiattore. Il a vivement exhorté les critiques d'art à suivre les pas de Paul Valéry.

VI
Les États-Unis

39 *Quel a été l'apport de Gertrude Stein et de son frère Leo à la culture artistique américaine ?*

L'art américain, si l'on met à part le cas de Whistler et de rares artistes convaincus qu'on pouvait s'aventurer dans une forme artistique moins conventionnelle que celle pratiquée aux États-Unis, est encore une affaire issue de la vieille Europe. Il en va de même pour la critique d'art, dans le sillage d'Henry James qui a parlé des salons parisiens et de l'art à Londres.

Gertrude Stein (1874-1946) a été une pionnière en la matière. Après avoir suivi ses études au Radcliffe College (Harvard), où elle est l'élève de William James, frère de l'écrivain, qui a eu une grande influence sur elle avec ses expériences sur le mécanisme moteur – ce qui lui a suggéré plus tard le concept de « flux de conscience ». La regardant comme une élève brillante, James l'a incité à poursuivre des études de médecine. Elle est entrée à la Johns Hopkins School of Medicine en 1897. Mais elle a quitté l'école au bout de quatre ans après avoir raté un examen, et aussi à cause d'une déception amoureuse avec une étudiante.

Son frère Leo s'étant installé à Londres en 1902, elle se résout à l'y rejoindre puis, l'année suivante, quand ce dernier se rend à Paris pour faire carrière dans la sphère de l'art, elle le suit cette fois encore. Dans leur appartement de la rue de Fleurus, meublé dans le style Renaissance, ils s'empressent de tenir salon et commencent une collection ensemble. Ils achètent des œuvres surtout chez Ambroise Vollard et s'entichent de Paul Cézanne. On peut considérer que le premier livre de Gertrude Stein, *Three Lives*, publié en 1909, a été influencé par ce peintre dans sa construction formelle. Ils font aussi l'acquisition de toiles de Delacroix, de Renoir, de Daumier, de Toulouse-Lautrec, sans négliger des artistes plus contemporains, comme Bonnard, Picasso, Braque, Henri Manguin (1874-1949), pour ne citer qu'eux. Elle déclare que Matisse a été à l'origine de son salon du samedi.

Mais bientôt des divergences se font jour entre le frère et la sœur, sans doute à cause de la liaison de Gertrude avec Alice B. Toklas. Leo décide de diviser leur collection, chacun poursuivant la sienne. Ils se répartissent les Cézanne, Leo conservant les seize Renoir et la plupart des peintures de la fin du XIXe siècle, alors que Gertrude conserve tous les Picasso à l'exception d'un dessin. Leo finit par déménager en 1914. Leur rupture est définitive. Il continue d'acheter des œuvres d'art et développe une activité critique. Dans *Appreciation : Painting, Poetry and Prose*, il mêle des essais sur l'art et la poésie mais aussi des souvenirs, dont l'épisode de la rue de Fleurus.

Gertrude, quant à elle, continue de recevoir des artistes tels que Matisse, Picasso – qui a fait son portrait dans le style cubiste –, Juan Gris, Georges Braque et Francis Picabia, mais aussi des hommes de lettres, comme Apollinaire, René Crevel et ensuite Ernest Hemingway – il a longuement évoqué les soirées chez elle dans *Paris est une fête* –, Sinclair Lewis, Scott Fitzgerald et Sherwood Anderson, parmi tant d'autres visiteurs illustres. En 1909, elle publie un article sur Matisse dans la revue d'Alfred Stieglitz, *Camera Work*, puis un autre sur Picasso, dans son style inimitable qui n'est pas celui de la critique d'art mais plutôt une prose expérimentale – ici cependant parfaitement lisible. Elle y explique plus le mouvement de la pensée de l'artiste que les apparences physiques de son œuvre ou ses visées théoriques. La même année et dans la même revue, elle écrit également des articles sur Picasso et sur Braque. Puis elle signe un petit texte sur Lipschitz en 1926.

En 1933, paraissent deux de ses ouvrages radicalement opposés dans la forme et le style : l'*Autobiographie d'Alice Toklas*, où elle raconte son existence par l'intermédiaire de sa compagne en suivant les usages d'une écriture traditionnelle, et *Matisse, Picasso and Gertrude Stein with Two Shorter Stories*, qui est un exemple de sa prose expérimentale, sans doute l'un de ses livres les plus audacieux dans son écriture. L'ouvrage commence ainsi :

> Il ne l'a pas fait et tous ne l'ont pas fait et aucun d'entre eux ne pouvait voir qu'une couleur qui était assez séduisante pouvait être une couleur qui est très séduisante et certains d'entre eux s'ils le veulent le feraient de nouveau verraient de nouveau la couleur qu'ils avaient vue et l'un d'eux qui faisait très bien ce qu'il faisait n'a pas été tué et il a été assez blessé pour ne pas pouvoir marcher quand on l'emporta.

Cinq ans plus tard, elle fait paraître un petit ouvrage sur Picasso qui n'est pas une monographie mais l'exposé de la vision qu'elle a de son art et qui est d'une rare efficacité. En 1923, elle avait déjà écrit *If I told him : A Completed Portrait of Picasso*, qui est à la fois un portrait à sa manière et une traduction dans le texte de l'esprit du peintre.

En réalité, on ne peut pas dire que Gertrude Stein ait accompli un travail critique au sens propre du terme, mais sa collection comme les écrits sur l'art ont joué un rôle déterminant pour la diffusion de l'art moderne dans son pays. Et plus tard, dans tout le monde occidental.

40 *Comment Ezra Pound a-t-il vécu sa relation avec les arts ?*

Ezra Pound (1885-1972) fait partie de ces grands expatriés volontaires de la littérature anglo-saxonne qui ont fini leurs jours en Italie. En 1908, il arrive à Londres et y reste jusqu'en 1920, faisant des incursions fréquentes à Paris et en Italie – il publie son premier recueil poétique en 1908, *A Lume Spento*. En dehors de la poésie, il s'intéresse à toutes sortes de questions, comme l'économie, l'histoire littéraire, la culture extrême-orientale ou la politique. Quand il vivait à Rapallo, sous le fascisme, il a travaillé pour la propagande du régime à la radio, y lisant des bulletins très vindicatifs et assez délirants, ce qui lui a valu d'être enfermé dans une cage éclairée jour et nuit puis d'être placé dans un hôpital psychiatrique, St. Elizabeth, où il a reçu quelques poètes américains. Son œuvre est celle d'un immense érudit, et la poésie des *Cantos* est nourrie de ses connaissances vertigineuses.

C'est sa rencontre avec Wyndham Lewis et les membres du groupe vorticiste de Londres auquel il adhère en 1914 qui le fait se rapprocher des arts plastiques. Il a également noué une grande amitié avec le sculpteur français Henri Gaudier-Brzeska, mort dans les tranchées en 1915, sur lequel il écrit un an plus tard une monographie éblouissante, publiée d'abord à Londres. Sinon, il n'a guère parlé des artistes : il a écrit quelque chose sur le Vortex pour la revue *The Egoist* et un petit morceau sur Wyndham Lewis. C'est seulement en 1955 qu'il écrit un nouveau livre, sur le sculpteur Constantin Brancusi – un chant du cygne assez superbe.

41 *Quelle a été la contribution d'Alfred Stieglitz à la naissance d'une critique d'art spécifiquement américaine ?*

Très tôt passionné par la photographie, Alfred Stieglitz (1864-1946) a commencé ses études aux États-Unis et les a poursuivies en Allemagne, à partir de 1881, quand son père, qui était un Juif de nationalité allemande, a décidé d'y retourner. Il entre alors à la Technischen Hochschule Berlin. Il a dû d'abord étudier la chimie pour perfectionner ses connaissances techniques (indispensable pour le photographe d'alors) avant de pouvoir assouvir sa passion pour l'art et la photographie. Il a voyagé en Allemagne, aux Pays-Bas et en Italie, en rapportant de nombreuses prises de vue. Il s'est alors intéressé au picturalisme : de là est sans doute née sa conviction que la photographie était un art. Sa famille est retournée aux États-Unis en 1884, et il est resté seul en Allemagne. Il a continué à se perfectionner. Stieglitz a écrit son premier article en 1887 : « Un mot ou deux sur la photographie amateur en Allemagne », paru dans les pages d'*Amateur Photographer*. Ses clichés sont appréciés et publiés dans des magazines spécialisés. Quand sa sœur est morte, il a dû rentrer à New York, en 1890, et son père l'a aidé financièrement à monter une petite société. Mais se considérant d'abord comme un artiste au sens plein du terme, l'activité commerciale ne l'a pas beaucoup concerné. Il a pu ensuite contribuer à une autre revue, *The American*

Amateur Photographer Magazine, dont il devient corédacteur en chef, participer à des concours et à des expositions. Il est toujours soucieux de mettre en relation photographie et peinture. Il a entrepris de faire un voyage en Europe avec sa nouvelle épouse, visitant la France, l'Italie et la Suisse, puis ils ont passé quelque temps à Londres. Une fois rentré, il est admis au Camera Club of New York et, en 1897, c'est lui qui est chargé de diriger la revue de l'association, *Camera Notes*. La même année, il fait paraître un portfolio d'un choix de ses œuvres argentiques et expose alors en Europe et en Amérique. À l'exemple d'un groupe de photographes allemands, qui ont mis des gravures de Toulouse-Lautrec et de Munch avec leur propre production, il a envie d'exposer des photographes avec des artistes. En 1904, il est retourné en Allemagne pour prendre un grand nombre de contacts et faire des expositions. Quand il est de retour à New York, son ami Edward J. Steichen l'a incité à organiser des expositions et ce fut ainsi que sont nées les « Little Galleries of the Photo-Secession », qui ont ouvert leurs portes en avril 1905. Stieglitz a toujours en vue le projet d'associer la photographie et l'art et, en janvier 1907, il a présenté des papiers d'une jeune femme peintre, Pamela Colman Smith, et l'événement a été couronné de succès. Puis il a présenté les dessins érotiques d'Auguste Rodin. Mais il a connu des problèmes financiers et a du fermer cette galerie. Un an après, la possibilité lui est offerte d'ouvrir une nouvelle galerie sur la Cinquième Avenue, appelée Galerie 291, qui est le numéro de l'immeuble voisin. Un peintre mexicain, Marius de Zayas, l'a secondé dans cette tâche. Tout a commencé par la présentation de jeunes artistes américains d'avant-garde, comme John Marin (1870-1953) et Alfred H. Maurer (1868-1932), une nouvelle exposition de Rodin et une autre de Matisse, mais aussi une exposition d'art africain, des travaux de Toulouse-Lautrec, des xylographies japonaises. Il a aussi accroché à ses cimaises des tableaux de Cézanne en 1910, puis a monté une exposition personnelle de Picasso en 1911. En 1912, il a fait découvrir à ses compatriotes la sculpture de Matisse. Et, en 1915, ce fut le tour de Francis Picabia, qui lui rendra plus tard hommage dans sa revue *391*. Avec un groupe d'amis, Stieglitz a lancé une nouvelle revue, *291*. Quand il ferma la galerie en 1917, après une exposition de Gino Severini, quand l'Amérique s'engagea dans le premier conflit mondial, il avait organisé soixante et une expositions, dont seulement six de photographies. C'était la première fois que la plupart des visiteurs voyaient ces créateurs européens dans le Nouveau Monde.

Avec son énorme travail dans la presse et tout ce que le grand photographe a réalisé dans les deux galeries, il a introduit la modernité dans son pays d'adoption. Et il avait réalisé son rêve : faire de la photographie un art à part entière. Entre 1925 et 1929, ce dernier a dirigé une autre galerie, l'Intimate Gallery, où il a défendu essentiellement des artistes américains, dont Charles Demuth (1883-1935), Paul Strand (1890-1976), Georgia O'Keeffe (1887-1986, devenue sa seconde femme). Et en 1929, loin d'être découragé, Stieglitz a fait sa dernière expérience de galeriste dans un nouveau lieu appelé « An American Place ». Il y a réuni des artistes, constituant un groupe nommé *The Seven Americans*, dont il a fait partie.

Il est alors enfin parvenu à convaincre de grands collectionneurs, comme Leo Stein, mais aussi des critiques perspicaces, comme Paul Rosenfeld (1890-1946), rédacteur en chef de *Seven Arts* (1916-1918) – celui-ci a recueilli dans un volume paru en 1924, *Essays on Fourteen American Modern*, en grande partie redevable à Stieglitz de ce qu'il a découvert –, et des écrivains de valeur, comme le poète William Carlos Williams. Sa revue *291*, aussi confidentielle a-t-elle été, a eu un prestige et une influence énormes. Il a inventé la modernité aux États-Unis par le verbe et par l'action.

42 *Qu'apporte le poète William Carlos Williams à l'essor de la critique d'art en Amérique ?*

Le pédiatre William Carlos Williams (1883-1963) est devenu l'un des grands poètes américains du siècle dernier. Il a publié son premier recueil de poèmes en 1909. Après s'être fait connaître avec plusieurs autres ouvrages de poésie, il a publié en 1923 sa première œuvre de caractère expérimental, *Spring and All*. Il est vivement critiqué par Wallace Stephens et, plus bizarrement, par Ezra Pound, qui n'a pas encore publié les *Cantos* qu'il avait néanmoins commencés en 1917, et par H. D. (Hilda Doolittle, 1886-1961) – il s'était lié avec ces deux derniers poètes quand il a participé au mouvement imagiste. D'autres volumes ont paru par la suite, comme *An Early Martyr and Other Poems* (1935) et un ouvrage rassemblant toute la poésie qu'il avait composée jusqu'en 1938. Entre-temps, il a écrit plusieurs ouvrages en prose : *In the American Grain* (1925) et en 1936 *A Voyage to Pagany* (1928), *White Mule* (1937) et bon nombre de nouvelles. Il a achevé son chef-d'œuvre poétique, *Paterson*, après la guerre, et il l'a fait publier en trois tomes entre 1946 et 1958.

Dès son enfance, William Carlos Williams a subi l'influence bénéfique de sa mère, qui avait fait des études artistiques à Paris. Le jeune garçon s'est d'ailleurs mis à peindre. Au cours d'un entretien, il a confessé : « J'ai toujours voulu être un peintre, et cela m'aurait donné une bien plus grande satisfaction que d'être un poète. » Il s'est rapproché d'un cercle d'écrivains et de peintres baptisés *The Others*, auquel ont participé H. D., Wallace Stevens, Marianne Moore, mais aussi Man Ray et Marcel Duchamp, Joseph Stella (1877-1946), Charles Demuth et Charles Sheeler (1883-1965). Il a fréquenté la Galerie 291 et a pu assouvir sa soif de découvertes artistiques. À partir de 1920, il a créé avec son ami Harley la revue *Contact Magazine*. En 1921, il a songé à appeler une série de textes *Picture poems*. Il a aussi collaboré à *Art News*, *The Black Mountain Review*, *Columbia Review*, *The Freeman*, *The Little Review* et pas mal d'autres publications ; et un nombre conséquent de ses articles ont traité de la question de l'art moderne. Il a commencé par écrire des textes sur le vorticisme et la revue *Blast* – restés inédits de son vivant. Il s'est interrogé sur la peinture française, surtout en examinant son influence sur la littérature, un de ses sujets de prédilection, en 1928 il est revenu sur la question de la peinture dans « The Neglected Artist » et a traité des points comme les rapports entre l'économie et l'art dans une conférence qu'il a prononcée en 1938. Ce n'est d'ailleurs qu'à la fin des années 1930 qu'il s'est employé à écrire sur des artistes et des photographes qu'il avait beaucoup appréciés, comme Walker Evans (1938), Charles Demuth, qui lui avait dédié son chef-d'œuvre de 1928 *I Saw the Figure 5 in Gold* (1939 et 1954), Marsden Hartley (1948), et il a rendu un hommage vibrant à Alfred Stieglitz en 1946. Il a rédigé un important essai en 1951, « The American Spirit in Art » suivi par « In the American Grain » en 1954, et ne s'est penché sur les œuvres d'une poignée d'artistes européens que sur le tard : Picasso en 1950 et Brancusi en 1955.

Il est indiscutable que William Carlos Williams a apporté une contribution déterminante à la genèse de l'art moderne dans son pays. Et jamais son intérêt pour la peinture ne s'est amoindri : son avant-dernier recueil a été intitulé *Pictures from Brueghel and Other Poems* (1962) pour célébrer cette fusion entre l'art et la poésie dont il a tant rêvé.

VII
L'Espagne

43 *Dans quelles circonstances la critique d'art moderne naît-elle en Espagne ?*

Après le long tunnel du XIXe siècle, l'Espagne a pu renaître grâce au *modernismo* en architecture et dans les arts plastiques et appliqués. Une nouvelle critique est née et s'est surtout caractérisée par une curieuse disposition des historiens d'art à s'intéresser à l'art contemporain.

L'exemple le plus célèbre est certainement celui d'Eugenio d'Ors i Rovira (1881-1954), auteur catalan, qui n'a plus écrit qu'en castillan à partir de 1923, bien qu'il ait participé au Noucentisme à Barcelone. Il s'est taillé une réputation internationale avec son étude très contestable sur le baroque (1936). Ses premiers essais ont été consacrés à Goya – une biographie en 1912, puis *L'Art de Goya. Goya, peintre baroque. Goya, peintre européen. Goya, peintre des regards* en 1930. Mais, toujours en 1930, il a publié en français deux études, la première sur Paul Cézanne, la seconde sur Pablo Picasso. Deux ans plus tard, il écrit un livre sur le peintre Mario Tozzi. Ses *Estudios de arte* sont publiés en Espagne en 1932.

José Moreno Villa (1887-1955) a eu une intense activité littéraire et journalistique. Il a été un précurseur immédiat de la « Génération de 27 » sur laquelle il a exercé une grande influence à partir de 1917. Il a aussi été un peintre. Alors qu'il a écrit un nombre considérable de livres, (romans, œuvres philosophiques), l'écrivain a trouvé le temps d'écrire un essai sur Velázquez en 1920 et *La Sculpture coloniale mexicaine* en 1946. En 1948, il a achevé *Lo mexicano en las artes plásticas*. De plus, l'auteur a également parlé de Picasso et de Goya dans *Lleyando a San Juan de la Cruz* (1946).

Le Catalan Sebastià Gasch i Carreras (1897-1980) a été bibliothécaire au Cercle de Saint Luc à Barcelone et s'y est lié d'amitié avec Joan Miró. Il a fréquenté le groupe des *evolucionistes Els* à partie de 1925 et a commencé à écrire dans des revues d'art, comme *L'Amic de les Arts* ou la *Gaseta de les arts*. Il s'est plus particulièrement intéressé à Dalí, à Jean Arp et au Corbusier. Il a signé avec Dalí et Lluis Montanyà le *Manifeste jaune* en 1928 et a participé à la fondation de la revue très éphémère *Full Grocs*. Après la guerre civile, il s'exile en France. Il a publié *Peinture catalane* en 1930, *L'expansio de l'Art català al mòn* en 1953, une monographie sur Joan Miró en 1969 et une autre sur Antonì Tapiès en 1971.

Un autre Barcelonais, Josep Palau i Fabre (1917-2008) a d'abord été un écrivain et un auteur d'essais sur la littérature. Mais il s'est intéressé avec passion à l'œuvre de Pablo Picasso, écrivant un grand nombre d'ouvrages sur lui : *Vides de Picasso : assaig de biografia* (1962), *Picasso* (1963), *Doble assaig sobre Picasso* (1964), *Picasso per Picasso* (1970), *Picasso i els seus amics catalans* (1971), *Para Picasso* (1977), *El « Guernika » de Picasso* (1979), *El secret de les Menines de Picasso* (1981), *Picasso* (1981), *Picasso vivent* (1981), *Picasso, Barcelona, Catalunya* (1981), *Picasso a l'abast* (1981), *Picasso cubisme : 1907-1917* (1990), *Lorca-Picasso* (1996), *Estimat Picasso* (1997), *Picasso dels ballets al drama, 19017-1926* (1999). Avec ce travail colossal, il a contribué à la gloire et à la connaissance du grand peintre dans le monde entier.

Lui aussi catalan, Rafael Santos Torroella (1914-2002) est un poète, frère du peintre Ángeles Santos Torroella, qui amené une intense activité de critique d'art. Il a commencé par écrire sur Salvador Dalí en 1952 – ouvrage suivi trente ans plus tard par *La miel es màs dulce quela sangre : las epocas lorquiana y freudiana de Salvador Dalí* (1981), *Salvador Dalí i el Salò de Tardo, discurs d'Ingrès de l'acadèmic electe Rafale Santos i Torroella* (1985) et un dernier Dalí en 1991. Il a écrit une monographie sur Picasso (1985) puis une autre sur Joan Miró (*35 años de Joan Miró*, 1994) après avoir écrit bon nombre d'articles sur son compte, sur Hans Hartung (1977) et Josep Grau-Garriga (1968), sans parler de ses ouvrages sur des artistes plus anciens, des présentations de catalogue de Marià Llavanera (1880-1927), des essais sur Le Greco, Murillo, Sorolla,

Fortuny, Francisco Miralles, et des ouvrages sur des périodes de l'histoire de l'art ancien ou récent, tel *Del Románico al Pop Art* (1965). Il a été sans aucun doute le critique le plus prolifique de son temps.

Quant à Gaya Nuño (1913-1976), professeur et essayiste, il s'est surtout consacré à l'art ancien, en écrivant des ouvrages sur Velázquez, Zurbaran, Morales, Goya et Murillo. Mais ses recherches sur l'art d'autrefois ne l'ont pas empêché de se pencher sur le cas de Joan Miró, de Picasso et de Dalí, se demandant avec humour « si Picasso et Dalí sont nés jumeaux et du même ventre ».

Rien ne prédisposait José Camón Aznar, ce natif de Saragosse (1898-1979), à s'intéresser à la peinture de son temps : il a d'abord fait des études de droit. Puis il se tourne vers la littérature et enseigne aussi les arts à l'université de Salamanque à partir de 1928, puis à l'université de Saragosse (il a perdu son poste en 1939). Mais il obtient néanmoins une chaire d'art médiéval à l'université de Madrid. Et il a une grande production d'articles et d'essais comme *El Greco* (1950), *L'art depuis son essence*, *le sculpteur Juan de Ancheta*, *Architecture argentique*, *architecture et orfèvrerie du* XVIe *siècle*, *Peinture médiévale en Espagne*, *Vélasquez*, *Peinture espagnole du* XVIe *siècle*, *Michel-Ange*, *Peinture espagnole du* XVIIe *siècle* (1977), *Juan de Echebarría*, *Berruguete*, *Goya* (1980). Mais il s'est également penché sur les grands artistes contemporains, comme le prouve son *Picasso et le cubisme* (1956).

Si l'on évoque la figure de Juan Eduardo Cirlot (1916-1973), poète et essayiste de Barcelone, il a été très influencé par le surréalisme et s'est intéressé de près à l'architecture de Gaudí sur lequel il a écrit un livre en 1950. La même année, Cirlot publie *Salons et abstractions* et, un an plus tard, *La Peinture abstraite*. Son étude sur *Le Style du* XXe *siècle* remonte à 1952. Un de ses livres les plus intéressants est sans conteste *Introduction au surréalisme*. Comme il s'est beaucoup passionné pour l'ésotérisme et la mystique, il a écrit plusieurs ouvrages sur ces sujets, mais n'a pas oublié les arts plastiques en faisant paraître en 1965 *L'Esprit abstrait de la préhistoire au Moyen Âge*. Son dernier livre est *L'Importance de la peinture de Tapiès* (posthume).

On ne saurait clore ce bref panorama sans parler de Joaquim Folch i Torres (1886-1963), qui a été un passionné inconditionnel de l'art catalan, étant un des principaux membres du groupe Noucentiste, et qui a collaboré à *La Voix de la Catalogne*. Folch a été nommé directeur du Musée d'art et d'archéologie de Catalogue en 1920 et a créé le musée de Montjuic qui a ouvert ses portes en 1934. Il a contribué au sauvetage du patrimoine artistique catalan et a été l'artisan de la création de nouveaux musées. Mais le destin a sonné à sa porte : il a été jugé et condamné en 1942 à douze ans de réclusion. Publiant de très nombreux essais sur les arts en Catalogne, il a aussi produit une *Histoire générale de l'art entre 1927 et 1928* et une monographie sur Mariano Fortuny (1871-1949) (1962). Il a néanmoins écrit une monographie sur Martí Alsina (1920) et sur Santiago Marco (1926).

44 *Quels écrivains espagnols ont eu une relation étroite avec les artistes de leur temps ?*

Le Madrilène Ramón Gómez de la Serna (1888-1963) est sans aucune discussion possible le plus grand romancier espagnol du XXe siècle. Il s'est très vite intéressé aux avant-gardes les plus sulfureuses car il publie dès 1909 dans *Prometeo*, la revue qu'il a créée, des textes de F. T. Marinetti. Il a été le grand animateur et aussi le chroniqueur des soirées passées au Café Pombo de Madrid, près de la Puerta del Sol, où est venue toute l'intelligentsia du pays, qu'il a regroupée dans son cénacle, la Sagrada Cripta de Pombo, à partir de 1912. Le peintre José Luis Gutiérrez Solana a exécuté en 1920 un grand tableau intitulé *La tertulia del café de Pombo*. En dehors de la beauté intrinsèque de l'ouvrage, c'est un document irremplaçable pour connaître la vie littéraire et artistique de cette période dans la capitale espagnole.

Ces réunions ont duré jusqu'en 1937. Deux énormes volumes qui en portent le témoignage détaillé et vivant, restent parmi ses plus belles œuvres, demeurées inédites de son vivant. Il a écrit son premier livre sur un artiste moderne, *Picassimi*, en 1929, qui a paru dans la revue *Ismos*. Cela dit, il avait déjà écrit en 1928 un *Goya y la ribera de Maneanares* et, en 1935, il s'est lancé dans *El Greco, el visionario de la pintura* – auquel il ajoute en 1941 un appendice, *Cena con Greco*, publié seul en 1940. En 1938, il a l'idée de faire paraître un livre sur le peintre et écrivain portugais ami de Fernando

Pessoa, José de Almada Negreiros (1893-1970). Puis il s'est confronté à l'œuvre picturale de José Luis Gutiérrez Solana (1885-1945).

En 1943, il est revenu à l'art ancien avec une biographie, *Don Diego Velázquez*. Trois ans plus tard, il fait la biographie de Juan Gris. De plus, il a rédigé en 1940 un livre fascinant de réflexions sur le devenir de l'art qui s'intitule *Museo de reproducciones*, où il a relaté une visite dans un musée de sculptures en six étapes correspondant à six salles.

Romancier tout aussi prolifique et talentueux que Gòmez de la Serna, Max Aub, de son vrai nom Max Aub Mohrenwitz (1903-1972), est né à Paris d'un père allemand qui s'exile en Espagne en 1914 avec sa famille. Il fait la connaissance de Pablo Picasso à Paris en 1937 quand il est envoyé par le gouvernement républicain pour faire la commande à Pablo Picasso du tableau *Guernica* destiné au pavillon espagnol de l'Exposition universelle. De cette rencontre est certainement née l'idée de son roman *Jusep Torres Campalans* paru en 1958. En effet, cette fiction raconte la vie imaginaire d'un peintre catalan. Bien sûr, le grand paradigme de cette histoire est Picasso, mais aussi certains de ses plus illustres amis, comme Juan Gris. L'ouvrage est construit comme une biographie détaillée, avec des documents, des témoignages, des personnages tout à fait réels, et avec des reproductions des tableaux de ce maître imaginaire. On y trouve d'ailleurs le fac-similé du catalogue de son exposition rétrospective qui aurait dû se tenir à la Tate Gallery de Londres en 1942, mais qui n'a pas eu lieu à cause d'un terrible bombardement. Après ce drame qui a coûté la vie au commissaire britannique de cette exposition, H. C. Town, il décide de ne plus peindre et ne fait plus qu'écrire dans de petits carnets verts. Quand le livre est sorti, bien des lecteurs ont cru qu'il s'agissait d'une biographie bien réelle et des bibliothèques en ont fait l'acquisition en prenant cette vie imaginaire pour argent comptant. Mais, même s'il s'agit d'un roman qui s'inspire directement de la vie artistique qu'il a connue, Max Aub y a apporté tant de connaissances de première main du petit monde de l'art moderne du début du XXe siècle que sa création peut aussi être regardée comme un documentaire sur la vie artistique parisienne à l'ère du cubisme. Ce fut une géniale mystification littéraire et une belle parodie de la critique d'art.

VIII
Dans le reste de l'Europe…

45 *Quel a été l'apport de Léon Tolstoï dans le renouveau de la critique en Russie ?*

Qu'est-ce que l'art ?, de Léon Tolstoï, qui a paru en 1898 et a été traduit la même année en français, a eu un impact considérable, en Russie mais aussi dans toute l'Europe. Rainer Maria Rilke s'y réfère, et il n'est pas le seul. Franz Marc a pu trouver une traduction allemande et a soigneusement annoté l'ouvrage. Le grand romancier russe avance une idée fondamentale : l'art ne doit plus servir une élite, représentant par définition une partie infime de la population. Il va même jusqu'à préconiser l'art fait par tous, un peu comme l'avait avancé Arthur Rimbaud pour la poésie. Pour lui,

> seront artistes [ceux] qui, à quelque classe qu'ils appartiennent, se montrent capables de création artistique. Tout le monde pourra alors devenir artiste : car, d'abord, on ne demandera plus à l'art une technique compliquée et artificielle, qui exige pour être apprise une perte de temps infinie, on ne lui demandera rien que la clarté, la simplicité et la sobriété ; toutes choses qui ne s'acquièrent point par une préparation mécanique, mais par l'éducation du goût. Et en second lieu, tout le monde pourra devenir artiste parce que, à la place de nos écoles professionnelles, accessibles seulement à un petit nombre, tout le monde pourra apprendre dès l'école primaire la musique et le dessin, en même temps que le rudiment, de telle sorte que tout homme qui se sentira une disposition pour un art puisse le pratiquer, et exprimer par lui ses sentiments personnels.

Et il poursuit en affirmant que l'« artiste de l'avenir » ne sera plus un être d'exception, mais « vivra la vie ordinaire des hommes ». Et s'il entend préserver le sentiment religieux, il veut aussi que ces créateurs expriment « les sentiments vitaux, les plus généraux de tous, les plus simples, les plus universels ». En toute logique, il attribue à cet art nouveau une fonction qui est celle de la cohésion sociale et humaine, et il ajoute que « l'art n'est pas une pure jouissance, un plaisir, ni un amusement : l'art est une grande chose. C'est un organe vital de l'humanité, qui transporte dans le domaine du sentiment les conceptions de la raison. À notre époque, la conception religieuse des hommes a pour centre la fraternité universelle et le bonheur dans l'union. » L'art n'est donc pas pour lui un jeu, une distraction et encore moins une activité réservée à quelques-uns pour leur seule jouissance. C'est l'un des moteurs fondamentaux de la civilisation.

Ces réflexions ont connu un succès énorme. Elles seront vite reprises et interprétées par la plupart des avant-gardes russes, et surtout par les constructivistes qui ont voulu abolir toutes les barrières entre les formes d'art, sans plus aucune hiérarchie. Il est clair que la pensée du grand homme, déjà célébré comme une icône, est une utopie. Mais elle est venue peu de temps avant la Révolution de 1905 et a donc trouvé un écho immense dans le monde communiste en train de naître. C'est en somme une vision qui a eu un impact considérable pour bien d'autres raisons et selon des clefs d'interprétation toutes diverses.

L'un des commentateurs les plus intéressants de l'histoire du futurisme est Korneï Tchoukovski (1882-1969), tout à la fois poète, critique littéraire, journaliste, traducteur, qui a fait ses débuts dans la presse d'Odessa. Ce fut Maxime Gorki qui l'a incité à écrire. Il publie un premier livre de poèmes en 1916, *Le Crocodile, récit pour les enfants*. Il s'installe à Saint-Pétersbourg et suit avec passion les aventures des jeunes créateurs qui désirent voir naître un art et une poésie inédits. Il admire beaucoup Maïakovski. En 1923, il écrit *Les Futuristes*, livre plein de vivacité et d'humour, faisant des portraits divertissants des figures majeures de ces nouvelles tendances mais sans les égratigner. On a l'impression de lire un roman de cape et d'épée tant il a su y restituer l'atmosphère et la pléthore d'idées nouvelles, celle des « Ego-Poètes », dont il s'est tout de même un peu moqué. Il a ensuite décrit les cubo-futuristes et les partisans de la langue *Zaoum*. Bien sûr, ce livre étonnant et magique ne parle pas des artistes de son temps, mais des seuls poètes. Cependant, il témoigne avec une très rare invention de ce qu'ont pu être ces années où la poésie russe a changé du tout au tout, en union étroite avec les artistes qui suivaient un même chemin.

Avec Serge Tretiakov (1892-1937), nous avons affaire à un penseur qui a été tout à la fois homme de théâtre, poète et critique littéraire. Il a commencé sa carrière à Vladivostok, épousant la cause des Ego-futuristes. Tretiakov a pris part à la création du *LEF*, une revue militante menée par Maïakovski, puis il a travaillé à Moscou avec Meyerhold et avec Eisenstein. Il conduit un combat acharné contre la littérature subjectiviste, qui devait céder la place au « psychisme socialiste ». Dans la revue *LEF*, il a également défendu le futurisme avec fougue. Comme Tchoukovski, il n'a pas parlé des arts plastiques. Mais il est plus qu'évident que ses positions sur les rapports que devaient entretenir l'avant-garde avec le prolétariat ont eu un certain écho dans le monde de l'art.

Quant à Benedikt Livchits (1886-1938), poète et essayiste, il témoigne du même esprit que les autres partisans de la cause avant-gardiste et révolutionnaire : son livre, *L'Archer à un œil et demi*, publié en 1933, transpose sa représentation des années les plus importantes de l'art et de la littérature russe, entre 1911 et 1914, en une sorte de mélange de roman et de mémoires. Il a analysé en détail le parcours d'artistes comme Marc Chagall, Mikhaïl Larionov (1881-1964), Nicolaï Koulbine (1868-1917) et David Bourliouk (1882-1967), parmi tant d'autres. Il y détaille l'arrière-plan théorique des avancées tapageuses des artistes de cette période si intense. Cet ouvrage est non seulement d'une lecture captivante, mais il comporte aussi des informations de la plus haute importance sur les faits et gestes des protagonistes de la culture de cette période, sans oublier de faire part des réactions dans les journaux et des mille théories qui se sont fait jour au milieu de la tourmente. Il y a rapporté les conversations vives entre les protagonistes de cet art turbulent et les débats sur le devenir des arts. Il a mis en scène les différends entre les groupes « Le Valet de carreau » et « La Queue d'âne », avec leurs revues homonymes, et l'incommensurable richesse des tentatives plastiques de ces peintres et sculpteurs, qui ont été enclins à en découdre avec l'ordre ancien et l'esthétique du passé. C'est une source de documentation impressionnante, restituée au lecteur avec une écriture merveilleuse, vivante et souvent chargée d'humour.

Nikolaï Mikhaïlovitch Taraboukine (1889-1956) est un authentique historien de l'art. Ses premiers articles ont paru en 1918 et il est devenu le secrétaire de l'Inkhouk, l'Institut de culture artistique de Moscou, entre 1920 et 1924. Ses deux principaux livres, le premier s'intitulant *Du chevalet à la machine* et le second *Pour une théorie de la peinture* – réunis en un volume baptisé *Le Dernier tableau* –, sont publiés en 1923, en pleine bataille entre suprématistes et constructivistes. En 1925, il a fait paraître *L'Art du temps présent*, où il a défendu les options des artistes « productivistes », plaidant en faveur des thèses des partisans du *proletkult*. En 1927, il écrit un essai, « Théorie du paysage », qui est imprimé dans une revue. À partir de 1928, il a commencé à connaître des difficultés avec le régime, ne serait-ce qu'avec la fermeture de l'Académie des sciences artistiques.

Du chevalet à la machine, première partie de cet ouvrage qui a une valeur considérable pour la compréhension des thèses artistiques les plus radicales, a paru juste un an après la fameuse exposition du début de l'automne 1921, baptisée « 5x5=25 », qui a été le moment décisif du constructivisme d'Alexandre Rodtchenko et de ses amis, Lioubov Popova (1889-1924), Alexandra Exter (1882-1949), Varvara Stepanova (1894-1958) et Alexandre Vesnine (1883-1959). Si ces artistes ont été favorables à un art non figuratif, comme Kasimir Malevitch, ils entendaient aller plus loin avec un « art mécanique ». Rodtchenko présenta trois monochromes, un rouge, un jaune et un bleu. Le constructivisme russe a atteint son point culminant dans la recherche formelle. Dans la conférence que Taraboukine a donné en 1921, pendant l'exposition, il a discuté les points contestables aux yeux des amateurs d'art, par exemple la fin de l'illusionnisme (indispensable), la réduction de la toile à la « surface-plan », le refus de l'esthétique : « Mais les constructivistes russes [...] ne veulent absolument pas passer pour des artistes qui sont partis en guerre "contre l'art" sous ses formes typiques, muséales, [ils] ont fait alliance avec la technique, l'*engineering* et l'industrie... » Il en est cependant venu à observer qu'Alexandre Rodtchenko en était arrivé à un moment où il inventait « le dernier tableau ». Il a modéré son jugement en faisant référence à l'art ancien russe et aux travaux modernes des cubistes et des autres artistes révolutionnaires. Après quoi, il s'est efforcé de forger un lien, pas nécessairement évident, entre cette pratique extrémiste et le mouvement révolutionnaire, l'art servant à la prise de conscience des masses. L'art aurait enfin pour finalité ultime le soutien et la propagande de cet art soutenant l'évolution socialiste de la société et la production industrielle et agricole collectivisée.

Pour une théorie de la peinture, la seconde partie, qu'il aurait commencée en 1916, a été achevée en 1923. Il y a associé la connaissance de l'état actuel de l'art et la réalité sociale révélée par la révolution d'Octobre. Il a inventé le concept de « méthode formelle-productive » pour donner une légitimité aux spéculations des artistes constructivistes. Il a surtout insisté sur la relation intime entre les œuvres qu'ils ont créées et les icônes anciennes. Il y a expliqué les grandes lignes de la pratique de ces artistes, les comparant à ce qu'ont pu faire les cubistes, qui avaient métamorphosé l'objet, mais qui sont désormais dépassés car ce n'était plus indispensable de s'appuyer sur l'objet. Il a mis l'accent sur un concept essentiel : l'union de l'idée et de la forme, car aucune des deux ne pourrait vivre l'une sans l'autre. Enfin, après avoir analysé toutes les conceptions passées de l'art, il a considéré que l'art est « sans frontière, comme la vie, et se manifeste partout sous toutes sortes de formes ». En ôtant toute forme de dépendance à ce qui est visible, il a conçu une esthétique nouvelle indépendante de la nature.

46 *Quels artistes russes se sont jetés dans la bataille des idées novatrices ?*

Et comme dans les pays européens, les artistes russes se sont mis en devoir d'écrire leurs mémoires. Dans le cas de Mikhaïl Larionov (1881-1964), il faudrait plutôt parler de souvenirs russes, car il a décidé de s'installer à Paris en 1914 et a dès lors été l'un des principaux décorateurs des Ballets russes entre 1915 et 1922. Il changea son prénom en Michel. Tout comme sa compagne, Natalia Gontcharova (1881-1962), il n'est plus jamais retourné dans son pays natal.

En 1904, Larionov a pris part à la célèbre exposition « Le Monde de l'art » à Saint-Pétersbourg, qui a été le signe de la première rupture esthétique en Russie. Il a fait plusieurs séjours à Paris au début du siècle, et y avait d'abord appris la leçon de l'impressionnisme.

Puis il a découvert le fauvisme, qu'il a adopté aussitôt à sa façon. Il a été présent à de nombres manifestations artistiques comme celles de l'Union des artistes russes. Il a participé en 1918 à l'importante exposition de « La Toison d'or » à Moscou. Deux ans plus tard, il a rejoint le groupe du *Valet de carreau* auquel il a appartenu entre 1909 et 1911. Après quoi, Larionov a rejoint le groupe de *La Queue d'âne*, jusqu'en 1913 ; il a manifesté alors une tendance artistique beaucoup plus radicale. À la suite de son unique exposition personnelle de 1911 à Moscou, il a lancé son propre mouvement : le rayonnisme. Il a pris part à l'exposition de « La Queue d'âne » (1912), puis a organisé « La Cible », la première exposition rayonniste, en 1913. Il publie à Moscou les *Manifestes du rayonnisme*, non sans les avoir fait circuler dans différentes revues. Son départ en compagnie de Natalia Gontcharova a mis un terme à cette quête esthétique a peine ébauchée. Une fois en France, il a pris part activement à la vie culturelle de Paris et a voyagé dans le monde. Il n'a été naturalisé français qu'en 1938. Pendant ses années parisiennes, Larionov a écrit plusieurs livres, dont *L'Art décoratif théâtral* en 1919 et *Les Ballets russes de Diaghilev*, avec Pierre Worms et Gontcharova, en 1930.

Le cas de Kazimir Severinovich Malevitch (1878-1935) est assez complexe, car s'il a été un grand théoricien et l'incontestable chef de file du suprématisme, son art associe la tradition russe et les modes d'expression les plus novateurs. Né en Ukraine, il a fréquenté brièvement l'école d'art de Kiev (1895-1896), a vécu à Koursk entre 1901 et 1904 puis s'est rendu à Moscou quand son père est mort. Malevitch a alors suivi une formation de dessinateur industriel pour les chemins de fer. Mais le voyage qu'il a fait à Paris en 1912 a fini de le convaincre de choisir définitivement la voie nouvelle de l'art, qu'il avait déjà explorée depuis longtemps en secret, en suivant les pas des peintres les plus téméraires qu'il avait pu connaître et admirer. En effet, trois ans plus tard, il a participé à l'exposition « Tramway V », puis en décembre 1915, il a stupéfié le monde de l'art russe avec ses œuvres abstraites, présentées à Petrograd au sein de l'« Exposition 0.10 ». En 1916, il a proposé au public un recueil graphique de 39 œuvres, *Suprématie*s (publiées à Vitebsk en 1920). C'est alors qu'a débuté l'âpre dispute entre les suprématistes et les constructivistes menés par Alexandre Rodtchenko, qui a fait un *Cercle noir sur fond noir* pour répondre au *Carré blanc sur fond* *blanc* de Malevitch et a surtout avancé des théories plus en phase avec les idées révolutionnaires, abolissant la frontière entre les arts plastiques et les arts décoratifs et faisant de l'art un instrument de transformation sociale.

La production de textes de Malevitch est énorme, d'autant plus qu'elle couvre un laps de temps de moins de trente ans. Son ouvrage le plus important est sans conteste *De Cézanne au suprématisme*. En réalité, il ne s'agissait pas d'un livre mais de plusieurs petites brochures publiées entre 1915 et 1922. Le premier de ces textes était à l'origine une conférence prononcée en 1916 à l'occasion de la fameuse « Exposition 0.10 ». Il y a résumé sa vision de l'art, depuis les origines, qui sont celles des « sauvages ». Il voit dans le cubisme une rupture du lien avec la nature. Il en profite pour rejeter tous les poncifs de l'art ancien, critiquant autant Michel-Ange que la *Vénus de Milo*. Il qualifie tous les arts qui l'ont précédé de « vieux corsages » et il rend hommage aux futuristes pour avoir su faire se rencontrer « le monde de la viande et le monde du fer ». Il veut introduire l'intuitif et ce que nous appelons l'inconscient pour aboutir à une conscience rénovée, et revendique plus que tout un art non figuratif. Il développe ses thèses dans « Des nouveaux systèmes dans l'art » (1919), et dans ce qui va devenir « De Cézanne au suprématisme » (1920), il met l'accent sur la volonté affichée de Cézanne de construire la nature selon une clef géométrique – En 1928, il reviendra sur le cas de Cézanne plus en détail dans « Analyse du nouvel art figuratif » et se penchera une fois de plus sur le cubisme, le futurisme, le constructivisme et sur certains acteurs de l'art du début de son siècle. Et il oppose la pesanteur de Cézanne à la légèreté de Van Gogh, comme deux moments de l'art. Il voit en Cézanne la fin de tout classicisme et le début d'une ère nouvelle, avec le cubisme qu'il discute longuement. Ainsi peut s'épanouir pleinement un art qui peut s'étendre à l'infini dans l'invention de ses formes. Surtout après la tournée de F. T. Marinetti en Russie en 1914, Malevitch utilise beaucoup de lettres aux journaux, de tracts, de textes prenant la forme du manifeste, avec des jeux typographiques et des slogans. Mais il continue à écrire des essais très minutieux sur l'art, en particulier celui qu'il a intitulé « La Lumière et la couleur », rédigé entre 1923 et 1926 et qui a certainement été destiné aux cours qu'il a donnés à l'Inkhouk, l'Institut de culture artistique de Moscou. Il revient par exemple sur les avancées faites par les pointillistes, qui avaient compris la nécessité de libérer la couleur pure. Il y reprend d'ailleurs l'essentiel de sa pensée sur l'acte artistique dans sa totalité. L'écrit le plus élaboré qu'il ait jamais composé est « Dieu n'est pas détrôné. L'Art. L'Église. La Fabrique », écrit à Vitebsk en 1922. La conclusion qu'il donne après de complexes réflexions qui prennent parfois des tonalités presque mystiques, d'autres fois, strictement matérialistes, c'est que « toute preuve est la simple apparence de ce qui n'est pas prouvable. L'homme appelle toute apparence objet : ainsi l'objet n'existe pas dans le prouvable et l'improuvable ». L'abstraction aurait donc été pour lui la mise en évidence que la nature et tous les objets représentés ne sont pas les éléments pertinents de l'art. L'art existerait dans le seul rapport de la surface et de la couleur, qui ne formerait plus qu'une seule et même entité.

Après avoir participé à la première exposition d'art russe à Berlin, il tombe en disgrâce. Il n'a plus écrit (pour ce qu'on en sait) et est revenu à un type de peinture figurative plus « lisible », mais sans jamais se renier tout à fait puisqu'il reprend le système plastique qui était le sien avant le suprématisme.

47 *Quelles ont été les orientations de la critique en Pologne à la fin de la Première Guerre mondiale ?*

Jusqu'en 1918, la Pologne est placée sous la domination russe. Un Conseil de régence est créé à Varsovie par les Allemands et les Austro-Hongrois en 1917 quand les hostilités ont cessé à cause de la révolution d'Octobre. Le 11 novembre, le maréchal Josef Pilsudski déclare l'indépendance de son pays et s'empare du pouvoir. Les hostilités avec l'Armée rouge reprennent entre Polonais et Soviétiques jusqu'au traité de Riga, signé en 1921, la Pologne en étant sortie victorieuse. La question de la Silésie est également tranchée avec l'Allemagne après bien des vicissitudes. Une nouvelle constitution est adoptée en mars. Quoi qu'il en soit, ces conflits dramatiques n'ont pas empêché pas une nouvelle génération d'intellectuels et d'artistes de divulguer des idées nouvelles dans le jeune pays.

L'« unisme », inventé par le peintre Wladyslaw Strzemiński (1893-1952), est une théorie qui ne vaut pas que pour la seule peinture : elle ne tarde pas à être étendue à d'autres disciplines. Il a été l'assistant de Malevitch à Vitebsk, s'installe à Vilnius en 1922 et retourne en Pologne en 1923. Il fonde alors le groupe « Blok » avec Henryk Berlewi. Leurs théories sont plus d'inspiration constructiviste que suprématiste. Il fonde ensuite un autre groupe sous la bannière de l'*Unizm*, qui prend racine à Lodz. Des écrivains rejoignent ce petit cénacle d'artistes – les deux créateurs de « Blok », Henryk Stazewski, Mieczyslaw Szczuka et Katarzyna Kobro –, comme Julian Przybos et Jan Brzekowski. Strzemiński a développé ensuite des relations avec le groupe néerlandais du néoplasticisme. Ses idées sont consignées dans un livre qu'il publie en 1925. Il y professe des conceptions radicales, prônant un art qui puisse être un en-soi pour-soi, c'est-à-dire ne tirant son origine et ses finalités que de lui-même. Rien d'extérieur, aucune forme d'évocation de la nature ou de l'homme, aucun sentiment, aucun symbole ne doit y apparaître. Sa justification, il ne la fonde que sur sa propre essence. Dans son traité, il déclare « l'art comme création de l'unité de formes dont l'organicité est parallèle à celle de la nature ; parmi les lois fondamentales de la formation des œuvres picturales ». Il souligne par ailleurs « l'importance de la planéité découlant de la toile plane sur le châssis ». Bien qu'il n'ait touché qu'une minorité infime de personnes, l'« unisme » a laissé une trace loin d'être indifférente dans l'art polonais. Et les écrits de Strzemiński ne sont pas restés lettre morte.

Fils d'une grande famille noble polonaise ayant entrepris des études de droit et d'économie, Auguste Zamoyski (1893-1970), décide finalement de changer d'orientation et de s'inscrire à la Lewin-Funcke-Schule de Berlin. Il y fait la connaissance de Stanislas Przybyoszewski qui l'introduit dans les cercles d'avant-garde de la capitale de l'empire allemand. Il fréquente en particulier les membres du *Poznan Bunt* (« Les Révoltés »), puis participe en 1918 à une exposition organisée par le *Bunt* à Berlin et à Zakopane. C'est alors qu'il crée le formisme avec un groupe d'amis, dont Stanislaw Ignacy Witkiewicz (1885-1939), écrivain et peintre, dont il devient l'ami. Dans un des textes réunis ultérieurement en un seul volume, il rappelle les origines et les raisons de la formation de ce groupe qui s'identifiait à la nouvelle Pologne née des nouveaux partages frontaliers de l'Europe :

> Dès 1918, une poignée de poètes et de peintres qui fréquentaient à Varsovie un café appelé « La Muscade » avaient formulé certains programmes et s'étaient donné le nom de formistes. Ils mettaient l'accent sur la *forme pure comme essence de l'art*, c'est ainsi qu'en peinture leur mouvement conduisit à une *déformation* des objets représentés, voire à des compositions non figuratives. [...] – un poème constituait un objet autonome, qui ne détenait aucun message traduisible...

La revue *Formisti* est publiée entre 1919 et 1921 et Zamoyski y a contribué avec des manifestes et aussi des textes critiques.

48 *Quelle littérature suscitent les avant-gardes en Hongrie ?*

Les artistes magyars, comme leurs confrères de toute l'Europe, n'hésitent pas eux aussi à participer à l'histoire de l'art nouveau qui est en train de s'écrire. Plusieurs d'entre eux se rendent à Paris, visitent les salons et les galeries et vont même visiter la collection de Gertrude Stein. Ils exposent aussi, quand ils le peuvent, au Salon d'Automne et au Salon des Indépendants et fréquentent les académies privées de la capitale.

Béla Czóbel (1883-1976), qui s'est rendu à Paris en 1906, revient dans son pays et fonde le groupe des « Neos » à Nagybánia, où se trouve une petite colonie de jeunes peintres et sculpteurs, chez lesquels on retrouve surtout la marque du postimpressionnisme. Puis il est à l'origine de celui des « Huit » (*Nyolcak*), à Budapest, qui s'inspire d'abord des fauves français. Leur première exposition en 1909, intitulée « Nouvelles peintures », provoque des réactions violentes. En juin 1911, Dezső Rózsaffy, peintre et critique d'art, fait paraître un article dans *La Revue de Hongrie* à propos de l'exposition des « Huit » : « Nous avons aussi nos fauves tout comme Paris a les siens. Et s'ils sont moins ingénieux, moins âpres, moins individualistes, plus portés vers les concessions que leurs collègues parisiens, ce n'en sont pas moins des fauves. » Le mouvement est déjà à son crépuscule. La critique a du mal à suivre le rythme effréné de la création artistique !

La guerre, le démantèlement de l'Autriche-Hongrie décrété par le traité de Sèvres et les événements insurrectionnels qui ont suivi la fin de l'empire avec la création de la République des Conseils de Hongrie de Béla Kun, n'ont pas freiné l'ardeur des artistes. Lajos Kassák (1887-1967), peintre et écrivain, est le fondateur de la revue *Tett* (« Action ») en 1915, puis de *MA* (« Aujourd'hui ») un an plus tard, qui diffuse l'esprit du dadaïsme dans son pays jusqu'en 1919 – il est alors arrêté et doit s'exiler – et enfin *Munka* (« Travail »), qui voit le jour en 1926, quand il revient à Budapest, où il adhère aux idées du constructivisme. Il a écrit ses souvenirs, publiés en 1937 sous le titre *La vie d'un homme*.

Quant aux peintres Róbert Berény, Dezső Czigány, Károly Kernstok, Ődőn Márffy, ils se regroupent au sein du KÚT, « Képzőművészek Új Társasága » (« Nouvelle société des artistes »), fondée à Budapest en 1924 et dont Márffy devient le président en 1927.

Mais l'artiste qui a dominé cette période est sans conteste László Moholy-Nagy (1895-1946). Encore étudiant, il participe déjà en 1913 à l'activité artistique d'avant-garde et publie ses premiers articles. Mobilisé, il est blessé en 1917 et, pendant sa convalescence à Odessa, il entre en contact avec l'équipe de *MA* et est le cofondateur de la revue *Jelenkor*. Démobilisé, il s'intéresse aux travaux de Lissitzky et de Malevitch. Il fait son premier voyage à Paris en 1921 et collabore à de nombreuses revues, dont *Die Stijl*, les *Cahiers d'art*. Il s'inspire alors des collages dadaïstes. En 1922, à Vienne, il signe avec Lajos Kassák une anthologie poétique, *Das Buch neuer Künstler*. Il présente sa première exposition personnelle à la galerie Der Sturm à Berlin. Il est alors invité à rejoindre le Staatliche Bauhaus de Weimar, où il enseigne jusqu'à 1928. En dehors de son œuvre plastique, il s'intéresse de près à la photographie et au cinéma expérimental.

L'éventail des intérêts de Moholy-Nagy est énorme : il va de la peinture et de la sculpture, jusqu'au design, à l'architecture, la photographie et le cinéma. Ses réflexions sur la lumière et sur les « machines lumineuses » couvrent plus de trente années. Il s'est aussi efforcé d'élargir le champ de sa pensée sur l'art pour l'inclure dans l'éducation et la réalité sociale. En mai 1922, il a écrit dans *MA* un bref mais important essai, « Le Constructivisme et le prolétariat ». Il y considère que son siècle est celui de la technologie. Mais, à l'inverse de ses homologues russes, il est convaincu que le constructivisme n'est en faveur ni du prolétariat ni du capitalisme. Il est dans un autre état d'esprit, qui veut concilier les deux. Et il ajoute : « Le nouveau monde du prolétariat a besoin du constructivisme ; il a besoin de fondamentaux qui sont sans restrictions. Seul l'élément naturel, que peuvent appréhender tous les yeux, est révolutionnaire. Il n'a jamais été jusque-là la propriété d'un homme civilisé. » Et il a écrit par la suite une série d'articles sur les rapports avec la révolution industrielle et la technologie. Ces écrits font de lui un des artistes les plus visionnaires de l'entre-deux-guerres.

49 *Comment la modernité s'est-elle écrite aux Pays-Bas ?*

À l'instar des nations de l'Europe centrale et orientale et aussi de la Russie soviétique, les Pays-Bas ont fait le choix d'un art abstrait radical, même si un courant expressionniste s'est exprimé avec force. La manifestation la plus connue de cette tendance est le néoplasticisme. Il a été la création conjointe de deux artistes. Le premier est Christian Emil Marie Küpper (1883-1931), dit Theo van Doesburg, qui a fini par choisir la peinture après avoir étudié les arts dramatiques et s'être essayé à la littérature. Il a fait sa première exposition à La Haye en 1908. Son style est alors de caractère naturaliste et le reste jusqu'en 1915. Il se rapproche alors du groupe Dada de Zürich auquel il collabore. C'est en 1917 qu'il fonde, avec Piet Mondrian et l'architecte Jacobus Johannes Pieter Oud, le groupe du néo-plasticisme *De Stijl*, bientôt rejoint par Bart van der Leck, Antony Kok, Vilmos Huszár, Georges Vantongerloo. Deux ans plus tard sort la revue homonyme, qui durera jusqu'en 1927. En 1922, il fonde la revue *Mecano*. Il organise la même année le Congrès international des artistes progressistes, qui a lieu à Düsseldorf. Entre 1924 et 1925, il se brouille définitivement avec Mondrian pour un point de théorie : la diagonale ne doit être à aucun prix introduite dans la composition du tableau ! – Les deux hommes se seraient réconciliés en 1929 dans un café à Paris. Peu après, il rédige le *Manifeste de l'Élémentarisme* (1926), décore le café de l'Aubette à Strasbourg avec Hans Arp et de Sophie Taeuber-Arp et fait construire sa villa à Meudon, chef-d'œuvre de l'architecture moderne.

Van Doesburg a écrit relativement peu : il n'a pas même contribué à la revue qu'il a créée ! Il a rédigé quelques articles, comme celui où il attaque le futurisme dans le périodique *Eenheid* en novembre 1912. En fait, son œuvre écrite a surtout consisté en livres destinés aux enfants, qu'il a réalisés avec Kurt Schwitters et Kate Steinitz : *Hahnepeter* (1924), *Die Märchen vom Paradies* (1924-1925) et *Die Scheuche* (1925).

La personnalité de Piet Mondrian (Pieter Cornelis Mondriaan, 1882-1944), fils de pasteur calviniste, est très différente. Pendant son séjour à Paris, alors qu'on découvre le cubisme analytique de Braque et de Picasso – il a déclaré : « Je sentis que seuls les cubistes avaient découvert le droit chemin et pendant longtemps je fus très influencé par eux » –, ce peintre figuratif s'est orienté vers un dépouillement formel de plus en plus grand, jusqu'à parvenir à une forme d'abstraction de caractère géométrique. Le célèbre exemple de l'*Arbre rouge* (1908-1909), qu'il décline progressivement vers une forme abstraite, est demeuré célèbre et montre à quel point il a dépassé le paradigme proposé par ses deux prédécesseurs. Il a décidé de rentrer aux Pays-Bas en 1915 et cherche avec difficulté sa propre voie. Il est retourné à Paris en 1919 et y est demeuré jusqu'en 1938, date où il rejoint les États-Unis. Quand il fonde la revue *De Stijl* en 1917, il écrit un essai fondamental intitulé « Réalité naturelle et réalité abstraite ». Il *a voulu* faire comprendre que

> le tableau abstrait-réaliste pourra disparaître aussitôt que nous pourrons reporter sa beauté plastique autour de nous par la division en couleurs de la chambre [...] La pure plastique esthétique de l'universel d'une manière déterminée, la plastique exacte de rapports par ligne et la couleur seulement, cet art-là, loin de la peinture-selon-la-nature, détourne de plus en plus la peinture abstraite réaliste du tableau de chevalet.

Il en est venu assez vite à promulguer une doctrine extrêmement sévère de la composition picturale, qui doit obéir à des principes immuables.

Mondrian a eu une très importante production de textes, dont plusieurs œuvres de fiction pure. Bien entendu, les règles du néoplasticisme sont sa principale préoccupation. Certains de ses textes écrits aux Pays-Bas ont été traduits par le peintre et critique belge Michel Seuphor (1901-1999), les autres sont directement rédigés en français, comme « L'art nouveau – la vie nouvelle », qu'il a achevé en 1931 et reproduit à quelques exemplaires pour faire circuler parmi ses amis les écrits qui sont restés inédits de son vivant. D'une certaine manière, il a voulu résumer sa pensée dans ce volume, ainsi que toute l'expérience de la peinture qu'il a accumulée depuis ses premiers pas dans l'aventure du néoplasticisme. Dans son introduction, il fait un long développement sur l'équilibre et la justice universelle – qui a une forte connotation calviniste ! –, aussi bien dans son existence que dans l'exercice de l'art. Il plaide en faveur d'un équilibre dépassant les visées individuelles. L'expression plastique est donc dictée par une série de lois, au-delà de la relation au monde naturel. Et de souligner : « L'art dans sa culture séculaire nous démontre donc que l'expression plastique des rapports de la ligne, du plan et de la couleur se manifesta d'abord voilée et confuse, et ensuite sur un mode toujours plus direct. » Ces deux modalités se seraient ensuite confondues.

Il est convaincu qu'il est nécessaire que la philosophie, la religion et les sciences doivent se purifier, tout comme la vie concrète. C'est la base de sa théorie des « relations équivalentes ». Il affirme que l'évolution humaine s'est traduite par un détachement progressif du « rythme naturel ». En sorte qu'il en tire pour les arts la conclusion suivante :

> Il est donc décisif que l'art manifeste d'une manière exacte le rythme des oppositions constantes mais variables des deux principaux aspects de chaque forme de vie. Le rythme de la ligne droite en opposition orthogonale nous indique la nécessité des équivalences de ces deux aspects dans la vie, ou bien la valeur égale de l'aspect matériel et moral, du masculin et du féminin, du collectif et de l'individuel, etc. Exactement comme la ligne verticale possède un autre caractère par rapport à la ligne horizontale, les deux aspects de la vie ont un caractère typique et opposé.

Sans réduire la pensée de Mondrian à quelques grands traits, notons cependant qu'elle présente une dimension théologique cachée, surtout en soulignant l'égalité entre ce que doit être la vie et ce que doit être l'art. À cela, il faudrait ajouter un genre singulier d'utopie car ce qu'il peut accomplir en art ne saurait être aussi aisément accompli dans la vie commune. La rigueur absolue de sa vision a produit un profond paradoxe dans sa peinture, qui fait surgir une musicalité née de ses constructions par plans chromatiques réduits à un petit nombre de couleurs (trois) et à deux non-couleurs (le noir et le blanc). Seules ses considérations sur les civilisations avancées peuvent laisser songeur, et même angoissé.

50 *De quelle façon Auguste Strindberg aborde-t-il la critique d'art et fait-il de la Suède un champ d'investigation moderne ?*

August Strindberg (1849-1912) n'a pas encore conquis le cœur des lettrés de son pays natal quand il commence à se consacrer à la critique d'art – parallèlement à la critique littéraire – en 1872. Il rend compte des grandes expositions qui ont lieu à Stockholm, en particulier au Cercle artistique. Cet engouement subit pour les arts plastiques est certainement dû au fait qu'il est lui-même très attiré par la pratique de l'art, et notamment, à cette époque, de l'aquarelle. Reprenant les pinceaux en 1882, ce n'est pourtant qu'à partir de 1893 qu'il a réalisé à l'huile ses très impressionnantes toiles de ciels tourmentés. Pour l'heure, il s'est contenté d'observer ce que ces manifestations officielles lui proposent. Il a une manière tout à lui de faire ses comptes rendus : il n'a pas adopté la manière des grands salonniers français qui, de Stendhal à Zola, en passant par Baudelaire et Octave Mirbeau, ont connu une audience remarquable au-delà même de nos frontières. Ou bien il ne connaissait pas leurs écrits dans ce domaine spécifique, ou bien il les ignorait. Ce qui rend attachantes ses considérations sur la peinture nordique, c'est qu'elles s'accordaient au goût qu'il avait affiché dans sa jeunesse pour le naturalisme. Mais ces peintres, par exemple Marten Eskil Winge (1825-1896) qu'il cite souvent, nous sont inconnus aujourd'hui. Tout comme d'ailleurs les représentants des écoles germaniques qui semblent être prisées en Suède, l'école de Düsseldorf et celle de Munich. Mais ce qui est le plus intéressant, ce ne sont pas les artistes qu'il observe, mais la façon dont il les observe : il peut raconter à sa manière l'histoire qu'est censée représenter un tableau, avec une grande vigueur et une indéniable originalité, ou bien s'attacher au travail de la couleur, qui semble littéralement le posséder. Quand il traite d'un tableau d'Anders Hansson Kallenberg (1834-1902), qu'il trouve « frappant par sa simplicité », il souligne d'abord la valeur emblématique de la construction de son paysage avec une gare et loue son audace : « Choisir la prose la plus hideuse, matérielle de la poésie : la ligne droite et l'opposer à la nature vierge de l'autre côté du fossé qui marque la limite du terrain exproprié dont le tracé est aussi rectiligne que les rails de chemin de fer… » Mais il souligne le langage « ambigu » de ses couleurs. Dans un autre article daté de 1874, il s'est mis en tête de ne prendre en considération que la couleur :

> Un mot maintenant sur les couleurs à la mode pour rendre le ciel. Avez-vous remarqué ces toiles de taille moyenne, placées dans des cadres surchargés, abondamment sculptés et dorés, qui portent encore des traces noires des caisses de transport ? C'est l'école de Düsseldorf qui débarque ? Des gens qui, une fois pour toutes, ont opté pour le havane comme leur couleur préférée et qui lui restent fidèles.

Et cela lui a fourni l'occasion d'ouvrir un débat entre le dessin et la couleur dans l'art de cette époque.

Plus tard, en 1876, il s'étonne beaucoup d'une dominante rouge dans la peinture : « La couleur à la mode de cette saison est le rouge, un rouge si criant que si les taureaux de X*** avaient exceptionnellement pris vie et sauté de leur cadre, ils ne laisseraient rien des montagnes rouges en Norvège ni des prairies – également rouges ! […] Pourquoi tant de rouge, Messieurs ? » Il attribue cette tendance au climat de ces régions et aux modes vestimentaires. Il cite à ce propos Turner qui lui semble avoir été le seul à sortir de la tristesse d'une journée grise. Son intérêt pour l'art français ne s'éveille que lorsqu'il se rend à Paris et y découvre les œuvres de Manet, de Sisley et de Money (*sic*), qui n'ont pas semblé l'avoir tant bouleversé. Quand il se lie d'amitié avec Alfons Mucha et avec Paul Gauguin – ce dernier lui a demandé d'écrire la préface de l'exposition qu'il prépare en 1895 et Strindberg a refusé, prétextant qu'ils ne se faisaient pas une même idée de la femme ! –, il a trouvé sa propre voie dans la peinture et n'écrit quasiment plus sur ce sujet.

Changeant d'orientation et se tournant vers « le mysticisme rationnel », avec un remarquable article paru dans la *Revue d'alchimie, d'hermétisme et de médecine sparagique* – repris *in extenso* dans son roman autobiographique *Inferno* –, il a signé en 1897, pour *La Revue Blanche*, un court texte où il a défini les grandes orientations de la nouvelle peinture, plus dans le centre et le nord du continent européen qu'en France, et qui aboutira à l'expressionnisme. August Strindberg se retrouve être le précurseur d'une autre révolution esthétique en se lançant dans une folle aventure picturale qui a démontré sa volonté de passer outre les convictions en vigueur au tournant du siècle, assez proche en fait de ce qu'a pu accomplir le grand artiste norvégien Edvard Munch.

Conclusion
Après la Seconde Guerre mondiale

La guerre n'est pas la seule cause des énormes transformations survenues dans l'univers des arts et plus particulièrement dans celui des arts plastiques. La montée des totalitarismes, en Allemagne d'une part, et en Russie soviétique d'autre part, a donné un coup d'arrêt définitif aux principes sous-tendant les avant-gardes. Le même phénomène a lieu dans des dictatures telles que l'Espagne et le Portugal et persiste tant que Franco et Salazar sont au pouvoir. La division de l'Europe occidentale en deux parties, l'une étant celle des démocraties occidentales alliées aux États-Unis, l'autre celle des démocraties populaires dans le camp du pacte de Varsovie, engendre une rupture évidente. Mais parfois les situations sont plus complexes. Par exemple, dans des pays comme la République tchécoslovaque ou la Hongrie, dans une moindre mesure, on s'est rendu compte que des artistes ont travaillé en secret sur des problématiques assez voisines, sinon identiques à celles que l'on a pu connaître en Occident des années 1950 jusqu'à l'effondrement de l'URSS et la chute du mur de Berlin.

Pour la pensée et pour la critique d'art, les premières conséquences se sont déjà concrétisée avec la montée du nazisme en Allemagne, puis l'Anschluss et la partition et l'invasion de la Tchécoslovaquie : de nombreux intellectuels, écrivains, musiciens, cinéastes, metteurs en scène, comédiens et artistes ont dû quitter leur pays et un bon nombre d'entre eux se sont exilés aux États-Unis – où ce sont surtout les universitaires qui ont pu faire une carrière éclatante. Il y a également eu quelques Italiens de renom comme Arturo Toscanini et Lionello Venturi. Juifs ou antifascistes, ils ont pour la plupart connu une belle carrière et leur réputation est déjà bien établie en 1945.

Ce qui fait que les États-Unis sont devenus l'épicentre de la pensée philosophique, en concurrence avec la France et la Grande-Bretagne. Pour ce qui concerne l'esthétique, les grands professeurs allemands ont pu instaurer une sorte de primat absolu sur la question esthétique.

Un autre phénomène a eu une importance capitale : l'arrivée de nombreux écrivains, peintres et sculpteurs du groupe surréaliste, comme André Breton et André Masson. Avant eux, Marcel Duchamp, Salvador Dalí, Max Ernst, Man Ray et David Hare étaient devenus les piliers de la revue *View* de Charles Henri Ford, qui fera tant pour la diffusion des idées surréalistes et la connaissance des œuvres des artistes et des poètes de ce mouvement. Les jeunes artistes américains et les amateurs d'art ont pu connaître les grands personnages qui avaient pris fait et cause pour le surréalisme, ceux qui se trouvaient alors en exil à New York mais aussi ceux qui étaient dispersés de par le monde, par les périodiques, les livres et les expositions. Londres connaît alors une situation assez comparable, dans un tout autre contexte.

Ce qui est sûr, c'est que le surréalisme, comme la peinture et la sculpture de Pablo Picasso, ont eu une influence décisive sur le jeune art américain qui, très vite, s'est orienté vers l'abstraction. Cela peut sembler contradictoire quand on pense que le surréalisme, à part Tanguy, a été essentiellement figuratif. Mais l'évolution des mentalités américaines s'est faite très vite et la considérable influence du surréalisme a, de manière paradoxale, donné naissance, à ce que l'on a appelé l'« abstraction lyrique » ou l'« expressionnisme abstrait ». Mark Rothko était un peintre plutôt réaliste et Jackson Pollock a longtemps imité Picasso ou Mirò. Le résultat est un art complètement neuf par rapport aux formes d'abstraction européenne et américaine de l'entre-deux-guerres, même si telle ou telle influence peut s'entrevoir.

Une critique d'art américaine va bientôt prendre la défense de ces artistes qui ont pu imposer leur domination sur le monde occidental. Une aspiration assez similaire se fait jour en France avec la nouvelle École de Paris, où l'on peut inclure l'abstraction lyrique, l'informel et le tachisme – Manessier, Bazaine, Soulages, Bitran, Hartung, Fautrier, etc. – et, en Italie, où naît le spatialisme sous la férule de Lucio Fontana revenu d'Argentine. Mais les batailles féroces (et stériles) avec les groupes réalistes, surtout les partisans du réalisme socialiste inspiré par l'Union soviétique et relayé par les partis communistes (André Fougeron en France, Renato Guttuso en Italie), entravent l'ascension de ces artistes. Le groupe Cobra dans les pays du nord de l'Europe, des figures singulières comme Jean Dubuffet et Henri Michaux, renforcent beaucoup cette présence de l'abstraction, alors que l'abstraction géométrique refait son apparition sous des apparences rénovées elles aussi. Mais les critiques qui défendent les uns et les autres ne parviennent pas à se hisser à la hauteur des critiques américains, Clement Greenberg, Harold Rosenberg ou Thomas B. Hess. La presse leur ouvre ses colonnes et ils peuvent créer des revues d'art ou y participer. Les galeries et les collectionneurs soutiennent cette émergence de l'« American Way of Art », qui se caractérise, en plus de ses formes spécifiques, par des formats hors norme – absolument gigantesques, à l'échelle de cette grande nation.

En somme, ce n'est pas une critique nouvelle qui sort de l'expérience du conflit mondial, mais une critique mieux organisée pour défendre les intérêts nationaux des États-Unis. New York devient la capitale incontestable de l'art jusqu'aux années 1980. Le rééquilibrage ne pourra se faire qu'à partir de cette décennie, où l'art européen est valorisé même de l'autre côté de l'Atlantique tandis qu'après le Pop Art et l'Art minimaliste, l'art américain connaît un net reflux avec des vedettes d'un intérêt qui laisse toujours plus dubitatif, soutenues non plus par l'intelligentsia et les collectionneurs cultivés, mais par une élite de collectionneurs richissimes, seulement intéressée par la spéculation financière. C'est d'ailleurs à ce moment précis que la critique d'art commence elle aussi son déclin, remplacée peu à peu par une foule de fonctions, comme celles de commissaire d'exposition, de *curator,* de conservateur – ce n'est pas un rôle inédit, mais la multiplication des événements artistiques le met plus en évidence –, de revues et de journalistes aux ordres, etc.

Les nouveaux collectionneurs, spéculateurs avant tout, les galeries qui suivent le mouvement, les musées qui espèrent profiter de cette manne, sans parler des fondations, des centres d'art de tous genres qui sortent de terre comme des champignons vénéneux, n'ont plus vraiment besoin des critiques. Il leur faut des publicistes. En somme, une foule de personnes qui les aide à promouvoir ce merveilleux produit qu'est l'art contemporain, qui échappe à toute forme d'imposition et permet par conséquent de faire des profits considérables.

À ce stade de l'évolution de la critique d'art, on peut la dire agonisante et même déjà défunte – personne ne sera là pour crier : « La critique est morte. Vive la critique ! »

Bibliographie sélective

Bell (Clive), *An Account of French Painting*, Londres, Chatto & Windus, 1931.

–, *Civilization*, Londres, Chatto & Windus, 1928.

–, *Since Cézanne*, Londres, Chatto & Windus, 1922.

–, *Art*, Londres, Chatto & Windus, 1913.

Bell (Vanessa), *Sketches in Pen and Ink : A Bloomsbury Notebook*, éd. Lia Giachero, avec un prologue d'Angelica Garnett, Londres, The Hogarth Press, 1997.

Berger (Pierre), *André Salmon*, Paris, Seghers, coll. « Poètes d'aujourd'hui », 1956.

Breton (André), *Œuvres complètes*, vol. IV : *Écrits sur l'art et autres textes*, éd. Marguerite Bonnet, Paris, Gallimard, coll. « Bibliothèque de la Pléiade », 2008.

–, *Œuvres complètes*, vol. I, éd. Marguerite Bonnet, Paris, Gallimard, coll. « Bibliothèque de la Pléiade », 1988.

–, *L'Art magique*, Paris, Club Français du Livre, 1957.

–, *Le Surréalisme et la peinture*, Paris, Gallimard, « NRF », 1928.

Carrà (Carlo), *L'Éclat des choses ordinaires*, éd. et présentation d'Isabel Violante, trad. fr. Jérôme Picon et Isabel Violante, Paris, Images Modernes, coll. « Beaux-Arts », 2005.

–, *Tutti gli scritti*, éd. Massimo Carrà, Milan, Feltrinelli, 1978.

–, *La mia vita*, Milan, Longanesi, 1943.

–, *Rievocazione del Futurismo*, Rome, Campitelli, 1925.

–, *Pittura metafisica*, Florence, Vallecchi Editore, 1919.

–, *Poetica per una nuova pittura*, Florence, Vallecchi Editore, 1919.

Chirico (Giorgio De), *Scritti*, vol. 1, éd. Andrea Cortellessa, Milan, Bompiani, coll. « Classici », 2008.

–, *Il meccanismo del pensiero*, éd. Maurizio Fagiolo, Turin, Einaudi, coll. « Saggi », 1985.

Chirico (Giorgio De) et Far (Isabella), *Commedia dell'arte moderna*, éd. Jole de Sanna, Milan, Abscondita, coll. « Carte d'artisti », 2002.

Cocteau (Jean), *Œuvres poétiques complètes*, éd. Michel Décaudin, Paris, Gallimard, coll. « Bibliothèque de la Pléiade », 1999.

–, *Romans, poésies, œuvres diverses*, éd. Bernard Benech, Paris, Le Livre de Poche, coll. « La Pochothèque », 1995.

–, *Le Mystère laïc. Essai d'étude indirecte (Giorgio De Chirico), avec cinq dessins de Giorgio De Chirico*, Paris, Éditions des Quatre Chemins, 1928.

–, *Le Rappel à l'ordre*, Paris, Stock, 1926.

–, *Poésie (1916-1923)*, Paris, Gallimard, coll. « Blanche », 1925.

–, *Picasso*, Paris, Stock, 1923.

CRAVAN (Arthur), *Maintenant*, éd. Gabriel Saisseval, Toulouse, Ombres, coll. « Petite Bibliothèque Ombres », 2011.

CREVEL (René), *Œuvres complètes*, vol. I, Paris, Éditions du Sandre, 2014.

DAGEN (Philippe), *Pour ou contre le fauvisme*, Paris, Somogy, 1994.

DALI (Salvador), *Comment on devient Dali*, présenté par André Parinaud, Paris, Robert Laffont, 1973.

–, *Oui*, 2 vol., Paris, Denoël/Gonthier, 1971.

–, *Les Cocus du vieil art moderne*, Paris, Fasquelle, coll. « Libelles », 1956.

EINSTEIN (Carl), *Les arts de l'Afrique*, trad. et éd. Liliane Meffre, Arles, Jacqueline Chambon, 2015.

–, *Georges Braque*, trad. Jean-Loup Korzilius, introduction de Liliane Meffre, Bruxelles, La Part de l'Œil, 2003.

–, *Bébuquin ou les dilettantes du miracle*, trad. et postface Sabine Wolf, Dijon-Paris, Les Presses du réel, 2000.

–, *La Sculpture nègre*, trad. et présentation Liliane Meffre, Paris, L'Harmattan, 1998.

–, *Ethnologie de l'art moderne*, trad. et présentation Liliane Meffre, Marseille, Éditions André Dimanche, 1993.

EINSTEIN (Carl) et KAHNWEILER (Daniel-Henry), *Correspondance, 1921-1939*, trad. et présentation Liliane Meffre, Marseille, Éditions André Dimanche, 1993.

ÉLUARD (Paul), *Œuvres complètes*, éd. Marcelle Dumas et Lucien Scheler, 2 vol., Paris, Gallimard, coll. « Bibliothèque de la Pléiade », 1968.

–, *Anthologie des écrits sur l'art*, 3 vol., Paris, Éditions Cercle d'art, 1952-1954 ; rééd. en un volume, 1987.

EMMONS (Robert), *The Life and Opinions of Walter Sickert*, Londres, Faber and Faber Limited, 1941.

ENSOR (James), *Dame peinture toujours jeune*, choix de textes, préface et notes de Colette Lambrichs, Paris, Éditions de la Différence, coll. « Minos », 2009.

–, *Vive l'art vivant !*, précédé de *Dans le grenier d'Ensor* de François Weyergans, Paris, Séguier, 1997.

–, *Mes écrits*, préface de Franz Hellens, Liège, Éditions nationales, 1974.

FRY (Roger), *Cézanne : A Study of his Development*, New York, Macmillan, 1927.

–, *Vision and Design*, Londres, Chatto & Windus, 1920.

GILBERT-LECOMTE (Roger), *Josef Sima*, présentation de Marie-Hélène Popelard, Mont-de-Marsan, L'Atelier des brisants, 2001.

–, avant-dire de Jean Cassou & de Maurice Nadeau, Villa Arson, centre national des arts plastiques, Nice, 1984.

Grosz (George), *Un petit oui et un grand non. Sa vie racontée par lui-même*, trad. Christian Bounay, Nîmes, Jacqueline Chambon, 1990.

Kahnweiler (Daniel-Henry), *Confessions esthétiques*, Paris, Gallimard, coll. « Les Essais », 1963.

–, *Mes galeries et mes peintres. Entretiens avec Francis Crémieux*, préface d'André Fermigier, Paris, Gallimard, coll. « Idées », 1961 ; rééd. 1982.

–, *Juan Gris. Sa vie, son œuvre, ses écrits*, Paris, Gallimard, 1946 ; rééd. 1969.

–, *Der Weg zum Kubismus*, Munich, Delphin Verlag, 1920.

Kandinsky (Vassily), *Point et ligne sur plan*, trad. Suzanne et Jean Leppien, éd. Philippe Sers, Paris, Gallimard, coll. « folio essais », 1991.

–, *Über das Geistige in der Kunst : Insbesondere in der Malerei*, Munich, Piper, 1912. *Du spirituel dans l'art et dans la peinture en particulier*, trad. Nicole Debrand et Bernadette Du Crest, éd. Philippe Sers, Paris, Gallimard, coll. « folio essais », 1989.

Kramar (Vincenc), *Le cubisme*, éd. Hélène Klein et Erika Abrams, Paris, École nationale supérieure des Beaux-Arts, coll. « Beaux-Arts Histoire », 2002.

Lacourt (Jeanne-Bathilde) [dir.], *Picasso, Léger, Masson : Daniel-Henry Kahnweiler et ses peintres*, catalogue d'exposition, Villeneuve-d'Ascq, LaM, 2013.

Larionov (Michel), *Une avant-garde explosive*, textes traduits du russe et présentés par Michel Hoog et Solina de Vigneral, Lausanne, L'Âge d'Homme, coll. « Slavica/Écrits sur l'art », 1978.

Leiris (Michel), *Écrits sur l'art,* éd. Pierre Vilar, Paris, CNRS Éditions, 2011.

Lemaire (Gérard-Georges), *Futurisme*, Paris, Éditions du Regard, 1995.

–, « Prague d'or », *L'ennemi*, Paris, Christian Bourgois, 1993.

–, *Un thé au Bloomsbury. L'art autour de Virginia Woolf*, Paris, Henri Veyrier, 1990.

–, « Un thé au Bloomsbury », *L'Ennemi*, Paris, Christian Bourgois, 1988.

– [dir.], *Wyndham lewis et le vorticisme*, Paris, Centre Georges Pompidou/ Pandora, coll. « Cahiers pour un temps », 1982.

Lewis (Wyndham), *À bas la France, vive la France*, anthologie réunie par Bernard Fourcade, trad. Pierrette et Bernard Fourcade, Lausanne, L'Âge d'homme, 1985.

–, *The Caliph Design. Architects ! Were is your Vortex ?*, Londres, The Egoist Press, 1919.

–, *Essai sur les objectifs des arts plastiques de notre temps*, traduit de l'anglais et présenté par Gérard-Georges Lemaire, Montpellier, Éditions Textuerre, 1982.

Liffran (Françoise), *Margherita Sarfatti, l'égérie du Duce*, Paris, Seuil, 2009.

Lista (Giovanni), *Giorgio De Chirico*, suivi de *L'Art métaphysique*, Paris, Hazan, 2009.

LIVCHITS (Benedikt), *L'Archer à un œil et demi*, traduit du russe et préfacé par Emma Sebald, Valentine et Jean-Claude Marcadé, Lausanne, L'Âge d'homme, coll. « Écrits sur l'art », 1971.
MALEVITCH (Kazimir), *Écrits sur l'art*, 4 vol. (1. *De Cézanne au suprématisme* ; 2. *Le Miroir suprématiste* ; 3. *Les arts de la représentation* ; 4. *La Lumière et la Couleur, textes inédits de 1918 à 1928*), trad. Valentine et Jean-Claude Marcadé, L'Âge d'Homme, Lausanne, 1993.
MARC (Franz), *Écrits et correspondances*, trad. Thomas de Kayser, Paris, École nationale supérieure des Beaux-Arts, coll. « Écrits et artistes », 2006.
MONDRIAN (Piet), *Réalité naturelle et réalité abstraite*, Paris, Éditions du Centre Pompidou, 2010.
–, *Écrits français*, Paris, Éditions du Centre Pompidou, 2010.
MONOD-FONTAINE (Isabelle) et LAUGIER (Claude), *Daniel-Henry Kahnweiler : marchand, éditeur, écrivain*, Paris, Centre Georges Pompidou, 1984.
MONTALE (Eugenio), *Nel nostro tempo*, Milan, Rizzoli, coll. « La biblioteca dell'Istituto Accademico di Roma », 1972.
MORAND (Paul), *Des artistes sans mensonges : de Callot à Foujita*, Lausanne, La Bibliothèque des arts, 1996.
–, *Papiers d'identité*, Paris, Grasset, 1931.
NAKOV (Andreï), *L'Avant-garde russe*, Paris, Hazan, 1984.
PAGÉ (Suzanne) et VIDAL (Aline), *Les Années 30 en Europe : le temps menaçant, 1929-1939*, Paris, Paris musées/Flammarion, 1997.
PEVSNER (Nikolaus), *Academies of Art, Past and Present*, Cambridge, CUP et New York, Macmillan, 1940 ; rééd. Cambridge, CUP, 2014.
PICABIA (Francis), *Écrits critiques*, préface de Bernard Noël, éd. Carole Boulbès, Paris, Mémoire du livre, 2005.
PICASSO (Pablo) et ÉLUARD (Paul), *Le Visage de la paix*, Paris, Éditions Cercle d'art, 1951.
RACZYMOW (Henri) [dir.], *Sachs*, Cahier de l'Herne Maurice Sachs, Paris, Éditions de L'Herne, 2016.
RAGGHIANTI (Carlo Ludovico), *Profilo della critica d'arte in Italia*, Florence, Edizioni U, 1948 ; rééd. Florence, Vallecchi, 1973.
REED (Christopher), *A Roger Fry Reader*, Chicago-Londres, The University of Chicago Press, 1996.
RIBEMONT-DESSAIGNES (Georges) et ERNST (Max), *La Ballade du soldat*, Paris, Berggruen, 1972.
RICHTER (Hans), *Dada, Art and Anti-Art*, Londres, Thames & Hudson, 1965.
RUNFOLA (Patrizia), *Prague au temps de Kafka*, trad. et préface de Gérard-Georges Lemaire, Paris, Éditions de la Différence, coll. « Les Essais », 2002.
SARFATTI (Margherita), *Segni, colore e luci, note d'arte*, Bologne, Zanichelli, 1925.
SAVINIO (Alberto), *Peinture et littérature*, présentation Giuliano Briganti et Leonardo Sciascia, trad. François-René Daillie, Milan, Franco Maria Ricci, 1992.

Schvalberg (Claude) [dir.], *Dictionnaire de la critique d'art à Paris : 1890-1969*, Rennes, PUR, 2014.
Schwitters (Kurt), *Merz*, écrits choisis et présentés par Marc Dachy, Paris, Gérard Lebovici, 1990.
Seuphor (Michel), *Un siècle de libertés. Entretiens avec Alexandre Grenier*, Paris, Hazan, 1996.
–, *L'art abstrait*, 4 vol., Paris, Editions Maeght, 1971-1974 et 1988.
–, *Cercle et Carré*, Paris, Pierre Belfond, 1971.
–, *Le Commerce de l'art*, Paris, Desclée de Brouwer, 1966.
–, *Piet Mondrian, sa vie, son œuvre*, Paris, Flammarion, 1956.
Severini (Gino), *Cézanne et le cézanisme*, Paris, Altamira, 1995.
–, *Écrits sur l'art*, préface de Serge Fauchereau, Paris, Éditions du Cercle d'art, coll. « Diagonales », 1987.
Sironi (Mario), *Scritti editi e inediti*, éd. Ettore Camesasca, Milan, Feltrinelli, 1980.
–, *L'Art me semblait une chose si grande... : correspondance, manifestes, articles*, préface d'Alain Bonfand, Paris, École nationale supérieure des Beaux-Arts, 1998.
Soffici (Ardengo), *Scoperte e massacri*, Florence, Vallecchi, 1919.
Soupault (Philippe), *Écrits sur la peinture*, Paris, Lachenal & Ritter, 1980.
Spalding (Frances), *Roger Fry, Art and Life*, Norwich, Black Dog Books, 1999.
Stein (Gertrude), « If I Told Him : A Completed portrait of Picasso », dans *Selections*, Berkeley, University of California Press, 2008.
–, *Matisse, Picasso and Gertrude Stein, With Two Shorter Stories*, Paris, 1933 ; rééd. Barton, Something Else Press, 1972.
–, *Picasso*, Paris, Loury, 1938 ; rééd. Paris, Christian Bourgois, 1978.
Strindberg (August), *Écrits sur l'art,* préface de Jean-Louis Schefer, Paris, Macula, 2017.
Strzeminski (Wladyslaw), *Unizm w malarstwie* [L'Unisme dans la peinture], Varsovie, Praesens, 1928.
Taraboukine (Nikolaï), *Le Dernier tableau. Du chevalet à la machine. Pour une théorie de la peinture*, présenté par Andrei B. Nakov, trad. A. B. Nakov et Michel Pétris, Paris, Champ libre, 1972.
Tchoukovski (Korneï), *Les futuristes*, trad. et postface de Gérard Conio, Lausanne, L'Âge d'Homme, coll. « Slavica », 1976.
Teige (Karel), *Le Marché de l'art*, trad. Manuela Gerghel, Paris, Allia, 2000.
–, *Surrealismo, Realismo socialista, Irrealismo, 1934-1951*, Turin, Einaudi, 1982.
–, *Arte e idéologie, 1922-1933*, Turin, Einaudi, 1982.
Uhde (Wilhelm), *Cinq maîtres primitifs*, Paris, P. Daudy, 1949.
–, *De Bismark à Picasso* (éd. originale en allemand, Zürich, 1938), trad. Barbara Fontaine, Éditions du Linteau, 2002.
–, *Picasso et la tradition française*, Paris, Éditions des Quatre Chemins, 1928.
Venturi (Lionello), *Storia della critiqua d'arte*, Turin, Einaudi, 1982.

VLAMINCK (Maurice de), *Paysages et personnages*, Paris, Flammarion, 1953. 1997.
–, *Le Ventre ouvert*, Paris, Editions Corrêa, 1937.
–, *Portraits avant décès*, Paris, Flammarion, 1943 ;
–, *Vlaminck, un instinct fauve*, catalogue d'exposition, Paris, Musée du Luxembourg/sVo Art, 2008.
WARNOD (André), *Pascin*, Monte-Carlo, André Saurel, 1954.
–, *Les Peintres de Montmartre*, Paris, La Renaissance du Livre, 1928.
WOOLF (Virginia), *Walter Sickert : A Conversation*, Londres, The Hogarth Press, 1934.
–, *La Vie de Roger Fry,* trad. Jean Pavans, Paris, Rivages, 2002.
ZAMOYSKI (Auguste), *Au-delà du formisme*, précédé de « Portrait d'un artiste » par Hélène Zamyska, Lausanne, L'Âge d'Homme, 1975.

Ce volume,
le soixante-sixième de la collection
« 50 questions »,
publié aux éditions Klincksieck
a été achevé d'imprimer en décembre 2017
sur les presses de la Manufacture Imprimeur,
52205 Langres Cedex

N° d'éditeur : 00295
N° d'imprimeur : 171315
Dépôt légal : janvier 2018